Weihnachten 2000

Lieber Michael,
ja, ich weiss es mittlerweile, dass du eine Widmung in deinen Büchern haben möchtest.
Ich wünsche dir mit diesem Buch deine Träume weiter zu verfolgen und dich weiter an deine Visionen zu wagen, vielleicht doch eine Schule in den Bergen. Und vielleicht klappt es ja doch noch mal, dass wir zusammen ein Ferienhaus in den Bergen haben werden.
Corinna

In origine le montagne avevano grandi ali.
Volavano per il cielo e si fermavano sulla terra,
seguendo il loro piacere. Allora la terra
tremava e vacillava. Indra recise le ali alle montagne.
Fissò le montagne alla terra per renderla
stabile. Le ali diventarono nubi. Da allora le nubi si
raccolgono intorno alle cime.

Ursprünglich hatten die Berge große Flügel.
Sie flogen über den Himmel
und landeten auf der Erde, ganz wie es ihnen gefiel.
Die Erde erzitterte dann und schwankte.
Indra schnitt den Bergen die Flügel ab. Er machte die
Berge an der Erde fest, damit diese
zur Ruhe käme. Die Flügel wurden zu Wolken.
Seitdem sammeln sich die Wolken um die Gipfel.

Roberto Calasso

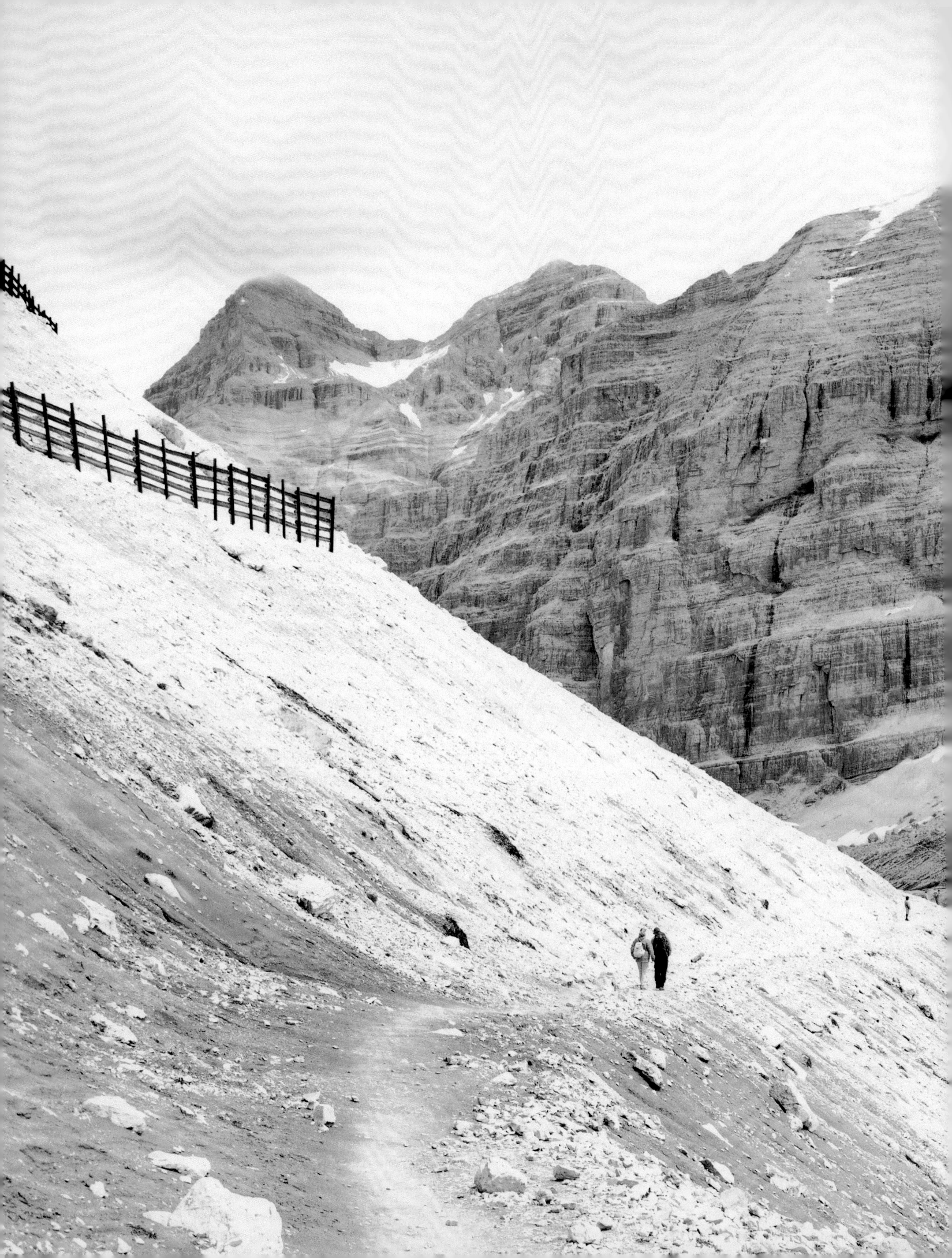

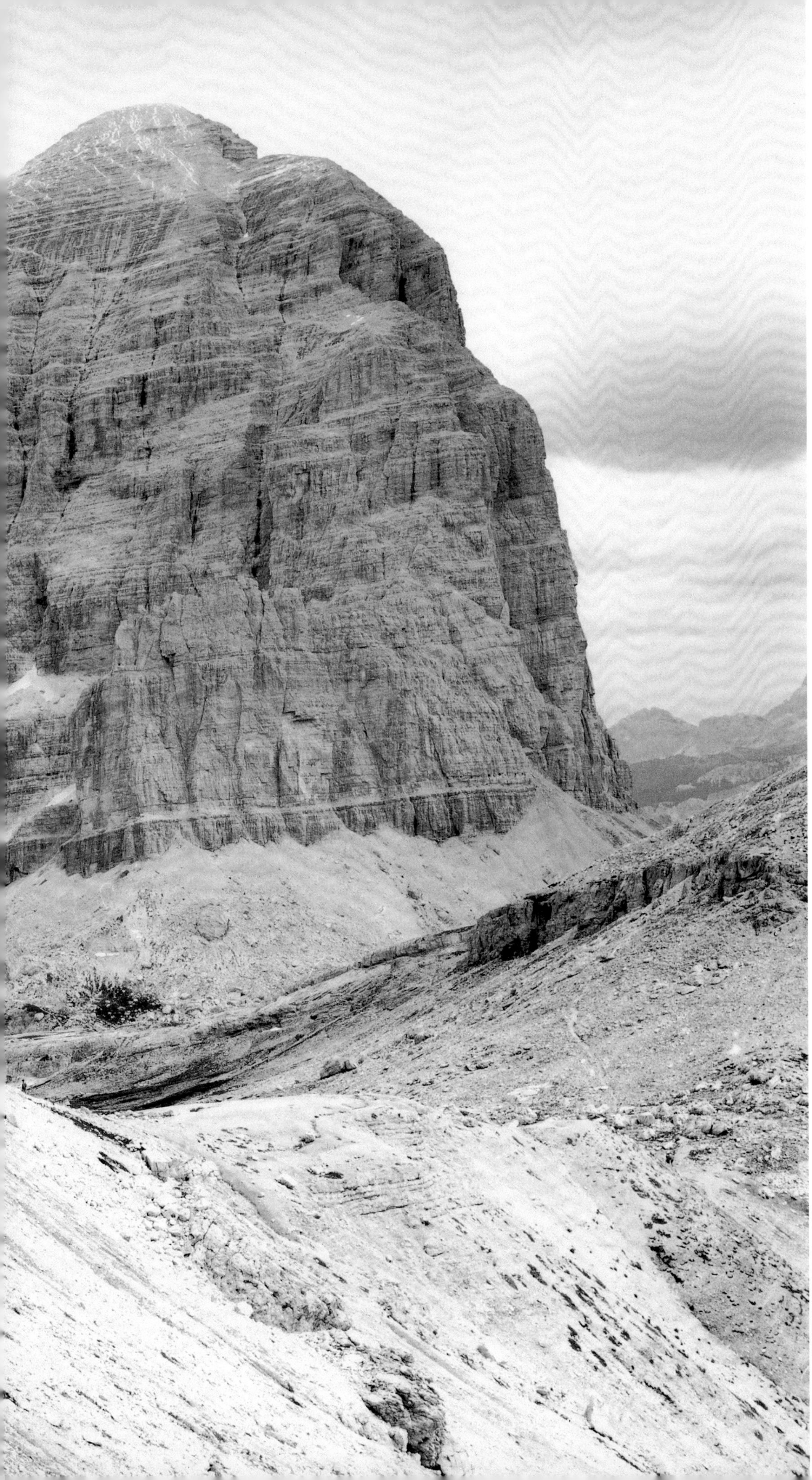

Walter Niedermayr, Tofana 1993

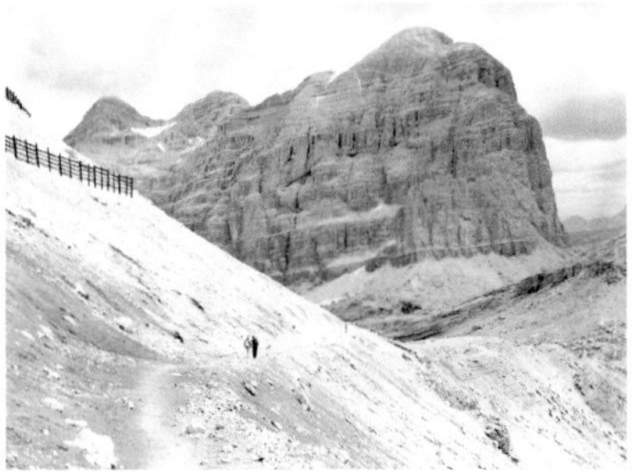
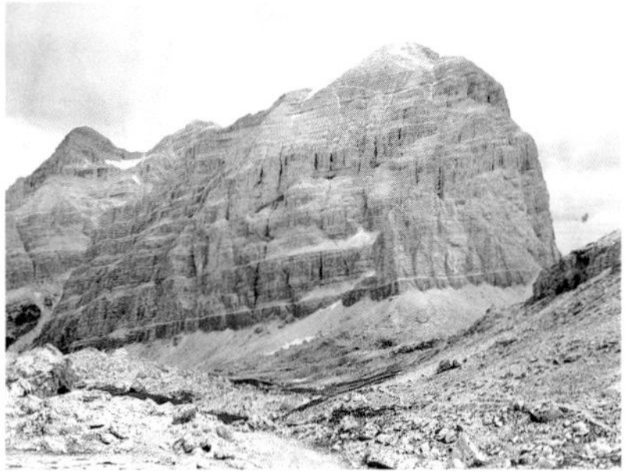
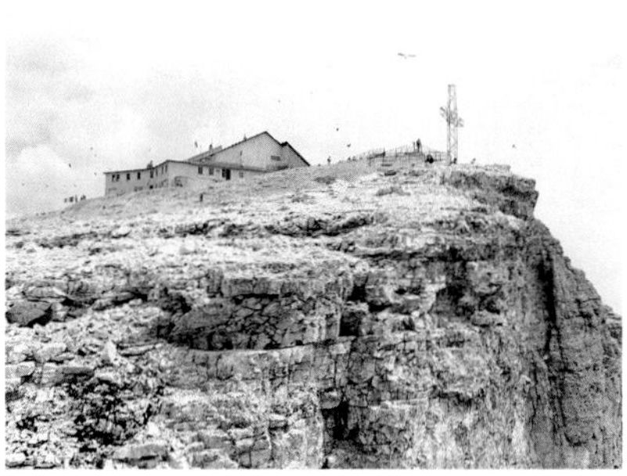

Herausgegeben von   a cura di   Christoph Mayr Fingerle

Neues Bauen in den Alpen   **Architettura contemporanea alpina**

Architekturpreis 1999   Premio d'architettura 1999

Neues Bauen in den Alpen   Architettura contemporanea alpina

Birkhäuser – Verlag für Architektur
Basel Boston Berlin

Birkhäuser – Edizioni d'architettura
Basel Boston Berlin

Christoph Mayr Fingerle

Jürg Conzett 18
Peter Zumthor 30

Gion A. Caminada 48
Conradin Clavuot 66
Robert Danz 74
Günther Domenig, Hermann Eisenköck 80
Roberto Gabetti, Aimaro Isola, Guido Drocco 88
Andreas Hagmann, Dieter Jüngling 98
Dieter Henke, Marta Schreieck 104
Isabel Hérault, Yves Arnod 110
Margarethe Heubacher-Sentobe 116
Hermann Kaufmann 122
Valerio Olgiati 128
Raimund Rainer, Andreas Oberwalder 138
Hans-Jörg Ruch 144

Walter Angonese, Markus Scherer 152
Valentin Bearth, Andrea Deplazes 156
Raffaele Cavadini 160
Arnold Gapp, Leo Gurschler, Christoph Vinatzer 164
Erich Gutmorgeth, Helmut Seelos 168
Leopold Kaufmann 170
Daniele Marques, Bruno Zurkirchen 174
Stéphane de Montmollin, Brigitte Widmer 178
Martino Pedrozzi 180
Helmut Reitter 182
Hans-Jörg Ruch 184
Thomas Schnizer 188
Bruno Spagolla 190

Friedrich Achleitner
Sebastiano Brandolini
Manfred Kovatsch
Marcel Meili
Bruno Reichlin

Friedrich Achleitner

	Inhalt	**Sommario**
10	Einführung	Introduzione
16	Großer Preis für Alpine Architektur	Premio speciale di architettura alpina
46	Auszeichnungen	Riconoscimenti
150	Anerkennungen	Segnalazioni
194	Eine Erkundung in den Bergen 1995-1999	Una ricognizione in montagna 1995-1999
200	Bauen in den Alpen – vor und nach Edoardo Gellner	Architettura alpina – prima e dopo Edoardo Gellner
234	Anhang	Appendice

Einführung   **Introduzione**

Christoph Mayr Fingerle

Qual è il significato di "nuovo" in relazione all'architettura? Quali sono le specifiche esigenze di un contesto alpino? In che cosa si differenzia l'"architettura contemporanea alpina" dall'architettura contemporanea in Olanda o sulla costa dell'Atlantico?

Queste sono alcune domande che il presente libro vuole stimolare e alle quali cerca di rispondere in modo concreto con esempi realizzati. In questo senso il libro rispecchia lo stato odierno della discussione su un tema attuale dell'architettura contemporanea. Come documentazione dell'omonimo concorso di architettura è inserito in una ricerca ormai decennale che ha avuto inizio nel 1989 con il tema "Architettura alberghiera nelle Alpi 1920-40", è proseguita nel 1990 con la mostra "Architettura, natura e tecnica" e nel 1992 con il premio internazionale di "Architettura contemporanea alpina".

L'edizione 1999 del premio "Architettura contemporanea alpina" ha permesso di attribuire per la terza volta un riconoscimento a una serie di edifici contemporanei delle Alpi e di fare una riflessione sull'evoluzione teorica e storica della architettura alpina. Contemporaneamente al premio istituito dal Comune di Sesto, una località turistica delle Dolomiti altoatesine che conta 1800 abitanti, l'associazione organizzatrice della manifestazione "Sesto Cultura" festeggia i dieci anni dalla propria fondazione.

Il successo del premio e il largo consenso ricevuto non sarebbero stati possibili se in diverse località alpine nello stesso periodo un gruppo di architetti non si fosse confrontato intensamente con questo tema in maniera teorica e pratica. Forse è proprio vero che tematiche così importanti sono avvertibili da tutti e che serve solamente un piccolo stimolo esterno per concentrarle e dare loro un'identità culturalmente riconoscibile.

Was bedeutet „neu" im Hinblick auf die Architektur? Welche besonderen Anforderungen stellt der Alpenraum an die Architekten? Und worin unterscheidet sich „Neues Bauen in den Alpen" von, beispielsweise, neuem Bauen in den Niederlanden oder an der Atlantikküste?

Das sind Fragen, zu denen das vorliegende Buch anregt und auf die es anhand realisierter Beispiele konkrete Antworten zu geben versucht. In diesem Sinn spiegelt der Band den gegenwärtigen Stand der Diskussion zu einem aktuellen Thema der zeitgenössischen Architektur. Gleichzeitig aber steht er – als Dokumentation des gleichnamigen Architekturwettbewerbs – in der Kontinuität einer mittlerweile zehnjährigen Auseinandersetzung mit Problemen und Perspektiven alpinen Bauens, die 1989 mit dem Thema „Hotelarchitektur in den Alpen 1920-40" begann und 1990 mit der Ausstellung „Architektur, Natur und Technik" sowie 1992 mit dem internationalen Architekturpreis für „Neues Bauen in den Alpen" fortgesetzt wurde.

Dieser Preis, der nun zum dritten Mal vergeben wurde, setzt sich die Würdigung herausragender Gebäude und die theoretische wie historische Reflexion über Grundsatzfragen der Architektur im Alpenraum zum Ziel. Gestiftet wurde der Preis von der Gemeinde Sexten, einem Fremdenverkehrsort mit 1.800 Einwohnern in den Südtiroler Dolomiten; deren Initiative „Sexten Kultur" feierte mit der Verleihung des Preises im Herbst 1999 ebenfalls ihr 10jähriges Jubiläum.

Der Erfolg des Preises und die breite Resonanz, die er gefunden hat, wären freilich nicht möglich gewesen, hätten nicht zeitgleich an verschiedenen Orten im Alpenraum die unterschiedlichsten Architekten sich theoretisch und praktisch mit ähnlichen Fragestellungen beschäftigt. Vielleicht ist es tatsächlich so, daß die wirklich wichtigen Themen immer „in der Luft liegen"; es bedarf dann nur noch – wie auch in diesem Fall – eines kleinen Anstoßes von außen, um sie zu bündeln und ihnen eine wiedererkennbare kulturelle Physiognomie zu verleihen.

In der Folge übernimmt ein solcher Preis dann eine zusätzliche Katalysatorfunktion. Er stärkt mutigen, aber umstrittenen Projekten den Rücken, macht sie „gesellschaftsfähig" und als begehrtes Reiseziel von Architekturtouristen zu einem Bezugspunkt in der lokalen und internationalen Architekturdiskussion. So vermögen sie auch als Wirtschaftsfaktor dem Ort neue Perspektiven und einen neuen Bekanntheitsgrad zu eröffnen – und andere Orte zur Nachahmung anzuregen.

Um der inzwischen erlangten internationalen Anerkennung des Preises gerecht zu werden und den Informationsaustausch im Alpenraum zu verdichten, erfolgte die Preisverleihung von 1999 in Zusammenarbeit mit dem Architekturforum Tirol in Innsbruck, der Architekturgalerie in München und der Maison d'architecture in Grenoble. Berücksichtigt wurden Arbeiten, die sich im Alpenraum befinden und nach dem 1.1.1991 fertiggestellt wurden.

Seinem Anspruch nach versteht sich der Architekturpreis „Neues Bauen in den Alpen" – über die Prämierung hervorragender Einzelprojekte hinaus – vor allem als kontinuierliche Recherche über alpines Bauen im Spannungsfeld zwischen bäuerlicher Tradition und moderner Interpretation vor dem Hintergrund einer zunehmenden Gefährdung der Alpenregion durch Belastungen, die der sich ausbreitende Fremdenverkehr mit sich bringt. In pointierter Abgrenzung zu den sattsam bekannten Tendenzen, die Alpen flächendeckend in einen Freizeit- und Actionpark oder ein folkloristisches Disneyland zu verwandeln, geht es um ein zeitgemäßes Verständnis der alpinen Kultur, die Definition einer neuen Authentizität jenseits der üblichen Klischees und theatralischen Inszenierungen.

Zu einem solch umfassenden Verständnis von Architektur gehört auch der Umgang mit der Landschaft. Ein hochbetagter, aber unverändert engagierter Edoardo Gellner ist in seinem Vortrag in Sexten im Hinblick auf das Landschaftsprojekt für den Misurina See (1967-84) und in der Begleitausstellung am Beispiel der Hangbebauung von Corte di Cadore bei Cortina (1954-63) diesem Thema exemplarisch nachgegangen. Die städtebauliche Agglomeration und die sich laufend verändernde Nutzung und Gestaltung der Landschaft im Dialog mit den Interessen der Landwirtschaft und des Tourismus sind Themen, die auch in Zukunft in dieser Recherche eine besondere Beachtung finden werden.

Perciò un simile premio ha un ruolo di catalizzatore a sostegno di progetti audaci e dibattuti, li rende improvvisamente "presentabili" e, in quanto meta d'obbligo per gli appassionati di architettura, fa in modo che costituiscano un punto di riferimento importante nel dibattito locale e internazionale relativo a questa disciplina. Essi ricevono una nuova identità; diventano un sinonimo di qualità e possono inoltre, sul piano economico, aprire alle località che li ospitano prospettive completamente nuove, conferire loro una maggiore notorietà e stimolare altri a seguire questo percorso.

Riguardo al carattere sempre più internazionale della manifestazione e per favorire lo scambio di informazioni all'interno della regione alpina, l'edizione 1999 del premio si è svolta in collaborazione con l'Architekturforum Tirol di Innsbruck, con l'Architekturgalerie di Monaco e con la maison d'architecture di Grenoble. Sono state prese in considerazione opere che si trovano nella regione delle Alpi e che sono state portate a termine dopo il 1° gennaio 1991.

Il premio di architettura intende essere, più che una mera sequenza di progetti straordinari, un processo di ricerca continua, un'indagine sull'architettura alpina all'interno di un dibattito tra la tradizione rustica e un'interpretazione contemporanea sullo sfondo della crescente minaccia che la forte espansione turistica rappresenta per la regione alpina. A prescindere da certe tendenze che mirano a trasformare le Alpi in una sorta di Disneyland folcloristica, in un centro per il tempo libero o in un parco di divertimenti, si tratta di avviare una comprensione moderna della cultura alpina, di definire una nuova autenticità al di là di stereotipi formali o di messe in scena teatrali.

In questa concezione di architettura si inserisce anche la questione del paesaggio rurale tra giardino, ecosistema e interessi locali. A Sesto Edoardo Gellner nonostante i suoi novant'anni ha trattato con invariato impegno e in maniera esemplare il confronto con il tema del "paesaggio" nel suo intervento sul piano paesistico per il lago di Misurina (1967-84) e sul villaggio di montagna di Corte di Cadore (1954-63), presso Cortina, presentato alla mostra che ha affiancato la consegna dei premi. La morfologia paesistica, l'agglomerato urbanistico e il continuo mutamento del modo di usufruire il paesaggio, in un confronto continuo tra gli interessi dell'agricoltura e del turismo, sono temi che anche in futuro troveranno una particolare attenzione all'interno di questa ricerca.

Lo stesso vale per una questione che spesso nei dibattiti viene trattata in modo marginale, ma che proprio nelle Alpi merita una posizione di rilievo. Costruire in montagna – si pensi ai ponti, alle strade, alle funivie, alle edificazioni in pendio – è sempre stata una prassi legata all'attività dell'ingegnere. Questo interesse viene ulteriormente rafforzato da soluzioni insolite come quelle proposte da Jürg Conzett, che è molto più che un ingegnere: i suoi molteplici interessi trasferiscono infatti la soluzione puramente aritmetica che deriva dai calcoli statici su un piano culturale la cui complessità concettuale costituisce certamente l'attrazione principale ma che diventa comprensibile solo lentamente.

Proprio in quest'ambito si può verificare come la collaborazione tra architetto e ingegnere non sia un fatto scontato, ma caratterizzato talvolta da tensioni ed equivoci. Come dimostra il caso del ponte di Sunniberg a Klosters: presentato in un primo tempo al concorso dagli architetti, esaminato dalla giuria e candidato a un premio, venne ritirato pochi giorni prima della sua consegna a causa di divergenze insuperabili all'interno del gruppo di progettazione.

Un premio che intende sia creare dei punti di riferimento in un campo così complesso e dibattuto sia contribuire a chiarire delle posizioni richiede che l'operato della giuria si confronti con delle necessità specifiche. Non è sufficiente valutare i progetti in base a certi parametri fissati in anticipo; si tratta invece di sviluppare dei criteri specifici all'interno del gruppo dei progetti pervenuti. Al di là dei soliti parametri la domanda decisiva è: quale significato culturale può avere questo progetto, cosa può suscitare e quali nuove prospettive si possono delineare? In occasione della consegna dei premi a Sesto, Bruno Reichlin ha sintetizzato questo aspetto con le seguenti parole: "A coloro che provano un senso di estraneità davanti a questi edifici bisogna dire che nulla viene dato solo così: le cose non sono semplicemente belle. Ciò che le rende belle è la cultura che noi investiamo nelle cose, e questo attribuisce loro qualcosa di particolare; altrimenti rimangono solamente un mucchio di

Dasselbe gilt für ein Thema, das in Architekturdiskussionen häufig zu kurz kommt, aber gerade in den Alpen besondere Beachtung verdient. Bauen in den Bergen ist – man denke an Brücken, Strassen, Seilbahnen und Hangbauten – sehr oft auch eine Ingenieurleistung. Um so höher ist der Beitrag einer Persönlichkeit wie Jürg Conzett zu bewerten, der weit mehr ist als nur ein Ingenieur: seine vielseitigen Interessensgebiete rücken die arithmetische Lösung von statischen Berechnungen auf eine kulturelle Ebene, deren komplexe Gedankengänge zwar den besonderen Reiz ausmachen, sich aber nur langsam entschlüsseln lassen.

Gerade bei diesem Thema zeigt sich aber auch, daß die Zusammenarbeit zwischen Architekt und Ingenieur nicht selbstverständlich, sondern immer wieder von Spannungen und Mißverständnissen gekennzeichnet ist. Aktueller Fall: die Sunnibergbrücke in Klosters. Anfangs von den Architekten zum Wettbewerb eingereicht, von der Jury besichtigt und für eine Auszeichnung nominiert, wurde das Projekt aus unüberwindbaren Divergenzen im Planungsteam wenige Tage vor der Preisvergabe zurückgezogen.

1

Ein Preis, der in einem so komplexen und umstrittenen Feld Orientierungspunkte setzen und zur Klärung von Positionen beitragen will, stellt folglich nicht zuletzt an die Arbeit der Jury besondere Anforderungen. Es ist nicht damit getan, die Projekte an einigen vorher fixierten Qualitätskriterien zu messen; vielmehr sind diese Kriterien in der Auseinandersetzung mit den eingereichten Arbeiten überhaupt erst zu entwickeln. Jenseits gängiger Maßstäbe lautet die entscheidende Frage: Welche kulturelle Aussage wird in einem Projekt erkennbar, was kann sie bewirken und welche neuen Sichtweisen und Perspektiven werden durch sie möglich? Bruno Reichlin hat bei der Preisverleihung in Sexten diesen Aspekt prägnant zusammengefasst: „Jenen, denen diese Bauten fremd vorkommen, muss man sagen, nichts ist einfach so gegeben: die Dinge sind nicht einfach schön. Was sie schön macht, ist die Kultur, die wir in die Dinge investieren, das macht sie für uns zu etwas Besonderem; sonst ist es einfach nur ein Haufen voller Steine, Holz und Glas, den man vielleicht auch noch irgendwie gebrauchen kann. Nur durch unsere Bildung und unsere Kultur wird etwas zu etwas Bedeutendem, und deshalb ist auch diese Auseinandersetzung so wichtig."

1

pietre, legno e vetro che forse possono trovare anche un qualche impiego edilizio. Solo attraverso il nostro impegno e la nostra cultura da una cosa nasce qualcosa di importante e significativo, ed è proprio questo che rende così importante questo dibattito".

La valutazione dei progetti è quindi un processo dialettico: quanto più dura il confronto, tanto più le cose vengono viste in maniera articolata, tanto più si percepisce e si sviluppa la facoltà di riconoscere problemi e tematiche. Non soltanto la situazione è mutata negli ultimi dieci anni – vi sono più realizzazioni – ma anche i temi sono diventati più complessi: in alcuni casi spesso non è chiaro quanto un progetto in un paese sia ramificato tematicamente e quanto invece sia in sé definito. Da un piccolo progetto di ristrutturazione quasi impercettibile può nascere un processo più articolato che porta ad esempio alla rivitalizzazione di un'intera località.

Anche per questo la visione diretta costituisce un elemento fondamentale per la valutazione di un progetto. L'esperienza immediata dello spazio e dell'architettura diventa irrinunciabile proprio in un mondo caratterizzato dai media e da immagini sempre più manipolative. In questo senso può accadere che sul posto l'idea che ci si è fatta sulla base di disegni tecnici, testi e foto venga rivista o al contrario che mentre si è in viaggio si colga qualche cosa che non ci si aspettava di vedere. L'osservazione diretta permette anche di apprezzare le differenze tra le varie regioni: è sorprendente la densità del costruito nel Vorarlberg e nei Grigioni, regioni in cui la sensibilità verso l'architettura moderna è chiaramente più progredita che ad esempio in Alto Adige, dove manca una stampa di settore competente e dove ogni dibattito culturale viene sopito anche nel caso di grandi realizzazioni architettoniche. Malgrado ciò l'Alto Adige è rappresentato per la prima volta con tre progetti, che simboleggiano le tre grandi risorse economiche della regione: la produzione del vino, la coltivazione della frutta e il turismo. Ciò significa che gradualmente anche da queste parti si sta sviluppando un'aspirazione più elevata all'architettura. La gamma dei progetti è diventata nel complesso più ampia: questo è dovuto, più che al mutamento dei criteri di valutazione, al fatto che da un lato l'offerta dei progetti è diventata maggiore e dall'altro, a causa del continuo confronto con un tema così complesso, la stessa sensibilità dei componenti della giuria è cresciuta. L'attenzione viene attratta da idee e da progetti che prima non erano apparsi così espressivi. Il ruolo di un architetto a Vrin e ad Iragna non consiste soltanto nella realizzazione dell'edificio da lui progettato, ma anche in una continua informazione e consultazione degli abitanti e della comunità, così da favorire e accrescere la consapevolezza e l'interesse nei confronti dell'architettura esistente e della propria specifica identità.

La giuria, formata dagli stessi membri di quella del 1995 e cioè da Friedrich Achleitner (Vienna), Sebastiano Brandolini (Milano), Manfred Kovatsch (Monaco), Marcel Meili (Zurigo) e Bruno Reichlin (Ginevra), ha visitato personalmente 76 opere delle 153 di cui era pervenuto il progetto. Sono state premiate infine 16 realizzazioni, e a motivo dell'alto livello dei contributi pervenuti è stato formato un secondo gruppo di segnalazioni comprendente altri 13 progetti. Dei 29 progetti partecipanti al concorso 13 provenivano dalla Svizzera, 10 dall'Austria, 3 dall'Italia e uno ciascuno dalla Germania e dalla Francia, paese quest'ultimo presente per la prima volta alla manifestazione. In segno di particolare riconoscimento per la rilevanza dell'opera completa di entrambi, la giuria ha attribuito inoltre per la prima volta il "Premio speciale di architettura alpina" all'architetto Peter Zumthor di Haldenstein e all'ingegner Jürg Conzett di Coira e un premio d'onore a Edoardo Gellner di Cortina.

La crescita del numero di progetti inviati e premiati rispetto alle scorse edizioni (nel 1995 vennero presentati 88 progetti e ne furono premiati 11) fa pensare a un maggior impegno e a una maggiore sensibilità verso l'architettura contemporanea da parte degli architetti ma anche dei committenti privati e pubblici. I progetti selezionati vengono illustrati nella presente pubblicazione da disegni, fotografie e schizzi e dalle esaurienti schede redatte dalla giuria. Una relazione riassuntiva provvede inoltre a fornire un riepilogo dell'attività della giuria nelle scorse edizioni del premio. Proseguendo il dibattito sulle posizioni storiche degli architetti moderni avviato nel 1995 da un contributo di Bruno Reichlin, Friedrich Achleitner esprime infine, in un saggio di grande interesse, alcune valutazioni sull'architettura alpina dei nostri giorni.

Ringrazio il Comune di Sesto, il sindaco Willi Rainer e tutti gli sponsor privati e pubblici che hanno permesso lo svolgimento e il successo di questa manifestazione. In particolare ringrazio i membri della giuria, che con la loro disponibilità e il loro impegno personale hanno trasformato questo evento in un'esperienza di grande valore.

Der Vorgang der Bewertung ist also ein dialektischer Prozeß: Je länger die Auseinandersetzung dauert, um so differenzierter sieht man, um so mehr nimmt man wahr, und um so mehr entwickelt man die Fähigkeit, Probleme und Themen zu erkennen. Nicht nur die Situation hat sich seit 10 Jahren sehr verändert – es ist mehr vorhanden –, sondern auch die Themen sind komplexer geworden: Häufig ist es nicht auf Anhieb klar, wie weit ein Projekt in einem Dorf thematisch verästelt und wieviel da mit eingeschlossen ist. Aus einer scheinbar kaum wahrnehmbaren Umbaumaßnahme kann ein komplexer Prozeß entstehen, der möglicherweise zur Revitalisierung eines ganzen Ortes beiträgt.

Auch deshalb bildet die Besichtigung der Bauten vor Ort ein wesentliches Element des Bewertungsprozesses. Das direkte Raum- und Architekturerlebnis wird gerade in einer medial und von vielfach manipulativen Bildern beherrschten Welt unverzichtbar. Nicht selten kommt es vor, daß dabei ein Urteil, das sich anhand von Plänen, Texten und Fotos gebildet hat, vor Ort revidiert wird – oder daß man unterwegs Entdeckungen macht, die vorher gar nicht auf dem Programm standen. Auch regionale Unterschiede werden so unmittelbar erlebbar – etwa die gebaute Dichte in Vorarlberg und Graubünden, wo die Sensibilisierung für moderne Architektur offenbar weiter fortgeschritten ist als z.B. in Südtirol, wo eine fachlich kompetente Berichterstattung fehlt und eine kulturelle Diskussion auch bei großen Bauvorhaben vermieden wird. Trotzdem ist Südtirol erstmals mit drei Projekten vertreten, die stellvertretend für die drei wichtigsten Wirtschaftssäulen des Landes stehen: Weinproduktion, Obstanbau und Tourismus. Daraus wird ersichtlich, daß auch hierzulande allmählich ein höherer Anspruch an die Architektur gestellt wird.

Das Spektrum der Projekte ist generell breiter geworden, was weniger mit veränderten Bewertungskriterien zu tun hat als vielmehr damit, daß einerseits das Angebot an Projekten größer geworden ist, und andererseits durch die ständige Beschäftigung mit dieser komplexen Thematik die Sensibilität auch bei den Juroren gewachsen ist: Man wird aufmerksam auf Ideen und Konzepte, die früher nicht so ausdrücklich beachtet wurden. Die Rolle eines Architekten in Vrin und Iragna besteht nicht nur in der Realisierung der eigenen Bauten, sondern auch in einem ständigen Informieren und Beraten der Bevölkerung und der Gemeinde, womit das Bewußtsein und Interesse gegenüber der vorhandenen Architektur und der spezifischen Identität gefördert und gestärkt wird.

Insgesamt hat die Jury – in der gleichen personellen Zusammensetzung wie 1995 mit Friedrich Achleitner (Wien), Sebastiano Brandolini (Mailand), Manfred Kovatsch (München), Marcel Meili (Zürich) und Bruno Reichlin (Genf) – von den 153 eingereichten Projekten 76 Bauwerke an Ort und Stelle besichtigt. Es wurden 16 Projekte ausgezeichnet und auf Grund des hohen Niveaus der eingereichten Arbeiten das Feld der Preisträger um eine Anerkennungsgruppe mit weiteren 13 Projekten erweitert. Von den 29 ausgewählten Projekten stammen 14 aus der Schweiz, 10 aus Österreich, 3 aus Italien und je eines aus Deutschland und Frankreich, welches damit erstmals in diesem Rahmen vertreten ist. An den Architekten Peter Zumthor aus Haldenstein und den Ingenieur Jürg Conzett aus Chur hat die Jury in besonderer Anerkennung ihres bisherigen Lebenswerks erstmals einen „Großen Preis für Alpine Architektur" und an Edoardo Gellner aus Cortina einen „Ehrenpreis" vergeben.

Die Zunahme der Einsendungen und der ausgezeichneten Objekte gegenüber den vergangenen Jahren (1995 wurden 88 Projekte eingereicht und 11 ausgezeichnet) lässt auf ein größeres Engagement und eine höhere Sensibilität für moderne Architektur von Seiten der Architekten aber auch der privaten und öffentlichen Bauherrn schließen. Die ausgewählten Projekte werden in der vorliegenden Publikation anhand von Plänen, Photos und Skizzen dokumentiert und mit ausführlichen Texten der Jury erläutert. In einem erläuternden Essay wird von der Jury rückblickend ein Resümee über die Arbeit der vergangenen Jahre gezogen. Als Fortsetzung der Diskussion zu den historischen Positionen der Moderne, begonnen 1995 mit einem Text von Bruno Reichlin, bespricht Friedrich Achleitner in einem ausführlichen Beitrag die alpine Architektur der Gegenwart.

Ich danke der Gemeinde Sexten, dem Bürgermeister Willi Rainer und allen öffentlichen und privaten Sponsoren, die das Zustandekommen dieser Veranstaltung gefördert und ermöglicht haben. Und ich danke insbesondere den Mitgliedern der Jury, die durch ihre Offenheit und ihren persönlichen Einsatz diese Veranstaltung zu einem eindrücklichen Erlebnis werden ließen.

Großer Preis für Alpine Architektur **Premio speciale di architettura alpina**

Jürg Conzett 18
Peter Zumthor 30

Großer Preis für Alpine Architektur **Premio speciale di architettura alpina**

Jürg Conzett

Traversiner Steg Via Mala, Rongellen, Graubünden, Schweiz 1996

Ponte pedonale di Traversina Via Mala, Rongellen, Grigioni, Svizzera 1996

Daß mit Jürg Conzett ein Bauingenieur für seine Beiträge zu den drei ersten Zyklen von „Neues Bauen in den Alpen" ausgezeichnet wird, darf nicht überraschen: Beim Bauen in den Bergen ist der Statiker und Konstrukteur tatsächlich auch heute noch mit ungewöhnlichen Herausforderungen konfrontiert. Nicht weniger als acht der prämierten Werke in den letzten zehn Jahren hat Conzett im Hintergrund mitgebaut. Dennoch: es wäre eine ungerechte Verkürzung, ja geradezu ein Mißverständnis, im Churer Ingenieur den bescheidenen, statischen Mitarbeiter zu vermuten. Conzett, geboren 1956 und an den ETH von Zürich und Lausanne ausgebildet, ist gerade nicht der stille Rechner, welcher Architekten und deren selbstgebastelte Probleme mit Lösungen bedient, weder im Fels noch sonstwo. Die Zusammenarbeit mit ihm wird den Architekten zunächst beunruhigen. Denn er sieht sich mit zwei Eigenarten in der Arbeitsweise konfrontiert, die er wohl in dieser Ausprägung bei Ingenieuren kaum kennt, und die sich zudem noch zu widersprechen scheinen: Zunächst wird er feststellen, daß Conzett „das Problem" nie aus dem elastischen Korsett einer – zwar großzügig gefaßten – Logik (oder sagen wir besser „Vernunft") entlassen würde: was machbar (und zahlbar) ist, wird deshalb noch lange nicht gebaut, selbst dann nicht, wenn die vermeintliche Lösung den Architekten oder ihn selbst aus der selbstgestellten Falle befreien würde.

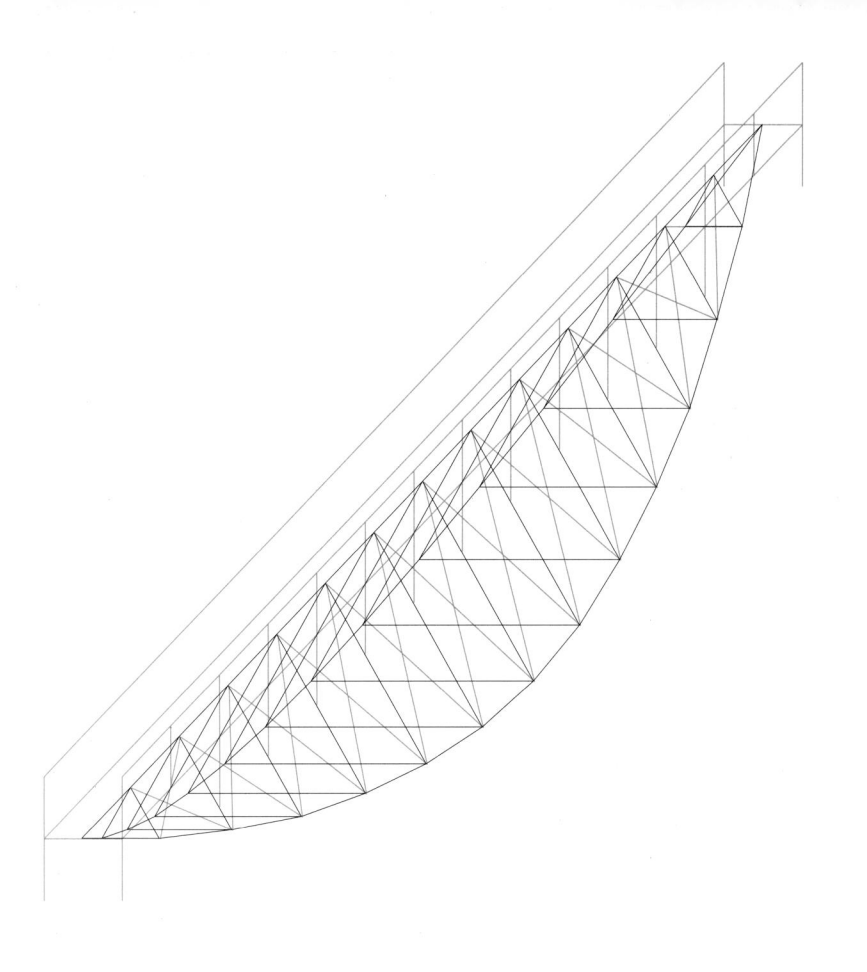

Non deve stupire il fatto che premiando Jürg Conzett per i suoi contributi alle prime tre edizioni del premio "Architettura contemporanea alpina" si sia scelto un ingegnere edile: nell'architettura alpina, infatti, progettisti di strutture e costruttori si trovano ancora oggi di fronte a sfide davvero insolite. Negli ultimi dieci anni Conzett ha partecipato, pur restando nell'ombra, alla realizzazione di almeno otto delle opere premiate al concorso. Eppure rischieremmo di cadere in una ingiusta semplificazione, o addirittura in una mistificazione, se ci limitassimo a vedere in questo ingegnere di Coira un semplice autore di calcoli statici, discreto e silenzioso. Conzett, nato nel 1956 e formatosi al Politecnico di Zurigo e a quello di Losanna, non è infatti per nulla il tranquillo esecutore di calcoli che farebbe comodo agli architetti per risolvere i loro problemi gratuiti, né in montagna né altrove.

La collaborazione con lui sulle prime inquieta gli architetti, perché li costringe a confrontarsi con due aspetti apparentemente contraddittori di un metodo di lavoro che raramente vedono applicato dagli ingegneri. Dapprima, infatti, essi notano che Conzett non lascia mai uscire "il problema" semplicemente dalla rete elastica della logica – anche se inteso in un senso alquanto ampio – o meglio ancora della razionalità: se quella soluzione è realizzabile (e pagabile) non vuole ancora dire che verrà adottata, persino quando essa sia in grado di liberare l'architetto o Conzett stesso dalla trappola in cui è andato a finire. In un secondo tempo, in questo ambito operativo così rigorosamente delimitato subentrano, con un effetto a dire il vero irritante, ulteriori questioni "private", poiché Conzett mette in gioco temi e interessi personali, ad esempio problemi strutturali o particolari ambiti di ricerca costruttiva: queste tematiche in un primo tempo non sembrano avere nulla a che fare con il "problema" stesso, ma sono ascrivibili piuttosto alla curiosità dell'ingegnere, alle sue inclinazioni o al percorso seguito finora dalla sua opera professionale; talvolta, poi, si tratta semplicemente di questioni che lo divertono.

Irritierenderweise wird nun dieses streng gefaßte Arbeitsfeld zusätzlich mit „privaten" Fragestellungen belastet, indem Conzett eigene Themen und Interessen ins Spiel bringt, Strukturfragen etwa oder eigenartige konstruktive Forschungsfelder. Diese scheinen im ersten Moment gar nichts mit „dem Problem" zu tun zu haben, sondern sie sind wohl eher des Ingenieurs Neugierde, seinen Neigungen oder dem Gang seiner bisherigen Arbeiten geschuldet. Und manches amüsiert ihn einfach.

Es ist diese komplementäre Denkfigur, welche Conzetts intellektuellen Standort fast gleichweit von der strengen und vorbildlichen Ingenieur-Ethik eines Christian Menn – auch er ein Bündner übrigens – wie vom ungebändigten, egomanen Formwillen eines Calatrava einmisst. Conzett ist ein brillanter, moderner Spieler, voller Wissen, voller Skrupel und Verantwortungsgefühl (wie sich das für einen Schweizer Bauingenieur ziemt), aber eben auch verschmitzt und voller gedanklicher List und Humor. Wie anders kann man es nennen, wenn einer riesige, dünne Betontore konstruiert, die sich mit zwei Fingern oder im Wind bewegen lassen (Seewis), oder wenn sich eine Stahlbandunterspannung in ein Ornament auflöst (Vrin)? Warum sonst sollte man heute noch die Tücken des Blockbaues bewältigen (wo doch die Hölzer so schlecht gelagert sind), und das gleich noch in zwei komplementären Versionen, mit innen und außen angeordneter Tragwand (Duvin und St. Peter)? Warum soll eine Holzbrücke von 50m über ein Berggewässer einmal hundert Tonnen schwer sein (Murau) und einmal fünf (Traversina), und dennoch beide Male „richtig"?

Questo pensiero fatto di aspetti complementari colloca intellettualmente Conzett quasi a metà strada tra l'etica ingegneristica rigorosa ed esemplare di un Christian Menn – del resto anche egli originario del cantone dei Grigioni – e l'irrefrenabile, egocentrica volontà creatrice di un Calatrava. Conzett è un giocatore brillante e moderno, ricco di sapere, di scrupoli e di senso di responsabilità (come si addice a un ingegnere edile svizzero), ma allo stesso tempo anche malizioso e pieno di astuzia intellettuale e di senso dell'ironia. Come potremmo giudicarlo diversamente quando costruisce porte di cemento armato gigantesche e sottili che si aprono spinte dal vento o dal semplice movimento di un dito come nel caso di Seewis o quando (come a Vrin) un elemento di sostegno in acciaio si trasforma in motivo ornamentale? Per quale altro motivo varrebbe la pena di affrontare ancora oggi le insidie del sistema costruttivo a tronchi sovrapposti (quando il legno oggi viene fornito con una scarsa stagionatura) dove i conci di legno non permettono una buona apparecchiatura, e per di più in due versioni complementari, a parete portante interna ed esterna (Duvin e St. Peter)? Perché un ponte in legno lungo 50 metri che scavalca un torrente di montagna dovrebbe in un caso pesare 100 tonnellate (Murau) e in un altro solo cinque (Traversina), e in entrambi i casi essere "giusto"?

Naturalmente Conzett ha sempre pronta una risposta razionale, aliena da sofismi di qualsiasi tipo. Con pazienza e con un rigore quasi gesuitico egli spiega tutti gli aspetti legati alla ripartizione degli sforzi nelle fibre del legno o alla dimensione dei trasformatori elettrici o all'impossibilità di prevedere esattamente la rigidità di strutture portanti formate da più elementi o ancora ai prezzi dei materiali e alle problematiche connesse alle vie di accesso.

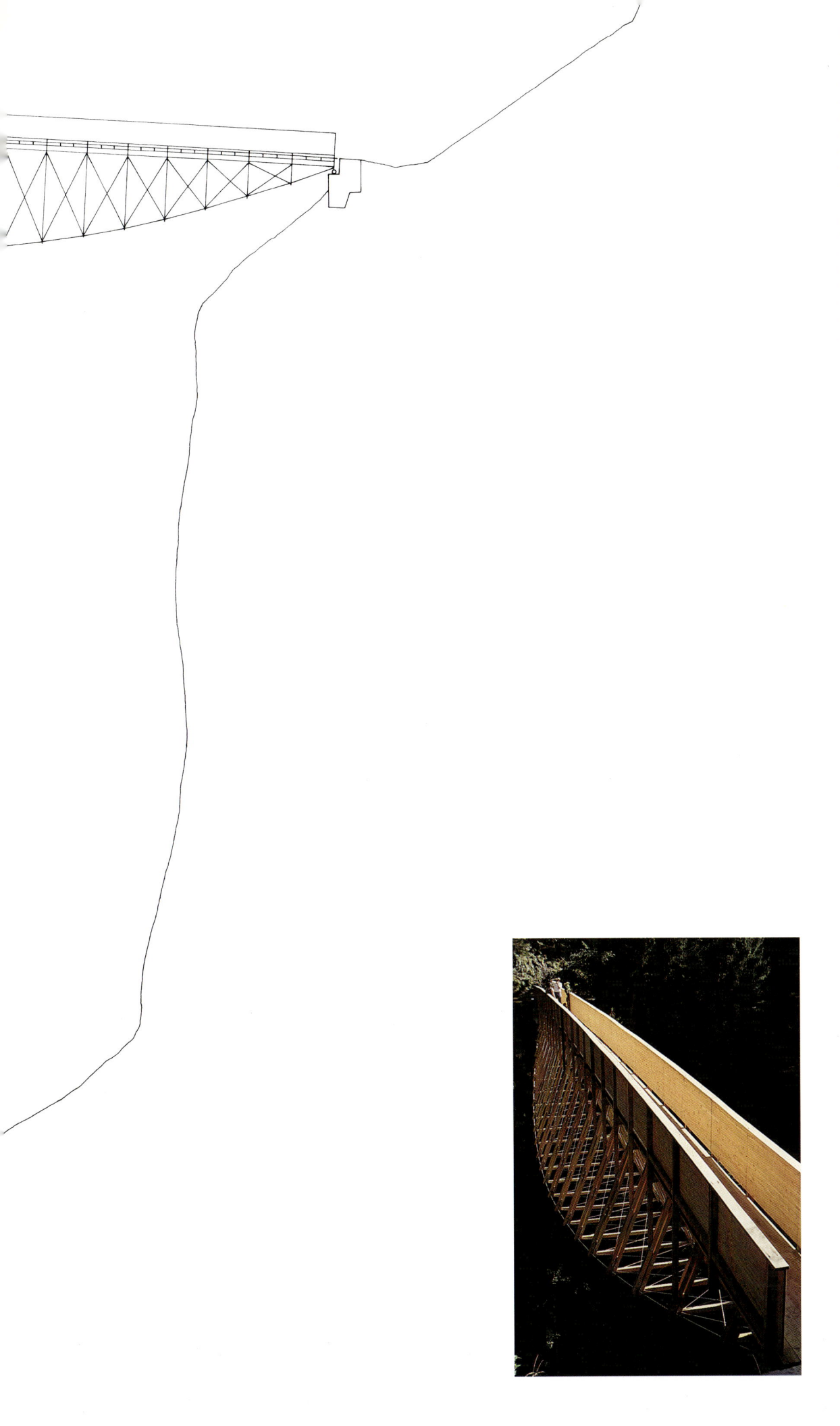

Natürlich ist Conzett um rationale Antworten nicht verlegen, und sie sind bar jedes Sophismus. Geduldig und mit jesuitischer Strenge wird er erklären, was das alles mit Spannungsverteilungen in den Fasern von Holz zu tun hat oder mit Transformatorengrössen, mit der Unberechenbarkeit der Steifigkeit im vielgliedrigen Tragwerk oder mit Materialpreisen und Anfahrtswegen. Er findet heraus, daß eine kleine Schubsicherung im Strickbau plötzlich ganz ungeahnte Spannweiten ermöglicht und damit schöne, große Fenster, und daß die Setzungen der zu jungen, zu feuchten Bohlen ein hübsches Motiv im Türsturz provozieren, mehr nicht. Und dennoch: „erklärt" ist damit die Kraft seiner Bauten nicht. Logisch sind ja auch all die langweiligen Beton-Brücken, und erst jenseits vom Sog des rationalen Kalküls wird es wahrhaft aufregend und riskant.

Kein anderes Bauwerk macht dieses Denkmuster deutlicher als der stupende Traversinersteg, der ohne Einfluss von Architekten entstanden ist. Dieser Steg ist ein Exempel dafür, mit welcher Strenge eine Gedankenkette durchgespielt wird, wie eine Antwort gleichzeitig die nächste Frage erfindet, um sich schließlich unentwirrbar in einem statisch, konstruktiv und formal hochkomplexen Gegenstand zu verschlingen. Und dabei stand doch am Anfang nur die Hubkraft eines russischen Transporthelikopters, der das Gerippe dieses Dinges in die unwegsame Schlucht bringen sollte.

Aha, die Hubkraft – dann scheint schlagartig begreiflich, was die enorme Auslenkung der Seilkonstruktion, dieser monumentale, flirrende Raum zwischen den Kabeln und Holzstäben, gleichzeitig mit dem minimalen Gewicht des Tragwerkes und mit der Schwierigkeit zu tun hat, solche feingliedrigen Konstruktionen auch im Wind steif zu halten. Es wird sichtbar und spürbar, daß die hinzugefügten Teile wie die schwere Stegplatte auch noch das Vorspanngewicht und die Quersteifigkeit liefern müssen, und wie die Geländerpfosten das Kippen unterdrücken.

Doch je genauer man hinschaut, um so mehr verheddert sich der Blick im Strukturgedanken, der für den Laien doch nicht ganz zu entschlüsseln ist. Irgendwie ist es wie mit der konstruktiven Konsequenz im Gebastel einer Baumhütte von Buben: Man weiss zwar nicht genau, wie sie zusammenhält, aber man spürt, daß man kein verrottetes Brett herausnehmen, keinen krummen Nagel lösen und keine Schnur durchtrennen darf, weil die Hütte sonst sofort kollabierte.

In der disziplinierten und inspirierten Version des Traversiner Steges steht die Arbeit damit in der besten Tradition großer Ingenieurbauwerke, dort nämlich, wo der unsichtbare, aber spürbare und angespannte Verlauf von Kräften ein imaginärer, aber unverzichtbarer Teil der Form wird, eine eigentliche skulpturale Kraft. „Die Spannung ist eine Plastik", könnte Beuys gesagt haben. In dieser Wahrnehmung hat sich die statische Skulptur als Form vollkommen von der russischen Kamov K 36 und der Logik des Bauvorganges befreit, und die gespannte Feinheit des Seilfachwerkes wird nur noch durch den schmalen Pfad und die schroffe, wilde Topographie bekräftigt. Dies ist das meisterliche Spiel: natürlich wäre – Conzett würde es sofort und mit Lächeln zugeben – dieser Steg trotz Helikopter auch anders zu bauen gewesen – in Teilen oder mit Stäben.

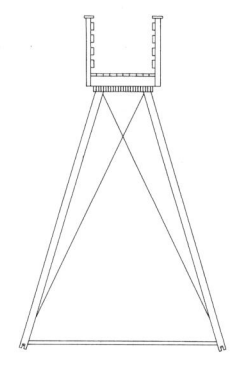

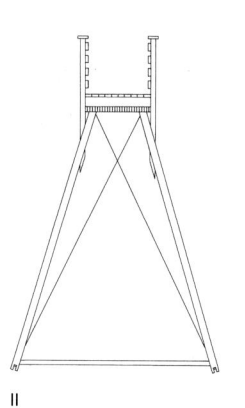

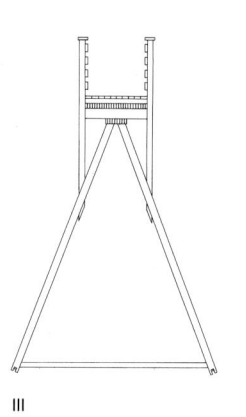

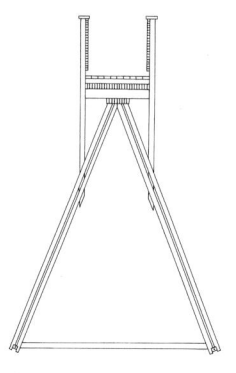

I II III IV

Daß die gewählte, prekäre Seilkonstruktion zum Schluß doch etwas mehr schwingen dürfte unter dem Tritt der Wanderer, als vom Erbauer abgeschätzt, dies sei ihm mehr Lohn als Strafe für das Wagnis. Denn das milde, tibetanische Kribbeln beim Begehen ist etwas, wofür wir im Kino Eintritt bezahlen, eine Art Sensurround ohne Lautsprecher: was könnte uns unmittelbarer die spektakuläre Schlankeit des Brückenraumes spüren lassen, die Kraft in den herausgedrückten Seilen und gleichzeitig die furchterregende Tiefe der Schlucht?

Eine solche Leistung, ja die Freiheit des Verfahrens insgesamt, ist nur denkbar vor dem Hintergrund eines umfassenden Wissens über die gebaute und gedankliche Geschichte der Disziplin, welches das Fachwissen des Ingenieurs begleitet. Schwierig zu sagen, ob Conzetts obsessive Studien in diesem Feld eher zu den Voraussetzungen oder zum Ausdruck seiner Arbeitsweise zu zählen sind. In jedem Fall sind sie ziemlich ungewöhnlich für einen Ingenieur. Einiges davon setzt sich auch mit den Bergen auseinander, sei es die Studie über die Geschichte der Albula-Bahnlinie oder die scheinbar nebensächliche Bestandesaufnahme über die Fragen der Straßenstützmauern für den Kanton Graubünden. Diese Untersuchung beispielsweise weitete Conzett über die Konstruktion hinaus zu einer Recherche zur Theorie und Kunst der Straßenführung im unwegsamen Gelände aus, eine Frage mithin, die seit Schultze-Naumburg oder Seifert offenbar nur noch Technokraten beschäftigt hat.

Daß er auch Maillart ingenieurtheoretisch neu liest, weniger akademisch-rein natürlich, ist unter solchen Voraussetzungen wuchernder Neugier schon fast zu erwarten gewesen; nicht aber die Wiederentdeckung des genialischen Zimmermeisters Richard Coray. Die unglaublichen Fotos jener zwangsweise verschwundenen Welt der Lehrgerüste über den Schluchten Graubündens verdeutlicht nicht nur mit einem Schlag, daß diese Gerüste einst beim Bau der großen Eisenbahnbrücken in den Alpen vielleicht das schwierigere Konstruktionsproblem gewesen sein mögen als die Stein- und Betonbrücken, welche darauf gelegt worden sind.

Allo stesso tempo scopre improvvisamente che un piccolo rinforzo contro le forze di taglio nelle strutture a tronchi sovrapposti consente luci del tutto impensate e finestrature grandi e piacevoli, e che i cedimenti delle tavole troppo giovani e umide producono un grazioso motivo ornamentale lungo l'architrave della porta, e nulla di più. Tuttavia in questo modo non viene "spiegata" la forza che anima le sue strutture: anche i ponti in cemento più monotoni sono logici, e soltanto al di là del calcolo strettamente razionale le cose cominciano a essere davvero emozionanti e sufficientemente rischiose. Nessun altro edificio traduce più chiaramente questo modello di pensiero della splendida passerella di Traversina, ideata senza ricorrere agli architetti. Questa passerella esemplifica perfettamente il rigore con cui Conzett dispiega la sequenza dei suoi pensieri, in cui ogni risposta propone la domanda successiva e tutte alla fine si intrecciano inestricabilmente in un oggetto di grande complessità dal punto di vista statico, costruttivo e formale. In questo caso all'inizio della sequenza c'era solo la spinta di sollevamento dell'elicottero da trasporto russo scelto per depositare lo scheletro di questo oggetto nella gola impervia.

Ma certo! La forza dell'elicottero! A questo punto si capisce improvvisamente quale sia il rapporto che lega insieme l'enorme freccia d'inflessione della costruzione a fune, questo spazio monumentale e in continuo movimento tra i cavi e le aste di legno, con il peso estremamente ridotto della struttura portante e la difficoltà di mantenere rigide anche nel vento strutture con componenti così leggeri. Contemporaneamente diventa evidente e si intuisce che gli elementi "aggiuntivi", come la pesante lastra della passerella, servono a fornire il carico di pretensione e la rigidità trasversale, e i montanti del parapetto diminuiscono il ribaltamento. Tuttavia quanto più si osserva il ponte, tanto più lo sguardo si perde nell'impresa di decifrarne i principi strutturali, cosa non del tutto facile per i profani. Ogni elemento, infatti, sembra rispecchiare la stessa logica che caratterizzava le capanne che si costruivano sugli alberi da ragazzi: non si riusciva a capire come stessero in equilibrio, ma si intuiva che non si poteva togliere una tavola marcia o raddrizzare un chiodo incurvato oppure tagliare una fune senza che la capanna crollasse immediatamente.

Con il suo aspetto ispirato e disciplinato, la passerella di Traversina si pone nel solco delle grandi imprese ingegneristiche tradizionali, in cui lo scorrere delle forze, invisibile ma percepibile e continuo, diviene una componente immaginaria ma irrinunciabile della forma, una vera e propria energia plastico-artistica. "La tensione è una scultura": potrebbe benissimo essere una frase di Beuys. In questo senso la scultura statica si svincola completamente, sotto l'aspetto formale, dal Kamov K 36 russo e dalla logica dei processi costruttivi, e la sottile finezza del traliccio a fune carico di tensione viene sottolineata ulteriormente da uno stretto pilastro e dal contesto topografico aspro e selvaggio. Qui sta l'abilità magistrale di Conzett: naturalmente – ed egli stesso lo riconoscerebbe senz'altro con un sorriso – sarebbe stato possibile costruire il ponte in maniera diversa anche nonostante l'elicottero, assemblando la struttura per parti o ricorrendo ad aste. Il fatto che questo elegante quanto precario sistema di tiranti alla fine oscilli sotto i passi di chi lo attraversa ancor più di quanto il progettista stesso avesse previsto, fa guadagnare a Conzett più un premio che non un castigo per questo azzardo. Perché il leggero formicolio, quasi tibetano, che si avverte percorrendo il ponte è un'emozione che, al cinema, pagheremmo per sentire, una sorta di effetto sensurround senza sonoro: niente ci potrebbe far percepire in maniera più immediata la spettacolare snellezza della passerella, le forze imprigionate nei cavi che premono verso l'esterno e al contempo la spaventosa profondità del precipizio.

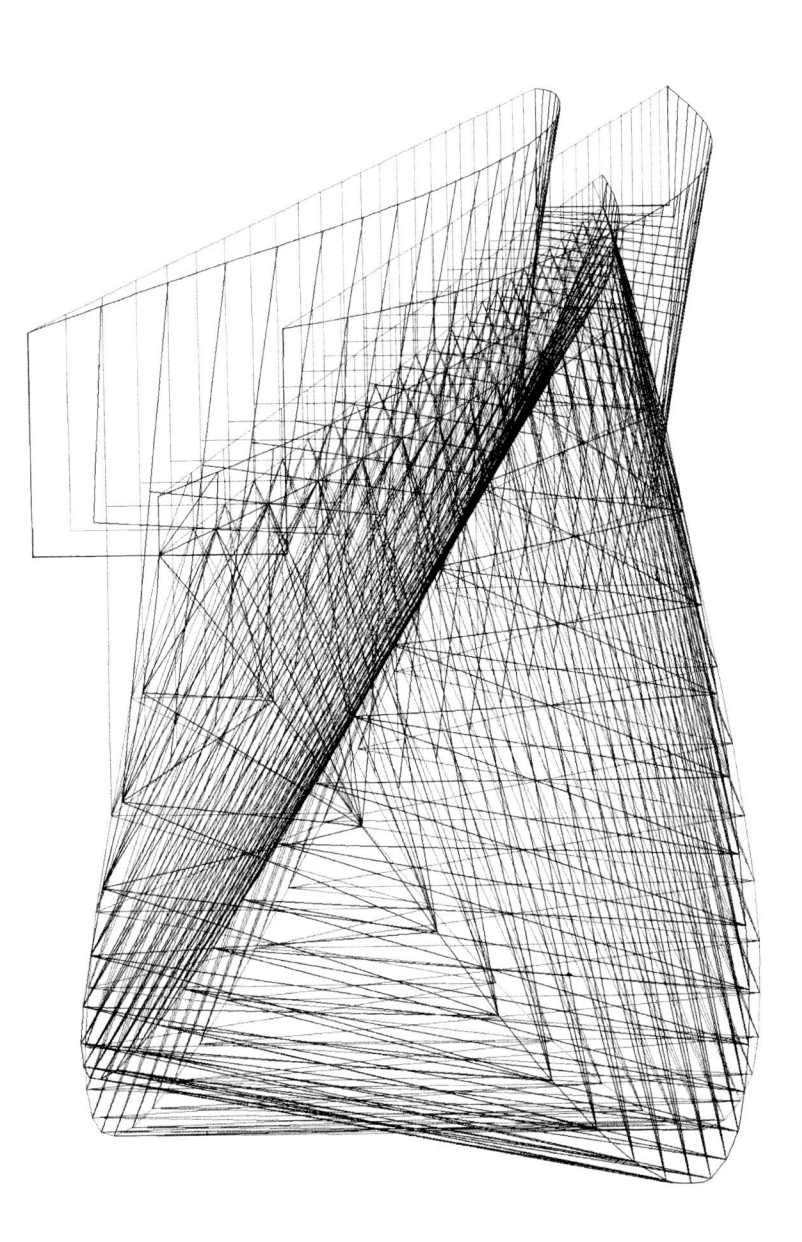

Mehr noch, es dürften die babylonischen Holzbalkengeflechte gewesen sein, diese nur noch durch Rechnung, Erfahrung und Formgefühl des Ingenieurs geleitete und durch des Zimmermeisters Kunstfertigkeit realisierte Bricollage, welche Conzett unmittelbar begeistert haben. Nur, im entscheidenden Punkt wird er sich natürlich nicht täuschen lassen: eine feuilletonmäßig unbedarfte Preisung dieser ephemeren Denkmäler als „reine Schönheit des technischen Zweckes" würde dem Verfasser nur Mitleid abringen. Denn das Forschungsterritorium von Coray wie von Conzett ist jene von sanftem Anarchismus regierte, unübersichtliche Zone abseits dieser Pfade vermeintlicher Anschaulichkeit. Es liegt dort, wo auch – oder gerade – eine Menge an Wissen, Vernunft und Logik die Form gegenüber der schieren Möglichkeit, der Vorstellungskraft und dem Vergnügen nie als Geisel zu nehmen vermag. Oder anders gesagt: das Problem ist die Erfindung, das ist klar, und nicht die Lösung.

Conzett versteht seinen Beruf als Kultur- und nicht als Dienstleistung, das erzeugt Breite wie Tiefe. Daß er irgendwann ins Fadenkreuz der Alpenjury geraten würde, war damit gegeben, denn er ist nach Herkunft wie nach Naturell ein Bündner. Dennoch ist es weniger die provinzielle Neigung, welche ihn ins alpine Baugeschehen verstrickt hat, sondern einfach sein unmittelbares berufliches und persönliches Umfeld. Für einen koketten, naiven oder derben Regionalismus, eine Art ingenieurmässige Holzmeisterei (oft genug die Grenze der geistigen Reichweite auch begabter alpiner Baumeister) ist er zu gegenwärtig und zu aufgeklärt – und mittlerweile auch zu gesucht im flachen Land: bei all den Architekten nämlich, die gerade nicht nach dem Ingenieur suchen, der „alles möglich macht". Denn sie täuschen sich nicht darüber hinweg, daß die aufregende Chance im schwierigen Dialog zwischen Architekten und Ingenieuren gerade darin besteht, daß sie sich letztlich – auf neugierige Art natürlich – doch nicht wirklich verstehen. Es gibt nicht viele Ingenieure, die diesen eigenen Raum für sich noch beanspruchen, denn es ist wirklich alles machbar geworden, auch in den Bergen.

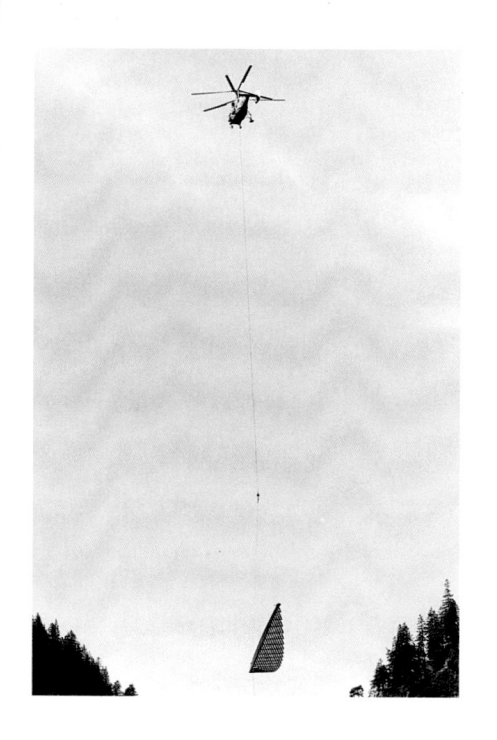

Una simile opera, nonché la grande libertà nel processo di progettazione, è concepibile soltanto avendo alle spalle una conoscenza completa della storia, costruita e teorica, della disciplina, che si affianca al sapere tecnico dell'ingegnere. Non è facile dire se gli intensi studi di Conzett in questo campo siano da annoverare tra le premesse piuttosto che tra le fasi operative del suo metodo di lavoro; in ogni caso sono abbastanza insoliti per un ingegnere. Qualche approfondimento è dedicato anche alle montagne, che si tratti di studi sulla storia della ferrovia dell'Albula o dell'inventario sistematico, apparentemente quasi senza importanza, delle tecniche di realizzazione dei muri di sostegno per le opere viarie del cantone dei Grigioni. Il campo di quest'ultima ricerca, ad esempio, è stato esteso da Conzett oltre le tematiche strutturali, arrivando a indagare la teoria e l'arte del tracciamento delle strade nelle più impervie zone di montagna, una questione che dai tempi di Schultze-Naumburg e Seifert aveva interessato direttamente soltanto i tecnocrati.

Partendo da questa esuberante curiosità, può apparire quasi scontato che Conzett compia perfino una rilettura di Maillart da un punto di vista teorico-ingegneristico, naturalmente con un'ottica il meno possibile accademica. Meno prevedibile, invece, è la riscoperta del geniale maestro carpentiere Richard Coray: le suggestive immagini che testimoniano della complessità delle armature provvisorie che servivano alla costruzione dei grandi ponti ferroviari alpini nelle gole dei Grigioni, una tecnica per forza di cose propria di un mondo ormai scomparso, rivelano non soltanto con grande immediatezza come la realizzazione di queste centinature fosse ben più impegnativa di quella dei ponti in pietra o in cemento che vi si appoggiavano sopra, ma anche che potrebbero essere stati questi intrecci babilonesi di armature di legno, quasi dei bricolage nati dal calcolo, dall'esperienza e dalla sensibilità per le forme degli ingegneri e dall'abilità dei carpentieri, a ispirare direttamente Conzett. Eppure, arrivato al dunque, egli non si lascia ingannare: un elogio ingenuo e superficiale di questi monumenti effimeri e della "pura bellezza delle finalità tecniche" che li caratterizza gli susciterebbe un sorriso di compassione. La ricerca di Conzett, come quella di Coray, si svolge invece in una zona indeterminata, governata da una tranquilla anarchia e lontana da percorsi apparentemente evidenti. Si svolge cioè là dove una grande dose di sapere, di razionalità e di logica non è mai in grado di impossessarsi della forma di fronte alla pura possibilità, all'immaginazione e al piacere. In altri termini il problema non è la soluzione, ma l'invenzione.

Conzett considera il proprio lavoro un'attività culturale e non una semplice prestazione professionale, e questo determina un allargamento e insieme un approfondimento del suo campo d'azione. Il fatto che a un certo punto dovesse entrare nel campo visivo della giuria del premio era scontato, perché per origine e per temperamento Conzett è intimamente legato al cantone dei Grigioni. Tuttavia non è tanto questa inclinazione provinciale a spingerlo verso le vicende dell'architettura alpina, quanto semplicemente l'ambiente professionale e umano in cui opera. Per lasciarsi andare a un compiaciuto regionalismo, ingenuo o rustico che sia, per diventare una sorta di carpentiere con un background da ingegnere (un ruolo che spesso evidenzia il limite delle capacità intellettuali anche di un buon progettista), Conzett è troppo perspicace e spregiudicato, e allo stesso tempo anche troppo richiesto, al di fuori del mondo alpino, da tutti quegli architetti che non cercano esattamente un ingegnere che "renda possibile ogni cosa". Essi infatti non si sbagliano sul fatto che l'aspetto emozionante del difficile dialogo tra architetti e ingegneri consiste proprio in questo, nel non riuscire mai a capirsi completamente, pur essendo incuriositi gli uni dagli altri. Non esistono molti ingegneri in grado di ritagliarsi uno spazio simile, dato che ormai tutto si può realizzare, anche in montagna.

29

Peter Zumthor

Therme Vals, Graubünden, Schweiz
1996

Terme di Vals, Grigioni, Svizzera
1996

Possiamo ammetterlo chiaramente: le architetture di Peter Zumthor nei Grigioni (che siano chiese o case di vacanza, residenze per anziani o terme) forniscono risposte così esemplari a qualsiasi tema architettonico che finiranno per estromettere dal concorso "Architettura contemporanea alpina" tutte le realizzazioni che non siano al loro livello. E anche se così non fosse, dato che l'importante attività progettuale di Zumthor copre uno spettro di questioni davvero vastissimo e che si è conquistata una sorta di abbonamento al premio di Sesto, la giuria sarà presto costretta a trovare una soluzione a questo problema. In ogni caso possiamo affermare che l'opera di Zumthor ha finito per determinare l'istituzione di un'apposita categoria di premi, per ridare al tema quello spazio che non solo esso merita, ma che è anche "di vitale importanza" per la prosecuzione del dibattito. Se si volesse affrontare la questione in maniera provocatoria e volutamente negativa si dovrebbe affermare ancora che Zumthor, con la sua opera di altissimo livello, sbarra il passo a qualsiasi dibattito libero e aperto perché ovunque egli intervenga e in qualsiasi situazione sia coinvolto accentra su di sé tutte le questioni, come fece il leggendario patriota del cantone di Appenzell mettendosi sulle spalle tutte le lance dei soldati asburgici.

L'unica differenza – alla fine bisogna pur rimediare a questa immagine un pò infelice – è che in questa maniera Zumthor non lascia aperto alcuno spiraglio al dibattito, ma con il suo atteggiamento esemplare convoglia l'attenzione sul proprio modo di risolvere i problemi e indirizza verso di sé come una calamita tutte le questioni relative all'architettura contemporanea alpina.

Bisogna considerare tuttavia non solo che le opere di Peter Zumthor sono al centro dei nostri inerrogativi, ma che l'intera sua carriera, prima come architetto della sovrintendenza ai monumenti e poi come libero professionista, ha prodotto una sorta di processo di "insegnamento e apprendimento" che ha coinvolto un'intera regione geografica. Zumthor si è comportato esplicitamente, sin dalla prima ora, come un "maestro" che non solo è stato in grado di formare nel suo studio un grande numero di architetti e di costruttori, ma che ha anche saputo trovare il momento giusto per lasciarli liberi e avviarli alla professione autonoma. Molti edifici dei Grigioni premiati a Sesto sono in rapporto diretto o indiretto con il pensiero e l'opera di Zumthor, o si sono confrontati con i suoi principi in qualche fase della loro creazione. Non può dunque essere un caso se, in occasione dei dieci anni di "Sesto Cultura", è stato creato per un personaggio dalla statura così imponente un premio speciale che non si riferisce a un singolo edificio, ma riconosce l'opera complessiva del progettista per la parte che riguarda più da vicino la nuova architettura alpina.

Peter Zumthor è originario di una famiglia di falegnami di Basilea, e ha operato prevalentemente nei Grigioni. La conoscenza di questi due tratti biografici potrebbe portare a conclusioni errate, la prima delle quali è che l'artigiano e il suo modo di lavorare si trovino al centro del pensiero architettonico di Zumthor. Invece è molto più probabile che Zumthor non si lasci sedurre dalle proprie conoscenze tecniche, e che i suoi pensieri non nascano essenzialmente dai processi di produzione.

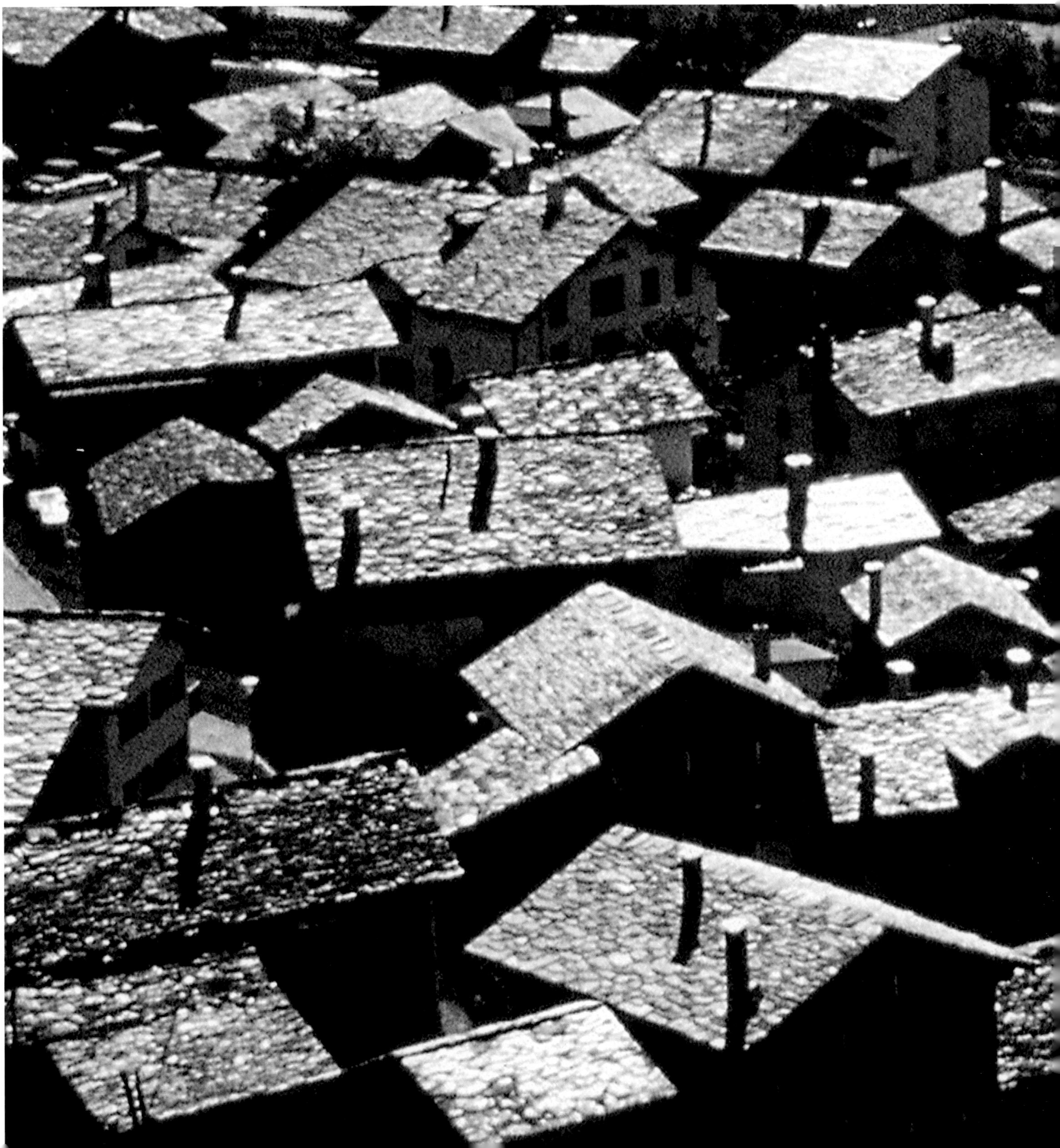

Man kann es ja offen eingestehen: Peter Zumthors Arbeiten in Graubünden geben in allen Bereichen, ob Kirche oder Ferienhaus, ob Seniorenheim oder Therme so modellhafte Antworten, daß sie auch imstande sind, wie ein Kuckucksei alles aus dem Nest des „Neuen Bauens in den Alpen" zu werfen, was nicht diesem Niveau entspricht. Auch wenn es nicht so wäre, daß diese imponierende Arbeit wirklich den Fragenkatalog abdeckte und so etwas wie ein Abonnement auf den Preis von Sexten verdiente, käme die Jury unter einen veritablen Handlungszwang, für dieses Problem eine Lösung zu finden. Jedenfalls hat, wenn man so will, Peter Zumthor mit seinem Werk eine eigene Preiskategorie provoziert, um dem Thema wieder jenen Raum zu geben, den es nicht nur verdient, sondern der für eine weitere Diskussion „lebenswichtig" ist. Und wenn man es provokant und betont negativ formulieren wollte, müßte man sogar behaupten, Peter Zumthor verstellt mit seinem monumentalen Werk den Zugang zu einer offenen, freien Diskussion, weil er, überall wo er hingreift, überall wo er sich einmischt, die Fragen so bündelt, wie der legendäre Appenzeller, der die Lanzen der Habsburger Söldner auf sich vereinte. Nur mit dem Unterschied – schließlich muß man ja ein solch schiefes Bild retten –, daß er damit kein Loch für die Diskussion öffnet, sondern durch sein exemplarisches Handeln alle Aufmerksamkeit auf seine Art der Problemlösung lenkt und die Fragen um ein „Neues Bauen in den Alpen" magnetisch bindet.

Man muß aber auch sehen, daß die Arbeiten von Peter Zumthor nicht nur im Zentrum unserer Fragestellungen stehen, sondern daß sein Lebensweg, ob zunächst als Denkmalpfleger und später als Architekt, eine Art von „Lehr- und Lernprozeß" für eine ganze Region ausgelöst hat. Zumthor war „Lehrer" offenbar von der ersten Stunde an, der als „Meister" in seiner Werkstatt nicht nur eine beachtliche Zahl von Architekten und Konstrukteuren ausgebildet, sondern auch rechtzeitig frei gemacht und in die selbständige Praxis entlassen hat. Viele in Sexten ausgezeichnete Bauten aus Graubünden stehen direkt oder indirekt mit dem Denken und der Arbeit Zumthors in Beziehung oder haben sich in irgendeiner Phase ihrer Entstehung an seinen Maßstäben gemessen. Es kann also kein Zufall sein, daß zum ersten zehnjährigen Jubiläum von Sexten Kultur für eine derartig dominante Präsenz ein Sonderpreis geschaffen wurde, der sich nicht mehr auf ein Objekt bezieht, sondern eben das Gesamtwerk, soweit es im Kontext Neues Bauen in den Alpen gesehen werden kann, auszeichnet.

Peter Zumthor stammt aus einer Basler Schreinerfamilie, und er hat vor allem in Graubünden gearbeitet. Beide biographische Faktoren könnten zu Fehlschlüssen verleiten: Der naheliegendste wäre jener, daß für Zumthor das Handwerk, das Handwerkliche im Zentrum seines architektonischen Denkens stünde. Viel wahrscheinlicher ist die Annahme, daß Zumthor trotz seiner handwerklichen Kenntnisse, sich nicht von ihnen verführen läßt, seine Gedanken nicht primär aus Herstellungsmethoden entwickelt. Seine frühen Tätigkeiten in Graubünden haben ihm vermutlich tiefe Einblicke in kulturelle und historische Zusammenhänge verschafft. Aber auch darin nimmt er keinen „kulturalistischen" (nach Bruno Reichlin) Standpunkt ein, das heißt, seine Architektur sucht keine – wie auch immer gearteten – „stilistischen Traditionen". Sie ist weder an

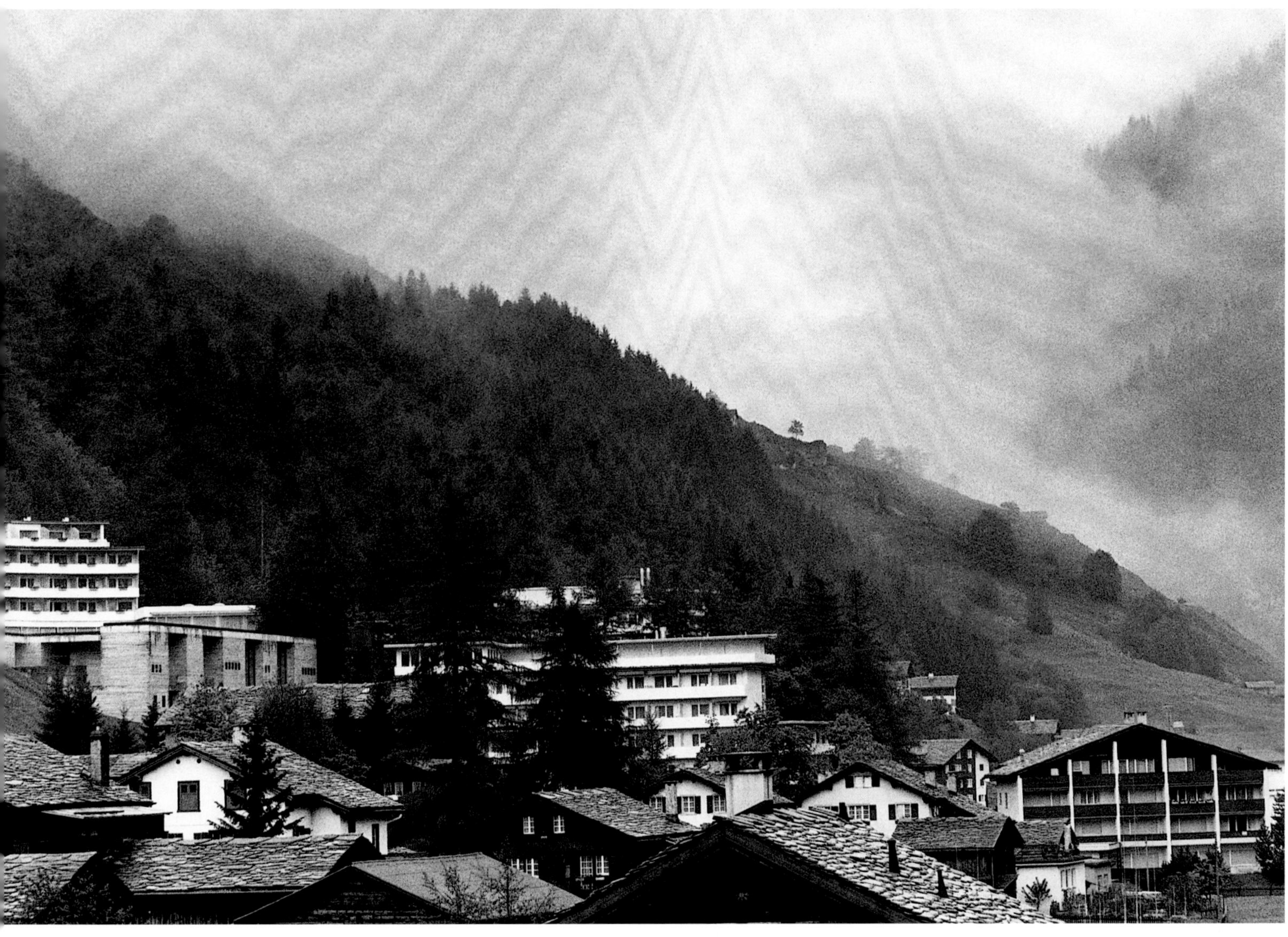

Il primo periodo della sua attività nei Grigioni gli ha consentito probabilmente di studiare in maniera approfondita vari contesti storici e culturali, eppure anche in questo caso egli non assume alcuna posizione "culturalista" (per usare un termine caro a Reichlin), cioè la sua architettura non si pone sulle tracce di un'immutabile "tradizione stilistica", non si interessa né alle lingue né ai dialetti, non cerca né la retorica superficiale né la sottolineatura semantica: essa sviluppa invece i propri principi e metodi stando a fianco del problema, qualunque cosa ciò significhi. L'accento viene posto in ogni caso sulla ricerca, perché sarebbe eccessivamente azzardato ritenere che non esistano fenomeni stilistici nelle opere di Zumthor; esiste persino un qualcosa di manieristico, là dove egli ricerca determinati effetti. Zumthor rivela una grande sensibilità verso i materiali, le superfici, la luce, le texture e le strutture; dunque rivolge il proprio interesse non solo all'aspetto visibile delle cose, ma anche al contributo che esse danno all'architettura. Tuttavia la padronanza dell'utilizzo di questi aspetti serve, più che a metterne in mostra la capacità di seduzione visiva, a combinarli in vista di determinati effetti percettivi.

Zumthor è funzionalista perché accetta l'estetica non come fine in sé e neppure come unica forma di comunicazione culturale, ma proprio come occasione di confronto culturale con un tema architettonico. Egli non ha mai praticato un'architettura contemporanea alpina, ma è stato il territorio a porre alla sua architettura determinate questioni a cui bisognava dare risposta. L'avvicendarsi di questi interrogativi – e Zumthor è un architetto abituato a porsi interrogativi – non riguarda solamente i problemi che il costruire gli sottopone. È Zumthor stesso a riproporre nelle sue opere i temi delle origini dell'architettura moderna: il luogo, lo spazio, l'utilizzazione di ogni nuovo strumento, il ruolo delle tecnologie costruttive, la relativizzazione della macchina (come seducente simbolo del moderno), l'intelligibilità delle leggi della natura nell'architettura, l'immediatezza della matericità e gli effetti a essa collegati. Tutti questi però sono sintomi non di una riproposizione del passato, ma di un nuovo modo di vedere le cose. Il ritorno di Zumthor alle radici del moderno non porta a una posizione storicistica, e neppure a un pensiero orientato allo stile come quello in cui si è arenata senza speranza l'architettura del XX secolo, ma a un confronto particolarmente intenso e rigoroso con le questioni fondamentali dell'architettura nel mondo di oggi. In questo senso si tratta anche di un'architettura ottimistica, che crede nella possibilità di migliorare il mondo, che non si produce in prese di distanza ironiche o addirittura ciniche e che va in scena senza alcuna rete di protezione. Naturalmente determinati aspetti di questa architettura sono al limite del pathos "ingenuo" o regressivo, perché evidentemente non siamo più in grado di sperimentare senza emozioni lo stato di naturalezza primitivo e allora accettiamo di commuoverci per lo stato primitivo che supponiamo viva dentro di noi.

Le opere di Zumthor finora premiate (la chiesa di Sogn Benedetg, la casa Truog a Gugalun, la residenza per anziani a Coira e le terme di Vals, che vengono presentate quest'anno al concorso) sono edifici che risultano esemplari per l'architettura contemporanea alpina perché non sono stati progettati partendo da un riferimento specifico "alpino", ma considerano la capacità di confrontarsi con il contesto naturale e culturale come parte (e neppure predominante) di un progetto architettonico. Gli edifici di Zumthor hanno un carattere dialettico perché appare naturale che

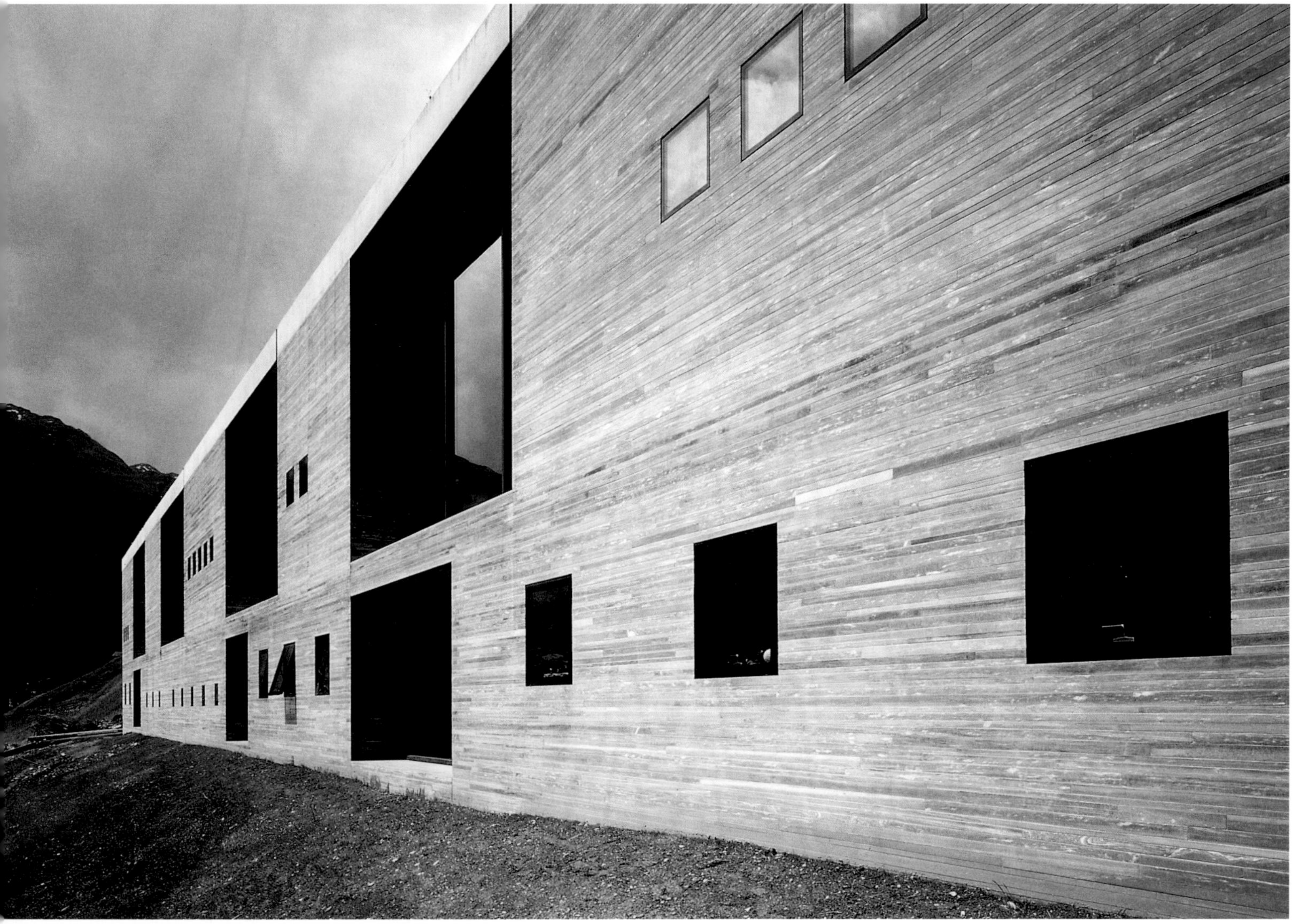

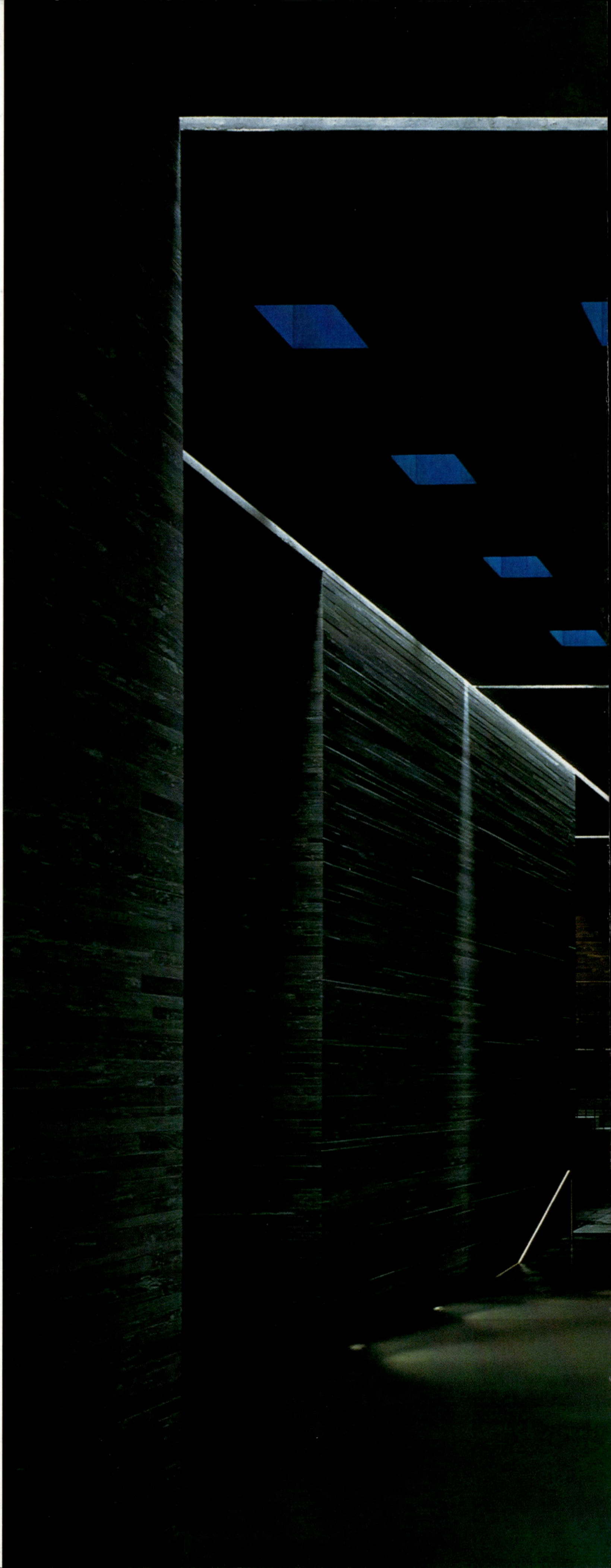

32°

Sprachen noch an Dialekten interessiert, sie sucht weder das vordergründig Rhetorische noch das betont Semantische, sie entwikkelt ihre Gedanken und Verfahren an den Problemen entlang – was immer das heißen mag. Die Betonung liegt allerdings auf „Suche", denn es wäre vermessen zu behaupten, daß es nicht stilistische Phänomene in Zumthors Arbeiten gibt, ja es gibt sogar Manieristisches dort, wo es ihm um bewußte Wirkungen geht. Zumthor zeigt eine große Sensibilität gegenüber Materialien, Oberflächen, Licht, Texturen und Strukturen, er hat also ein Interesse nicht nur an der Sichtbarkeit der Dinge, sondern an ihrem Beitrag zur Architektur. Die Beherrschung ihrer Herstellung dient aber weniger der Entfaltung ihrer visuellen Reize, eher ihrer Koordination im Hinblick auf bestimmte Wahrnehmungen. Zumthor ist insofern Funktionalist, als er die Ästhetik nicht als Selbstzweck, auch nicht als alleinige kulturelle Mitteilung akzeptiert, sondern eben als kulturelle Auseinandersetzung mit einem architektonischen Thema. Zumthor hat nie ein „Neues Bauen in den Alpen" betrieben, sondern die Region hat an seine Arbeit bestimmte Fragen gestellt, und die galt es zu beantworten.

Im Wechselspiel dieser Fragen – und Peter Zumthor ist ein fragender Architekt – geht es aber nicht nur um die Fragen, die das Bauen an ihn heranträgt. Zumthor stellt selbst in seinen Arbeiten die Fragen der frühen Moderne neu. Seine Themen sind der Ort, der Raum, die Verarbeitung von Welt vor Ort, die Rolle der Konstruktion, die Relativierung des Mechanischen (als verführerisches Zeichensystem für modern), das Sichtbarwerden von Naturgesetzen im Bauen, die Unmittelbarkeit des Stofflichen und die damit verbundenen Wirkungen. Das alles sind aber keine Symptome einer Umkehr, sondern eines neuen Blicks auf die Dinge. Peter Zumthors Rückkehr zu den Wurzeln der Moderne endet nicht in einer historisierenden Position – eben nicht in einem Stildenken, in dem sich die Architektur des 20. Jahrhunderts heillos verheddert hat –, sondern in einer sehr lebendigen und harten Auseinandersetzung mit den Grundfragen der Architektur auf dem Niveau der Gegenwart. So gesehen handelt es sich auch um eine

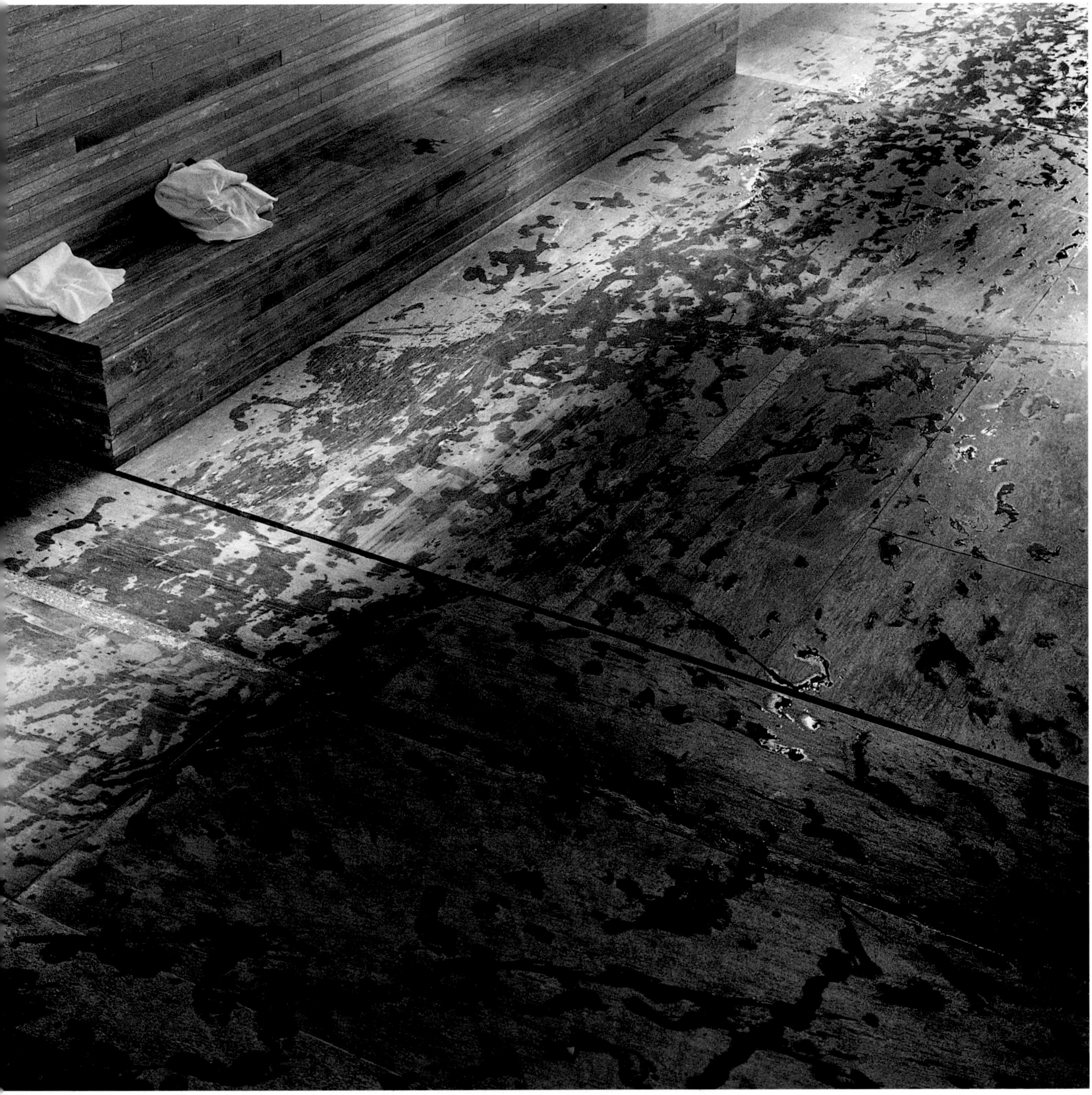

optimistische Architektur, eine Architektur, die an eine Verbesserung der Welt glaubt, die keine ironischen oder gar zynischen Distanzen erzeugt und ohne Rückversicherungen auftritt. Natürlich steht einiges im Grenzgebiet zu einem „naiven" oder archaischen Verkündigungspathos, weil wir eben offenbar nicht mehr fähig sind, Ursprünglichkeit ungerührt zu erfahren und sei's nur die Rührung über die in uns vermutete Ursprünglichkeit.

Peter Zumthor hat mit seinen bisher ausgezeichneten Arbeiten der Kirche von Benedetg, dem Haus Truog „Gugalun", dem Wohnhaus für Betagte in Chur und der heuer angemeldeten Therme von Vals Bauten geschaffen, die insofern für das Thema von Sexten modellhaft sind, weil sie eben nicht aus einer beengten Bezogenheit zum „Alpinen" (an sich?) entworfen wurden, sondern die Begegnung mit dem natürlichen und kulturellen Umraum als Teil (nicht einmal als dominierenden) eines Architekturkonzepts besitzen. Zumthors Bauten haben Dialogcharakter, weil es selbstverständlich erscheint, daß in ihnen auch der landschaftliche Raum verarbeitet wird, daß die Kultur des Altbestands (Haus Truog) Maßstäbe setzt, daß die kontemplativen Bedürfnisse des alternden Menschen „Weitblick" und Nähe

assimilino anche lo spazio del paesaggio, che la cultura della preesistenza stabilisca dei parametri ordinatori (casa Truog), che il bisogno di tranquillità delle persone che invecchiano richieda una vista in "lontananza", ma anche in vicinanza (residenza per anziani a Coira) o che una chiesa possa "librarsi" a distanza sopra un piccolo paese e tuttavia partecipare alla concretezza della sua vita quotidiana. L'architettura di Zumthor, che si trovi nei Grigioni o a Basilea, a Bregenz o a Berlino, non nega il luogo, ma lo valorizza, ne scatena le potenzialità più significative.

Che non si tratti solo di un intervento artistico, artificiale o specificamente architettonico, risulta evidente soprattutto nelle terme di Vals. Qui con una sorta di "operazione a cuore aperto" su un hotel con annesso impianto termale, inserito nel paesaggio con poca sensibilità durante gli anni Sessanta e in seguito dismesso, la località è stata trasformata in un prospero centro turistico grazie all'impianto di un nuovo stabilimento termale, che a causa o nonostante il ridisegno architettonico attira una clientela completamente nuova.

L'edificio evita qualsiasi stereotipo o allestimento spettacolare a beneficio dei turisti nonché tutte le varianti possibili del concetto di "esperienza spettacolare", così come ogni rumore e nervosa agitazione. Naturalmente anche per Zumthor si tratta di "esperienza", di un ri-esperibile, di una memoria mitica: l'acqua (il liquido che risana), la fonte, la montagna, la grotta, il pozzo, la luce che penetra, il ritornare fuori allo spazio aperto. Si tratta di esperienze connesse alla temperatura e ai suoi effetti di stimolazione e aggressività, si tratta di rivolgere uno sguardo da uno spazio difeso alla natura, ai pendii montani ripidi e intatti, allo straniamento estetico prodotto dal confronto tra il comodo riparo vicino alla fonte e alle immagini antiche e romantiche della natura inesorabile.

Naturalmente è presente anche la memoria, concreta e intellettuale, dei riti e delle atmosfere degli antichi bagni, e naturalmente questo ambiente termale di montagna è anche una messa in scena: si tratta di un modo di guardare alla natura con un atteggiamento urbano, selettivo ed esteticamente mirato. Ma questo modo di procedere simula una sensazione di immediatezza, di comprensibile, solida e anche compiaciuta concretezza, mentre l'edificio si traduce in un'eccezionale architettura di volumi pieni e vuoti. Lo sguardo contemplativo viene irretito in enigmi e in soluzioni sempre nuovi; l'edificio appare inesauribile e impenetrabile, nella sua varietà di aspetti, e si rapporta così al sito, altrettanto impenetrabile. Zumthor lascia alle spalle dei segreti e si arrischia perfino a giocare con la verità, che spesso anche solo un semplice gesto di ammiccamento finisce per relativizzare.

Così, come l'architettura alpina dopo la contrapposizione tra Clemens Holzmeister e Lois Welzenbacher ha dovuto essere ridiscussa da capo e come dopo i progetti e gli edifici di Edoardo Gellner non è più possibile rifugiarsi dietro alle sue conoscenze e alle sue conclusioni, certamente non è più possibile pensare un'architettura alpina senza l'idea di architettura di Peter Zumthor. In questo senso il necessario confronto con l'opera di Zumthor diventa anche un congedo, qualsiasi siano le risposte concrete che egli darà ancora a questi temi. Dunque è ora che "Sesto Cultura" dia il proprio contributo nel celebrare l'importanza della sua opera.

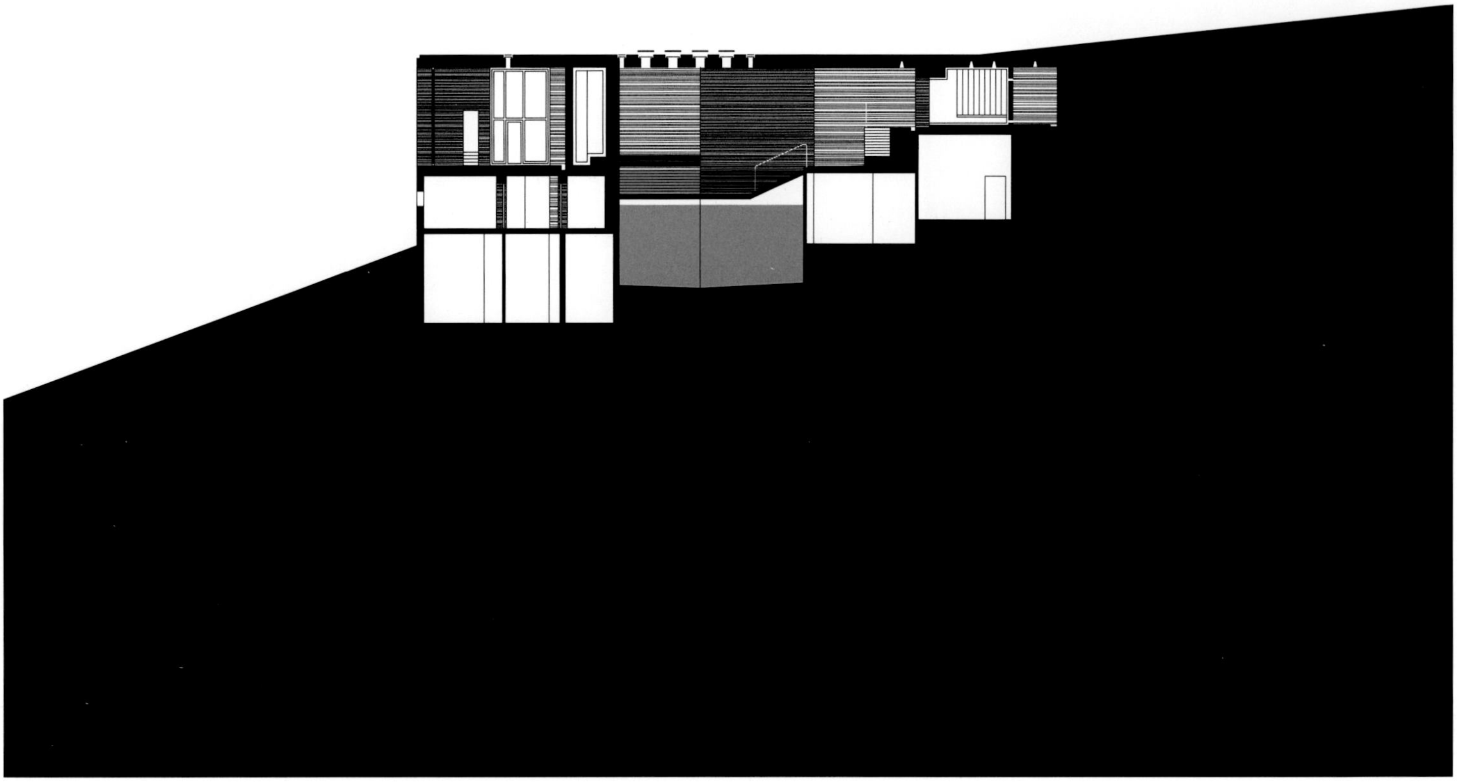

brauchen (Altenhaus Chur) oder, daß eine Kirche distanziert über einem Dorf „schweben" kann und trotzdem teilnimmt an der Materialität des dörflichen Alltags. Zumthors Architektur, ob in Graubünden, Basel, Bregenz oder Berlin, verdrängt also nicht den Ort, sondern beschenkt ihn, qualifiziert ihn für seine besten Möglichkeiten.

Daß es sich hierbei nicht nur um künstlerische, artifizielle oder eben um architektonische Eingriffe handelt, zeigt vor allem die Therme von Vals. Hier wurde durch eine Art „Herzoperation" an einer in den sechziger Jahren nicht gerade sensibel in die Landschaft gesetzten und später herabgewirtschafteten Bad- und Hotelanlage, durch das Implantat eines neuen Bades der Ortsteil in einen prosperierenden Tourismusbetrieb verwandelt, der wegen und trotz der neuen Architektur eine ganz neue Klientel anzieht.

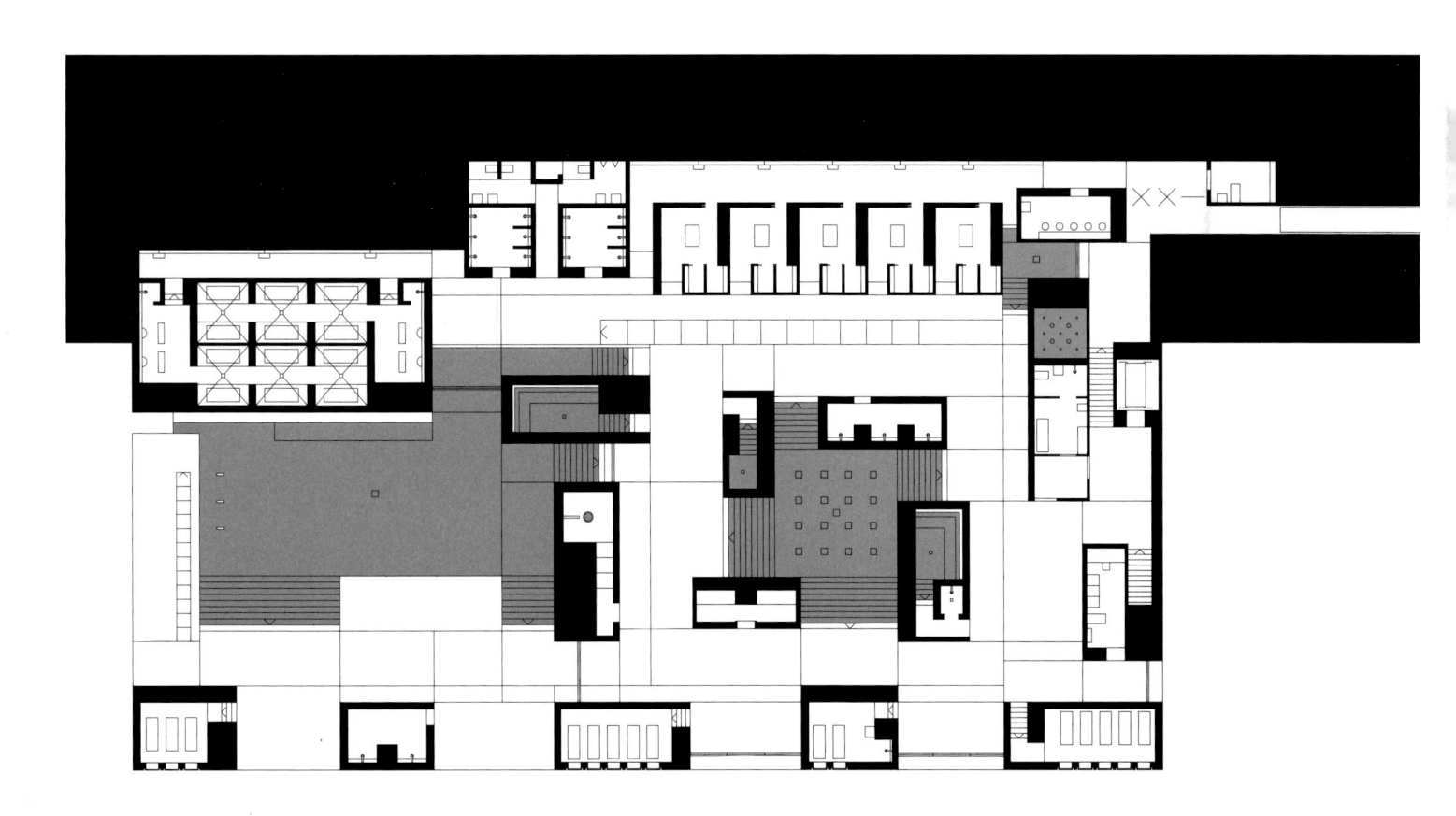

Der Bau enthält sich aller touristischen Klischees und Spektakel-Einrichtungen, aller denkbaren „Erlebnis-Varianten", alles Lauten und erregt Aktiven. Natürlich geht es auch bei Peter Zumthor um „Erlebnis", um Wiedererlebbares, es geht um mythische Erinnerungen: Wasser (heilendes Wasser), Quelle, Berg, Höhle, Schacht, eindringendes Licht, Durchbruch ins Freie. Es geht um Temperaturerfahrungen, ihre Sinnlichkeit und Aggressivität, es geht um den geborgenen Anblick der Natur, der steilen, unberührten Berghänge, der ästhetischen Verfremdung der Begegnung mit den alten, romantischen Bildern der unerbittlichen Natur im Schutze der Quelle.

Natürlich gibt es auch konkrete, kulturelle Erinnerungen an Rituale und Atmosphären alter Heilbäder, natürlich ist diese Badewelt im Gebirge auch inszeniert, es handelt sich um einen städtischen, ästhetisch selektiven und fokussierten Umgang mit Natur. Aber dieser Umgang simuliert eine Unmittelbarkeit, eine begreifbare, harte, auch gefeierte Dinglichkeit, der Bau ist höchste Raumkunst. Der kontemplative Blick wird in immer neue Rätsel und Lösungen verwickelt. Der Bau erscheint in seiner Vielfalt unerschöpflich, unergründbar und bindet sich so an den ebenso unergründbaren Ort an. Zumthor läßt Geheimnisse zurück, ja er läßt sich auf riskante Spiele mit der Wirklichkeit ein, die oft nur ein Augenzwinkern relativiert.

So wie man das Bauen in den Alpen nach dem Antagonismus von Clemens Holzmeister und Lois Welzenbacher neu diskutieren mußte und es nach den Konzepten und Bauten von Edoardo Gellner nicht mehr möglich ist, hinter seine Erkenntnisse und Ergebnisse zurückzugehen, so ist es wohl auch nicht mehr möglich, ein Bauen in den Alpen ohne das Architekturkonzept des Peter Zumthor zu denken. So gesehen, wäre die notwendige Auseinandersetzung mit dem Werk von Peter Zumthor auch ein Abschied, so viele Antworten er konkret zu diesen Themen noch geben mag. Also, höchste Zeit, ihn für dieses große Werk von Sexten aus zu ehren.

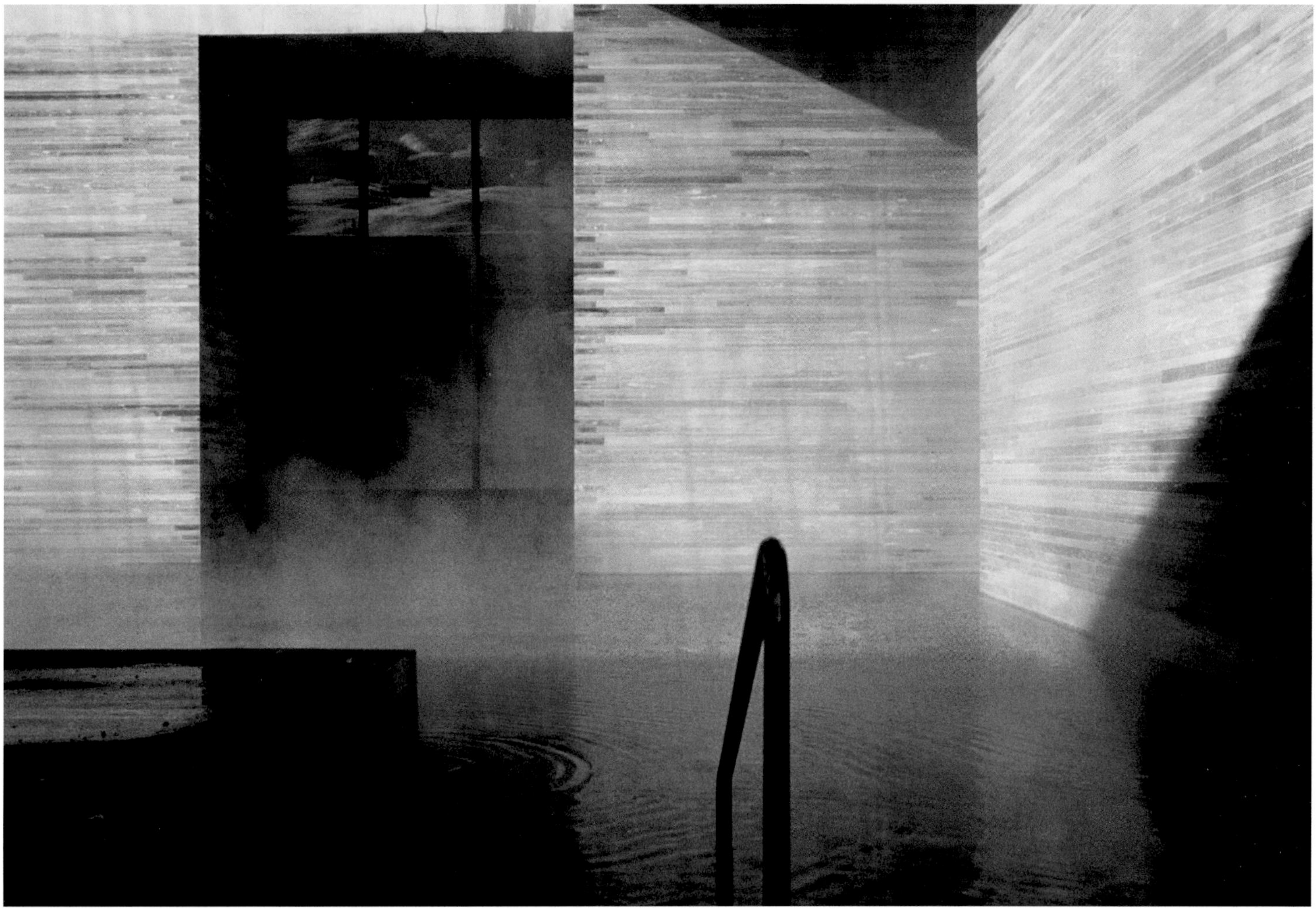

Auszeichnungen **Riconoscimenti**

Gion A. Caminada	48
Conradin Clavuot	66
Robert Danz	74
Günther Domenig, Hermann Eisenköck	80
Roberto Gabetti, Aimaro Isola, Guido Drocco	88
Andreas Hagmann, Dieter Jüngling	98
Dieter Henke, Marta Schreieck	104
Isabel Hérault, Yves Arnod	110
Margarethe Heubacher-Sentobe	116
Hermann Kaufmann	122
Valerio Olgiati	128
Raimund Rainer, Andreas Oberwalder	138
Hans-Jörg Ruch	144

Gion A. Caminada

Schule in Duvin, Graubünden,
Schweiz 1992

Scuola di Duvin, Grigioni,
Svizzera 1992

Die Pläne von kleinen Bergdörfern verfügen über eine eigene und eigentümliche Grammatik. Duvin macht da keine Ausnahme. Die Abdrücke der kompakten, gedrungenen Häuser, die meist dem Quadrat nahe sind, ordnen sich auf der Karte an wie Magnetspäne: im Kern zusammengezogen um ein nichterkennbares Zentrum, am Rand ineinander verkeilt beim Streben um Nähe, und weiter draußen nur noch lose im Feld gehalten. Wie wenig ein solcher Plan vom räumlichen Reichtum des Ortes wiederzugeben vermag, läßt sich auch im Falle Duvin beim Gang durch den Ort verfolgen: ohne den Schnitt, jenen durch die Topografie und jenen durch die Häuser, bleibt der Grundriß unverständlich. Es sind die kleinen Absätze und Stufen zwischen den Häusern, der Sprung im Gelände, der eine Lücke schließt, und das Spiel in der Höhe der Gebäude und jenes über deren Ecken hinweg – sie schaffen eine selbstverständliche Ordnung, nicht selten jenes unverkennbare Stückchen „Urbanität" oder Örtlichkeit, über dessen Gestalt zumindest Kinder keinen Zweifel haben.

Die Schule in Duvin ist vor allem anderen eine bemerkenswerte Auseinandersetzung mit der unterschwelligen Kraft eines Eingriffes in diese schwache, starke, „magnetische" Konstellation. Erst die Lektüre der anderen Wettbewerbsbeiträge offenbart, welch genaues Kalkül in der scheinbar stummen Setzung der neuen Schule aufgehoben ist.

49

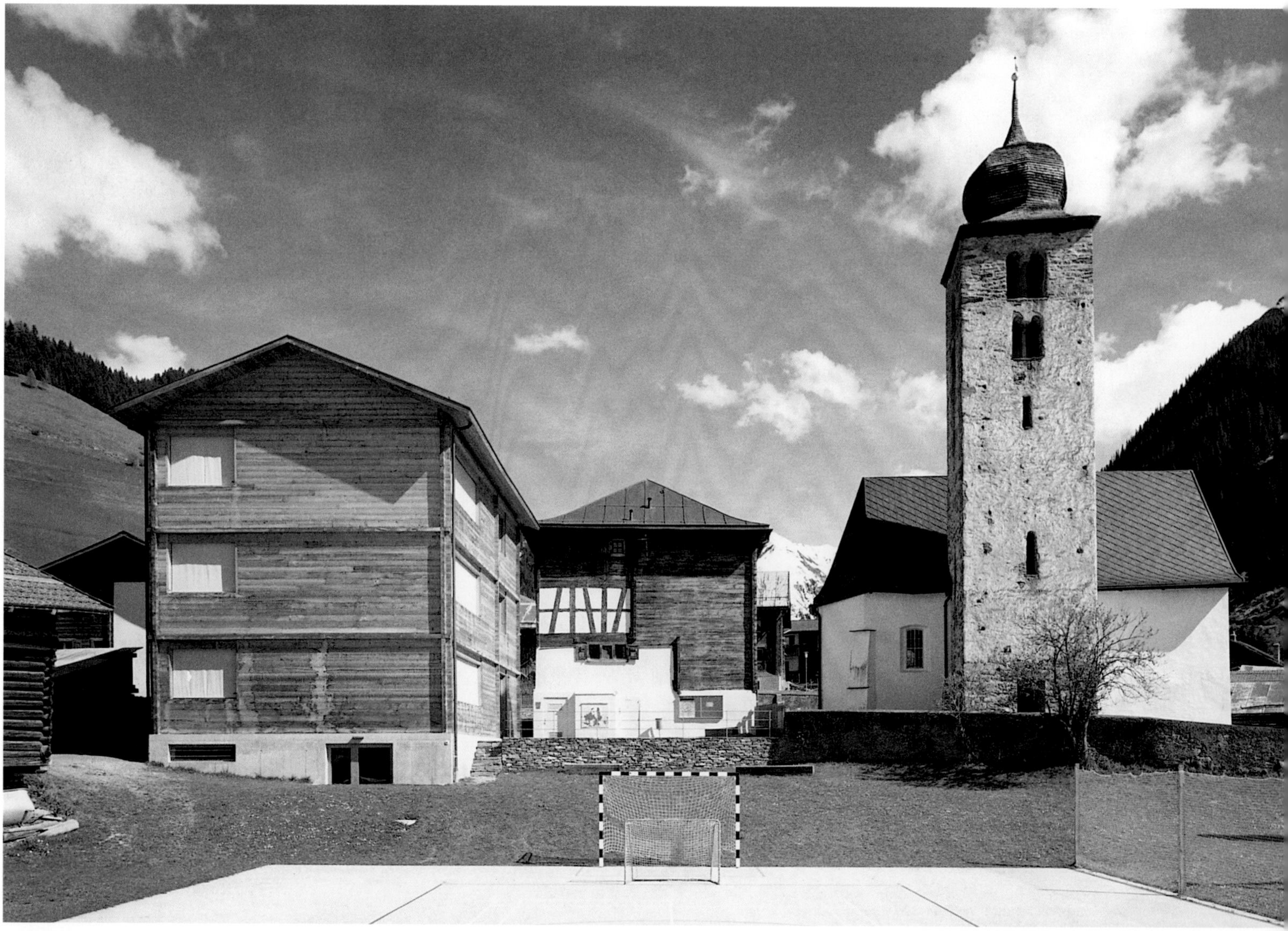

Le planimetrie dei piccoli villaggi di montagna presentano in genere una struttura grammaticale tanto specifica quanto singolare, e in questo senso Duvin non fa eccezione. Le piante di case compatte e massicce, la cui forma è per la maggior parte prossima al quadrato, si dispongono sulla carta geografica come scaglie di ferro magnetizzate: all'interno raggruppate attorno a un centro non facilmente identificabile, ai margini incastrate l'una nell'altra in una tensione che le forza ad attrarsi, e nella fascia esterna disseminate qua e là tra i campi. Quanto poco una planimetria riesca a restituire della ricchezza urbana di un luogo lo si può notare anche attraversando il paese: senza una sezione verticale che evidenzi l'andamento del terreno, e una attraverso i muri delle case, la sola pianta è destinata infatti a rimanere incomprensibile. Sono i piccoli intervalli e i gradini tra le case, il dislivello del terreno che chiude un vuoto o il gioco formato dalle diverse altezze degli edifici e dal rapporto tra gli angoli che creano un ordine naturale, non raramente quell'inconfondibile pezzetto di "carattere urbano" o di senso del luogo sulla cui natura almeno i bambini non hanno dubbi.

La scuola di Duvin ha soprattutto il merito di confrontarsi con il carattere subliminale che assume l'intervento all'interno di questa costellazione "magnetica", debole e forte allo stesso tempo. Soltanto l'esame degli altri progetti di concorso rende conto di quale attenta valutazione del contesto si celi nel posizionamento apparentemente tranquillo della nuova scuola. Il semplice volume a parallelepipedi definisce e disciplina tre spazi esterni; è inutile chiedersi se l'addensamento geometrico e spaziale che caratterizza i due edifici rappresenti un calcolo minimale o una risposta mimetica all'andamento "stocastico" della planimetria del luogo: chi può affermare con certezza che abitanti digiuni di regole geometriche concrete abbiano davvero collocato del tutto casualmente le proprie case le une accanto alle altre? Al più tardi esaminando i prospetti del complesso diviene chiaro quale principio ordinatore, forte e tranquillo, si celi nell'architettura esistente e quanta inten-

Drei Außenräume werden durch den simplen, rechteckigen Körper festgeschrieben und zur Ruhe gebracht; und es ist müßig zu fragen, ob die angespannte geometrische und räumliche Beziehung zwischen den Häusern nun minimalste Berechnung oder mimetische Bild-Antwort auf den „Stochasmus" des Ortsplanes sein sollte: wer will denn behaupten, daß jene, welche die Regeln der konkreten Geometrie nicht gekannt haben, ihre Häuser deshalb zufällig neben di andern gesetzt hätten? Spätestens im Aufriß des Ensembles wird deutlich, welche starke, stille Ordnung im Bestand verborgen liegt und wieviel Absichtlichkeit in der neuen raum-plastischen Folge von Kirche, Gemeindehaus und Schule eingearbeitet wurde. Der nur knapp viergeschoßige Holzbau verschafft diesen öffentlichen Gebäuden ein Stück unübersehbare Monumentalität, als ob er ein Hochhaus wäre. Und die kontinuierliche Entwicklung der Topografie wird in neue, diskrete Höhenstufen geordnet; denn das Niveau wird in diesen Hangdörfern immer in Sprüngen festgelegt, was das untrüglichste Zeichen der beginnenden dörflichen „Urbanisierung" darstellt.

Unnötig festzuhalten, daß der Neubau dabei von der körperlichen Kraft der Konstruktion profitiert. Der Blockbau wird in seiner doppelten Qualität eingesetzt, als schwere Masse, die das Volumen gegenüber der Haut stärkt, und als tragende Wandscheibe, welche die großen Fenster überspannt. Die Nähe der gestrickten Ecken über die Diagonale scheint die Bauten fast zu verweben untereinander. Und diese Bautechnik, welche den Innenraum förmlich durchschneidet bis über die Fassade hinaus, ordnet den Plan in der lapidarsten und damit auch eindrücklichsten Teilung: auf jedem Geschoß steht ein leicht abgewandelter, dreiseitg, belichteter Raum einer ebensolchen „kalten" Treppenhalle gegenüber. Es ist dies die knappst mögliche Formulierung jenes Haustypes, der in unterschiedlichen Fassungen im ganzen Alpenraum anzutreffen ist: die vom Klima begünstigste Verlagerung der Grenze zwischen öffentlichem und privatem Raum ins Innere des Hauses, das damit eine Bedeutung jenseits seiner Funktion als Schule und Gemeindesaal erhält. Liebevoll, aber ohne gönnerhafte Attitüde kümmert sich damit das Bauwerk in diesen Räumen um die Kultur des Dorfes, auch jenseits der Architektur.

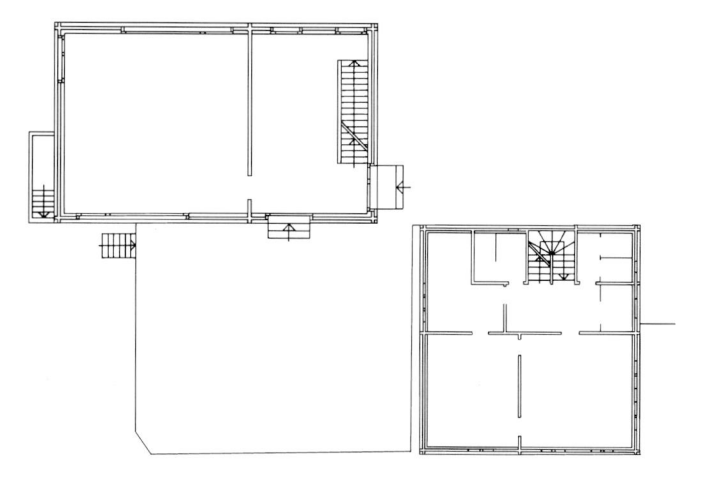

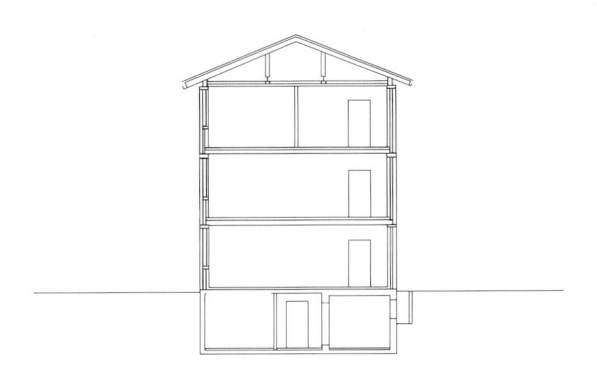

zionalità sia insita nella nuova sequenza che collega chiesa, municipio e scuola. La costruzione in legno, di appena quattro piani, conferisce agli edifici pubblici un tratto di vistosa monumentalità, come se fosse un grattacielo. Così il continuo percorso in salita della topografia viene organizzato attraverso sopraelevazioni nuove e discrete, perché l'andamento del terreno di queste piccole località di montagna procede sempre a salti, che rappresentano peraltro il segno inconfondibile della imminente "urbanizzazione" del villaggio.

È del tutto superfluo osservare che il nuovo edificio sfrutta pienamente l'effetto materico del sistema costruttivo scelto. La struttura a tronchi sovrapposti viene impiegata infatti con una doppia funzione: da un lato come massa compatta, che sottolinea il volume a scapito del rivestimento, dall'altro come pannello portante che incorpora le grandi finestre. La posizione degli angoli dei due edifici, prossimi all'allineamento lungo un'unica diagonale, ha quasi l'effetto d'intrecciare tra di loro i due corpi di fabbrica. La stessa tecnica costruttiva, che suddivide con precisione lo spazio interno oltre la facciata, organizza la pianta in maniera estremamente lapidaria e in questo modo anche efficace: ad ogni piano si trova sempre lo stesso ambiente con poche variazioni, illuminato da tre lati e fronteggiato da una rampa di scale sempre identica e dall'aspetto "freddo". Si tratta della riproposizione il più possibile sintetica della medesima tipologia di casa che si incontra, in differenti versioni, in tutta l'area alpina: in questo caso lo spostamento del limite tra zona privata e zona pubblica verso il nucleo più interno della costruzione, accentuato dalla rigidezza del clima, conferisce all'edificio un significato che va oltre la sua funzione di scuola e di sala per le manifestazioni pubbliche.
In maniera amorevole, ma senza atteggiamenti condiscendenti, la scuola apre i suoi ambienti alla cultura del villaggio, anche al di là dell'aspetto architettonico.

Gion A. Caminada

Ortsgestaltung von Vrin, Graubünden, Schweiz 1992

Risistemazione del centro di Vrin, Grigioni, Svizzera 1992

Il significato dell'opera di Gion Caminada a Vrin (o meglio, "per" Vrin) non può essere sintetizzato unicamente nel termine generico di "architettura", né tantomeno ridotto all'esame di qualche edificio. È il caso di ricordare che la gran parte dei progetti di Caminada a Vrin, in quanto opere singole, non hanno addirittura mai ricevuto un premio di architettura, non sono per niente note e, se è per questo, neppure aspirano a diventarlo: si tratta infatti di realizzazioni che non vogliono distinguersi a tutti i costi ma che sono state pensate per inserirsi perfettamente nell'atmosfera tradizionale del piccolo paese. Esse contribuiscono a creare una particolare (anche se interessante) sensazione di ridondanza, rinunciando tuttavia esplicitamente a qualsiasi pretesa di adattamento. Il "progetto Vrin" di Caminada non è esattamente un progetto architettonico e neppure un'operazione urbanistica, quanto piuttosto un intervento "a cuore aperto", di dimensioni abbastanza ampie, sul corpo sociale e culturale di un piccolo villaggio davvero sperduto. Non solo: Caminada fa parte egli stesso di questo corpo, perché a Vrin è nato e cresciuto e a Vrin è tornato dopo il periodo di formazione alla Scuola di arti applicate di Zurigo, divenendo assessore all'urbanistica e architetto comunale ed esercitando una funzione equivalente a quella di un "Gestaltungsbeirat" (la commissione comunale di controllo per la qualità dell'architettura che opera nei comuni di lingua tedesca). Inoltre rappresenta un'autorità indiscussa per tutte le questioni che riguardano la cultura e l'aspetto estetico del villaggio: è lui che si incarica di spiegare con pazienza ai concittadini perché una cappella per la veglia funebre non è esattamente un luogo sacro, ed è sempre lui che durante le sue passeggiate attraverso il paese, se si imbatte in un vicino "colpevole" di aver iniziato a dipingere le persiane della propria casa con una tonalità di verde sbagliata, è capace di strappargli dalle mani con severità quasi paterna il secchio di vernice e di sostituirlo con il colore giusto.

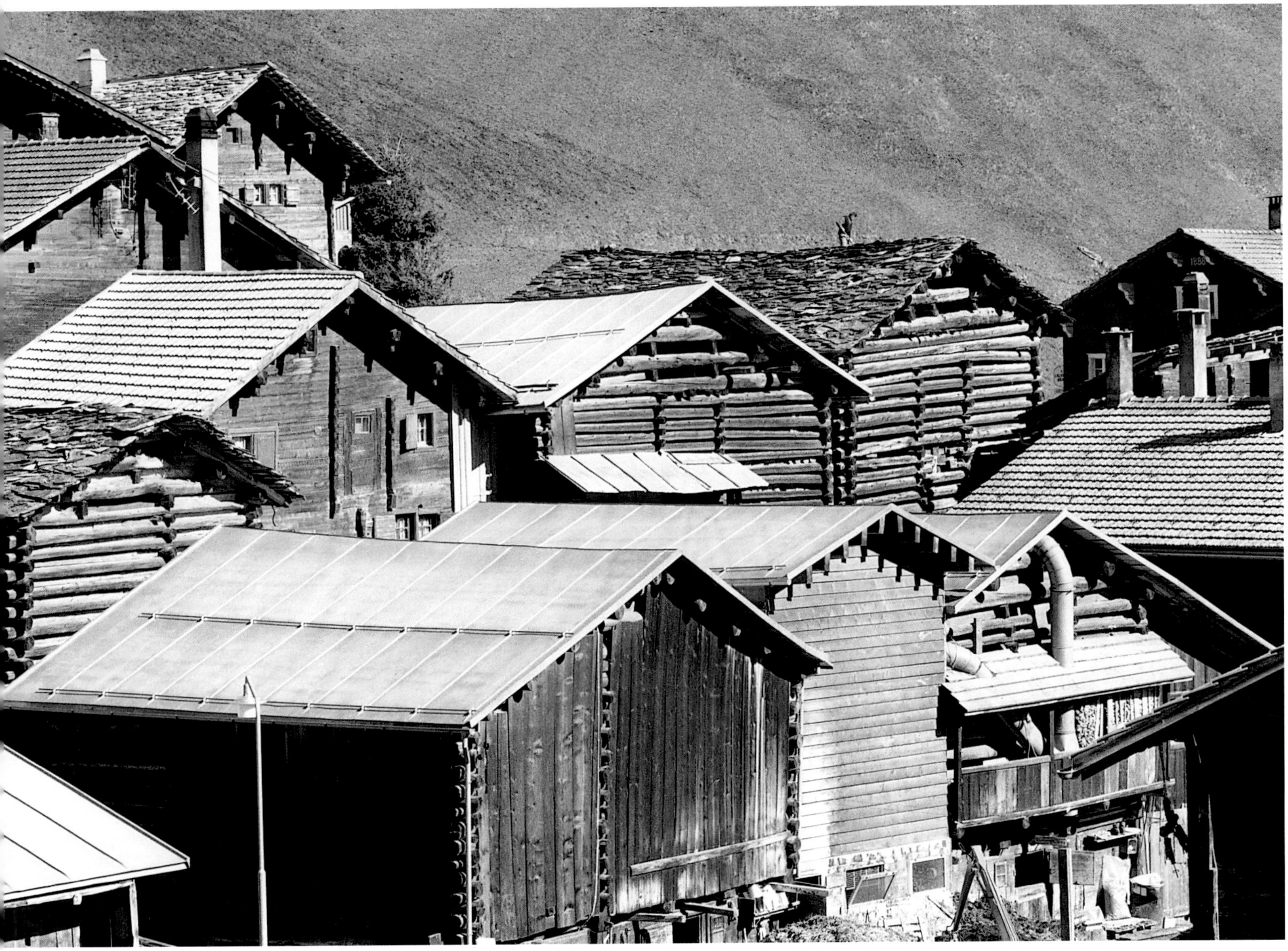

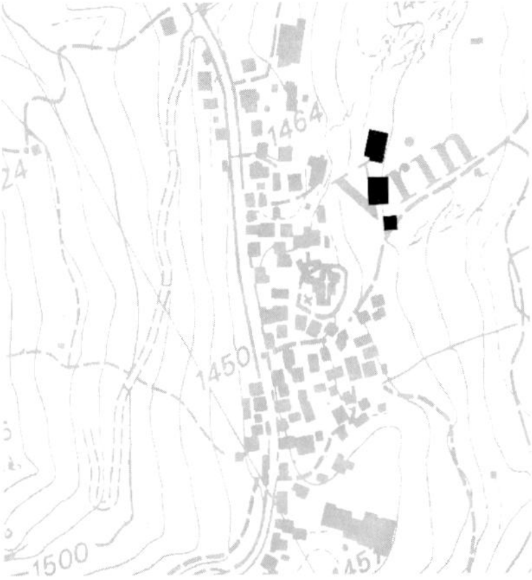

Vrin
1464
1450
1500

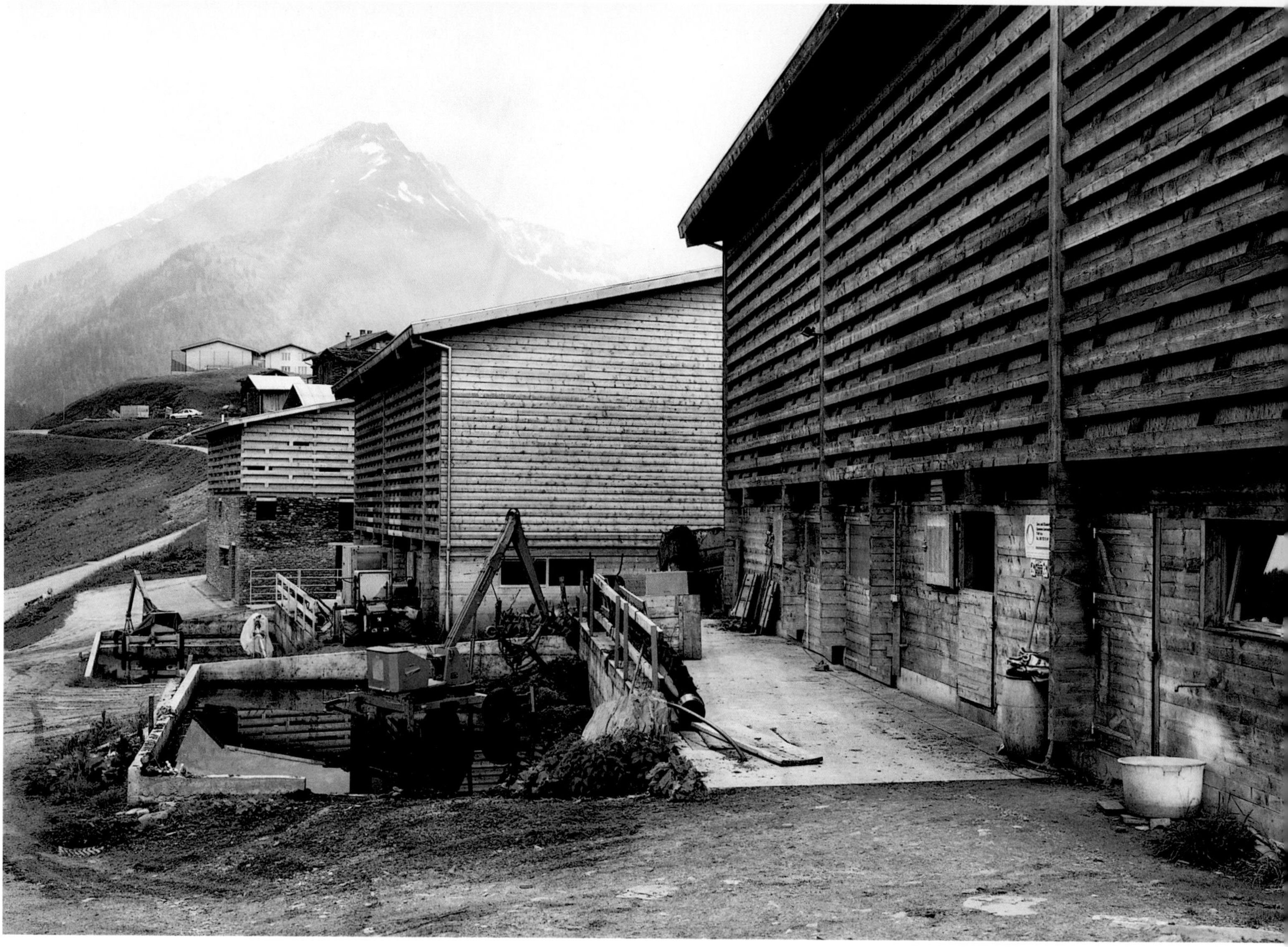

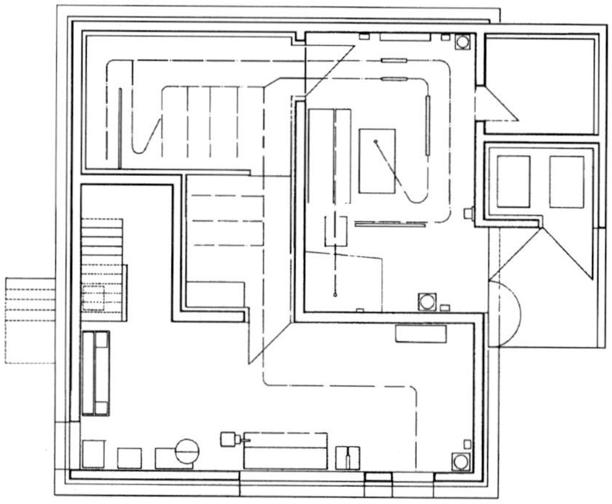

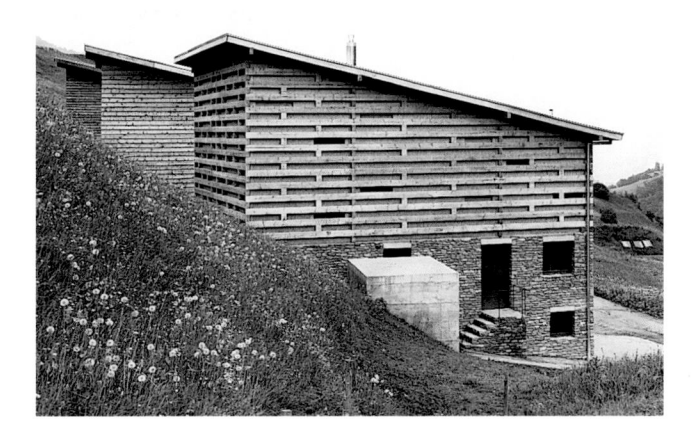

Die Bedeutung der Arbeit von Gion Caminada in oder besser für Vrin läßt sich nicht mit „Architektur" oder ein paar Bauten fassen. Man muß sogar festhalten, daß die meisten seiner Projekte in Vrin als Einzelwerke kaum die Aufregung eines Architekturpreises verdienten, kaum bemerkt wurden und auch nicht danach heischen, weil sie kaum posieren, sondern zurückgebunden werden in den traditionellen Habitus des Dorfes. Sie verbreiten das Klima einer eigenartigen – und bemerkenswerten – Redundanz, welche aber mit dem Begriff der Einpassung dennoch klar verfehlt würde. Caminadas „Vrin-Projekt" ist weniger ein architektonischer Entwurf und auch nicht eine städtebauliche Operation, sondern ein ziemlich umfassender Eingriff am offenen Herzen des (sozialen und kulturellen) Körpers eines kleinen, recht abgelegenen Bergdorfes. Und: Caminada ist selbst Teil dieser Körperschaft: Er ist da aufgewachsen und nach der Ausbildung an der Zürcher Kunstgewerbeschule dahin zurückgekehrt, mittlerweile daselbst Bauvorstand, Dorfarchitekt und sozusagen sein eigener Gestaltungsbeirat. Und er ist darüber hinaus jene respektierte Autorität in allen Fragen der Kultur und Form des Dorfes, welche den Bewohnern geduldig erklärt, warum eine Aufbarungshalle gerade nicht ein sakraler Ort sein darf; der aber auch seinem Mitbewohner den Farbkübel mit dem falschen Grün für die Fensterläden mit väterlicher Strenge aus der Hand nimmt und durch seinen eigenen Topf ersetzt, wenn er den Täter beim Gang durch das Dorf „erwischt".

Insofern, um den Charakter einzugrenzen, teilt sein Projekt mit dem bedeutenden und auch vorbildlichen Monte Carrasso von Luigi Snozzi nur noch die ethische Präferenz der Architektur der Stadt (oder des Dorfes) vor der Architektur des einzelnen Hauses. Und es pflegt damit den „breiten Blick" auf die Struktur, auf die Gestalt und auf die eigenwillige kulturelle und politische Mechanik eines kleinen Ortes. Jenseits davon müßte man, um der Arbeit gerecht zu werden, vermutlich eher eine Reportage schreiben oder eine Art gotthelfsche Novelle denn einen architektonischen Bericht. Wie um zu unterstreichen, daß die Vriner Operation eine andere Einschnittiefe aufweist, hat Caminada sein architektonisch bei weitem eindrücklichstes Haus nicht in diesem Dorf, sondrn auf dem gegenüberliegenden Hügelzug, in Duvin, realisiert.

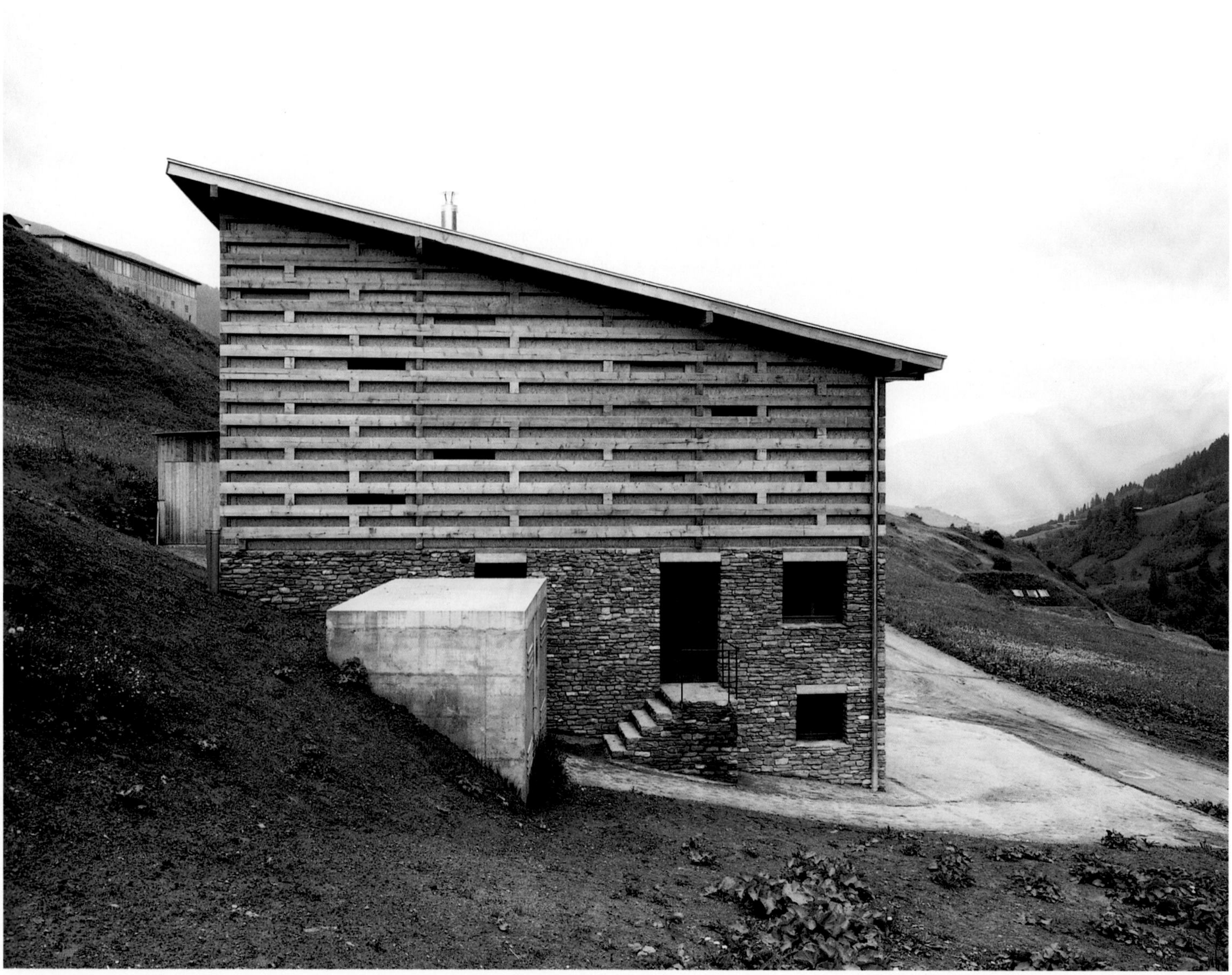

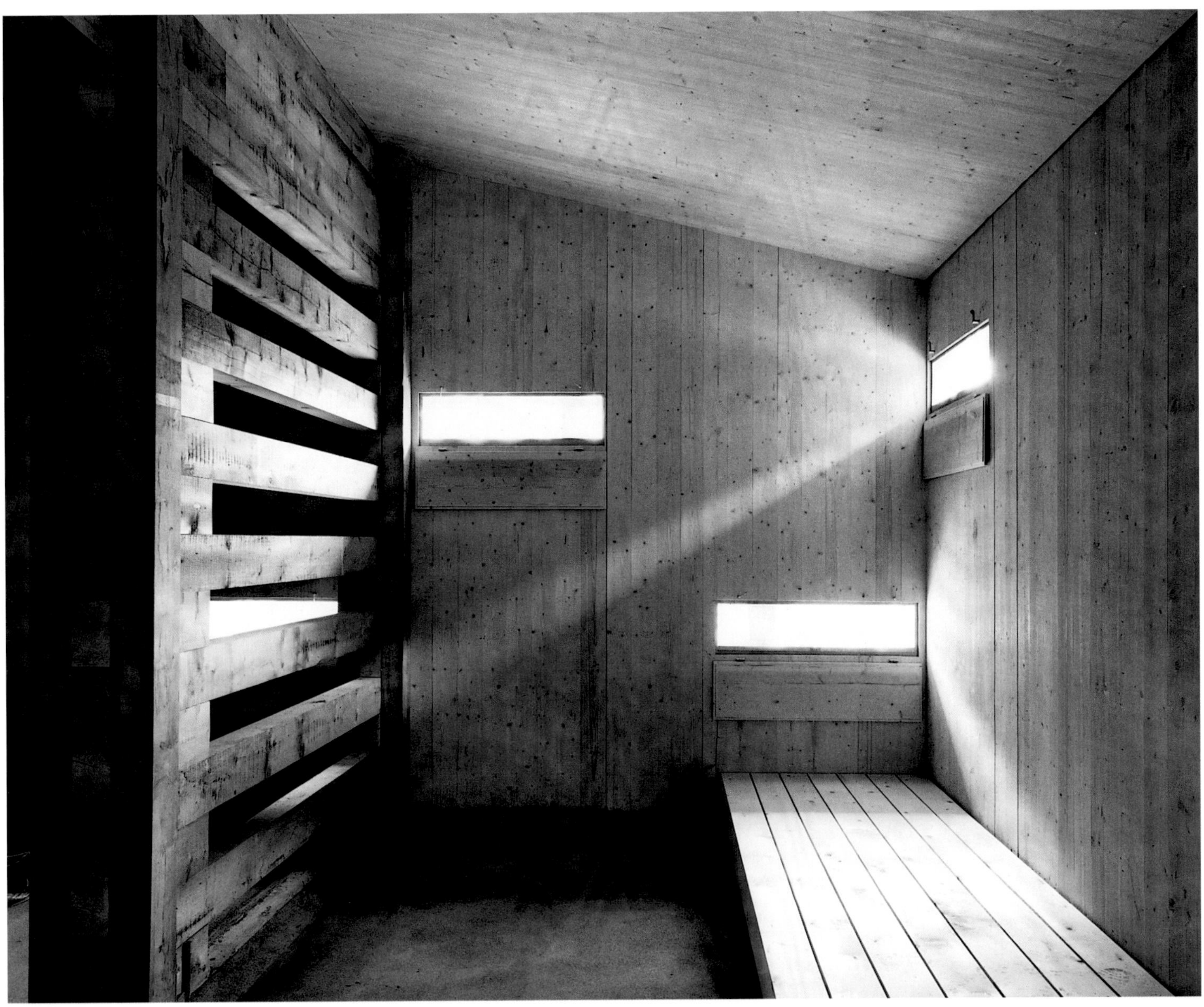

Per definire meglio il carattere del progetto di Caminada, possiamo osservare che l'unica caratteristica che lo accomuna all'opera ragguardevole ed esemplare svolta da Luigi Snozzi a Monte Carasso è la preminenza etica attribuita all'architettura della città (o del piccolo paese) rispetto a quella del singolo edificio: in questo senso il progetto di Vrin si preoccupa di avere una "visione generale" della struttura fisica, della forma complessiva e della particolare dinamica politica e culturale che caratterizza la piccola località. Per rendere ragione di una simile opera, insomma, sarebbe forse meglio scrivere più un reportage o una novella come quelle di Gotthelf che una relazione architettonica. Come a sottolineare il fatto che l'operazione di Vrin presenta un grado di incisività diverso da Monte Carasso, Caminada ha costruito la casa in cui abita, che risalta già in lontananza, non entro i confini del paese ma sulla collina di fronte, a Duvin.

La lezione che si può trarre da Vrin non ha a che fare dunque con l'"architettura", e neppure con il miglioramento dell'esistenza quotidiana di un villaggio di contadini di montagna quasi spopolato e che annovera appena 300 anime. In maniera un po' semplificata potremmo dire che ciò che risulta evidente e universalmente comprensibile nel caso di Vrin è la risposta inaspettata fornita a una domanda retorica che, pur riguardando la città moderna, in questo caso viene paradossalmente riferita a una piccola comunità rurale: è possibile che una compagine urbana si sviluppi armoniosamente quando tutti i suoi processi, in tutte le loro varianti e manifestazioni, vengono subordinati a questioni architettoniche e urbanistiche? A Vrin questo risultato è possibile, perché tutte le iniziative che riguardano la struttura del villaggio e il suo aspetto formale vengono vagliate, esaminate e valutate da una sola mente. In questo caso ogni iniziativa viene, potremmo dire, "caricata di significato architettonico", che si tratti dell'installazione di una cabina telefonica, del progetto per una piccola macelleria con vendita diretta, dell'apertura di una nuova strada oppure dello studio di un modello di cooperazione agricola, o ancora della regolamentazione dell'attività edilizia. Naturalmente all'interno di qualsiasi altra organizzazione sociale più complessa un processo simile verrebbe tacciato di decisionismo autocratico, e subito qualche zelante e spregiudicato pennivendolo si preoccuperebbe di alimentare il grave sospetto che si tratti di una mentalità autoritaria.

Potrebbe essere anche così: eppure la carica innovativa e insieme la forza chiarificatrice del progetto di Vrin non consistono nell'esercitare un potere subliminale su una comunità alpina tradizionalista e ancora integra. Per limitarsi a questo il nostro protagonista è davvero troppo ostinato (ma anche troppo astuto). Senza dubbio Caminada si è completamente calato nelle possibilità operative e nelle specificità proprie dell'intreccio di relazioni che caratterizza una piccola comunità rurale. Tuttavia anche pensare che tutti questi processi siano possibili soltanto grazie ai rapporti di vicinato esistenti all'interno di una piccola popolazione di montagna porterebbe a un'approssimazione un po' romanzesca della realtà. I piccoli villaggi come Vrin, infatti, vengono investiti più o meno dagli stessi conflitti economici e sociali che riguardano anche altri paesi. L'opera svolta da Caminada si esplica perciò, più che in un comportamento da padrone incontrastato dell'architettura del villaggio e in una visione ampia dei processi architettonici, in una capacità di cogliere gli aspetti sociali e in una grande abilità in campo comunicativo e politico, unite a un'integrità riconosciuta e a un'autorità che poggia su una solida competenza professionale. La tattica perseguita da Caminada nei quindici anni in cui è stato architetto comunale e assessore all'urbanistica è particolarmente semplice e si sviluppa contemporaneamente su due fronti: da un lato egli ha sempre indagato, senza alcuna malizia, sul significato architettonico di qualsiasi processo collegato alla vita del paese; dall'altro ha sviluppato un'attenzione generale per l'influsso che gli strumenti e la cultura del costruire possono esercitare sulla crescita economica e sociale del paese.

Die Lektion, die es in Vrin zu lernen gibt, ist also kaum eine über „Architektur", aber auch keine über die Befriedung des Lebens in einem verschlossenen Bergbauerndorf von knapp 300 Seelen. Etwas vereinfacht könnte man sagen, daß das erhellende und allgemeine am Fall Vrin eine unvermutete Antwort auf eine rhetorische Frage der modernen Stadt ist, dargestellt am paradoxen Fall einer kleinen Dorfgemeinschaft: Wie könnte sich ein urbaner Organismus entwickeln, wenn seiner Motorik in allen ihren Regungen und Manifestationen eine städtebauliche und architektonische Frage unterlegt würde? Im Falle von Vrin ist das möglich, weil sämtliche Bewegungen, welche Fragen der Ortsstruktur und ihrer Gestalt berühren, in einem Kopf gefiltert, gesichtet und gewichtet werden. Dort werden sie gewissermaßen „architektonisch aufgeladen", egal ob es sich um eine Telephonkabine, um das Projekt einer Dorfmetzgerei für Direktvermarktung, eine neue Straße, um bäuerliche Kooperationsmodelle oder um die Bauordnung selbst handelt. Selbstverständlich würde in jeder komplexer organisierten Gemeinschaft ein solches Verfahren als autokratische Entscheidungskonzentration verleumdet werden, und der besorgte, aufgeklärte Feuilletonist wird den ernsten Verdacht auf Blockwart-Mentalität hegen.

Mag sein, aber der Einsatz und damit das Erhellende der Vriner Operation liegt nicht in der Manifestation der unterschwelligen Gewalt in einer traditionellen, heilen Alpen-Welt. Dafür ist der Haupttäter doch zu eigenwillig (und auch zu schalkhaft). Zweifellos macht sich Caminada die operativen Möglichkeiten und Eigenheiten im Geflecht einer kleinen Dorfgemeinschaft zu eigen. Dennoch wäre es eine romantisierende Verdächtigung, wenn man annähme, diese Prozesse seien allein der familiären Dynamik eines überblickbaren Bergvölkchens geschuldet. Selbst Orte wie Vrin werden von den genau gleichen ökonomischen und sozialen Konfliktströmen unterspült wie jedes andere Dorf auch. Caminadas Leistung ist deshalb weniger ein selbstherrliches Gebaren als architektonischer Dorfkönig und auch nicht allein seine architektonisch breite Aufmerksamkeit, sondern eher seine soziale Kompetenz und sein kommunikatives und politisches Geschick, gepaart mit einer in unbezweifelter Integrität und fachlichem Können fußenden Autorität. Sein wesentlicher Vorstoß in jenen fünfzehn Jahren, in denen er nicht nur als Architekt im Dorf tätig war, sondern auch als Gemeinderat fürs Bauen zuständig geworden ist, war einfach und hatte ein Doppelgesicht: Er hat letztlich jeden Vorgang im Leben des Dorfes, und sei er noch so harmlos, auf seine architektonische Bedeutung hin befragt. Und er hat umgekehrt ein umfassendes Gespür dafür erarbeitet, auf welche Weise die Mittel und die Kultur des Bauens auf dieses Dorfleben als ein Moment der ökonomischen und sozialen Entwicklung zurückwirken könnten.

Der Katalog seiner Aktivitäten in dieser Zeit weist demnach eine fast skurrile und zuweilen manisch anmutende Breite auf. Der erste und vermutlich entscheidendste Einsatz betraf das architektonische Kalkül, welches er in die mehrjährige Arbeit an der Melioration von Vrin eingeflochten hat. Im Rahmen dieser landwirtschaftlichen Restrukturierung wurde eine Bebauungsordnung außerhalb des Dorfes festgelegt, die nicht allein nach Grundbesitzverhältnissen und ökonomischen Kriterien optimiert worden ist. Auf diese Weise wurden etwa Ställe nach topografisch-morphologischen Regeln positioniert und teils an Orten gesetzt, die andernfalls rechtlich nie zu besetzen gewesen wären. Meliorationsstraßen wurden als architektonische Bauwerke in die Morphologie der Landschaft eingebettet. Bis in die Frage der Entwicklung der Blicke entlang der Wegachse oder in die Konstruktion der Stützmauern hinein sind sie als lineare Architekturen entworfen worden. Für den Bau der Ställe hat Caminada ein eigenes Holzbausystem entwickelt, welches Elemente der Rahmenbauweise mit solchen aus der örtlichen Strickbauweise kombiniert. Dieses System wurde im Hinblick auf den – traditionellen – Selbstbau der Bauern optimiert. Er hat Regeln für den Erhalt der Dichte im Dorf aufgestellt, welche übergroße und gedankenlose „Vorzonen" vor neuen Häusern verbietet und diffuse Aufbrechungen des Blickes im Namen sinnloser Verkehrbegradigungen unterbindet.

Und er pflegt ein jahrelanges formelles und informelles „Beratungswesen". Diese „Beratungstätigkeit" dürfte in Tat und Wahrheit eine – vermutlich auch amüsant anzuhörende – Mischung aus offenem Ohr und dringlicher Überzeugungsarbeit gewesen sein, welche eine Einbindungsstrategie mit der Ausbildung der Dorfbewohner am eigenen Wesen durch sanften Druck verbunden hat.

Unterdessen ist die Umgebung aufmerksam geworden auf das Projekt Vrin. Die Manipulation an der neuen Kantonsstraße – denn der durchs Haus verstellte Blick an der Eingangskurve des Dorfes ist kein Verkehrshindernis, sondern ein dramaturgisches Element des Weges – wird von den Herren in Chur nicht mehr als Einmischung abgetan, die Heimatstiftung bindet ihren Beitrag an die ordnende Hand des Bauvorstand-Architekten-Gestaltungsbeirates, und das Dorf erkennt den Wert von zehn Jahren Anstrengung auch an der Resonanz von außen. Caminada hat sich mittlerweile sein perönliches Baureglement geschaffen, welches den Eingriff von außen an eine obligatorische Vorberatung bindet, und der Aufbarungsraum wird, das haben die Vriner gelernt, eben profan sein wie ihre Stuben, wo die Toten noch heute drei Tage liegen, und nicht sakral.

Vrin ist natürlich auch eine Geschichte eines gelungenen Heimatschutzes – und wirft alle zugehörigen skeptischen Fragen auf, gerade beim globalisierten Städter. Man darf allerdings fragen: welche eigentlich genau? Vielleicht am ehesten diejenige, daß dem Dorf der Härtetest einer touristischen Erschließung bisher vorenthalten wurde. Aber selbst solche Fälle gäbe es im Alpenraum nach wie vor genügend, um den Fall Vrin erhellend zu nennen, ohne verklärend zu wirken. Allerdings: Als reine Methode betrachtet und mithin von den Personen losgelöst, riefe das Beispiel von Vrin tatsächlich alle Ahnungen von der Gewalt der rechten Gesinnung hervor. Vrin ist aber dank den Akteuren eine Operation mit poetischen Zügen – und ihr eignet auch etwas, das wir in der Stadt „schräg" zu nennen gelernt haben.

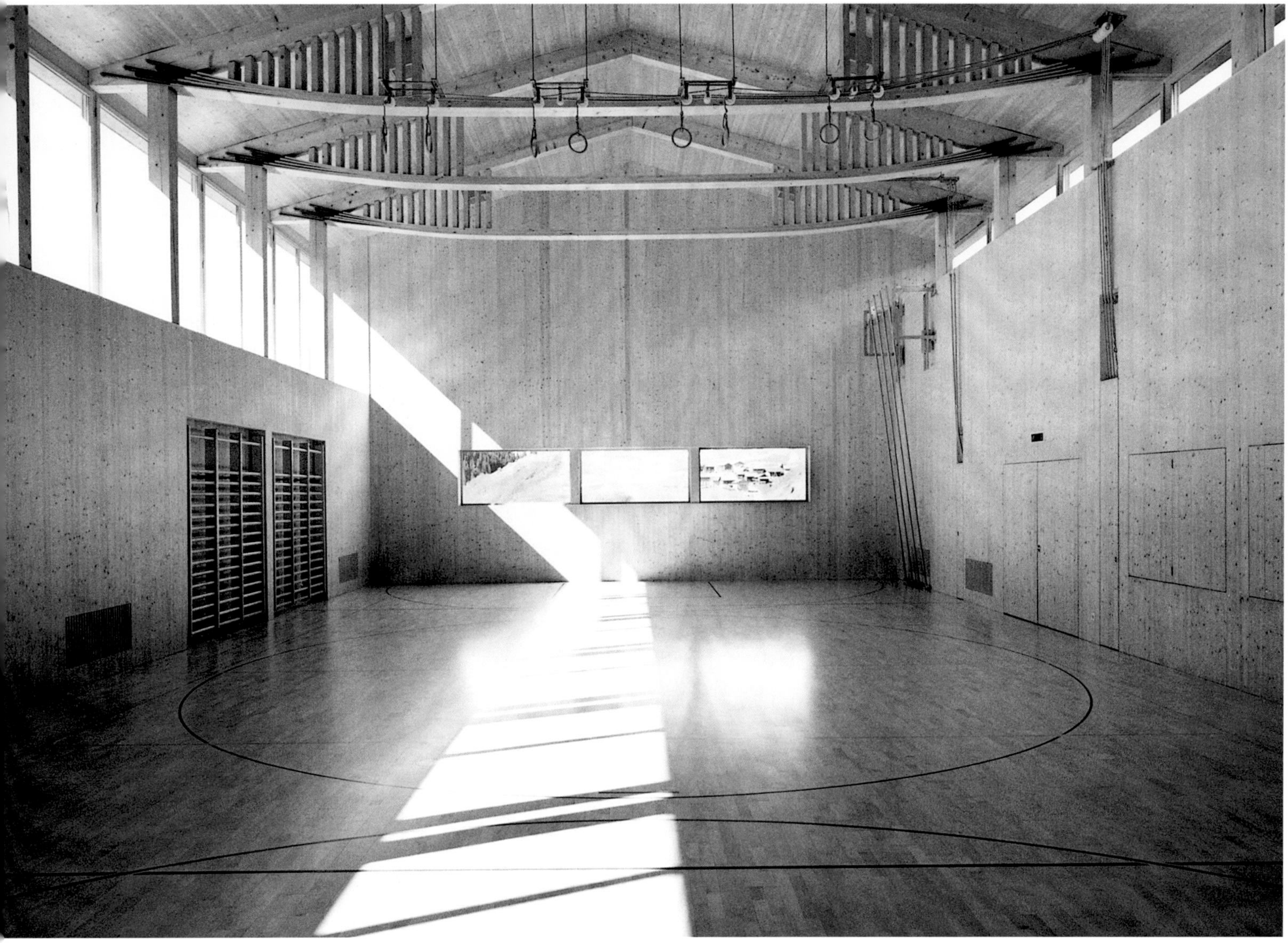

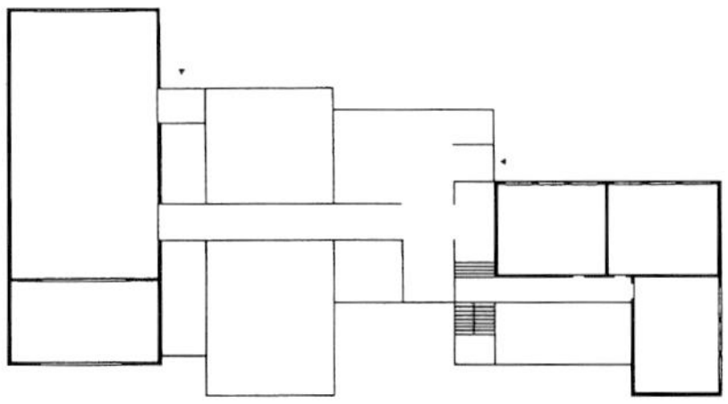

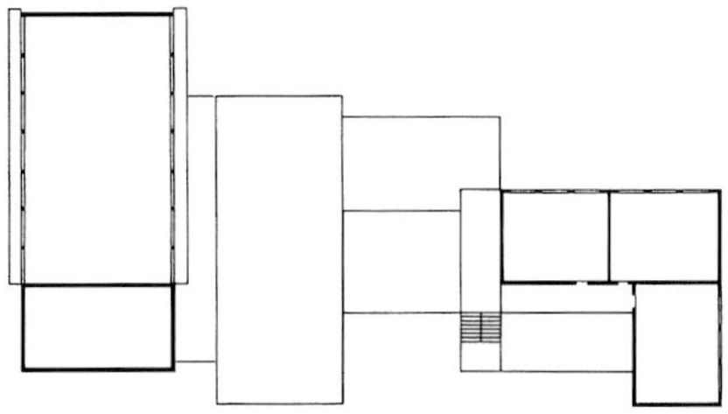

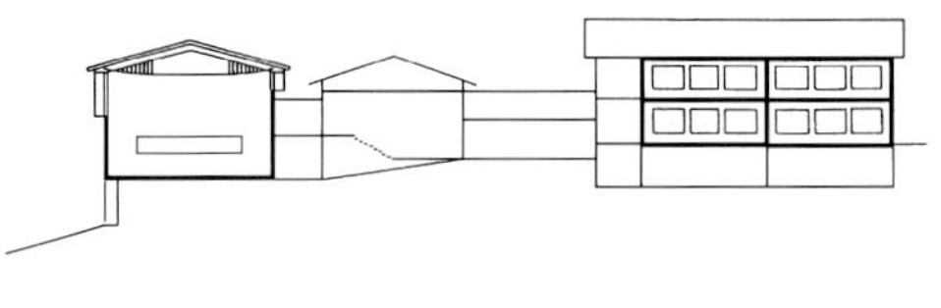

Il catalogo delle attività di Caminada in questi anni abbraccia una varietà di situazioni che appare bizzarra e a tratti perfino maniacale. La sua prima innovazione, che rimane probabilmente anche la più decisiva, riguarda la strategia architettonica che ha sempre accompagnato la pluriennale opera di riqualificazione di Vrin. Nel corso di questa attività di ristrutturazione del paesaggio è stato adottato un regolamento edilizio per le aree esterne al centro abitato che andava oltre gli aspetti connessi alla proprietà fondiaria e ai parametri economici. Così, ad esempio, la localizzazione di ogni nuova stalla è stata individuata secondo criteri topografico-morfologici e rimettendo in gioco aree da sempre sottoutilizzate, mentre le strade di supporto ai miglioramenti fondiari, inserite nella morfologia del paesaggio con la stessa attenzione riservata solitamente ai manufatti architettonici, sono state progettate come architetture lineari, tenendo conto addirittura dei punti di vista lungo l'asse di ciascun tracciato e della struttura dei muri di contenimento. Per la realizzazione delle stalle Caminada ha sviluppato un particolare sistema costruttivo in legno che combina alcuni elementi propri della struttura a telai portanti con altri tipici del sistema a tronchi sovrapposti utilizzato localmente: il nuovo sistema è stato poi perfezionato osservando le tecniche tradizionali di autocostruzione utilizzate dai contadini della zona. Inoltre Caminada ha elaborato un regolamento per la disciplina delle densità all'interno del paese che vieta sia il proliferare incontrollato di aree di risulta prive di qualsiasi riferimento progettuale davanti alle case di nuova edificazione, sia la prassi frequente di interrompere le visuali in nome di malintese esigenze di miglioramento della circolazione stradale. Questa "attività di consulenza" potrebbe essere considerata in effetti come una miscela – forse anche divertente – di capacità di ascoltare e di insistente opera di persuasione, in cui hanno finito per confluire strategie di coinvolgimento e attività di educazione degli abitanti del villaggio.

Nel frattempo il resto del mondo ha cominciato ad accorgersi del "progetto Vrin". Qualsiasi intervento sulla nuova strada cantonale non viene più visto necessariamente come un'interferenza dalle autorità di Coira (si pensi ad esempio all'edificio adiacente alla curva situata all'ingresso del paese, che interrompe la visuale della strada non per creare un ostacolo alla circolazione, ma per introdurre un elemento di drammatizzazione del percorso), mentre la "Heimatstiftung" (la fondazione nazionale che si occupa di tutela e restauro dei monumenti) offre il proprio sostegno al progetto a patto che rientri sotto la supervisione di Caminada, cioè dell'assessore all'urbanistica, dell'architetto e del "Gestaltungsbeirat"; intanto la risonanza registrata dal progetto comincia a far comprendere a tutto il paese il valore di un decennio di sacrifici. Nel frattempo Caminada si è ritagliato un regolamento edilizio su misura che vincola qualsiasi intervento esterno a un esame preliminare, mentre la cappella per le veglie funebri, come hanno finalmente compreso gli abitanti di Vrin, avrà un carattere profano esattamente come le "Stube" dove ancora oggi i morti vengono vegliati per tre giorni prima della sepoltura, e non sarà un edificio consacrato.

Naturalmente la vicenda di Vrin non ci racconta solo la storia della perfetta riuscita di un intervento di tutela del patrimonio architettonico e paesistico, ma solleva anche una serie di reazioni alquanto scettiche in noi cittadini dell'era della globalizzazione. Quali? In primo luogo va osservato che finora al paese è stata risparmiata la prova del nove del turismo. Ma vi sono parecchie altre situazioni analoghe nell'area alpina, e in questo senso portare il caso di Vrin ad esempio finirebbe per travisarne il significato. Comunque, se analizzato dal punto di vista strettamente metodologico e dunque a prescindere dalle persone realmente coinvolte, il modello di Vrin suscita una serie di preoccupazioni legate al potere di un'esperienza che si caratterizza come politicamente di destra. Grazie ai suoi protagonisti, però, quella di Vrin è divenuta un'operazione dai tratti poetici, con aspetti che quaggiù nelle città abbiamo imparato a riconoscere come "trasversali".

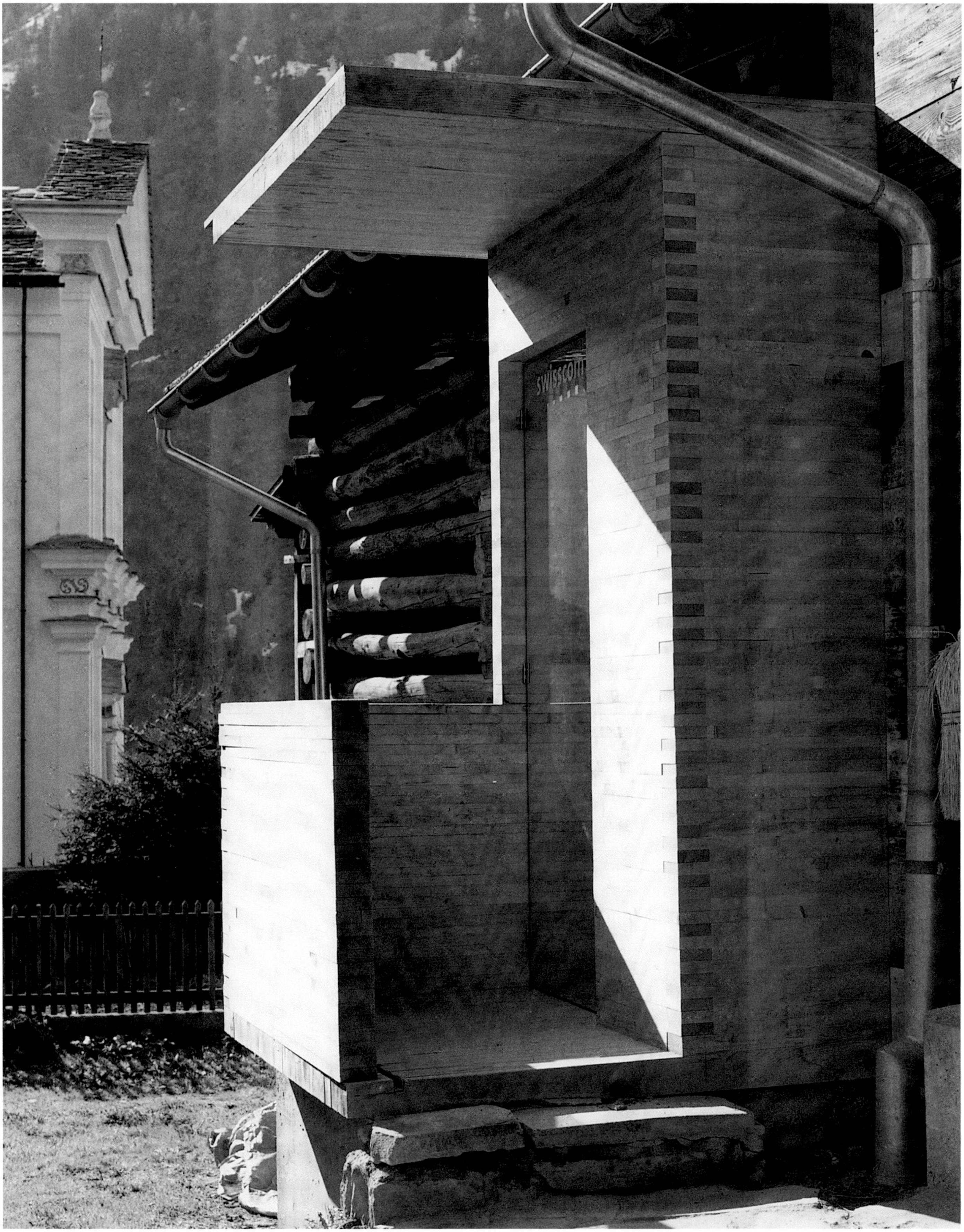
swisscom

Conradin Clavuot

Schule in St. Peter, Graubünden,
Schweiz, 1997-98

Scuola a St. Peter, Grigioni,
Svizzera 1997-98

Eine mögliche Darstellung der Schule von St. Peter wäre vielleicht ein einziges Bildpaar: eine Aufnahme im Winter mit langer Brennweite, von den Hügeln gegenüber dem Dorf aus; und eine Weitwinkelaufnahme aus dem unteren Klassenzimmer hinaus auf den sommerlich belichteten Platz, zur Lücke des Treppenaufganges, zur Halle und zum alten Gemeindehaus hinüber.

Auf dem ersten Bild würde sich das neue Bauwerk im stummen Gefüge der alten Strickbauten fast bis zum Verschwinden eng verkeilen, angekrallt am steilen Hang, das scheinbar selbstverständliche Recht einer alten Bauweise für sich beanspruchend. Die Fugen zwischen den Häusern brächten jede Vorstellung von Raum und von erdachter Ordnung jenseits der topografischen, baulichen Notwendigkeit zum Verschwinden, wie das oft bei solchen Dörfern von weit weg betrachtet der Fall zu sein scheint. Das andere Bild zeigte die unverhoffte Großzügigkeit und das topografische Geschick in einer Folge von Plätzen und Aufgängen, die abgewogenen, plastischen Zuordnungen zwischen den alten und neuen Gebäuden – und es belegte ein Interesse für das Material und gleichzeitig eine riskante Manipulation an der alten Konstruktion: Indem die elementare Mächtigkeit der Blockhölzer gegen innen gewendet wird, in den beschützten Raum hinein, wird nämlich das Motiv des Strickbaus auf fast ornamentale Weise wie ein Bild in die Verkleidung nach außen projiziert.

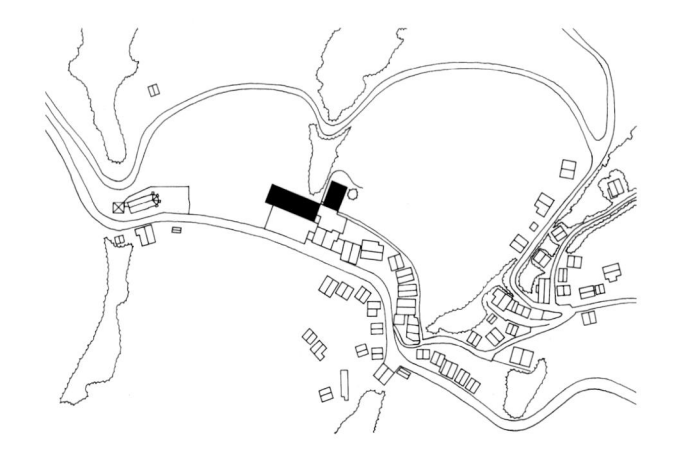

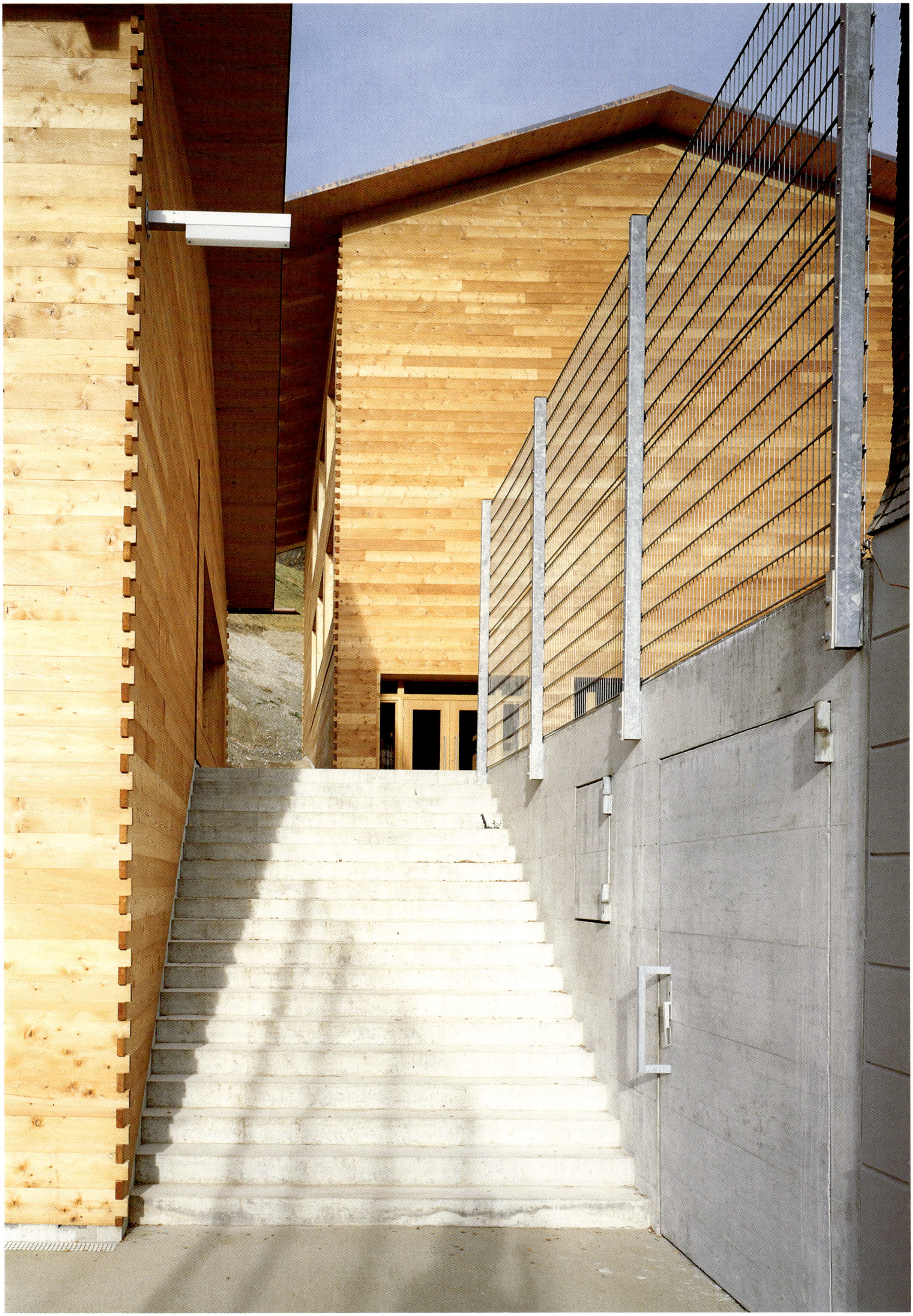

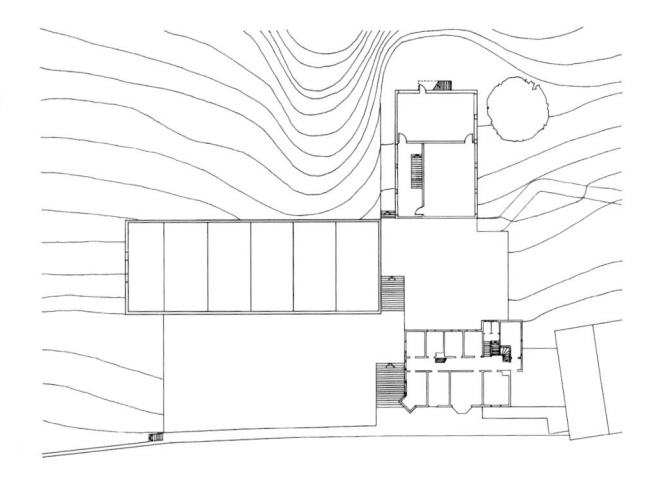

Per una presentazione adeguata della scuola di St. Peter basterebbero forse due fotografie: una invernale, realizzata a grande distanza focale dalle colline di fronte al villaggio, e l'altra scattata dall'aula inferiore, con un obiettivo grandangolare in maniera da abbracciare la piazza inondata dal sole estivo, l'ingresso del corpo scale, la palestra e il vecchio municipio.

Nella prima immagine la nuova costruzione si inserisce nella compagine tranquilla formata dalle vecchie case a tronchi sovrapposti fino quasi a scomparire, aggrappata al ripido pendio e non senza reclamare il diritto, apparentemente naturale, di essere considerata alla stregua di un edificio tradizionale. Le strette intercapedini tra le case fanno scomparire qualsiasi idea di uno spazio e di un ordine che vadano oltre le costrizioni della topografia e le esigenze costruttive, come accade di frequente in certi villaggi osservati da lontano. L'altra foto mostra invece da un lato un'inattesa grandiosità e un'abilità nel plasmare gli spazi, che si riflettono nella sequenza di piazze e di scalinate, e dall'altro la serie di rapporti plastici e attentamente calcolati esistenti tra i vecchi edifici e il nuovo intervento. Contemporaneamente essa rivela un grande interesse per il materiale e una coraggiosa manipolazione delle vecchie tecniche costruttive: l'energia primitiva che si sprigiona dai tronchi di legno viene indirizzata all'interno verso lo spazio protetto, mentre il partito della struttura a tronchi sovrapposti viene proiettato all'esterno, come un'immagine sul rivestimento, in maniera quasi ornamentale.

Questa tensione genera un edificio scolastico di montagna che probabilmente emana un fascino più postmoderno e surreale di quanto la relazione di progetto, a tratti ridondante e arcaicizzante, lasci credere. Infatti, al di là delle grandi finestrature che lasciano intravvedere i muscoli della tecnologia costruttiva tradizionale come su un manuale dell'architetto, questa scuola naturalmente

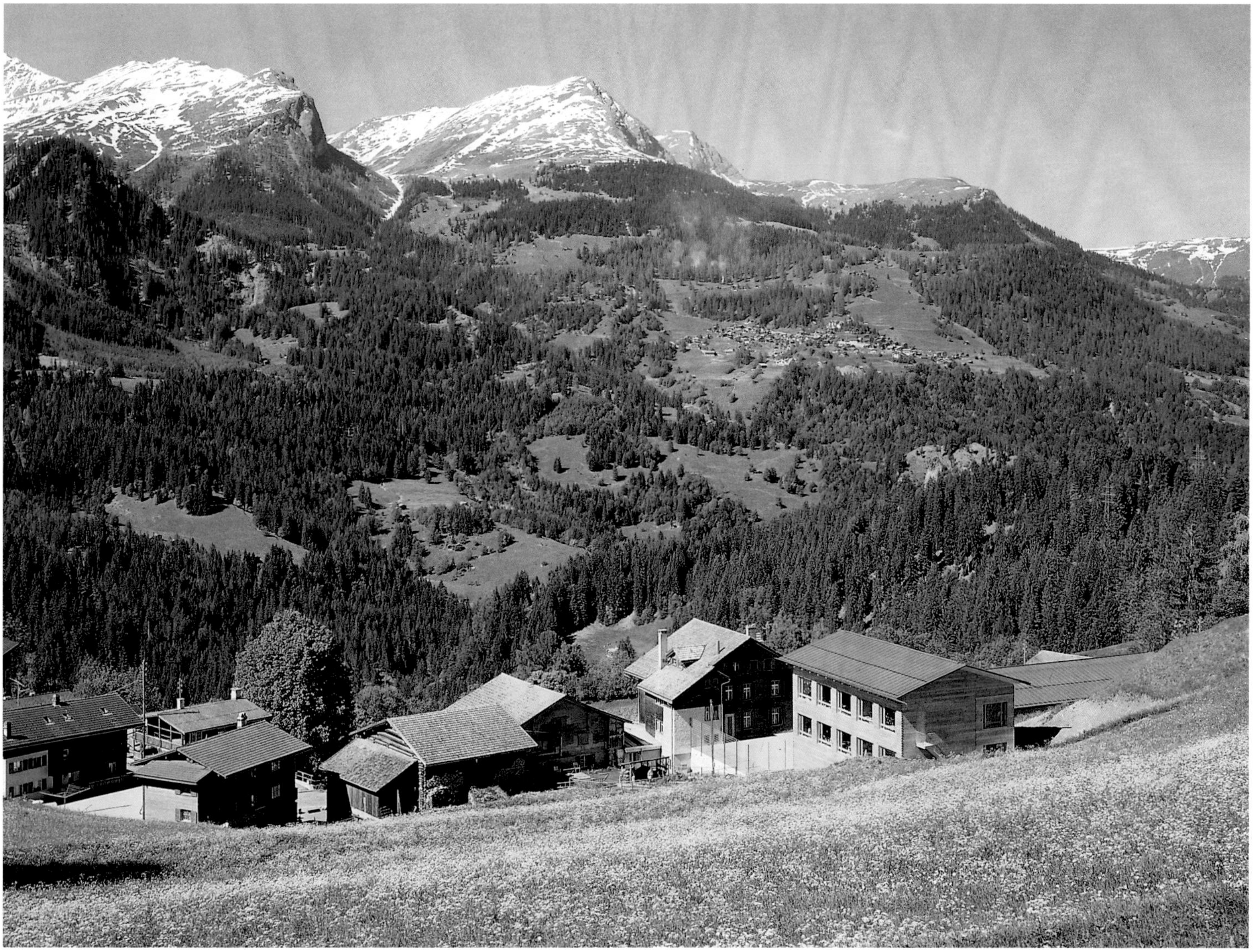

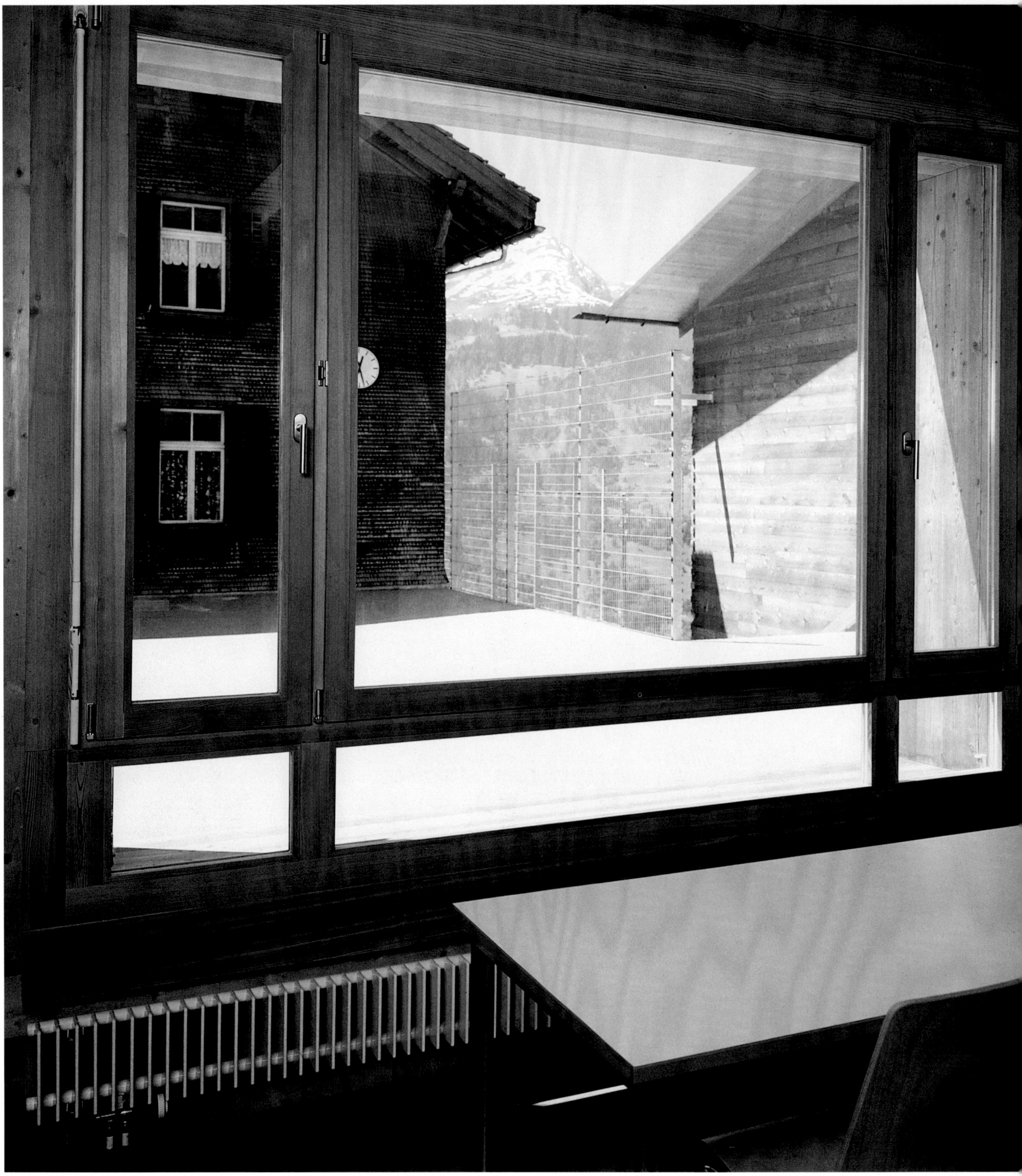

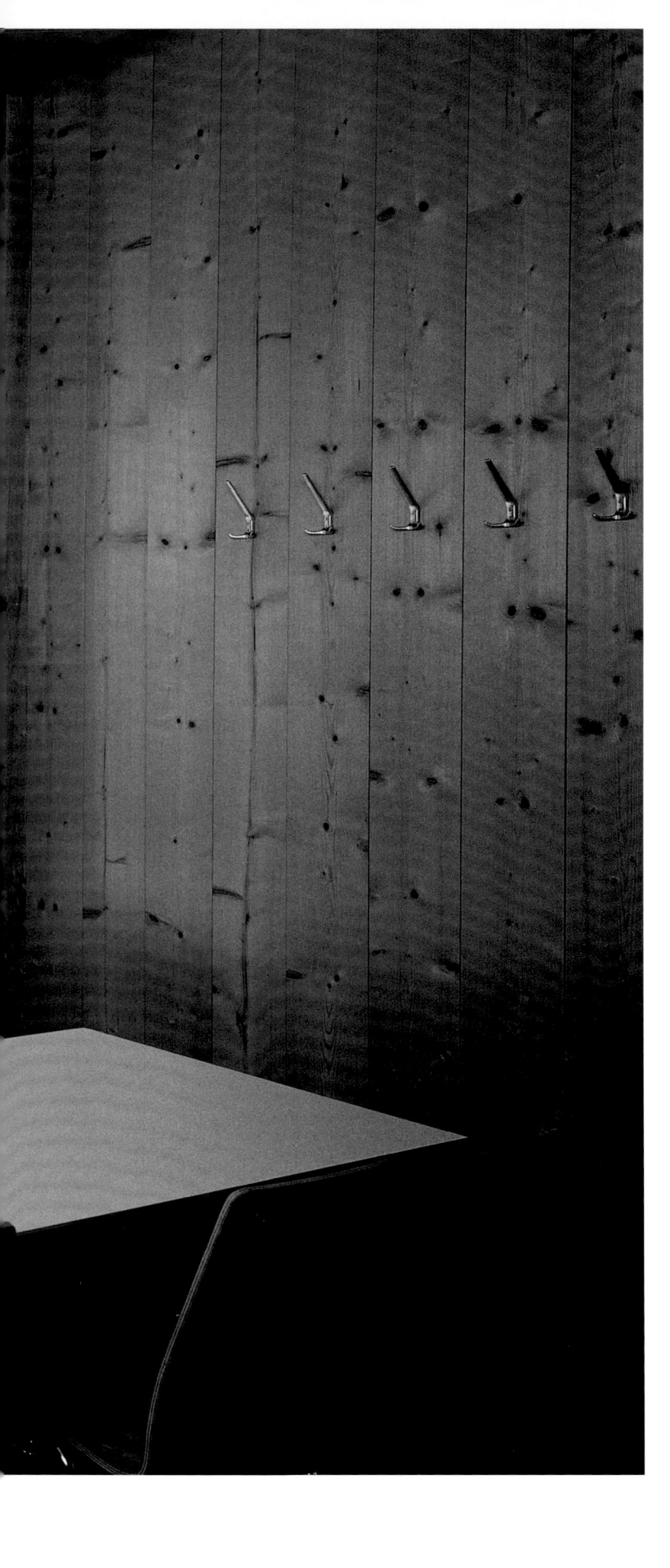

Entstanden ist in dieser Spannung ein Bergschulhaus, das vielleicht mehr surrealen, postmodernen Reiz ausstrahlt, als es die raunend archaische Erläuterung seines Erbauers vermuten läßt. Denn auch jenseits der großen Fenster, welche die Muskeln der alten Bautechnik vorführen wie aus dem Lehrbuch, baut sich natürlich diese Schule nicht an den Erfordernissen der modernen Bauphysik vorbei. So wird das rohe, schwere Holz in den Räumen – dort wo die alten Bauten mit Brettern und Stoffen ausgeschlagen und mit den Dingen des Lebens verstellt sind wie naive Hausaltäre – dieses Holz wird mit der brutalistischen Direktheit von Beton vorgeführt: rauh, räumlich, statisch und nackt. Im Äußeren dagegen, im Dialog mit den alten Bauten, offenbart sich das Dispositiv aus der Nähe besehen als weniger harmlos und anbiedernd, als zunächst vermutet. Der dunkle Schlund der Fahrzeughalle läßt keinen Zweifel aufkommen, daß auch hier nicht mehr mit Pferden gebauert wird. Und die Lärchenhaut erscheint mit ihren gesägten Überständen fast wie die Karrikatur einer Laubsägearbeit. Im Zusammenklang mit den reliefartigen Vorblendungen vermitteln die Bretter den scharf geschnittenen Kuben einen eigentümlichen, weichen Glanz, als ob sie in einen hölzernen Pelz gekleidet wären, befreit von aller Wucht traditioneller Holzbauweisen. Vielleicht gehört es gerade zu den Qualitäten dieses Projektes, daß es eben nicht, wie behauptet, gelungen ist, die Selbstverständlichkeit einer traditionellen Bauweise in die Gegenwart zu retten. Diese Tradition erscheint verloren, gebrochen, verwandelt – und damit dem Zugriff der Gegenwart ausgeliefert wie die ganze scheinbar unschuldige Eigenruhe des Bergdorfes.

non è stata realizzata senza considerare le esigenze della moderna scienza delle costruzioni. Così il legno grezzo e massiccio degli interni – che negli edifici tradizionali erano rivestiti con doghe e tessuti e adornati con oggetti quotidiani che si trasformavano in ingenui altari domestici – viene ostentato con la stessa immediatezza brutalistica del calcestruzzo: grezzo, spaziale, strutturale e spoglio. All'esterno, invece, l'organismo architettonico, in dialogo con i vecchi edifici e osservato da vicino, si presenta meno tranquillo e familiare di quanto sembri in un primo momento. L'apertura buia dell'autorimessa non lascia alcun dubbio sul fatto che neppure da queste parti si utilizzano più i cavalli per i lavori nei campi, mentre il rivestimento in larice, con il profilo a riseghe, sembra quasi la caricatura di un pannello lavorato a traforo. In sintonia con il paramento a rilievo, le doghe conferiscono ai volumi cubici nettamente definiti del complesso una brillantezza particolare e delicata, come se fossero avvolti in una sorta di "pelliccia" di legno e lontani dalla pesantezza tipica delle tecniche costruttive tradizionali in legno. Forse tra le qualità di questo progetto vi è proprio il fatto di non essere riuscito, nonostante le affermazioni contrarie, a conservare anche nel presente la spontanea naturalezza della tecnica costruttiva tradizionale. Una tradizione che appare persa, interrotta, alterata e liberamente esposta alla morsa del presente come la quiete apparentemente innocente di questo piccolo paese di montagna.

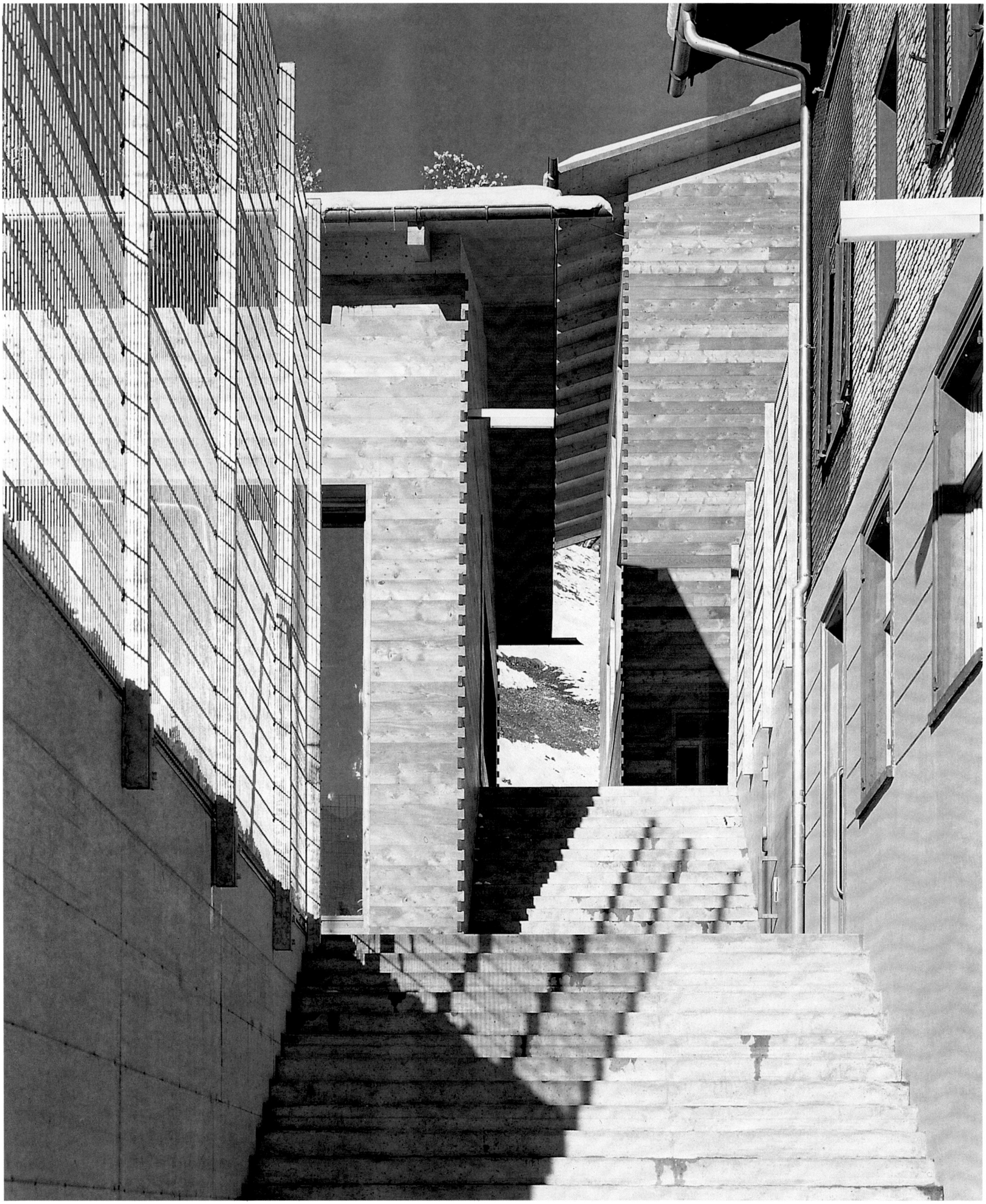

Robert Danz

Glasdach auf Schloß Juval, Naturns,
Südtirol, Italien 1996

Copertura in vetro del Castello di Juval,
Naturno, Alto Adige, Italia 1996

"Volevo un rudere che lasciasse libera la vista del cielo, di giorno delle nuvole, di notte delle stelle; forse per recitare una piccola opera teatrale, o eseguire un brano musicale, o tenere una conferenza. Ma non volevo sigillarlo con finestre, porte e tetti": parole di Reinhold Messner a proposito della copertura di un rudere nel suo castello di Juval. Il castello, che risale al XIII secolo, si trova su uno sperone roccioso che domina la valle dell'Adige. Juval è un castello, un museo, la residenza temporanea della famiglia dei proprietari e il nucleo centrale di un complesso in cui si è cercato di fondere temi differenti come il rapporto tra architettura e paesaggio, l'agricoltura biologica, l'incontro tra culture differenti e il turismo. Si tratta di un'impresa molto ambiziosa, una tappa importante della quale è rappresentata dalla copertura dell'ala nord del castello. Mantenere la rovina nello stato originario proteggendola contemporaneamente dal degrado e allestire uno spazio destinato ad attività polivalenti e a esposizioni: questi erano i punti del programma sottoposto all'architetto, che ha deciso di ricorrere a una struttura sottilissima in acciaio e vetro. Per citare le parole di Otto Wagner, il progettista ha mostrato in questo caso una "mano fortunata nella scelta" dei materiali, servendosi della tecnologia più moderna (si potrebbe perfino dire ormai consolidata) per salvaguardare una tecnologia altrettanto comune che risale al medioevo. Gli ambienti interni, trasformati in spazi esterni in seguito al crollo del tetto, sono nuovamente interni; più propriamente, si tratta di riscoprire un concetto di spazio intermedio. Interno ed esterno, vecchio e nuovo si rapportano alla grandiosità del paesaggio circostante. Ciò che affascina è l'antico che acquisisce un ulteriore valore con l'aggiunta del nuovo: la rovina diviene così più leggibile attraverso la nuova struttura di millimetrica precisione in vetro e acciaio, che si contrappone alla compattezza e alla scabrosità delle murature preesistenti.

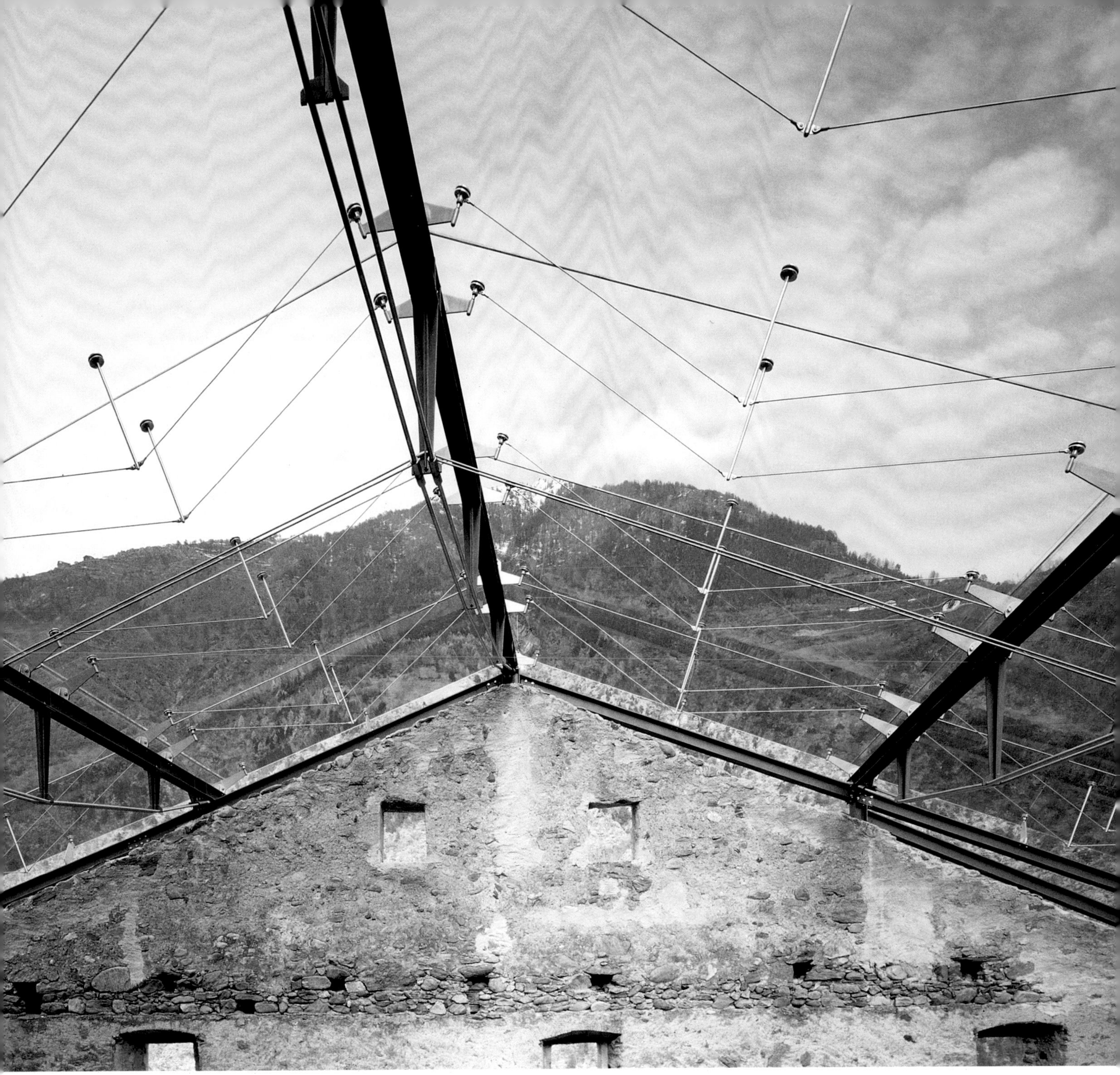

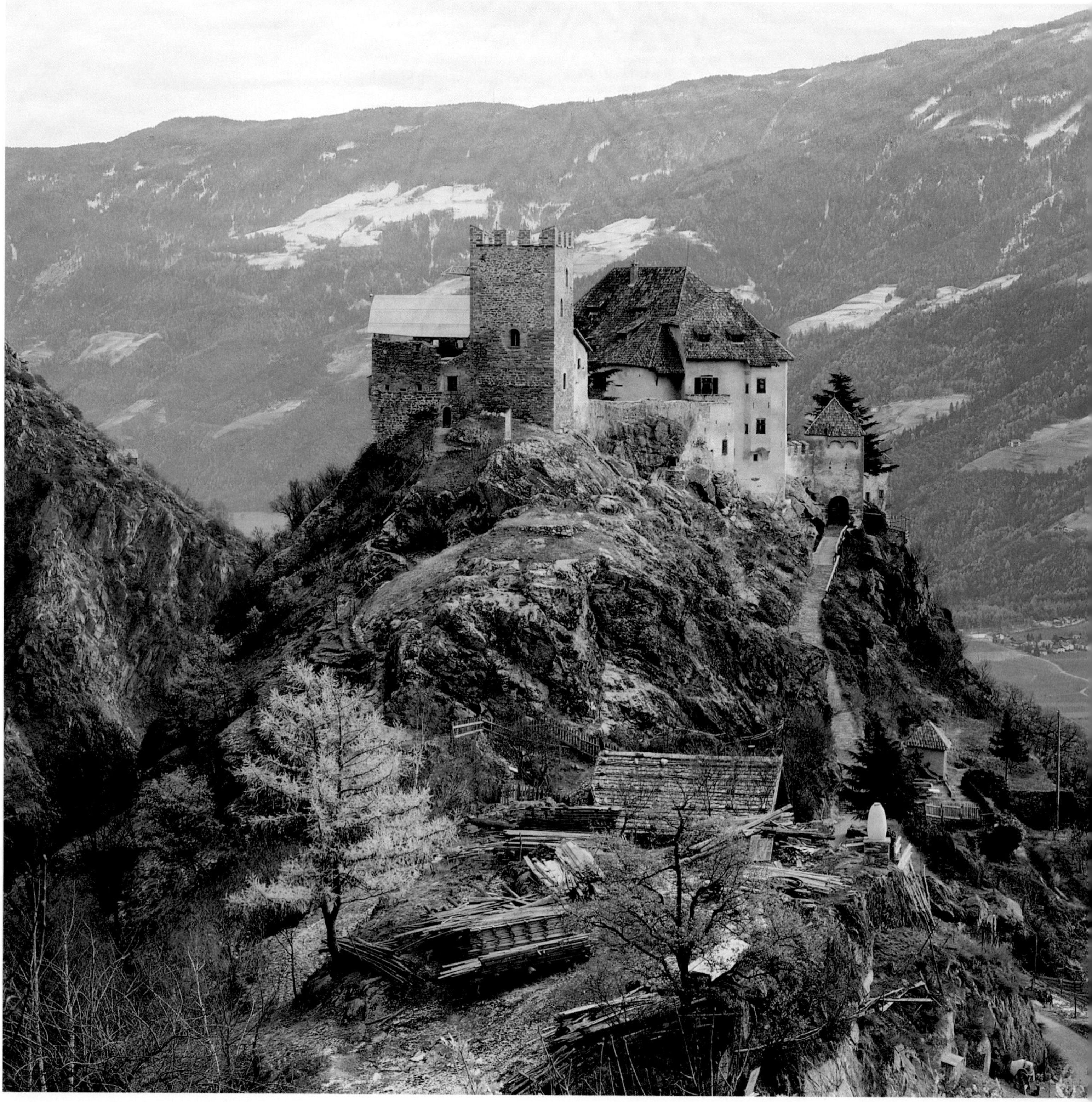

„Ich wollte die Ruine haben, die den Himmel freiläßt, tags die Wolken, nachts die Sterne, ich wollte hier vielleicht einmal ein Theaterstück spielen, ein Musikstück aufführen oder eine Lesung halten. Aber ich wollte das nicht mit Fenstern, Türen und Dächern verkleben", so die Gedanken Reinhold Messners zur Überdachung der Schloßruine von Juval.

Die Schloßanlage aus dem 13. Jahrhundert liegt auf einem Felssporn über dem Etschtal. Juval ist Schloß, Museum, zeitweiliger Wohnort der Familie des Besitzers und Zentrum eines Ensembles, bei dem versucht wurde, so unterschiedliche Themen wie: Bauwerk und Landschaft, ökologische Landwirtschaft, Begegnung verschiedener Kulturkreise und schließlich den Tourismus, unter ein Dach zu bringen. Ein sehr ehrgeiziges Unterfangen, dessen vorläufiger krönender Abschluß die Einhausung des Nordtraktes der Burg darstellt. Die Ruine als Ruine zu erhalten, sie aber trotzdem vor weiterem Verfall zu schützen und darüber hinaus, einen Raum für unterschiedliche Aktivitäten und Ausstellungen zu bekommen, war die Forderung an den Architekten. Dieser entschied sich für eine filigrane Konstruktion aus Stahl und Glas. Um mit Otto Wagner zu sprechen, bewies der Architekt eine „glückliche Hand bei der Wahl" dieser Materialien. Modernste Technik, vielleicht sollte man mittlerweile sogar sagen, anerkannte Technik unserer Zeit, um eine ebenso selbstverständliche Technik des Mittelalters zu schützen. Der ursprüngliche Innenraum, der durch Verfall zum Außenraum wurde, wird wieder zu einem Innenraum. Oder genauer, es gilt das Dazwischen wieder zu entdecken. Innen und außen, alt und neu im großzügigen Kontakt zur umgebenden Landschaft. Das Aufregende ist das Alte, es gewinnt mit der neuen Schicht noch zusätzlich an Bedeutung.

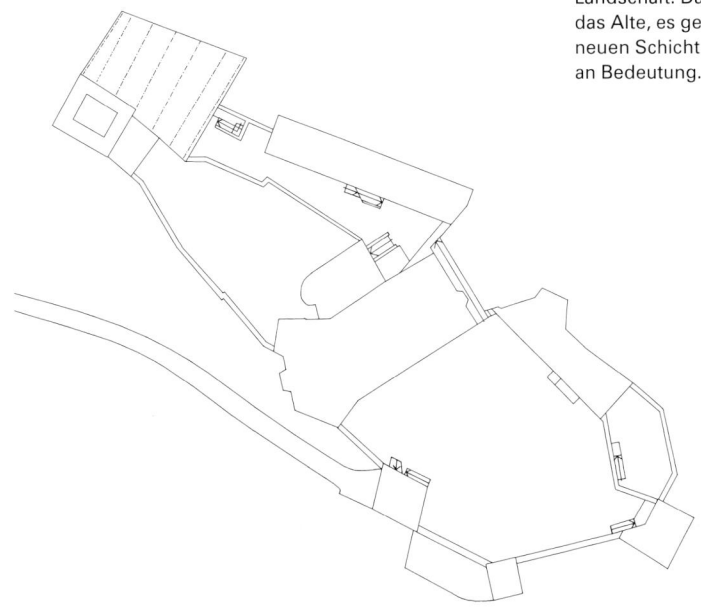

Il risultato è un rapporto dialettico tra la materia esistente e gli elementi aggiunti, una corrispondenza che diventa decisiva. L'intervento non cerca di soddisfare in pieno le funzioni previste, ma si adegua al costruito, riprendendo ad esempio la forma a doppia falda della copertura originaria. Le trasformazioni della struttura preesistente sono minime, mentre gli arcarecci sono stati ancorati alle murature ricorrendo a perforazioni limitate; un metodo che ha contribuito certamente a convincere le autorità preposte alla tutela dei monumenti della qualità del progetto.

Gli elementi vetrati del tetto sono formati ciascuno da due lastre rinforzate multistrato dello spessore di 8 mm che poggiano sugli arcarecci per mezzo di giunti cardanici e coprono, grazie a un sistema composto da tiranti e dispositivi di fissaggio, una superficie di circa 200 m². Le lastre inferiori della copertura vetrata sono tutte di colore verde chiaro, una scelta che riveste un'importanza non trascurabile per quanto riguarda l'impatto visivo da una certa distanza: in questo modo, infatti, il profilo della copertura appare più nitido, senza che questa particolare colorazione venga tuttavia percepita dall'interno dell'edificio. Il tetto, elemento di copertura dell'architettura del passato, diviene così allo stesso tempo un segnale di rinnovamento.

Die Ruine wird als Ruine durch die millimetergenaue neue Konstruktion aus Stahl und Glas gegenüber der Kompaktheit und den rauhen Oberflächen des bestehenden Mauerwerks besser lesbar. Es entsteht ein Dialog zwischen dem, was war, und dem, was hinzukommt. Diese Wechselbeziehung ist entscheidend. Die Funktionserfüllungen werden nicht optimiert, sie folgen aber genau den baulichen Gegebenheiten, wie z. B. der Übernahme der ursprünglichen Dachform, dem Satteldach. Die Eingriffe in die alte Bausubstanz sind minimal. Punktuelle Kernbohrungen in den Wänden dienen den Pfetten als Verankerung. Dies trug sicher dazu bei, daß die zuständigen Denkmalbehörden von diesem Projekt überzeugt wurden. Die Glaselemente des Daches bestehen aus zwei je 8 mm dicken Verbundsicherheitsgläsern, die auf Pfetten kardanisch aufgelagert und durch eine unterspannnte Konstruktion aus Zugstäben und Klemmhaltern eine Fläche von ca. 200 m² überspannen. Für die untere Scheibe des Glasdaches wurde ein helles Grün gewählt. Diese Entscheidung spielt für die Fernwirkung eine nicht unwichtige Rolle. Die Überdachung sieht dadurch konturenschärfer aus, ohne daß jedoch die Färbung von innen wahrgenommen wird. Das Dach, beschützendes Element der Baukunst der Vergangenheit und gleichzeitg Signal fürs Neue.

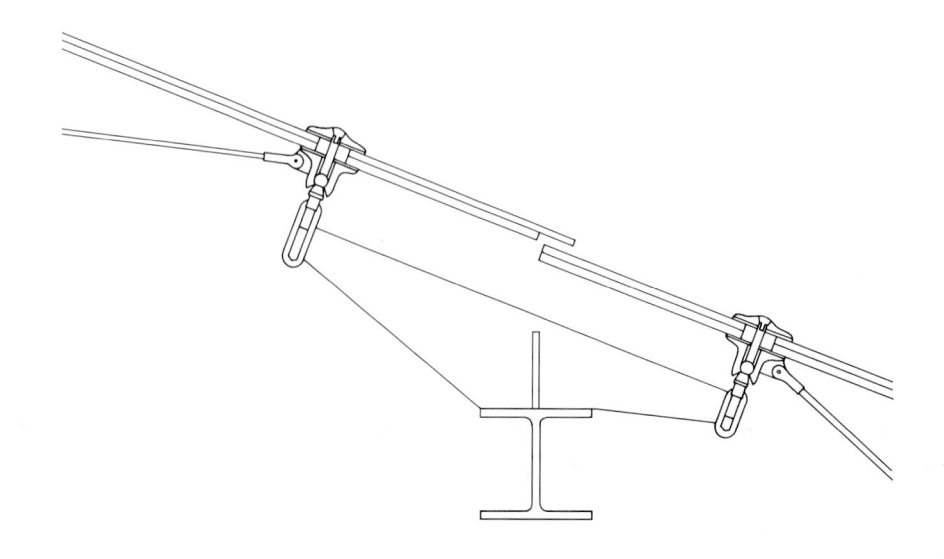

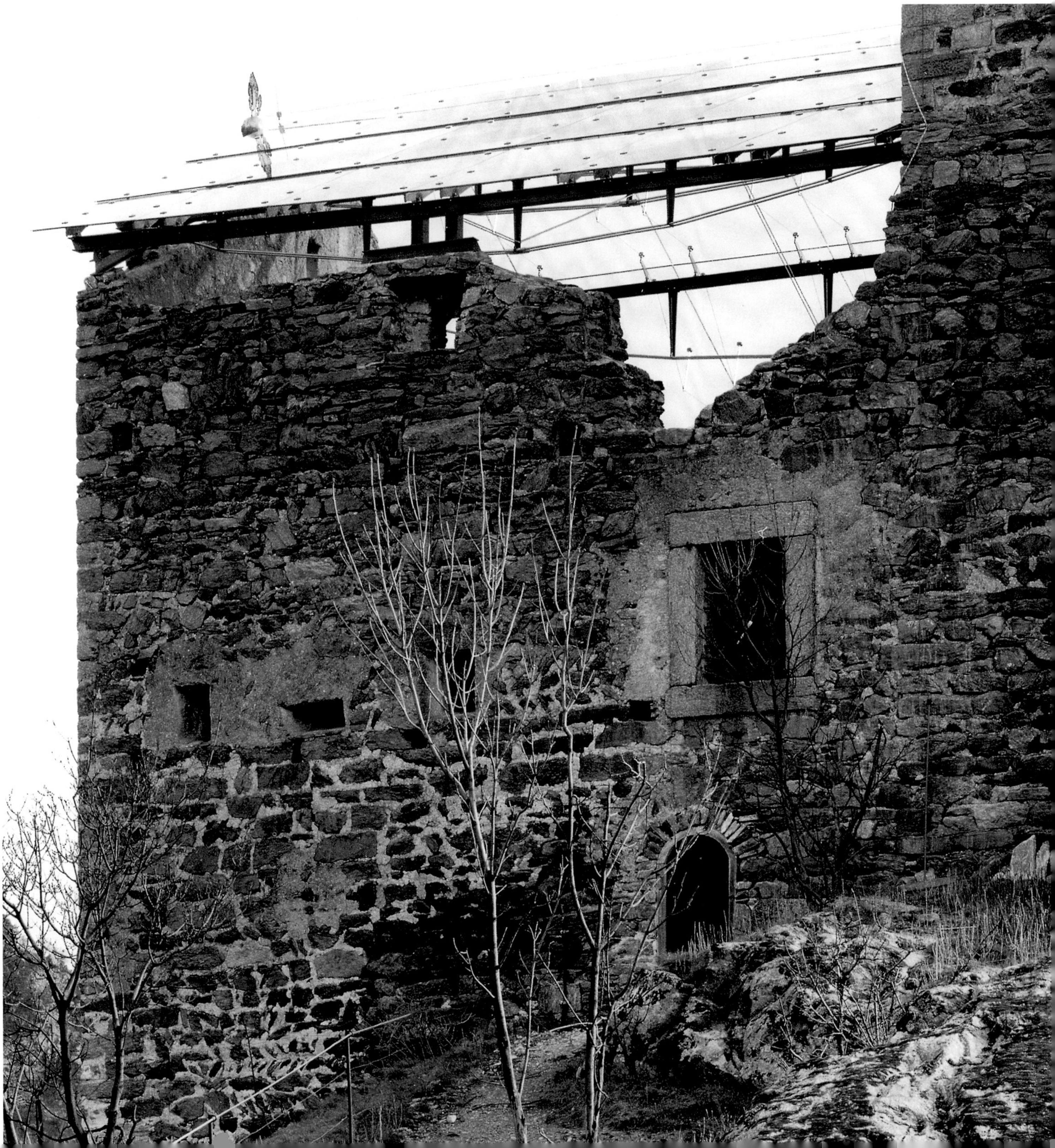

Günther Domenig & Hermann Eisenköck

Kärntner Landesausstellung,
Hüttenberg-Heft, Österreich 1995

Esposizione regionale della Carinzia,
Hüttenberg-Heft, Austria 1995

È necessario fare una premessa: il rapporto di Günther Domenig con l'"architettura alpina" non è né "culturalista" (secondo Bruno Reichlin) né "moderno", non ricerca cioè alcun legame con le tradizioni della cultura architettonica, ma non aspira neppure a una ridefinizione del ruolo della natura e del paesaggio. La sua "casa di pietra" sull'Ossiachersee, risultato di un processo progettuale rigoroso, rivela un pensiero diviso tra strutture cristalline e immagini metaforiche. Qui le esperienze di spazio e di struttura "alpine" subiscono una trasformazione, senza tuttavia scadere nella narrazione o nella trattazione didascalica. Si tratta di una architettura dal carattere dialettico, che richiama il confronto tra il singolo e la natura senza sottostare ai vincoli di un linguaggio convenzionale. Fuori di dubbio in essa è riconoscibile anche un "pathos" dell'atto creativo, che trova forse la propria giustificazione nella ricerca dei limiti massimi del realizzabile.

Anche il complesso di Heft bei Hüttenberg, per il quale non è stato ancora individuato alcun riutilizzo convincente, rappresenta in primo luogo un momento di confronto, profondamente metaforico, con l'idea stessa di "montagna". Montagna, in questo caso, non nel senso di massiccio, di volume o di altitudine, ma montagna nella quale si penetra, alla quale si strappa qualcosa e che nasconde nelle sue remote profondità tesori e orrori.

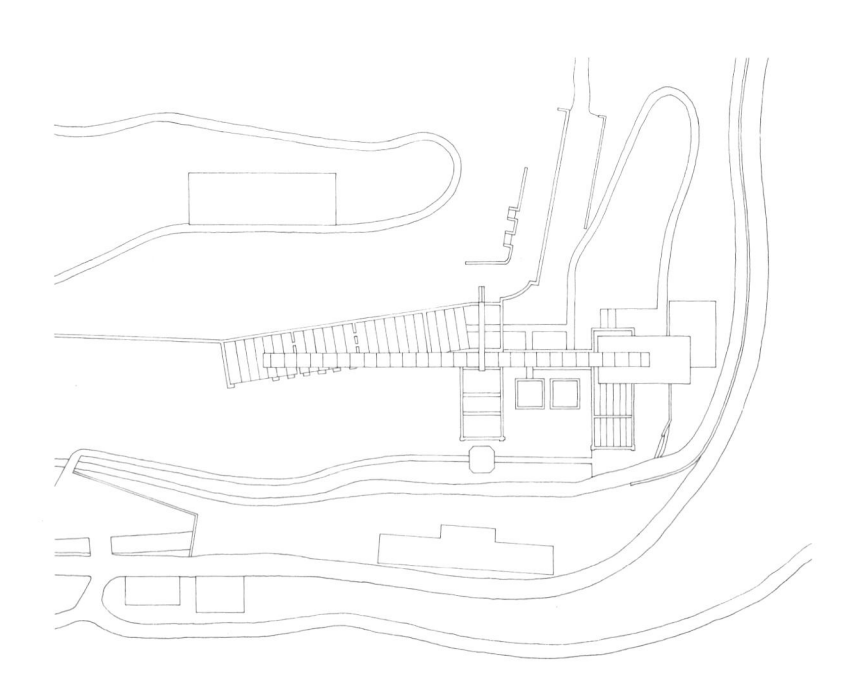

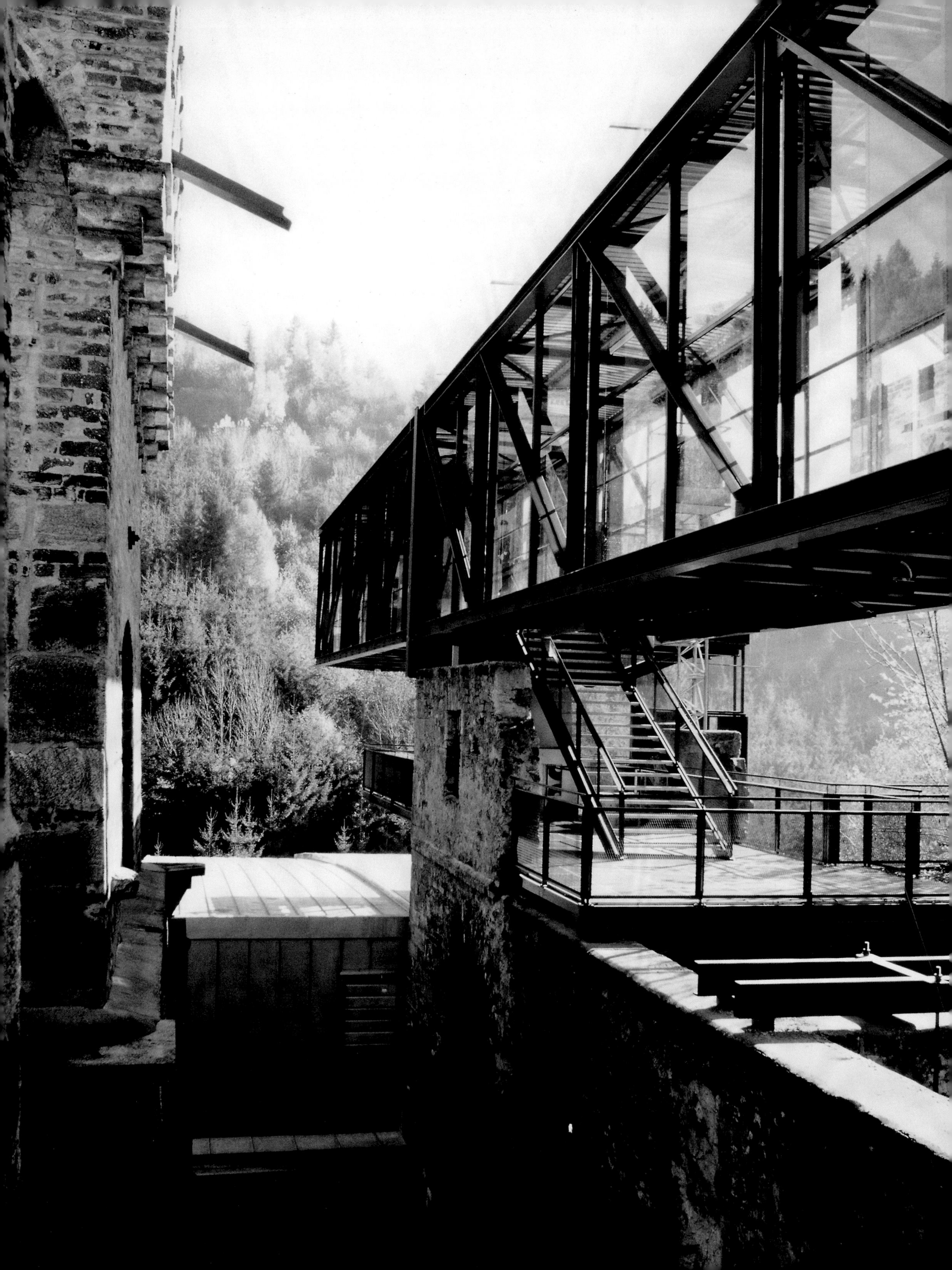

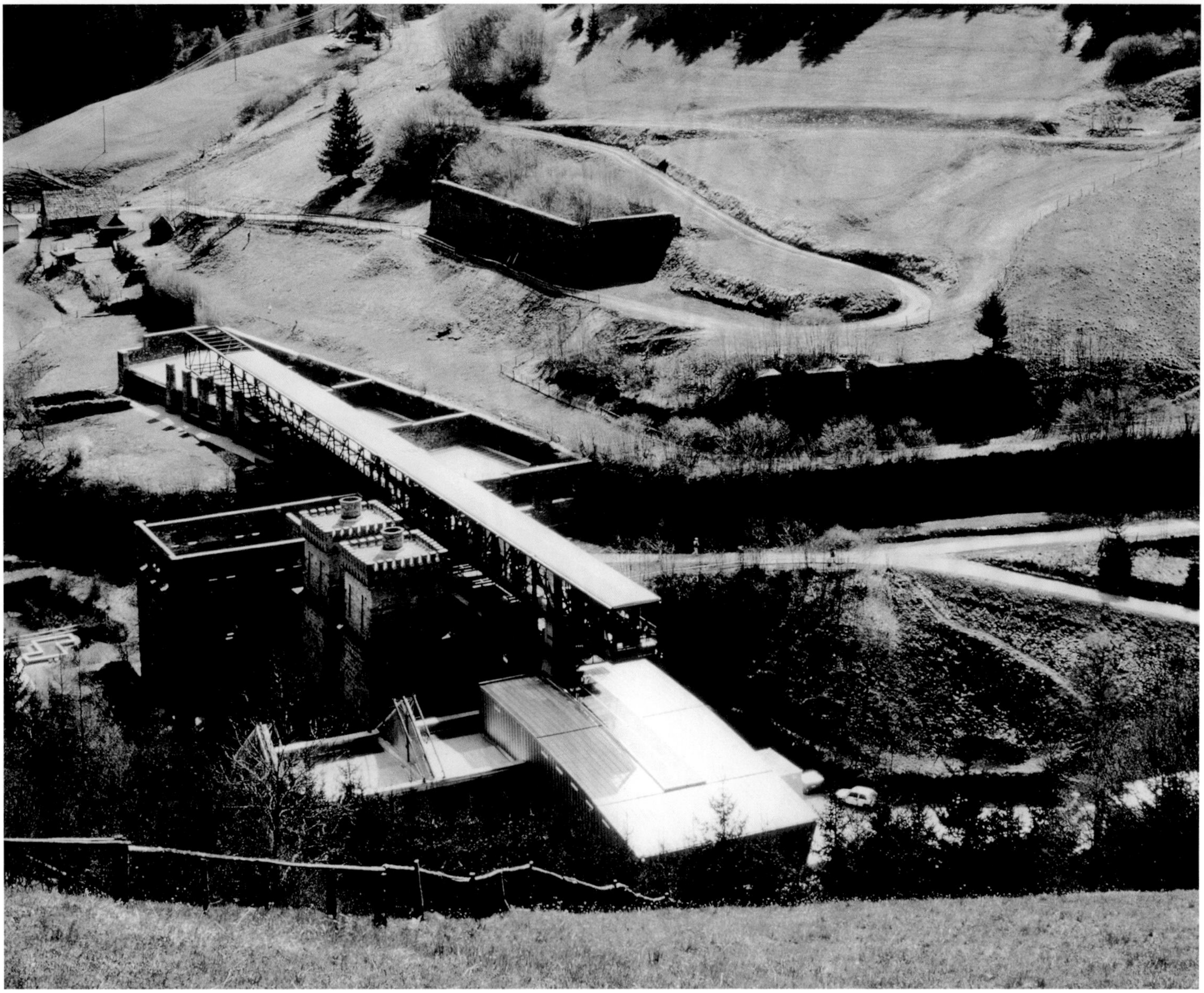

Vorbemerkung: Günther Domenigs Auseinandersetzung mit dem „Bauen in den Alpen" ist weder „kulturalistisch" (nach Bruno Reichlin), sie sucht also keine Anbindungen an baukulturelle Traditionen, noch ist sie „modernistisch" im Sinne einer neuen Interpretation von Natur und Landschaft. Sein prozeßhaft entwickeltes „Steinhaus" am Ossiachersee erlaubt Einblicke in ein zwischen Kristallstrukturen und metaphorischen Raumbildern eingespanntes Denken. Hier werden „alpine" Raum- und Strukturerfahrungen transformiert, ohne ins Narrative oder gar Illustrative abzugleiten. Diese Architektur hat etwas Dialoghaftes des Einzelnen mit der Natur, ohne die Verbindlichkeiten der konventionellen Sprachen aufzusuchen. Es ist zweifellos auch ein Pathos des Schöpferischen sichtbar, das vielleicht seine Rechtfertigung im Aufsuchen der Grenzen des Verwirklichbaren findet.

Auch die Anlage von Heft bei Hüttenberg, für die noch immer keine selbstverständliche Nachnutzung gefunden wurde, ist eine zunächst tief metaphorisch erlebte Auseinandersetzung mit dem „Berg". Berg nicht als Massiv, Volumen oder Höhe, sondern Berg, in den man hineinfährt, dem man etwas abringt, der seine Schätze und Verderbnisse in Tiefen verbirgt.

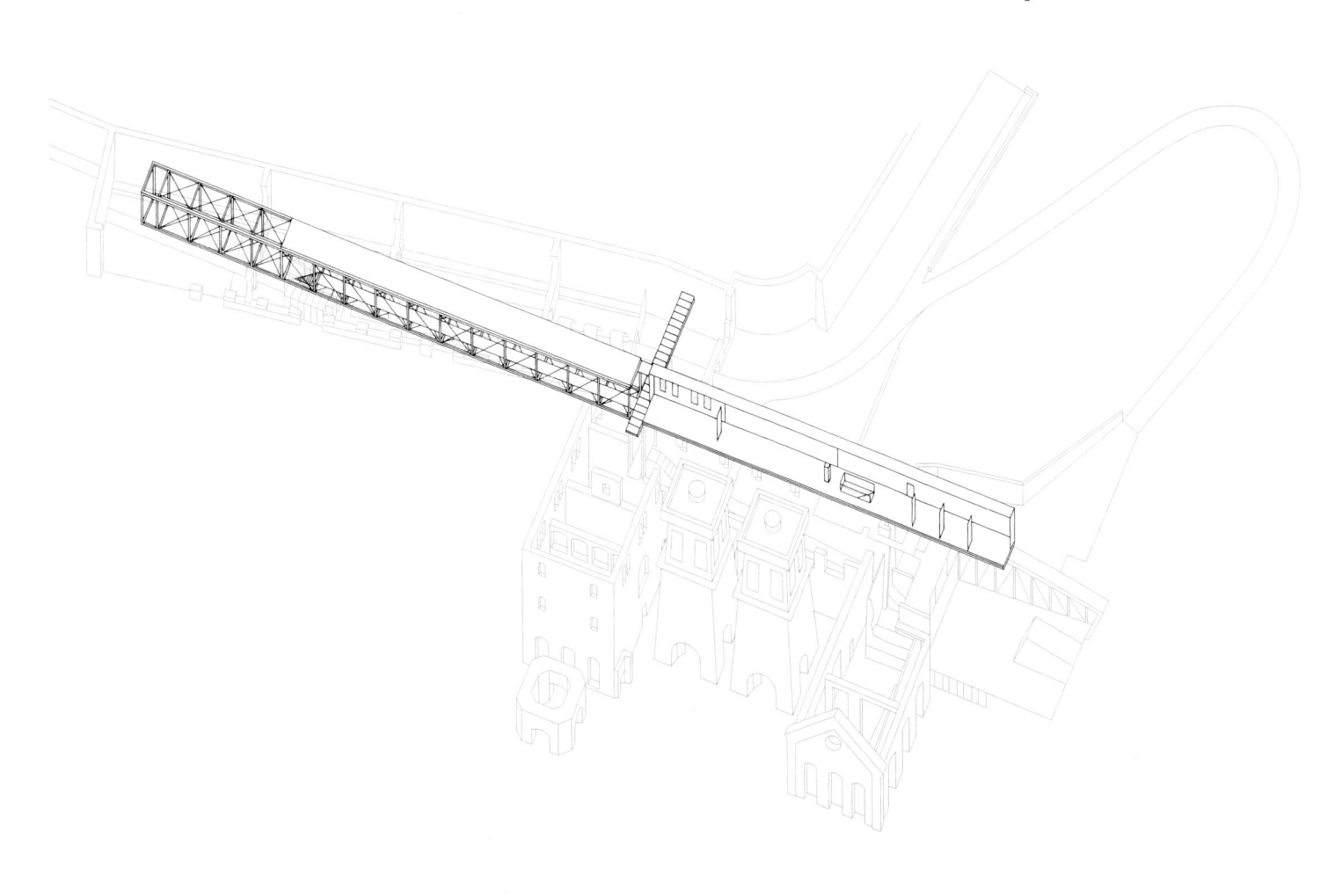

Hüttenberg ist ein fast kultischer Ort des mittelalterlichen Bergbaus. Die noch sichtbaren Reste in Form von baulichen Anlagen stammen aus dem vorigen Jahrhundert und sind Ruinen des Bergbaus, der Erzgewinnung und Verhüttung. Domenig beschäftigt sich mit diesen Anlagen nicht didaktisch, es führt kein Lehrpfad durch sie hindurch, sondern er führt mit respektvoller Distanz (und gelegentlichen Berührungspunkten) an ihren Geheimnissen vorbei. So wird der große in der Landschaft schwebende Kastenträger zur Metapher für einen Stollen, in dem sich Gut aus der Arbeitswelt des Bergbaus anhäuft. Der Weg führt zu ihm, wie durch Labyrinthe von Stollen. Und er endet in einem Blick auf den Wald, mit dessen Verschwinden auch der Bergbau verschwand. Am Ende war entweder die Grube oder es war der Wald ausgebeutet.

Natürlich verwandelte sich die ganze Anlage, ob alt oder neu, ob Ergänzung oder Intervention, in einen Schauweg einer Ausstellung, aber wie man durch das alte Gemäuer schreitet, wie man in Serpentinen, Kehren, Wendungen Höhe für Höhe, Ebene für Ebene erklimmt, das ist ein Wandern durch eine Bergwelt, in der sich dieser Begriff in seiner Vielfalt und kulturellen Dimension erschließt. Die Anlage ist heute in einem bedauerlichen Zustand, der ursprünglich populistische Haß gegen das Bauwerk hat sich in zynische Vernachlässigung verwandelt. Es ist vom Ausstellungsgut alles wieder abgezogen worden, was Touristen hätte anziehen können. Die Region, die man retten wollte, leidet weiter, bis der „richtige Vermarkter" kommt. Und dann ist vielleicht alles zu spät.

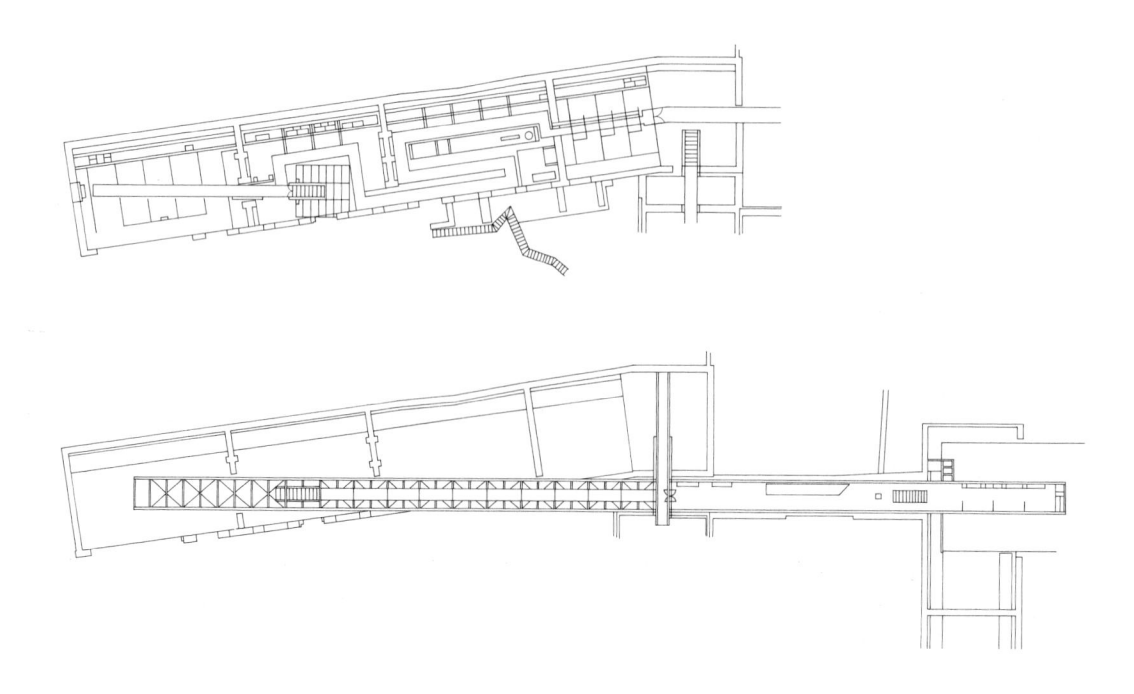

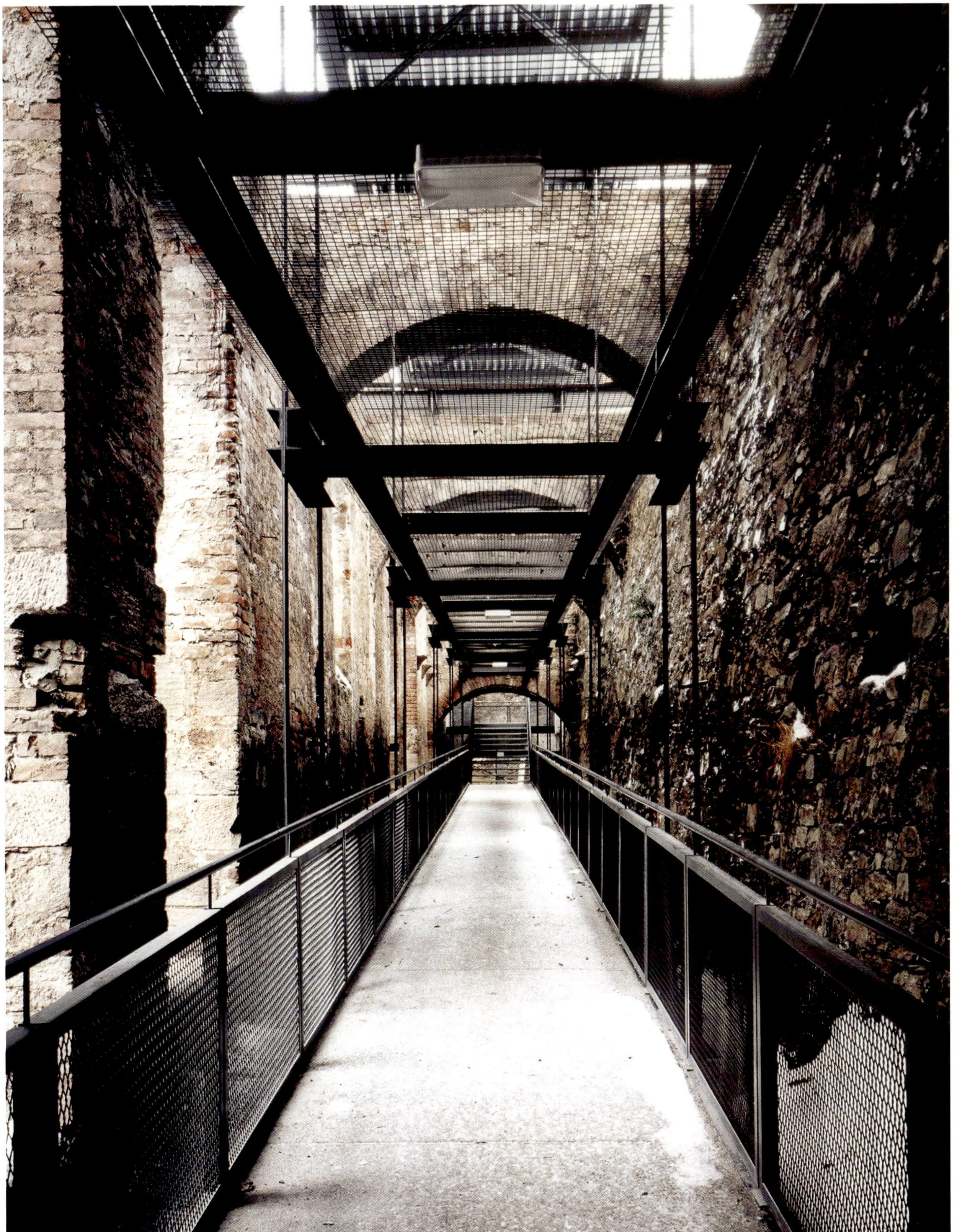

Hüttenberg è un luogo quasi mitico per l'industria mineraria medievale: i ruderi degli edifici ancora visibili risalgono al XIX secolo e testimoniano il fiorire della attività estrattiva e della lavorazione dei minerali. Domenig non si rapporta a questi impianti in modo didascalico, non traccia un itinerario didattico al loro interno, ma passa davanti ai loro misteri mantenendo un rispettoso distacco, anche se talvolta stabilisce qualche punto di contatto con essi. Così la grande trave scatolare che si libra nel paesaggio diviene la metafora di una galleria nella quale si stratifica il materiale prodotto dall'attività della miniera. Il percorso in direzione della trave oltrepassa un labirinto di gallerie e termina con la vista panoramica della foresta, la cui scomparsa è coincisa con la cessazione dell'attività estrattiva: alla fine, sia la miniera sia la foresta vengono entrambe sfruttate fino in fondo.

Il complesso minerario è stato interamente trasformato, tanto nelle parti antiche quanto in quelle recenti, in una sorta di passeggiata o di percorso espositivo, ricorrendo sia a integrazioni sia a interventi ex novo; tuttavia, mentre si procede tra le murature antiche o si sale continuamente di quota attraverso serpentine, curve e svolte improvvise, si ha la sensazione di camminare in un ambiente di montagna, dove questa realtà si manifesta nella sua varietà e nella sua dimensione culturale. Il complesso si trova attualmente in uno stato deplorevole; l'iniziale odio popolare contro la miniera ha lasciato il posto a una cinica indifferenza. Dall'esposizione è stato ritirato tutto ciò che sarebbe potuto diventare fonte di attrazione turistica. La zona che si voleva salvare continua purtroppo a soffrire, almeno fino a quando non arriverà l'"uomo giusto". E allora sarà forse troppo tardi.

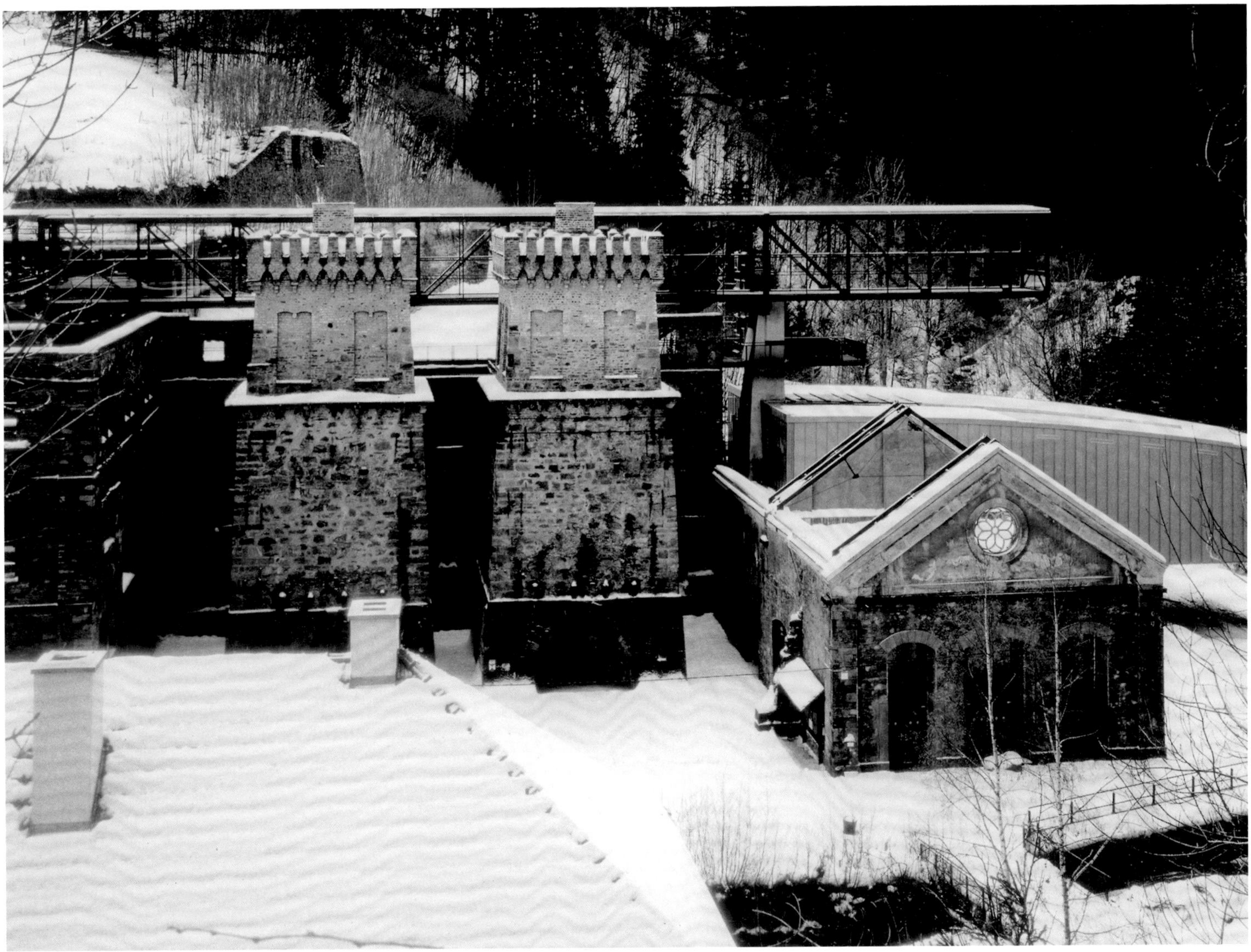

Roberto Gabetti & Aimaro Isola, Guido Drocco

Wohnhaus und Hotel, Sestriere, Piemont, Italien 1974-80

Condominio e albergo, Sestriere, Piemonte, Italia 1974-80

Il primo edificio che Gabetti e Isola costruirono una ventina d'anni fa al Sestriere interpreta in modo esemplare il tema del turismo in montagna: un residence lungo circa 200 m, alto cinque piani e in cui i balconi e le finestre risultano illeggibili rispetto al resto della facciata. Nel seguire una sinuosa curva di livello l'edificio si addossa al declivio prativo, e si fonde al paesaggio senza assolutamente camuffarsi.

Come una diga fatta di legno mette in mostra contemporaneamente una grande forza e una grande delicatezza. L'edificio è ancora lì per tutti da ammirare e dimostra che per creare forme di architettura è spesso necessaria la scintilla dell'intuizione. Dalla strada che lo costeggia in alto, l'edificio si presenta, banalmente, come un piano di parcheggio; dai fianchi si presenta invece come l'estrusione di una forma tellurica, un cristallo magmatico emerso in superficie. La sezione, con le copertine delle terrazze in perspex ricurvo, non riflette il cielo. Fuori stagione, quando il condominio non è utilizzato, l'edificio appare chiuso come un armadio; durante la stagione invernale l'edificio si spalanca, e le sue terrazze possono essere utilizzate come solarium e fungere da logge degli spazi interni. I tettucci vetrati delle terrazze si impostano alla quota del parapetto superiore, e tutti insieme formano una megaserra. Il legno, usato come lo si userebbe per una grande capanna, trasmette un sapore leggermente nordico, il che non contraddice il clima a quota 1900 m. Vista la profondità del corpo di fabbrica alla quota della copertura, vi sono dei piccoli cortiletti interni, che fanno anche del residence una piccola comunità.

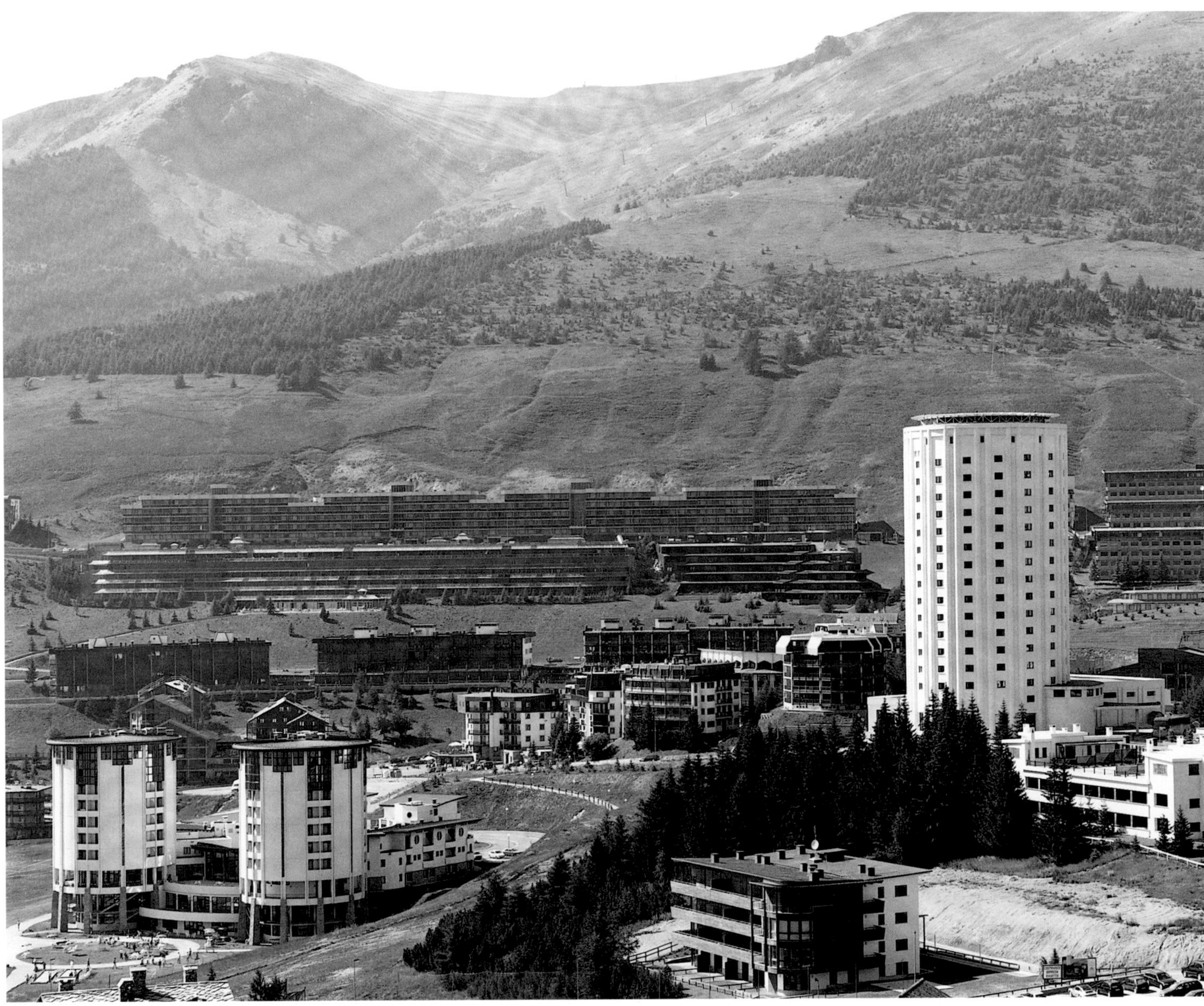

Der erste Bau, der von Gabetti und Isola vor etwa zwanzig Jahren in Sestriere errichtet wurde, stellt in vorbildlicher Art und Weise eine Interpretation des Themas Tourismus im Gebirge dar: es handelt sich um einen Wohnbau von ungefähr zweihundert Metern Länge mit fünf Geschossen, bei dem die Balkone und die Fenster im Vergleich zu den übrigen Teilen der Fassade unlesbar bleiben.

Einer gekrümmten Höhenlinie folgend, lehnt sich der Bau an einen Wiesenabhang an und verschmilzt mit dem gegebenen Landschaftsbild, ohne sich zu verstecken. Wie eine Staumauer aus Holz zeigt der Bau zugleich große Kraft und große Zerbrechlickeit. Er steht da, um von allen bewundert zu werden und ist ein Beweis dafür, daß für die Erfindung von architektonischen Formen oft ein Funke Intuition notwendig ist. Von der Straße, die oben entlangführt, zeigt er sich einfach als Parkplatz; seitlich hingegen präsentiert er sich als eine Art herausragende Erdformation, als Magmagebilde, das an die Oberfläche gestoßen ist. Der Querschnitt mit den kleinen Dächern der Terrasse aus gebogenen, duchsichtigen Kunststoffplatten widerspiegelt nicht den Himmel. Außerhalb der Saison, wenn das Kondominium nicht gebraucht wird, wirkt der Bau geschlossen wie ein Schrank. In der Wintersaison hingegen öffnet er sich: seine Terrassen können als Solarium verwendet werden und dienen auch als Loggien in Fortsetzung der Innenräume. Die kleinen, verglasten Bedachungen der Terrassen sind bündig zur Höhe der oberen Brüstung und bilden zusammen einen übergroßen Wintergarten.

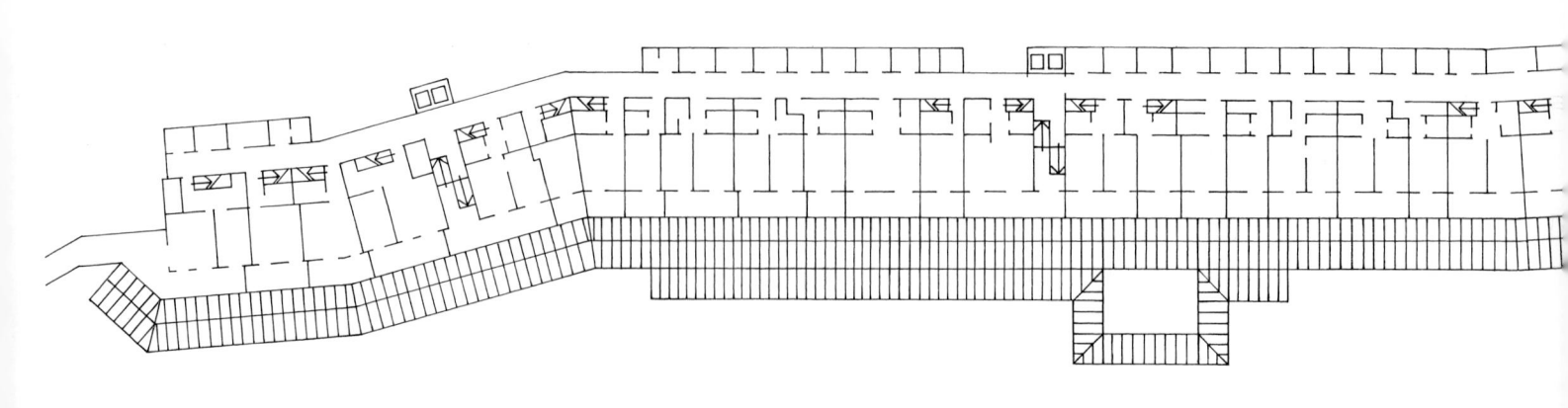

91

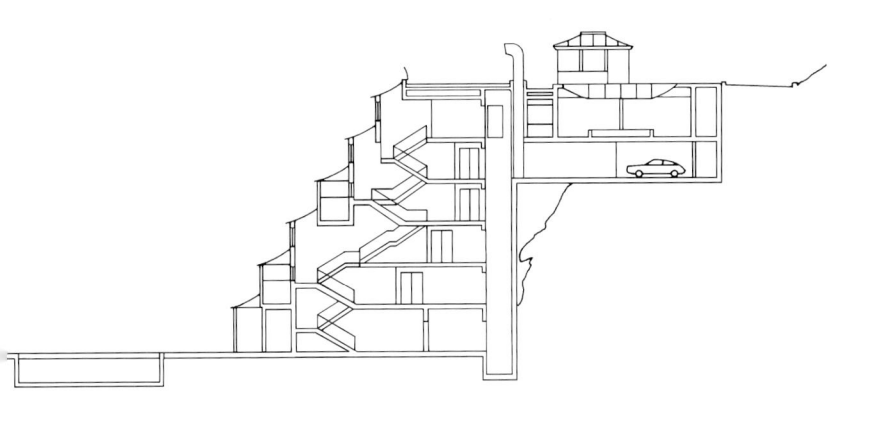

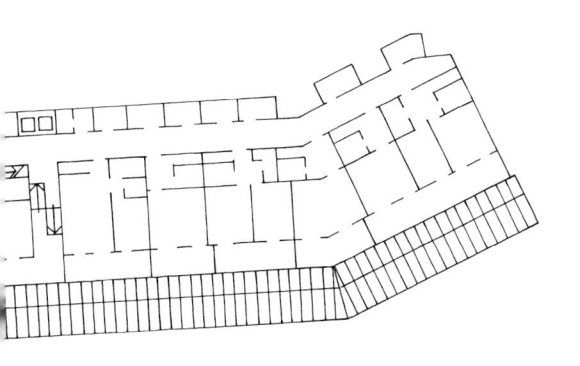

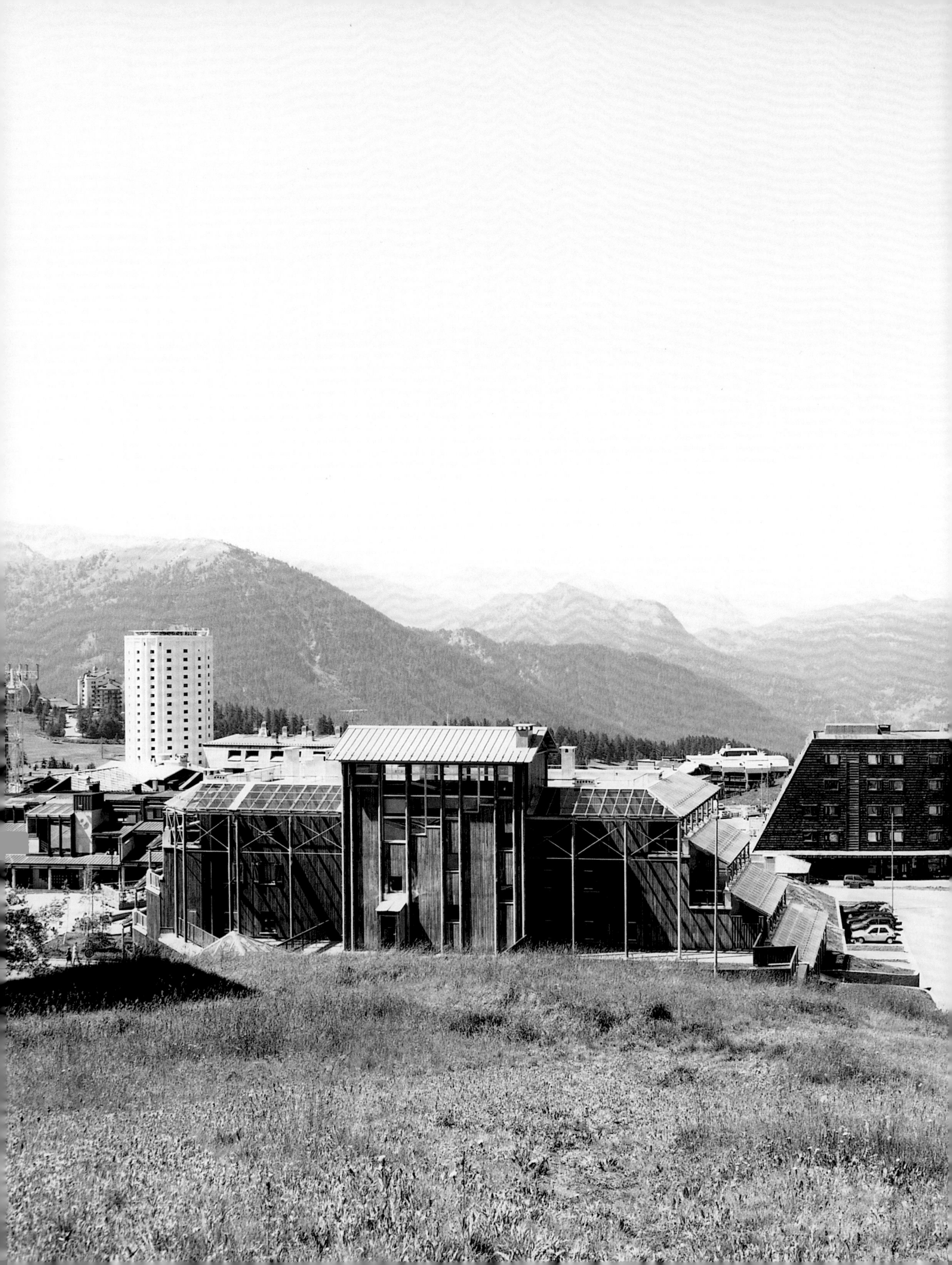

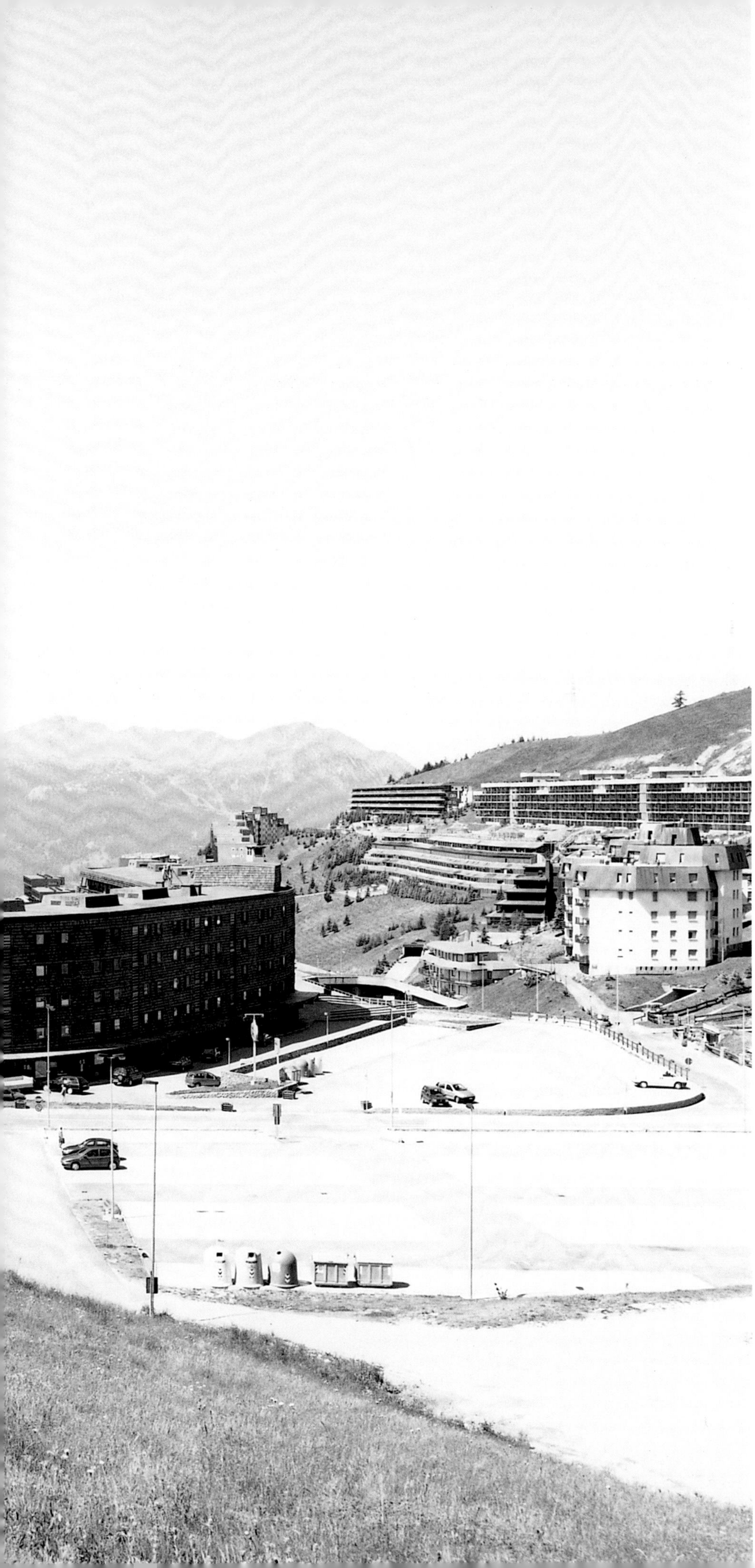

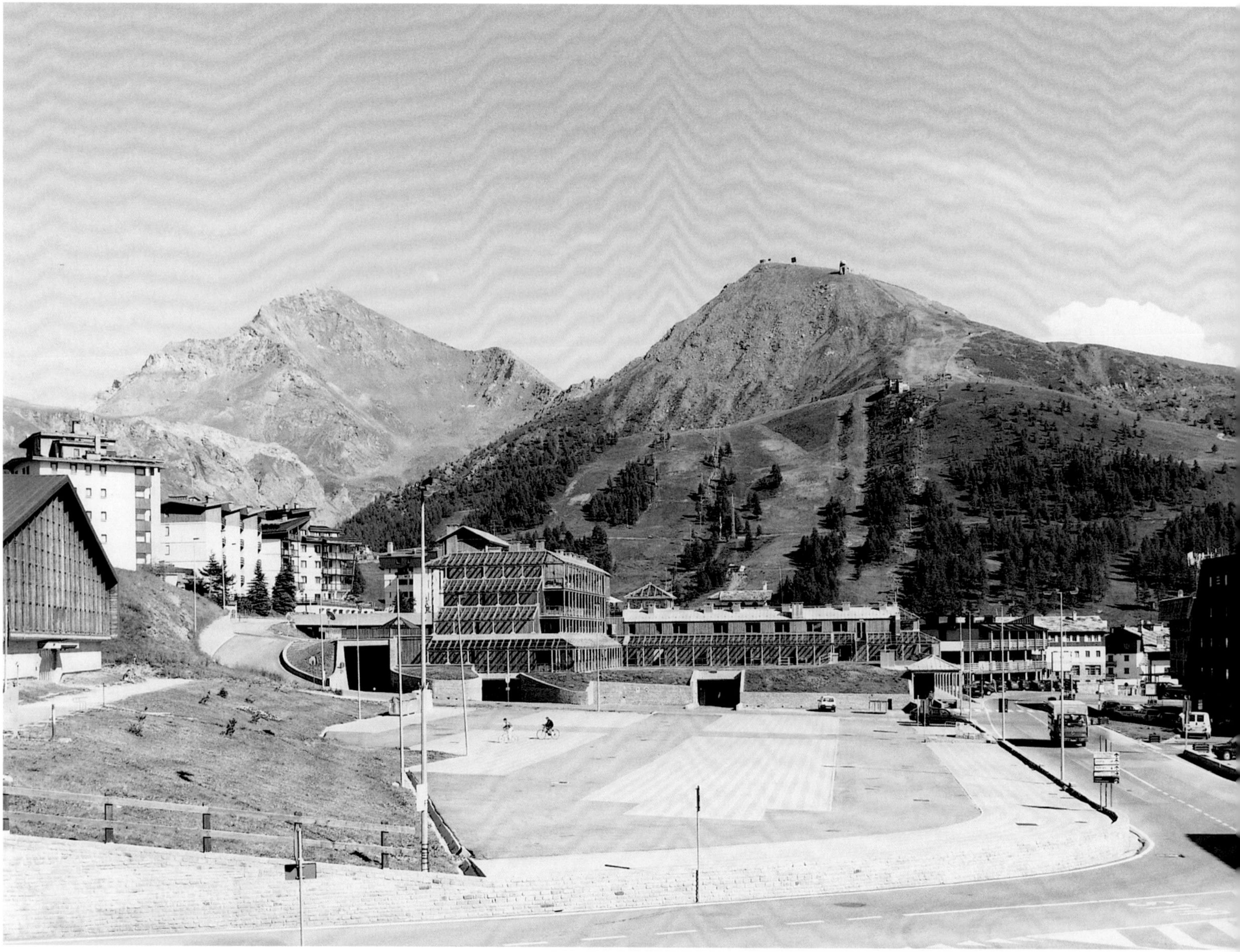

Sì, perché il Sestriere è una comunità fatta di turisti stagionali, prevalentemente sciatori. Anche la sua dislocazione, su un colle, è artificiale, non riferendosi ad alcuna delle attività che un tempo si svolgevano sulle Alpi Orientali; quanto vediamo oggi è l'esito raggiunto dell'idea, nata negli anni '30, di fondare qui un paese nuovo. Sull'esempio del residence progettato da Gabetti e Isola, ne sono nati poi molti altri simili come volumi ma formalmente scadenti. Oggi al Sestriere protagonisti sono i condominii, che con disinvoltura si arrampicano sui pendii; a Gabetti e Isola va il merito di aver dimostrato per primi che è possibile progettare in montagna condomini di grandi dimensioni dotati di una specifica qualità ambientale, e fissarne le regole tipologiche. Insieme, questi formano oggi uno zoccolo omogeneo e compatto sopra il quale si stagliano le vette.

Pochi anni fa Gabetti e Isola hanno realizzato qui al Sestriere il loro secondo edificio, con affaccio diretto sulla piazza centrale; precedentemente il lotto era un disordinato e informe parcheggio di automobili e di autobus. Per la piazza Gabetti e Isola avevano redatto un piano generale di riordino, che, mai realizzato, è comunque servito loro a ottenere l'incarico per un edificio che facesse da fondale alla piazza. L'edificio, un albergo-residence, fa uso degli stessi elementi costruttivi del progetto precedente, ma le condizioni del lotto rendono meno chiaro l'impianto generale; per esempio, qui la sezione è confusa e di difficile lettura, e non è in alcun rapporto con il paesaggio; anche la scelta dei materiali e le finiture rozze sono penalizzanti. Resta comunque interessante l'idea di creare uno "stile" comune per i diversi progetti stagionali del Sestriere.

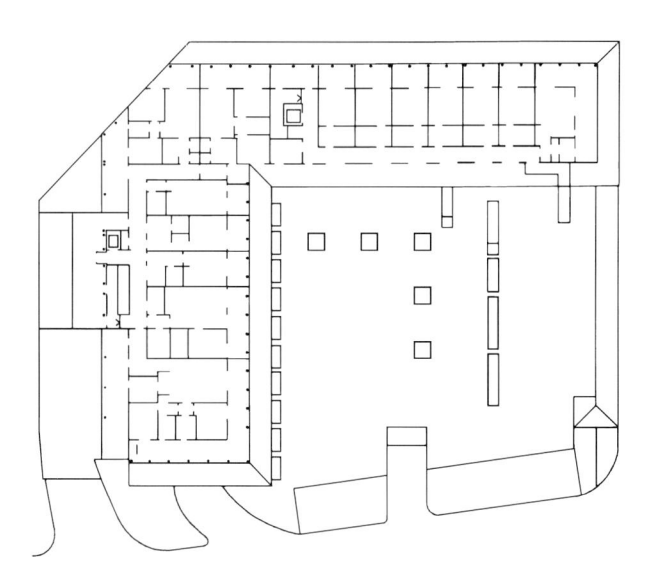

Das Holz, wie für eine große Hütte verwendet, vermittelt ein paradiesisches Gefühl, das gut zu den klimatischen Bedingungen auf 1900 Metern Höhe passt. In Anbetracht der Tiefe des Gebäudekomplexes wurden auf der Dachterrasse kleine Innenhöfe geschaffen, die den Wohnbau zu einem kleinen Gemeinschaftsbau machen. Sestriere besteht nämlich nur aus einer kleinen Gemeinschaft von Saison-Touristen, in erster Linie Skifahrer.

Auch die räumliche Gliederung auf einem Hügel ist künstlich und hat keinen Bezug zu irgendeiner der Tätigkeiten, die einst in den östlichen Alpen ausgeübt wurden. Was wir heute sehen, ist das Ergebnis einer Idee aus den dreißiger Jahren, nämlich hier ein neues Dorf zu gründen. Nach dem Beispiel des Wohnhauses von Gabetti und Isola sind dann in der Nachfolge zahlreiche ähnliche Bauten entstanden – ähnlich im Volumen, aber genauer betrachtet von geringerer Qualität. Heute beherrschen in Sestriere Wohnbauten das Bild, die selbstsicher die Abhänge hinaufklettern; Gabetti und Isola kommt das Verdienst zu, als erste bewiesen zu haben, daß es im Gebirge durchaus möglich ist, Wohnanlagen von großen Dimensionen zu bauen, die ganz spezifische räumliche Qualitäten besitzen, und gewisse typologische Regeln für diese festzulegen. Sie bilden heute insgesamt eine homogene und kompakte „Sockelzone", über der sich die Berggipfel in scharfen Konturen abzeichnen.

Vor wenigen Jahren haben Gabetti und Isola hier in Sestriere ihren zweiten Bau verwirklicht, der unmittelbar auf den Hauptplatz des Ortes blickt. Vorher war die Bauparzelle nichts als ein chaotischer und formloser Parkplatz für Autos und Autobusse. Für die Neugestaltung des Platzes erarbeiteten Gabetti und Isola einen Generalplan, der nie umgesetzt wurde. Er hat ihnen aber zumindest dazu verholfen, den Auftrag für einen Bau zu erhalten, der dem Platz einen Hintergrund verleihen sollte. Bei diesem Gebäude mit mehrfacher Nutzung (Hotel, Wohnung und Geschäfte) kamen die gleichen konstruktiven Elemente zur Anwendung wie beim vorangehenden Projekt. Die Umstände aber, die das Grundstück hier bedingt, lassen die allgemeine Anlage weniger klar erscheinen. Beispielsweise ist der Querschnitt verwirrend und schwer lesbar und steht in keinem Bezug zur Landschaft; auch die Wahl der Materialien und die „grobe" Ausführung sind nicht positiv zu werten. Interessant bleibt auf alle Fälle die Idee, als Basis für die unterschiedlichen Saisonbauten in Sestriere eine gemeinsame „Sprache" zu entwickeln.

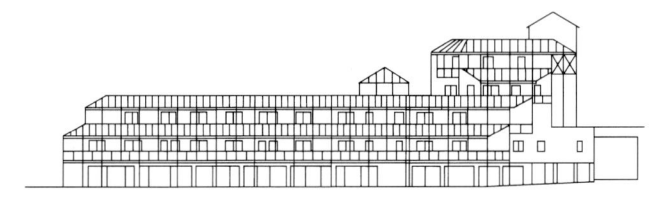

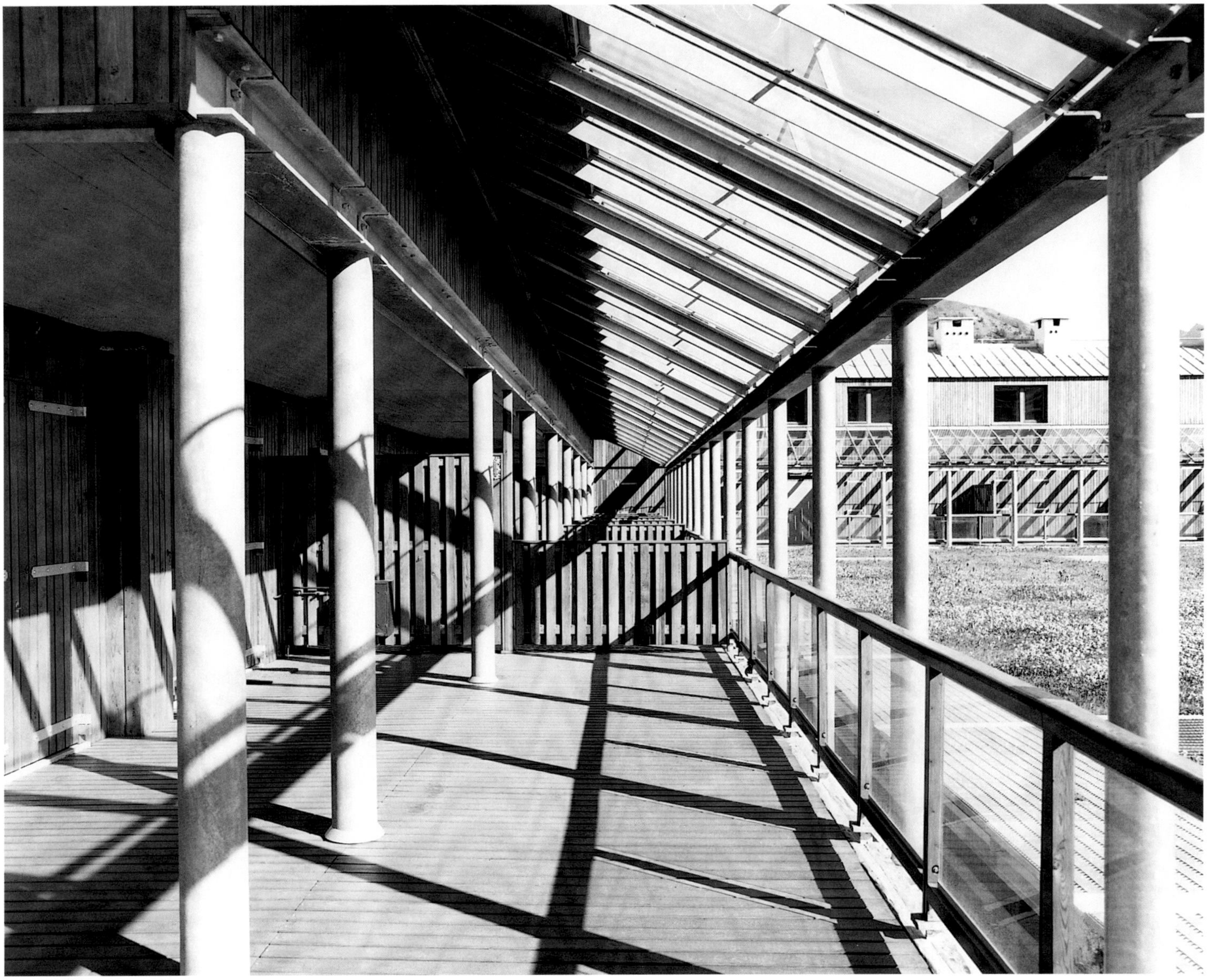

Andreas Hagmann & Dieter Jüngling

Schule in Mastrils, Graubünden, Schweiz
1992-95

Scuola a Mastrils, Grigioni, Svizzera
1992-95

Dalla forma generale al dettaglio, nell'edificio che accoglie la scuola e l'amministrazione comunale di Mastrils, tutto concorre a realizzare l'immagine per antonomasia dell'edificio "sposato" alla topografia montana: tutto parla di una stratificazione orizzontale di forme impilate e di un'arcana forza orizzontale lenta e sicura que avrebbe spinto a incontrare le pendici della montagna.

Questo effetto è il prodotto di una sapiente coniugazione di dispositivi formali. Non soltanto dominano le forme orizzontali, distese, delle aperture, delle fasce marcapiano, degli acroteri dei tetti, delle partizioni orizzontali dei serramenti a ghigliottina ecc., ma ogni forma è come cinta da una cornice e questo vale per le finestre e per i diversi piani in modo che l'immagine complessiva è quella di tante "scatole" sovrapposte; infine, queste cornici evitano accuratamente di incontrare la pendenza del terreno – dove "affonda" nel terreno, l'edificio è liscio e compatto come un blocco di cemento lavato. Tutto pare talmente ridotto all'essenziale e all'espressione tettonica che si stenta a comprendere che l'effetto di stratificazione – direi quasi di levitazione – orizzontale, in fondo non è che il prodotto di un impiego "decorativo" di elementi apparentemente tettonici, come le doppie fasce marcapiano o le cornici delle finestre.

Anche lo spazio interno trae il massimo profitto dalla sezione gradonata. Quello che altrimenti non sarebbe altro che un banale corridoio di distribuzione compreso fra l'allineamento delle aule a sud e gli spazi per il lavoro manuale e i servizi a nord, nella scuola di Mastrils diventa una vera e propria "galleria", tutto terrazze e scale, che prende luce e vista dai finestroni aperti nell'asse dei frontoni che, piano per piano, definiscono il fronte est gradonato dell'edificio. "Galleria" a connotazione urbana sia per le dimensioni, in altezza soprattutto, sotto i colmi dei frontoni, sia per come articola ad ogni piano le uscite all'esterno, sia per il grezzo rivestimento in mattoni murati a vista con fughe sovradimensionate; e "urbane" sono anche le associazioni mentali che immancabilmente suscita: memoria di rapide scalinate di paese, le immortalate scale di Montmartre o il celebre "Passage Pommeraye" di Nantes.

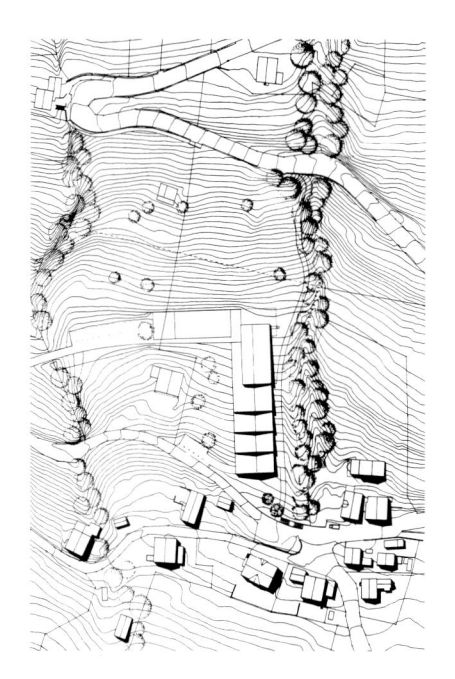

In dem Gebäude, in welchem Schule und Gemeindeverwaltung von Mastrils unter einem Dach vereint sind, wird von der allgemeinen Form bis zum Detail alles versucht, um die Verbindung, von Bau und Berglandschaft exemplarisch zu lösen: Es dominiert die horizontale Schichtung überlagerter Formen, die eine gleichgerichtete, geheimnisvolle Kraft langsam, aber stetig dazu geführt hat, den Berghang zu treffen. Dieser Eindruck ist das Ergebnis einer geschickten Verknüpfung formaler Strategien. Die Gebäudeöffnungen, die Streifen, welche die Einteilung der Stockwerke hervorheben, das Dachgesims und die waagerechte Aufteilung der Vertikalschiebefenster: alles wird durch horizontale Formen beherrscht. Zudem erscheint jede Form wie von einem Rahmen umfaßt, so daß die Fenster und unterschiedlichen Stockwerke ein Gesamtbild übereinander gestapelter Schachteln ergeben. Diese Rahmen meiden schließlich jeglichen Kontakt mit dem abschüssigen Terrain: dort, wo das Gebäude „in das Erdreich eintaucht", ist es glatt und kompakt wie ein Block aus Waschbeton. Alles scheint derartig auf das Wesentliche und auf die Darstellung der Tektonik reduziert, daß es kaum vorstellbar ist, daß der Eindruck der waagerechten Schichtung – eher ein Schweben – nichts anderes ist als das Ergebnis einer dekorativen Anwendung von nur scheinbar tektonischen Elementen, wie die Fenstereinrahmungen, die Doppelbänder, die jedes Stockwerk markieren.

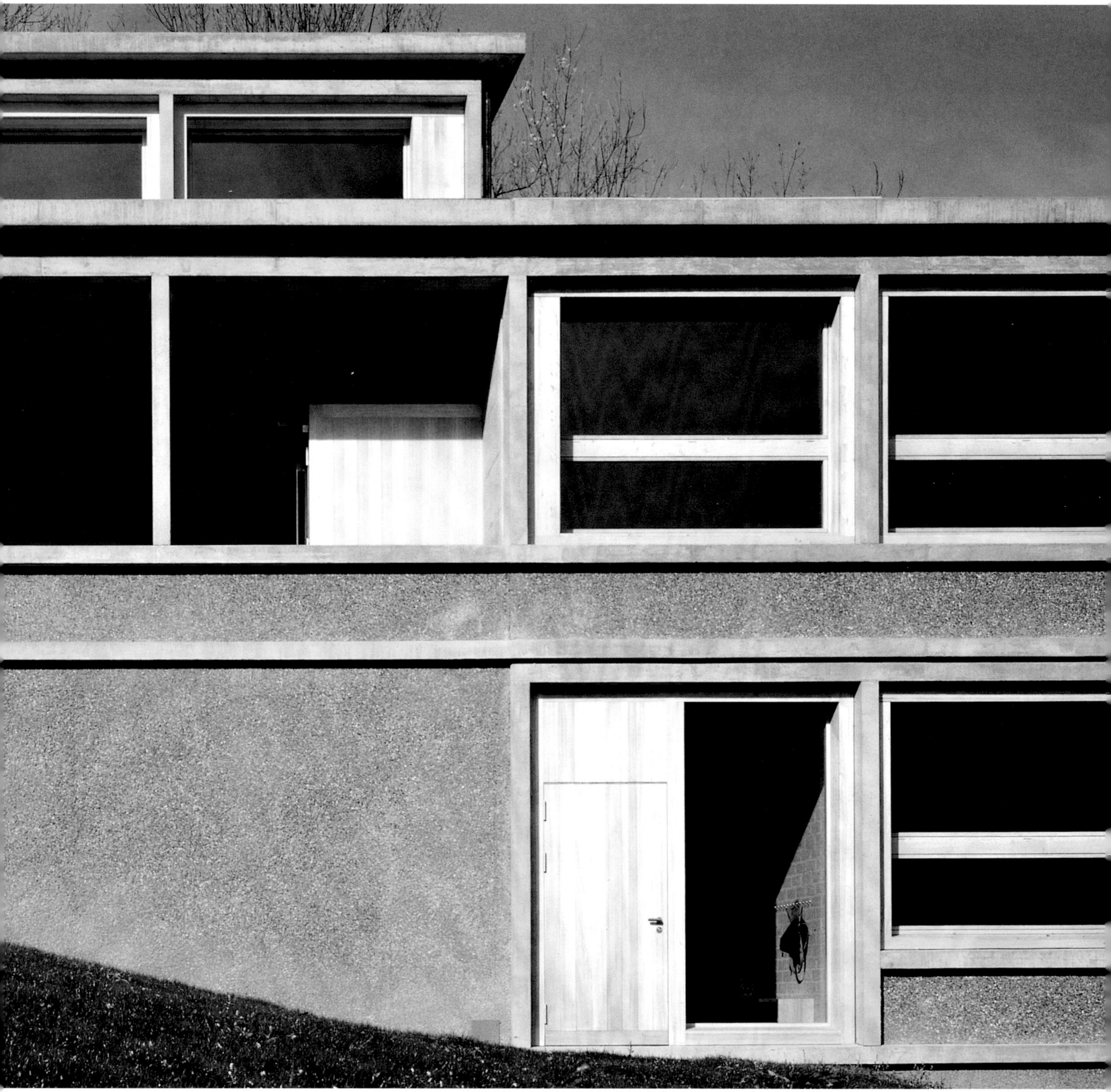

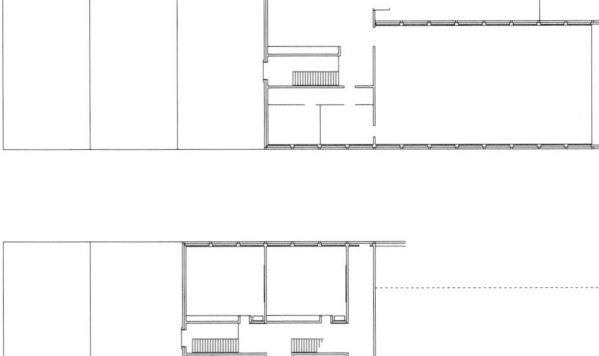

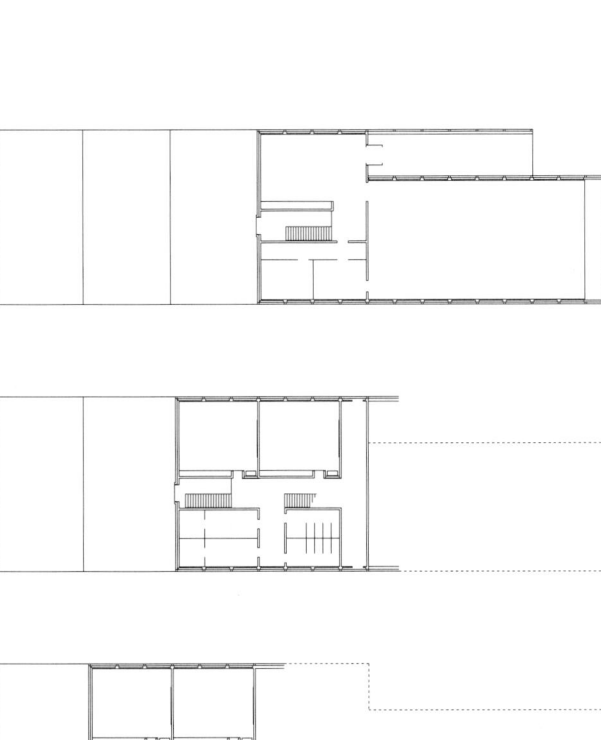

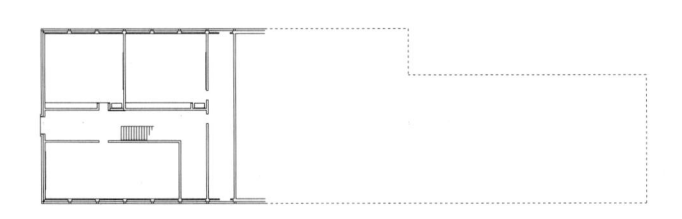

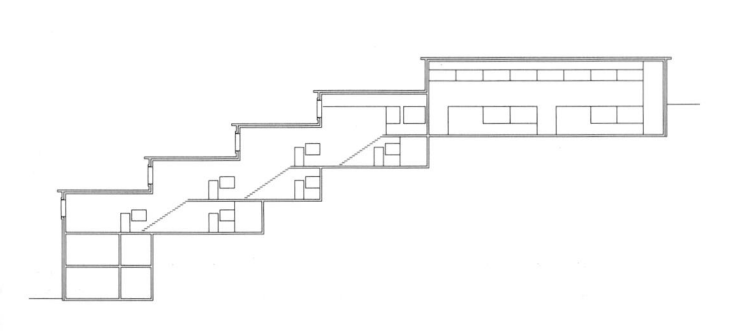

Auch im Inneren gewinnen die Räume durch die gestaffelte Gliederung. Dort, wo die Verbindung zwischen den aneinandergereihten Klassenzimmern im Süden und den im Norden liegenden Handwerks- und Diensträumen ein banaler Verbindungskorridor hätte sein können, ergeben Terrassen und Treppen eine regelrechte „Passage" durch die Schule von Mastrils. Die großen Fenster, die Licht und Sicht ermöglichen, sind in der Achse der Giebel angeordnet und definieren Stockwerk für Stockwerk die gestaffelte östliche Fassade des Gebäudes. Die „Passage" erhält zudem einen urbanen Charakter durch ihre Abmessungen vor allem in der Gesamthöhe unter den Giebeln, durch die Gliederung der Ausgänge auf jedem Stockwerk sowie durch die rauhe Verkleidung mit Sichtmauerwerk und überdimensionierten Fugen. „Urban" sind auch die unvermeidlichen Gedankenassoziationen: Erinnerungen an steile Dorftreppen, an die unvergesslichen Treppen von Montmartre oder an die berühmte „passage Pommeraye" in Nantes.

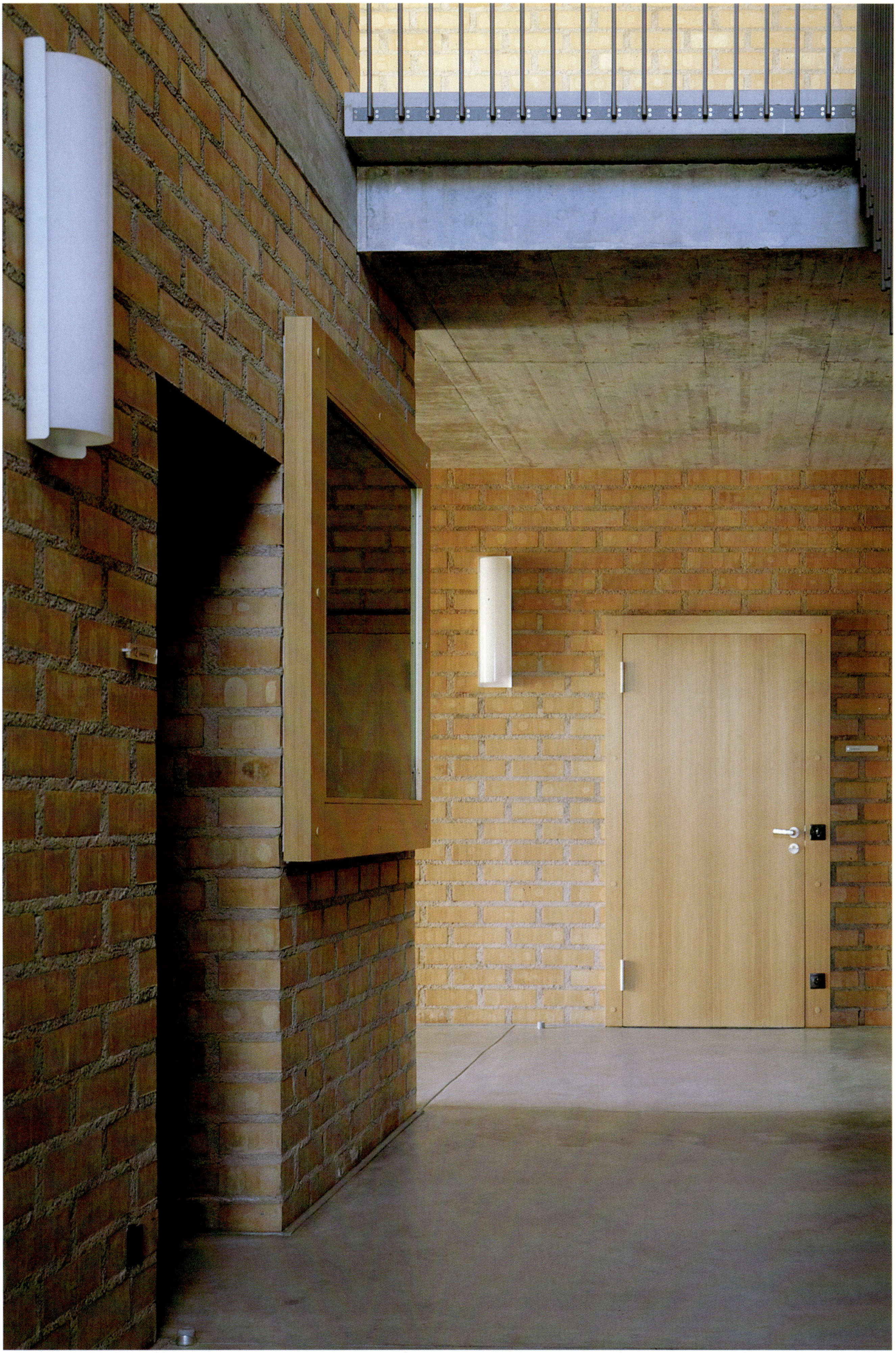

Dieter Henke & Marta Schreieck

Terrassenwohnbau in Seefeld, Tirol, Österreich 1993-96

Complesso di appartamenti a terrazze a Seefeld, Tirolo, Austria 1993-96

Questo piccolo complesso di appartamenti, che comprende 18 unità abitative, è stato realizzato nell'ambito di un intervento di edilizia residenziale sovvenzionata promosso dalla "Tiroler Gemeinnützige Wohnungsbau- und Siedlungsgesellschaft" (Società per l'edilizia residenziale pubblica del Tirolo) e preceduto da un concorso a inviti. L'area di intervento si presentava come un ripido corridoio tagliato nel bosco, chiuso lungo la strada da una cortina arborea da tutelare. Tutte le soluzioni proposte, che prevedevano la realizzazione di un edificio compatto, avrebbero danneggiato la vegetazione esistente e costretto a orientare gli alloggi per metà verso il pendio (cioè verso est) e per una parte consistente verso nord.

Il complesso, in gran parte terrazzato, costituisce dunque una risposta intelligente alle complesse condizioni topografiche di partenza. I due edifici in linea gradonati sono serviti da un corpo scale centrale, parallelo al declivio e illuminato dall'alto, mentre un ascensore permette di salire fino al penultimo livello. Tutti gli alloggi, che misurano circa 80 m^2, sono provvisti di terrazze di 40 m^2 e sono orientati a sud. Le stanze da letto affacciano invece ad est, con vista sul pendio boschivo, o ad ovest, in direzione del paesaggio.

Die kleine Wohnanlage mit 18 Wohneinheiten wurde als öffentlich geförderter Wohnbau von der Tiroler Gemeinnützigen Wohnungsbau- und Siedlungsgesellschaft über einen geladenen Wettbewerb errichtet. Als Baugrund stand eine steile Schneise mit schützenswertem Baumbestand an der Straße zur Verfügung. Alle vorgeschlagenen Lösungen mit einem Baublock hätten nicht nur den Baumbestand ruiniert, sondern auch die Hälfte der Wohnungen zum Hang (nach Osten) und einen Teil nach Norden gerichtet.

Die großteils terrassierte Anlage ist also eine intelligente Antwort auf die komplexe Topographie des Ortes. Die beiden gestaffelten Wohnzeilen werden über ein zentrales, dem Hang folgendes, von oben belichtetes Treppenhaus erschlossen, ein Aufzug führt bis zur vorletzten Wohnebene. Alle Wohnungen, die etwas über 80 m² groß sind, haben Terrassen von rund 40 m² und sind nach Süden gelegen. Die Schlafzimmer gehen entweder nach Osten (zum bewaldeten Hang) oder nach Westen (mit Aussicht in die Landschaft).

Die Tiefgarage liegt zu ebener Erde. Ihr vorgelagert sind Stellplätze für Besucher. Über der Garage entsteht eine große, geschützte, gemeinsame Aufenthaltsterrasse für die Bewohner (vor allem die Kinder). Drei Maisonettewohnungen rahmen als vorgelagerter Trakt den Spielplatz und sind nach Südosten ausgewinkelt, wodurch auf festem Boden private, besonnte Freiräume entstehen. Die Anlage, deren Wohnungen einen optimalen Landschaftsbezug haben, ist natürlich eine ästhetische Herausforderung an die alpine Tourismusarchitektur des schwer verkitschten Seefeld. Die gestaffelten Kuben, die das Relief des alpinen Ortes erst wirklich sichtbar machen, sind übrigens nicht weiß, sondern in hellgrauem Dolomitsand verputzt, gleich der Farbe der umliegenden Berge und Felsen.

Landschaftsbezug einmal anders: Nicht über die Interpretation einer vermeintlich heimatlichen Welt, nicht über ausgelaugte und verkitschte alpine Stilformen, sondern als eine lebendige Auseinandersetzung mit einem Bauplatz, seinen Eigenschaften und Qualitäten, seiner Vegetation, seiner Lage und der hier wohl selbstverständlichen traumhaften Aussicht.

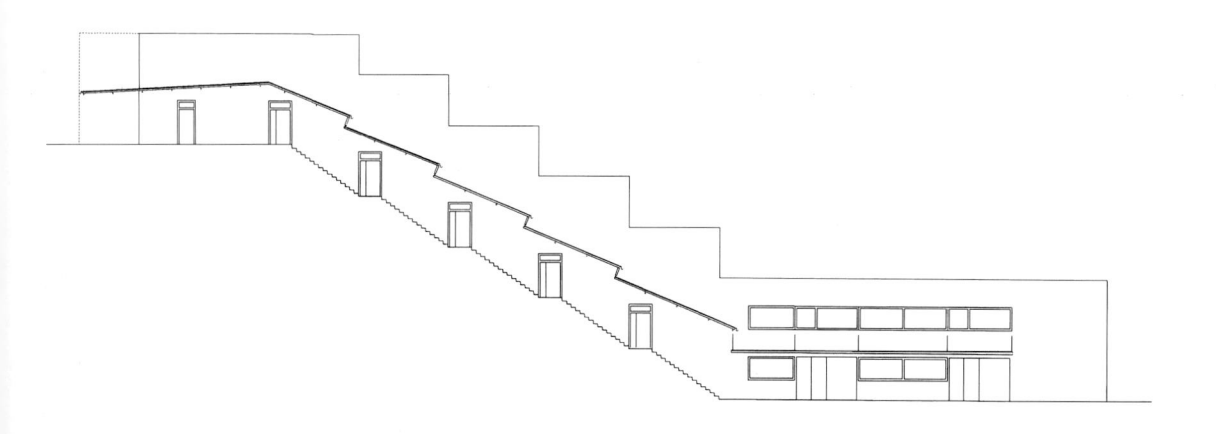

Esso
Diesel 8,95
Benzin 11,30
Super 11,50
Super Plus 12,20
Nemeth
Auto Nemeth
Schnellwäsche

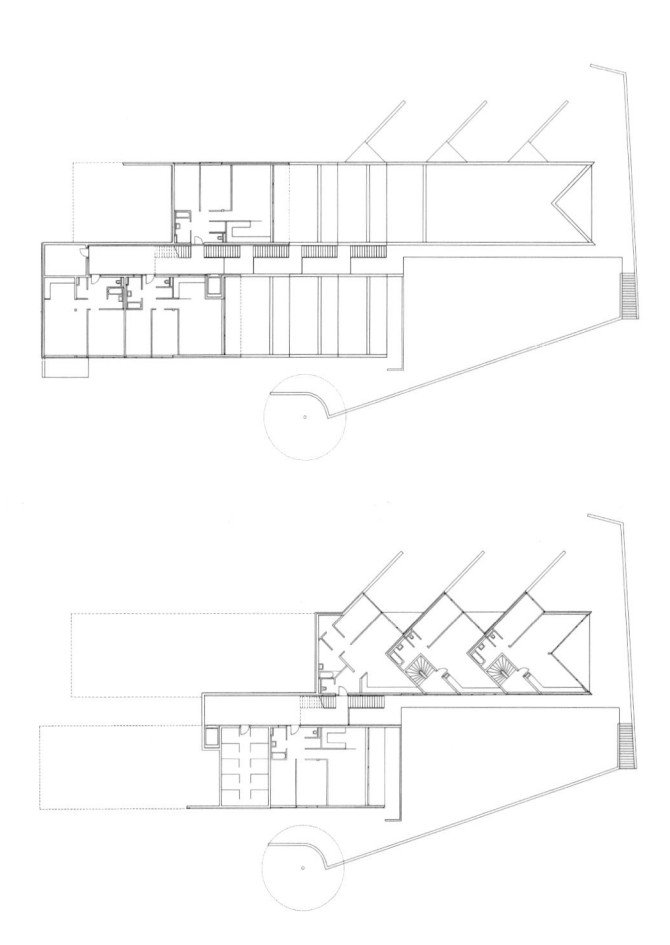

Il garage, preceduto da una fila di posti auto per i visitatori, è situato al piano terra e sorregge a sua volta una grande terrazza protetta a disposizione degli abitanti del complesso, soprattutto dei bambini. Un altro corpo di fabbrica, posizionato davanti a delimitare la zona gioco, ospita infine tre alloggi duplex, esposti a sudest e corredati da una serie di spazi aperti situati al livello terreno e particolarmente soleggiati. L'insediamento, le cui unità abitative godono tutte di un rapporto ottimale con il paesaggio, rappresenta naturalmente una sfida sul piano estetico all'edilizia turistica corrente di Seefeld, improntata pesantemente al kitsch. I volumi cubici gradonati, che rendono chiaramente percepibile la topografia accidentata di questa località alpina, sono oltretutto non bianchi, ma rivestiti di un intonaco a base di sabbia dolomitica di colore grigio chiaro, lo stesso delle montagne e delle rocce circostanti.

Il rapporto tra l'insediamento e il paesaggio appare, in questo caso, diverso: per nulla orientato alla riproposizione di un ambiente originario di cui si sono perse le tracce, o fedele ai soliti stilemi architettonici alpini ormai privi di interesse e sconfinanti nel kitsch, esso è caratterizzato invece da un dialogo intenso con il sito e con le sue qualità specifiche come la vegetazione, la posizione e il panorama, di per sé già straordinario.

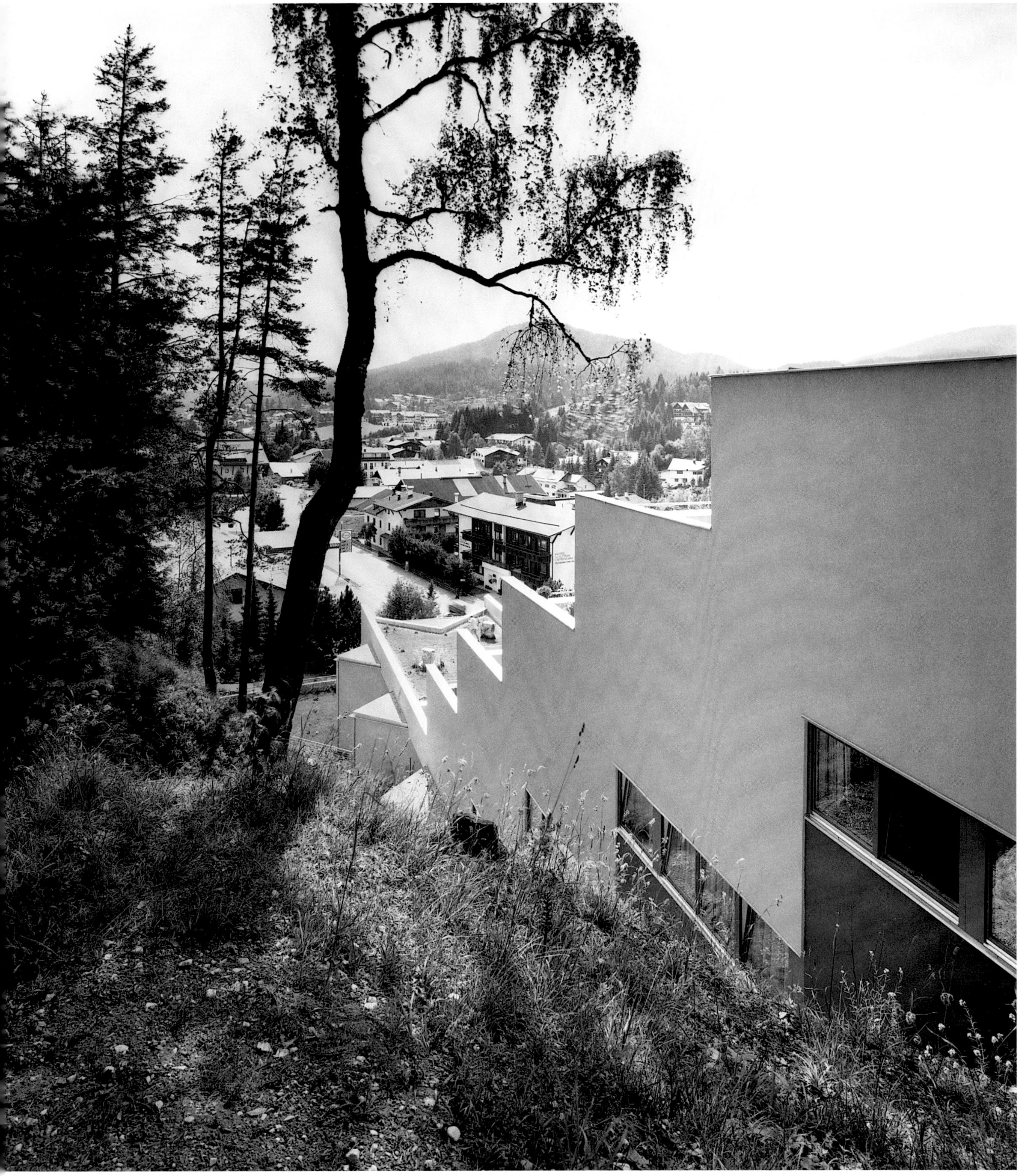

Isabel Hérault & Yves Arnod

Informationsstelle der Vallée du Ferrand, Mizoen, Frankreich 1995

Ufficio informazioni turistiche della Vallée du Ferrand, Mizoen, Francia 1995

Es ist unvorstellbar, daß dieses winzige Gebäude anderswo stehen könnte als eben hier. Die Szenerie ist ein düsteres Tal (die Vallée du Ferrand), eine felsige Wand, eine Straße, die einem Stausee entlangführt (Barrage du Chambon), und eine Straße, die steil zu einer Gruppe von Häusern hinaufsteigt, die sich 200 Meter weiter oben niedergelassen hat (das kleine Dorf Mizoen). Hier steht der Bau, an einer Straßenkreuzung, wo die Verkehrssignalisation ungenügend ist, so daß das kleine Bauwerk selbst zu einem Signal wird. Anstatt das Grundstück entlang dem Strassenrand zu beanspruchen und damit Gefahr zu laufen, einem Camper oder einer Baracke auf einer Baustelle zu ähneln, möchte dieses Mini-Tourismusbüro sich kühner zeigen, gleichsam die Felswand hinten zähmen.

Um zum Büro hinauf zu gelangen, zwingen uns die Architekten, zwei Treppenläufe hinaufzusteigen. Von einer Höhe von etwa fünf Metern über der Straße aus können wir auf den Stausee hinunterblicken und uns so exakt positionieren; unser Auto haben wir unten gelassen und haben Beine und Augen betätigt. Es ist also kein Bau im traditionellen Sinne; er gleicht vielmehr einem Vogelnest, einem Schilderhäuschen, oder einem Biwak. Teils sitzt er auf einer Stützmauer, die sich wiederum an die Felswand anlehnt, teils ist er mit Platten an der Wand selber befestigt und kragt sogar stellenweise aus. Er erscheint wie ein Kunstobjekt, bestehend aus verschiedenen Elementen, die zusammen einen Aufstieg markieren: eine Treppe mit zwei Rampen mit je 16 Stufen, eine kleine Eingangsterrasse von ca. 15 m², ein Raum von ca. 20 m² (mit einem kleinen Bad). Der Raum macht eine Kurve und kragt in einer Dreiecksform über die Stützmauer hinaus; er beansprucht für sich auch ein Eckfenster mit Ausblick auf den See. Das Fenster und die Eingangstür haben zudem einen Sonnenschutz, der, um die Komposition abzurunden, auch als Vordach dient.

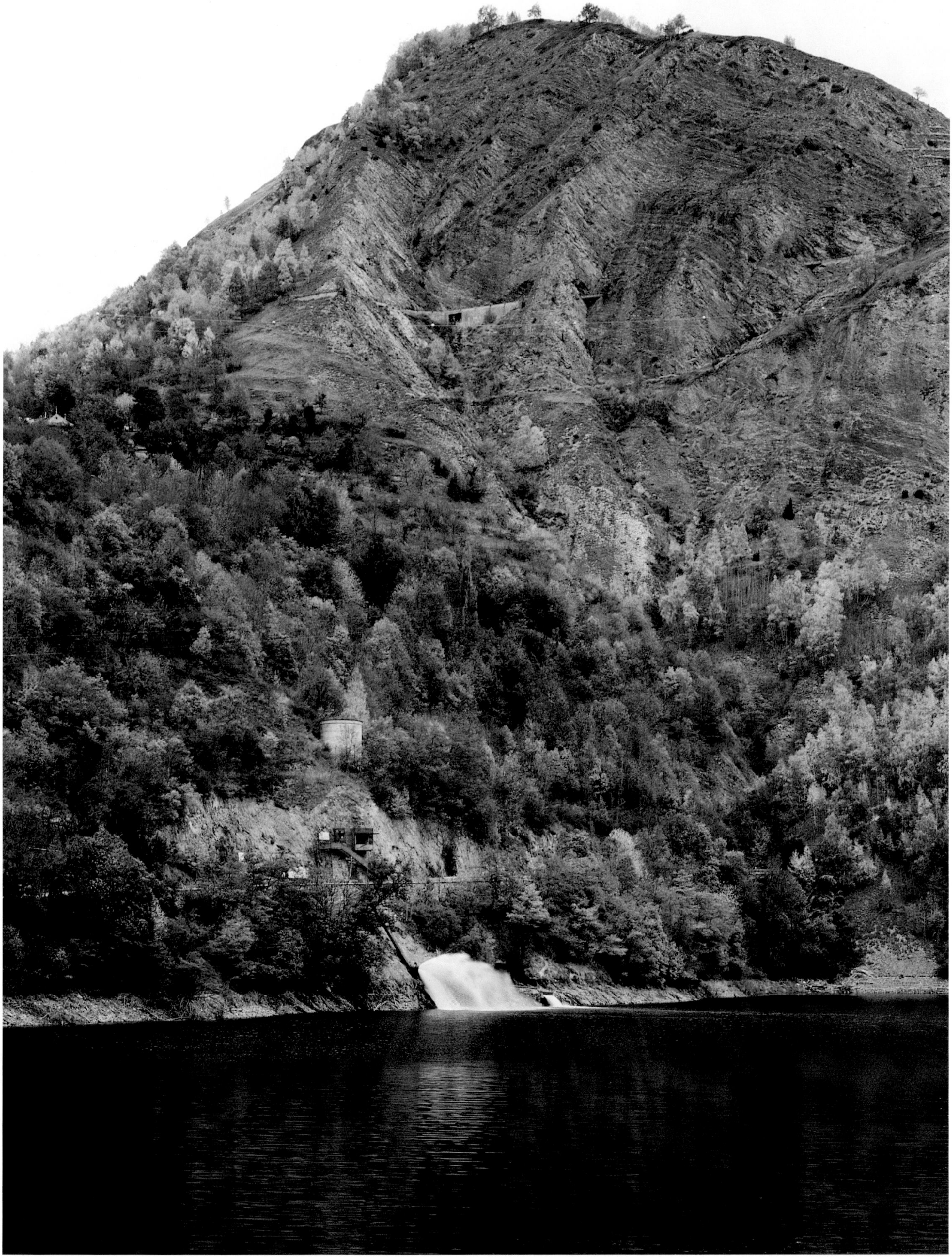

Impossibile pensare che questo minuscolo edificio possa trovarsi altrove che qui. Lo scenario è costituito da una valle tenebrosa (la Vallée du Ferrand), da una parete rocciosa, da una strada che corre lungo un lago artificiale (Barrage du Chambon) e da una strada che sale ripida verso un gruppo di case abbarbicato duecento metri più in alto (il paese di Mizoen). L' edificio è lì, a un incrocio dove la segnaletica stradale è insufficiente, e quindi esso stesso diventa un segnale. Invece di insediarsi sul terreno lungo il bordo stradale, rischiando di assomigliare a un camper o a una cabina di cantiere, questo miniufficio turistico vuole mostrarsi più coraggioso, quasi a domare la parete rocciosa.

Per arrivare all'ufficio gli architetti ci obbligano a salire due rampe di scale. Da un'altezza di circa cinque metri sulla strada osserviamo il lago artificiale dall' alto e capiamo dove ci troviamo; abbiamo lasciato giù la nostra automobile e usato le nostre gambe e i nostri occhi. Non si tratta quindi di un edificio nel senso tradizionale; esso assomiglia più a un nido d'uccello, a una garitta, a un bivacco, in parte poggiato su un muro di contenimento, a sua volta addossato alla parete di roccia, in parte ancorato con piastre alla parete stessa, in parte a sbalzo. Si tratta piuttosto di un oggetto artistico composto da diversi elementi che insieme descrivono un percorso in ascesa: una scala a due rampe, ciascuna di 16 gradini, una piccola terrazza d'ingresso di circa 15 m², una stanza di circa 20 m² (che comprende un piccolo bagno).

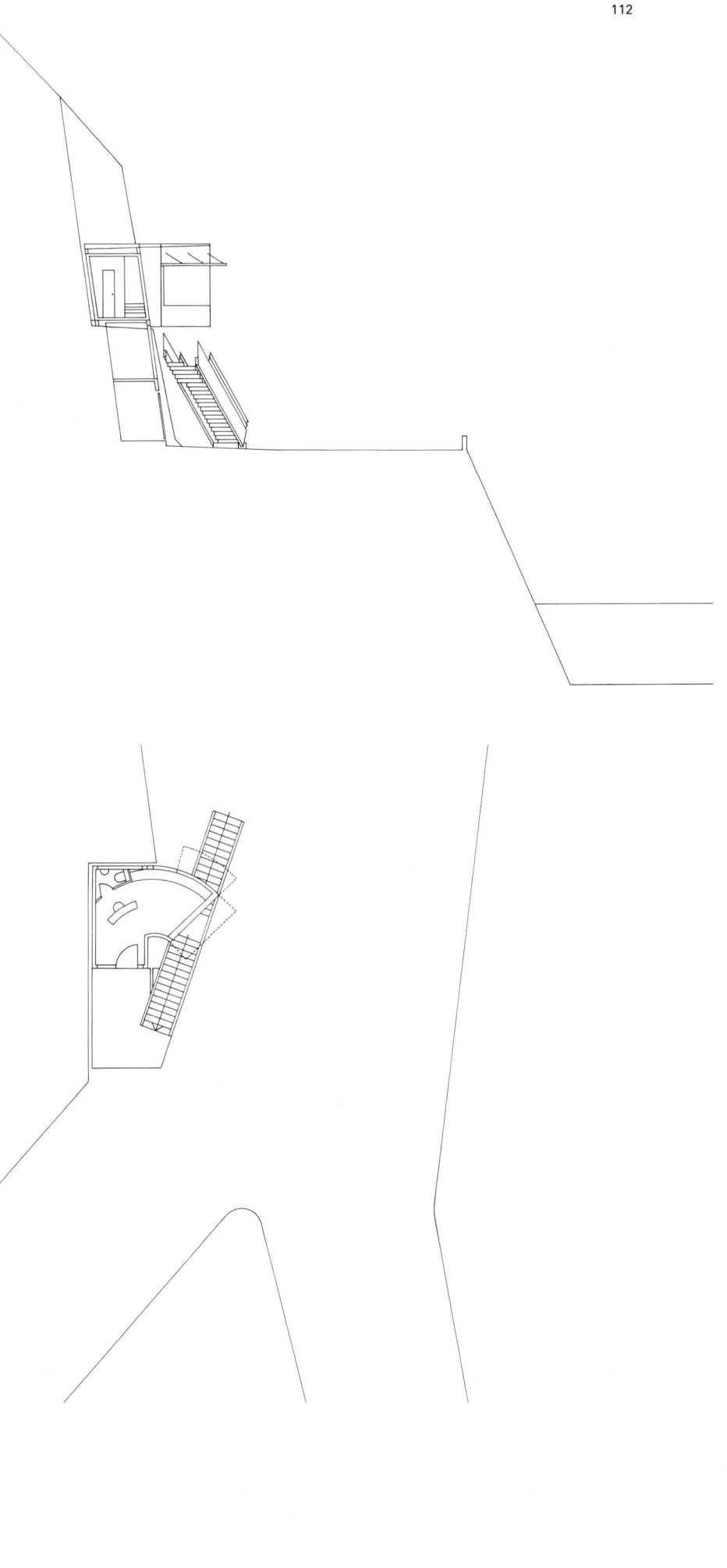

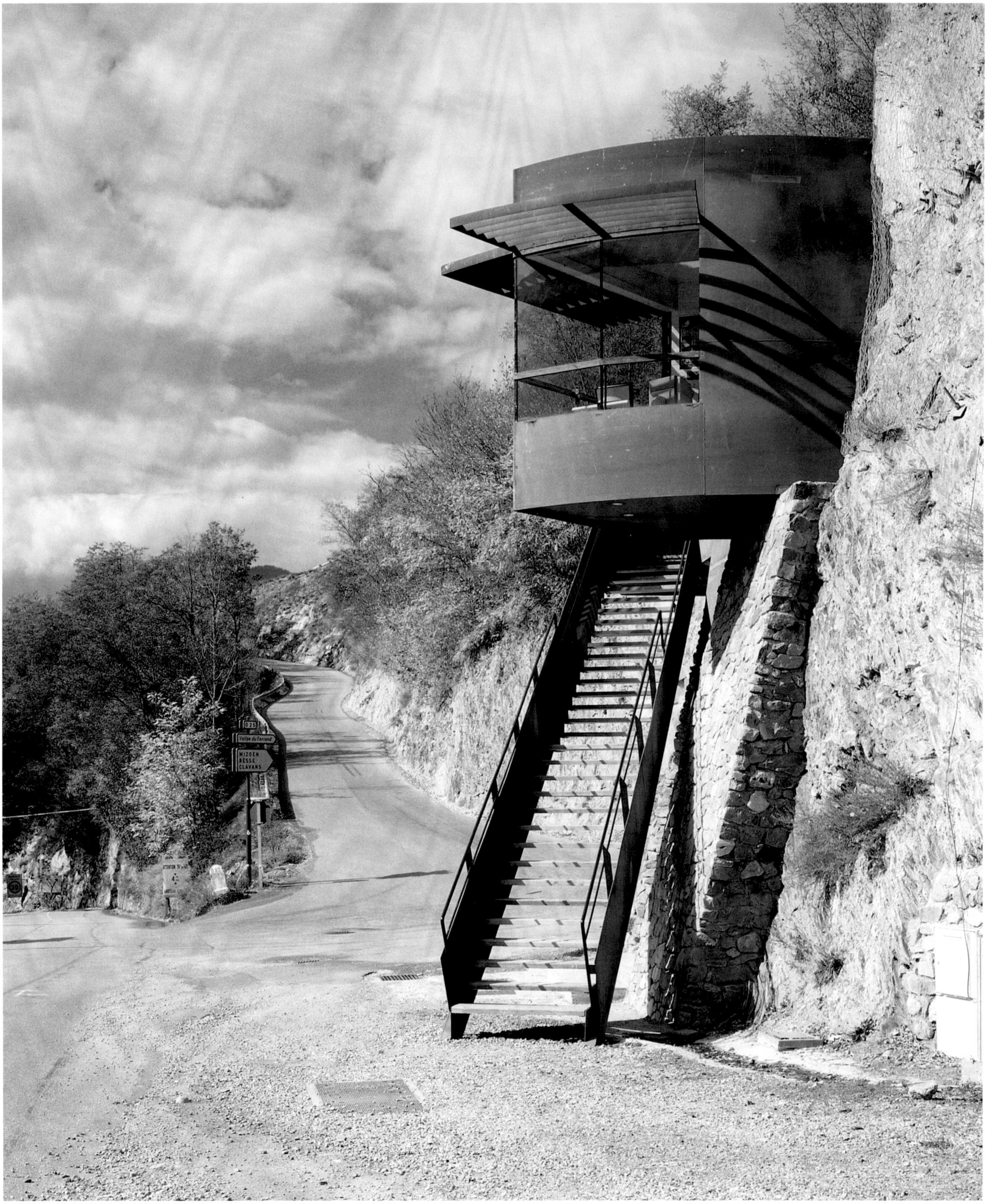
D 25
Vallée du Ferrand
MIZOEN
BESSE
CLAVANS

La stanza si curva protendendosi con un triangolo oltre il muro di contenimento a conquistarsi un affaccio d'angolo con vista sul lago. La finestra e la porta d'ingresso hanno "brise-soleil" che nel concludere la composizione fanno anche da pensilina. Il materiale predominante è l'acciaio corten, di colore arancio cupo; questo è ben visibile da lontano e dalla sponda opposta del lago. Da vicino la patina di ruggine condivide qualcosa di misterioso con la parete di roccia, forse la medesima origine minerale. Le sottili lamiere sono state attentamente piegate e rifinite nei dettagli (viene voglia di toccarle) e saldate tra loro così come l'edificio stesso si salda alla montagna. In conclusione, l'Ufficio informazioni è un bell'oggetto, il cui aspetto probabilmente avrà modo di affinarsi per effetto degli agenti atmosferici, dell'invecchiamento e dell'uso.

Il limite di questa architettura sta forse nella sua scarsa propensione a lasciarsi individuare e nell'aver privilegiato il gusto per la nuova esperienza rispetto all'uso quotidiano. Non tutti sono disposti infatti a salire una scala solo per ritirare un dépliant, e sono forse pochi quelli che, in villeggiatura, sanno apprezzare la matericità dell'acciaio corten. Ma i problemi di ordine pratico non pregiudicano la qualità del ragionamento su cui si fonda questa "Petite architecture".

Das vorherrschende Material ist Cortenstahl von dunkeloranger Farbe; dies ist aus der Ferne, von der entgegensetzen Uferseite des Sees her, gut zu sehen. Aus der Nähe zeigt die rostige Patina-Schicht eine gewisse mysteriöse Verwandtschaft mit der Felswand, vielleicht stammt es aus demselben mineralischen Muttergestein. Die dünnen Metallplatten wurden sorgfältig gebogen und sind detailliert bearbeitet (man hat richtig Lust, sie anzufassen); sie sind aneinander geschweißt, wie sich das Bauwerk gleichsam an den Berg „anschweißt". Letztlich ist die Informationsstelle ein schönes Objekt, dessen Aussehen sich mit dem Wandel der Witterung, dem Altern und dem Gebrauch nur noch mehr verfeinern wird. Der Nachteil dieser Architektur ist vielleicht in ihrer mangelnden Bequemlichkeit zu suchen und im Umstand, daß hier einer neuen Erfahrung der Vorzug gegeben wurde vor dem Alltagsgebrauch. Nicht jeder ist nämlich bereit, eine Treppe hochzusteigen, nur um sich einen Faltprospekt zu holen, und es sind vielleicht nur wenige, die, einmal in den Ferien, die starke Ausdruckskraft von Cortenstahl als Material schätzen. Aber trotz dieser praktischen Mängel wird die Qualität der Überlegungen nicht geschmälert, die dieser „Petite architecture" zugrundeliegen.

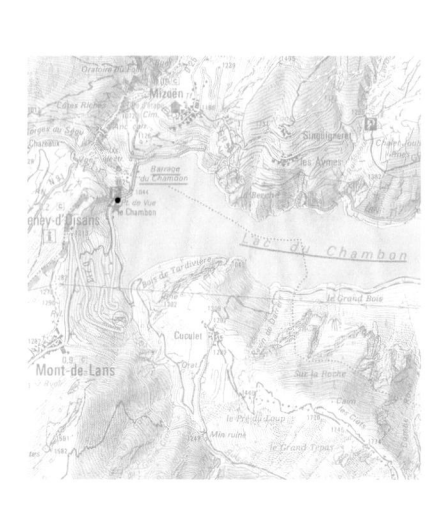

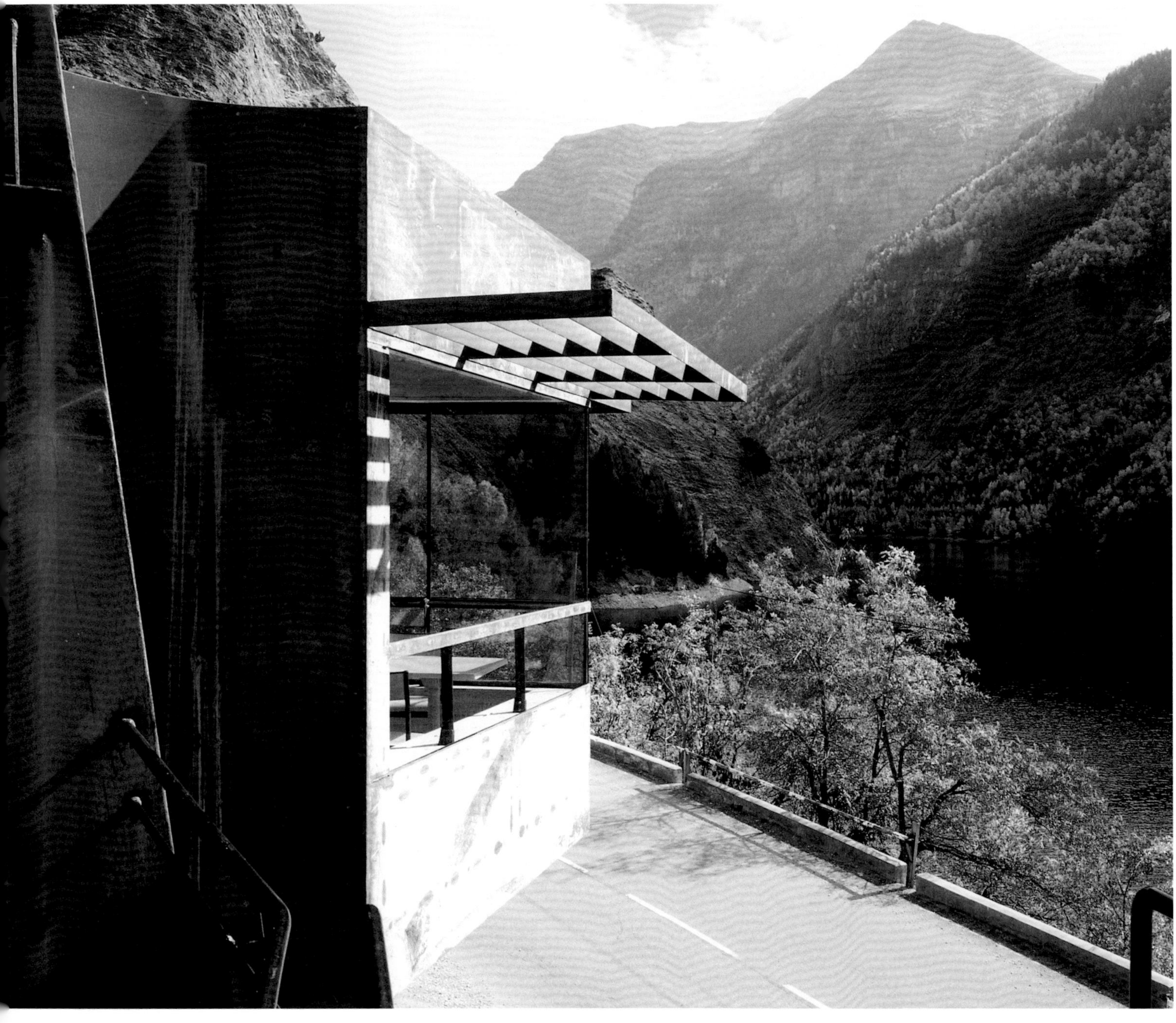

Margarethe Heubacher-Sentobe

Studio für einen Musiker, Weerberg, Tirol, Österreich 1995-96

Studio per un musicista, Weerberg, Tirolo, Austria 1995-96

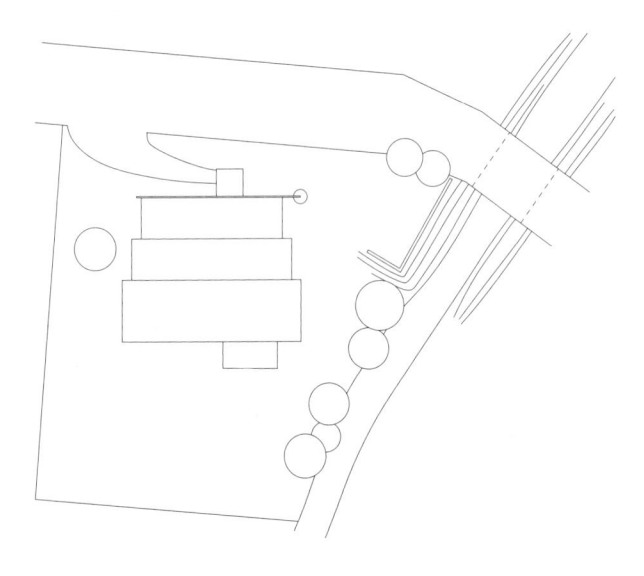

Lo studio, un grande spazio disposto su due livelli dedicato al lavoro e alla meditazione, appare completamente in sintonia con la vastità del paesaggio. L'ingresso all'abitazione avviene dal piano superiore, dove si trova un unico ambiente con copertura inclinata che si apre verso sud. Questo gesto di apertura non è "spontaneo" ma quasi trattenuto, in sintonia con la disposizione sfalsata dei pilastri che si espandono con ritmo uniforme. Questa struttura di pilastri contiene fino al livello del parapetto superfici di carico e volumi accessori, mentre al di sopra lo spazio si espande liberamente verso est, sud e ovest in direzione opposta alla linea di pendenza.

Una volta superata la porta d'ingresso, si rimane impressionati non soltanto dall'ampia vista sul paesaggio, ma anche dal vuoto adiacente alla scala, attraverso cui si scorge il livello inferiore della casa: il pozzo verticale è connesso inoltre a un balcone fortemente aggettante, simile a una terrazza, attraverso il quale lo spazio dell'abitazione sembra riversarsi all'esterno e librarsi al di sopra del pendio. L'alta porzione di spazio vuoto, in posizione decentrata rispetto all'edificio, dà origine inoltre a una diagonale che trova una corrispondenza immediata, quasi tattile, nel pendio vicino, solcato dalle rapide di un piccolo torrente. Tanto la concezione spaziale dell'edificio quanto la distribuzione degli spazi interni e delle aperture contribuiscono a "orchestrare" l'intorno immediato della casa e il paesaggio sullo sfondo.

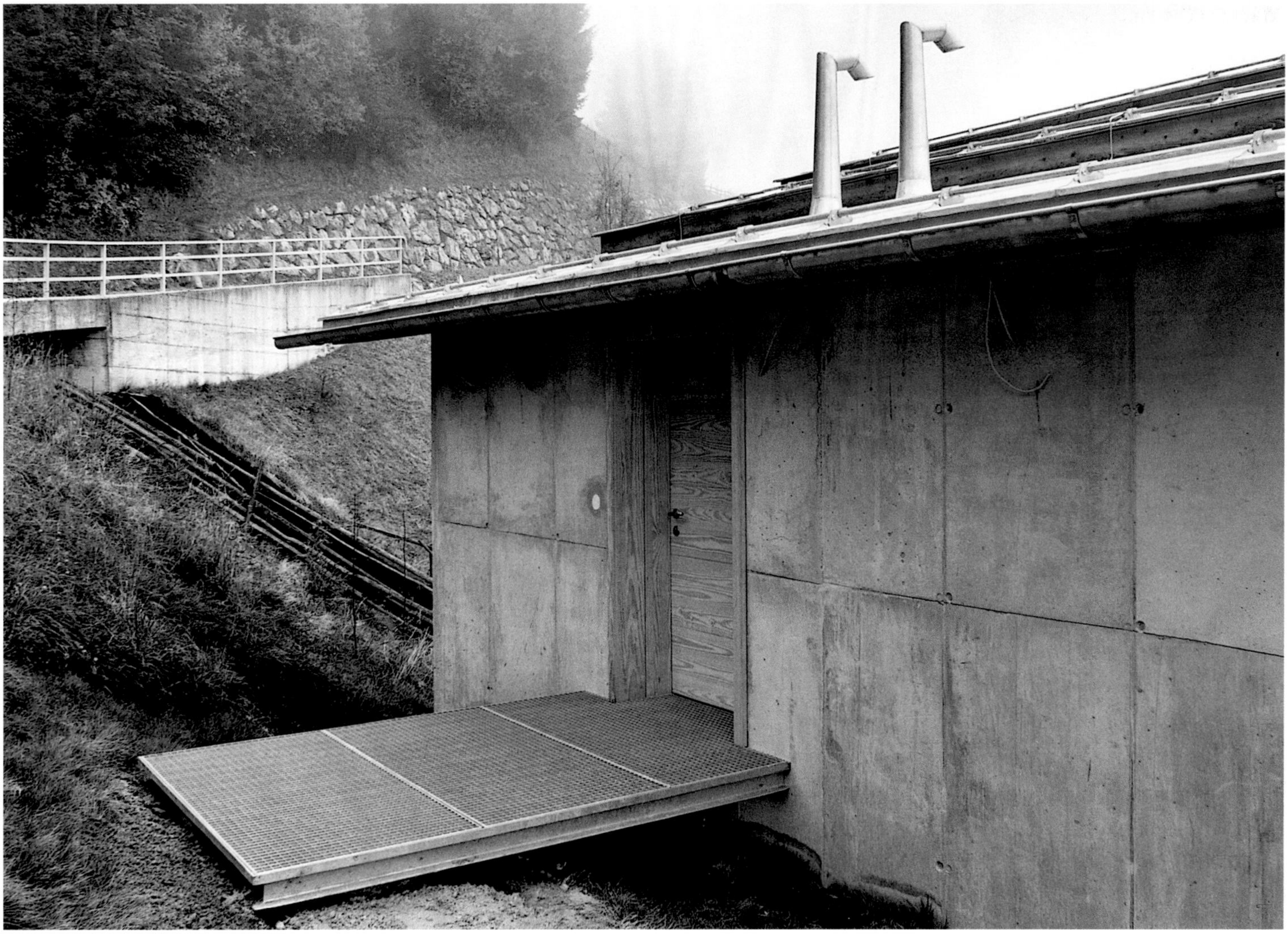

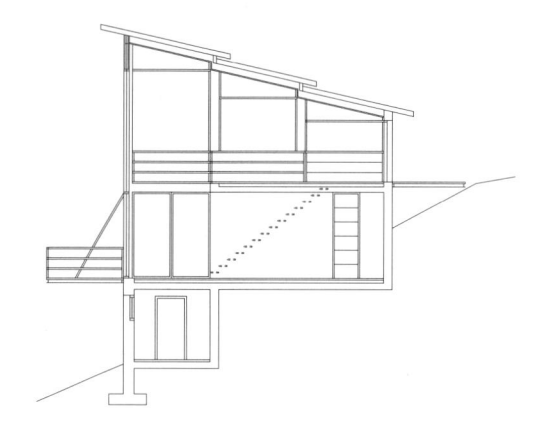

Le camere da letto e i locali di servizio hanno un ruolo del tutto marginale nella distribuzione complessiva degli spazi. Grazie alle ampie superfici vetrate e alla posizione particolarmente soleggiata, durante la stagione invernale la casa necessita di un apporto termico ridotto; inoltre può essere schermata totalmente grazie a un sistema di tende a piena parete che le permettono di diventare quasi introversa: un lusso che contrasta con la posizione isolata nel paesaggio e che il compositore si concede volentieri, per creare una sorta di "camera pressurizzata" per lo spirito.

Lo studio non lascia trasparire esternamente alcun riferimento al paesaggio, e anche l'interno, per quanto caratterizzato da una varietà pressoché infinita di vedute, non lascia mai penetrare la natura: l'edificio mantiene dunque le distanze, non si concede e rimane quasi uno spazio artificiale strappato alla natura e riservato a un'attività esclusivamente spirituale.

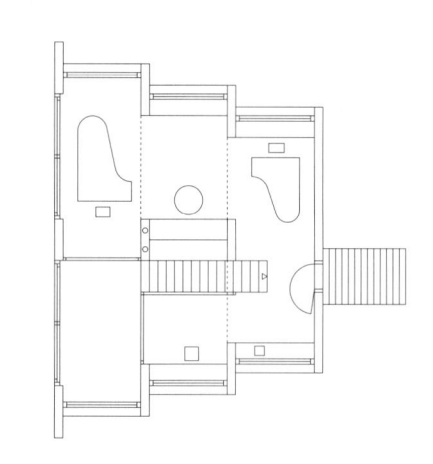

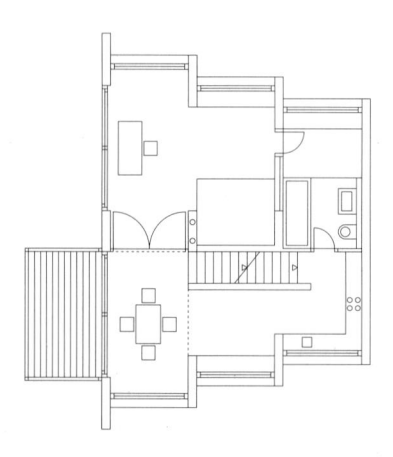

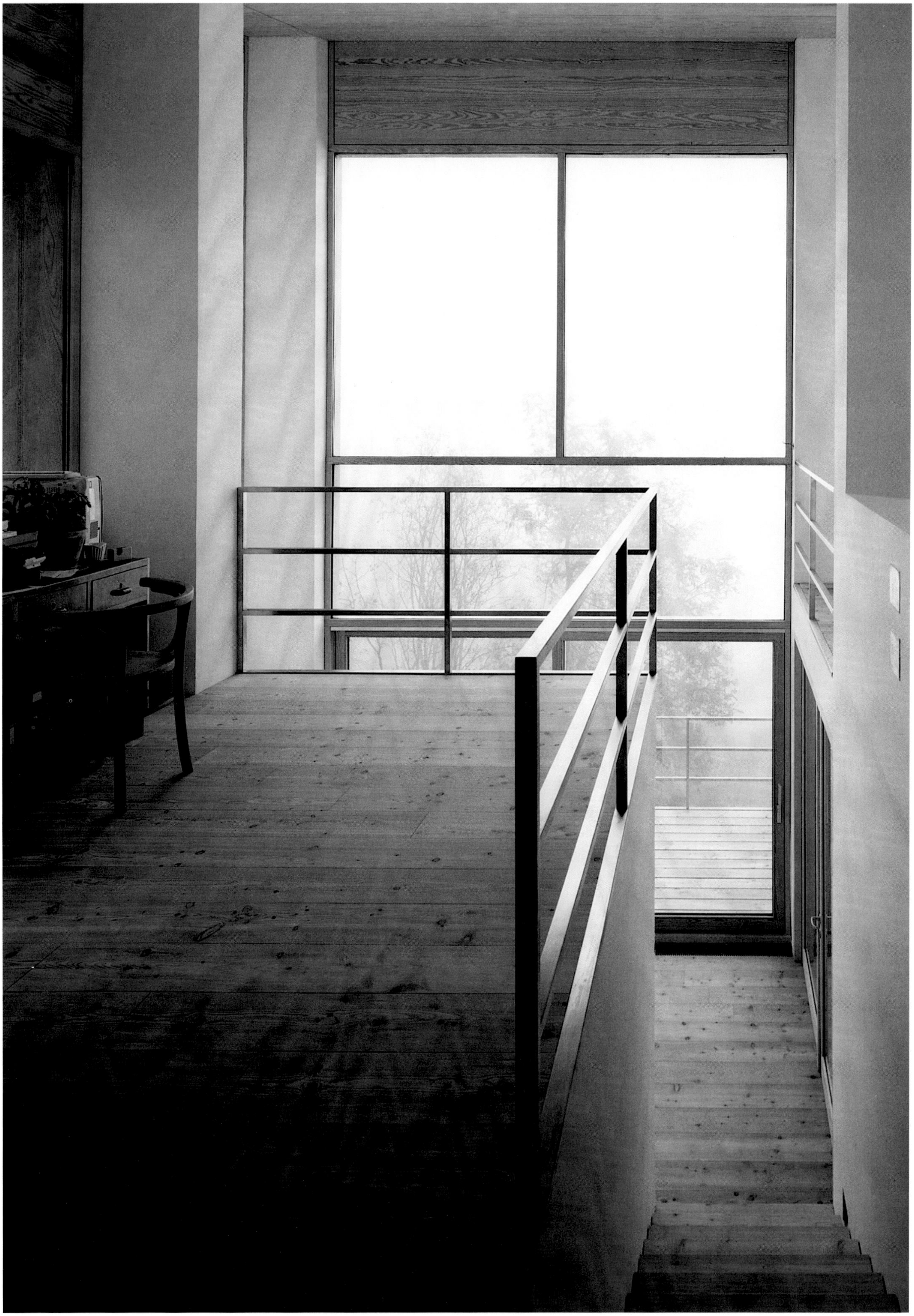

Das Studio, das als kontemplativer Arbeitsraum aus zwei Ebenen besteht, ist ganz auf den großartigen Landschaftsraum abgestimmt: Man betritt das Haus auf der obersten Ebene, der Einraum mit Pultdach öffnet sich nach Süden. Diese Öffnung ist nicht „glatt", sondern verhalten, stufenweise, sie entspricht der sich ebenfalls erweiternden Pfeilerstruktur. Diese Pfeilerstruktur birgt bis zur Brüstungshöhe Arbeitsflächen und Stauräume, so daß sich darüber der Raum nach allen drei Seiten (Ost, Süd und West, also vom Hang weg) entwickeln kann.

Schon hinter der Eingangstüre erschließt sich nicht nur das ganze Panorama dieses Ortes, sondern es zieht auch den Blick in die Tiefe, entlang des Treppenlaufes, der unten im zweigeschossigen Teil das Hauses mündet. Dieser vertikale Raumteil ist mit einem weit ausladenden, terrassenartigen Balkon verbunden – der Raum klappt sozusagen nach außen und schwebt über der Tiefe. Dieser aus der Mitte geschobene und in die Ecke gestellte hohe Raumteil, eröffnet aber auch eine Diagonale, die in einer unmittelbaren, fast haptischen Art mit dem nahegelegenen, sich heranschiebenden Hang korrespondiert, der wiederum durch einen kleinen wasserfallartigen Wildbach geprägt ist. Es wird also durch die räumliche Konzeption des Hauses, durch die Anlage der Innenräume und ihrer Öffnungen, sowohl der unmittelbare Umraum als auch der landschaftliche Großraum „instrumentiert".

Die Schlaf- und Nebenräume sind so organisiert, daß sie im präsenten Raumgefüge keine Rolle spielen. Das Haus muß, durch seine großen Glasflächen und die extreme Sonnenlage am Hang, auch im Winter kaum geheizt werden. Es kann aber auch durch raumhohe Vorhänge komplett verschlossen, gewissermaßen nach innen gewendet werden, ein Luxus in dieser exponierten landschaftlichen Lage, den der Komponist besonders schätzt: sozusagen eine geistige „Druckkammer" besonderer Art. Das Haus läßt von außen seine Beziehung zum landschaftlichen Raum kaum erahnen, von innen entwickelt es eine unerschöpfliche Vielfalt der Ausblicke, ohne die Natur zu nahe an sich heranzulassen. Es wahrt Distanz, es liefert sich nicht aus, es bleibt ein der Natur abgetrotzter artifizieller Raum zur geistigen Arbeit.

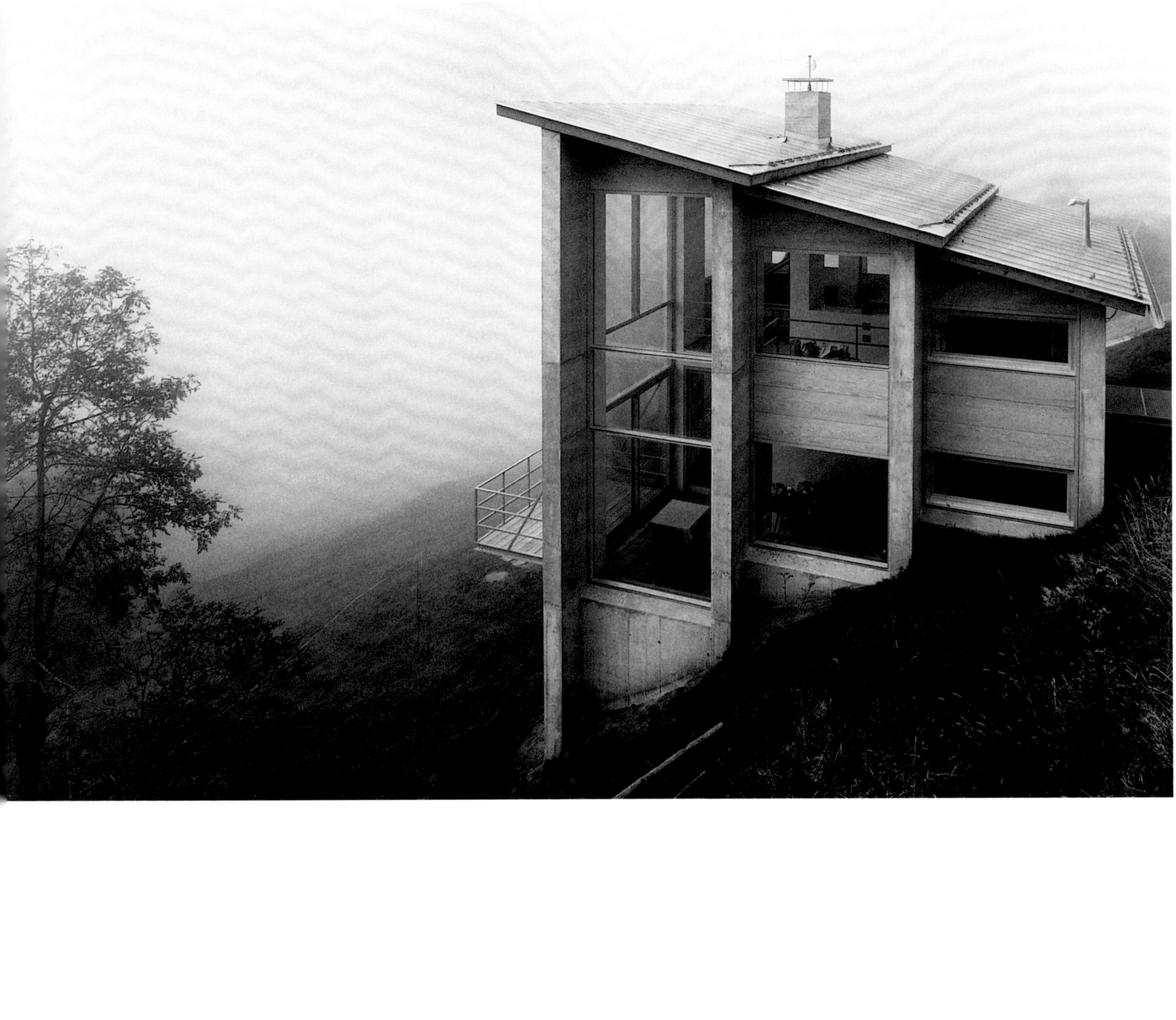

Hermann Kaufmann

Reithalle in St. Gerold, Vorarlberg,
Österreich 1997

Maneggio coperto di St. Gerold, Vorarlberg,
Austria 1997

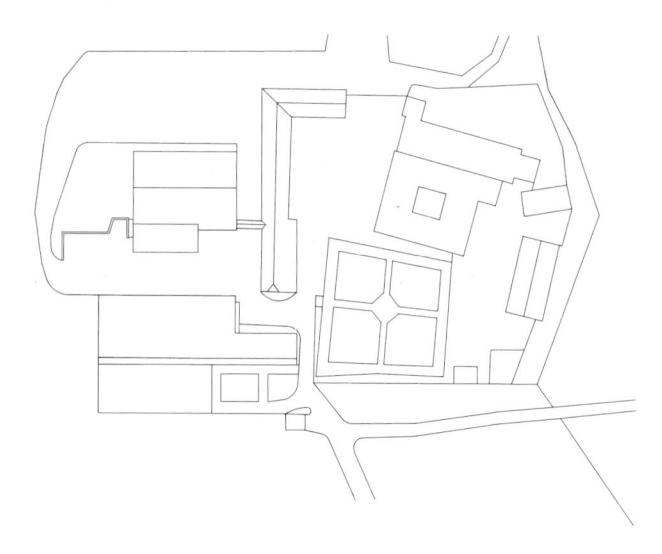

Il maneggio coperto, che sorge su una terrazza dominata dal convento di St. Gerold, ha con quest'ultimo un rapporto così stretto da poter essere considerato come parte integrante del complesso formato dal monastero e dai rustici annessi. La copertura del maneggio, a tensostruttura e libera da pilastri, è parallela alla pendenza del terreno, e poiché tutte le pareti dell'edificio (a eccezione di quelle in adiacenza alle stalle) sono vetrate, il tetto copre l'intera superficie utile come un grande schermo di protezione.

Ciò significa che mentre si cavalca, in qualsiasi punto della sala ci si trovi, si ha sempre la possibilità di osservare il paesaggio circostante. Di particolare interesse è la leggerezza della struttura del tetto, lungo 30 metri, che copre una luce di ben 15 metri ed è in grado di sopportare un carico di neve pari a 400 kg/m². Questo effetto è ottenuto grazie a una struttura stereometrica formata da tiranti di acciaio, che tagliano trasversalmente la sala a intervalli di due campate, e da una serie di nodi estremamente sottili, allineati lungo l'asse longitudinale dell'edificio, su ciascuno dei quali convergono sei puntoni che sorreggono le travi diagonali soprastanti suddividendole in tre parti uguali. Le vetrate evidenziano il volume prismatico della sala, che si presenta esternamente come un parallelepipedo tagliato obliquamente dal tetto a una falda, una forma che sembra integrarsi e allo stesso tempo differenziarsi rispetto al paesaggio agricolo.

Tuttavia, osservandolo più da vicino, l'edificio conserva permeabilità e trasparenza (nonostante i riflessi e la leggera ombreggiatura delle vetrate), cosicché il maneggio si presenta come un intervento contemporaneo ma pieno di sensibilità, che non occupa il sito o lo snatura, ma lo trasforma in un luogo piacevole, dedicato soprattutto alle vacanze e al riposo. La qualità principale di questo edificio risiede nel continuo "oscillare" tra l'apparire e il nascondersi alla vista. Il massiccio complesso monumentale, con le ali di servizio che si prolungano nei grandi edifici rustici, non entra in competizione con la nuova struttura, ma ne viene anzi completato in maniera intelligente e attuale, dimostrando con forza che le costruzioni antiche, se valorizzate con intelligenza, possono accogliere uno stile di vita assolutamente contemporaneo.

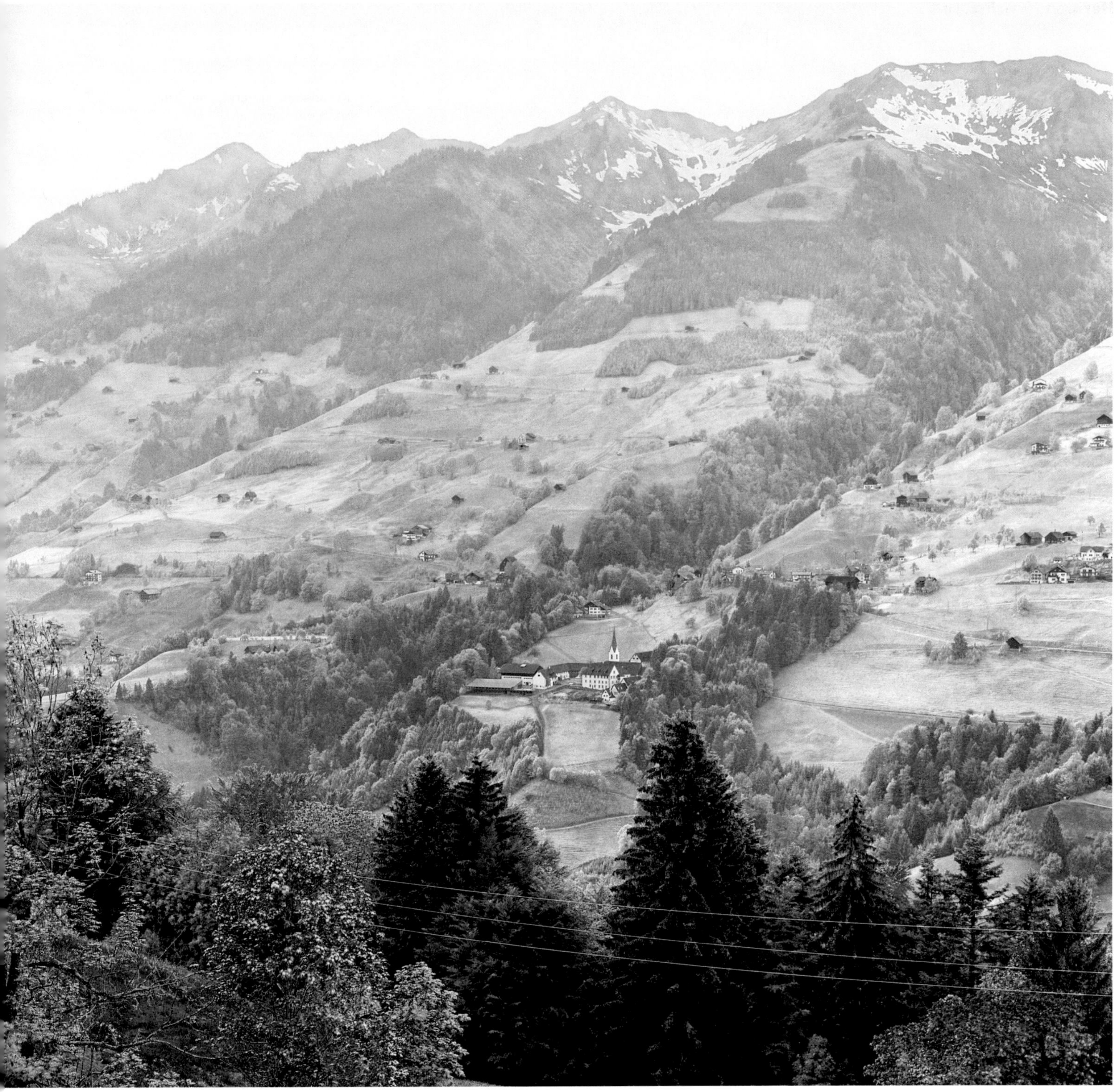

Die Reithalle steht auf einer Terrasse unterhalb der Klosteranlage St. Gerold, ist aber mit dem Baukomplex so verbunden, daß sie noch als Bestandteil der Gesamtanlage mit Wirtschaftsbauten gesehen werden muß. Das frei gespannte Dach hat die Neigung des Hanges. Da sämtliche Wände (mit Ausnahme der Stallseite) verglast sind, liegt das Dach wie ein Schirm über der Reitfläche. Das bedeutet, daß man beim Reiten in jeder Situation die volle Orientierung auf dem Gelände (in der Landschaft) besitzt.

Besonders hervorzuheben ist die Leichtigkeit der 30 Meter langen Konstruktion, obwohl sie 15 Meter weit gespannt ist und eine Schneelast von 400 kg/m² tragen muß. Erreicht wird dies durch ein räumliches, unterspanntes Tragwerk mit einem Stahlzugband in jedem zweiten Feld und einem mittig gelegenen filigranen Knoten, von dem aus sechs Druckstäbe die darüberliegenden Binder unterstützen. Deren freie Spannweite wird dadurch gedrittelt. Natürlich unterstützt die Verglasung die prismatische Erscheinung der Halle als schräg geschnittenen Kubus mit Pultdach, eine Form, die in der bäuerlichen Landschaft als integriert und abgehoben zugleich erscheint.

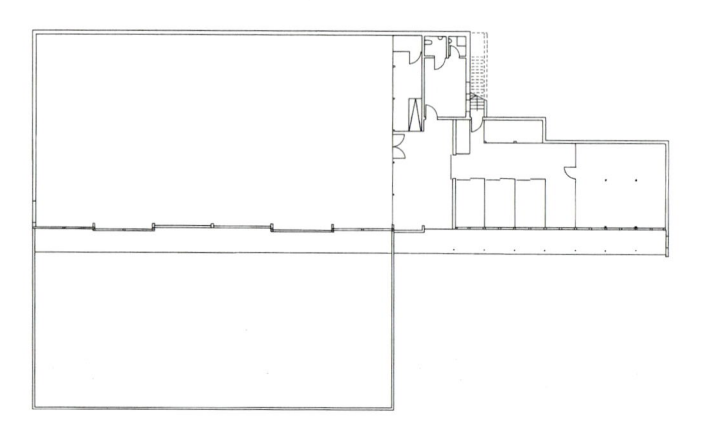

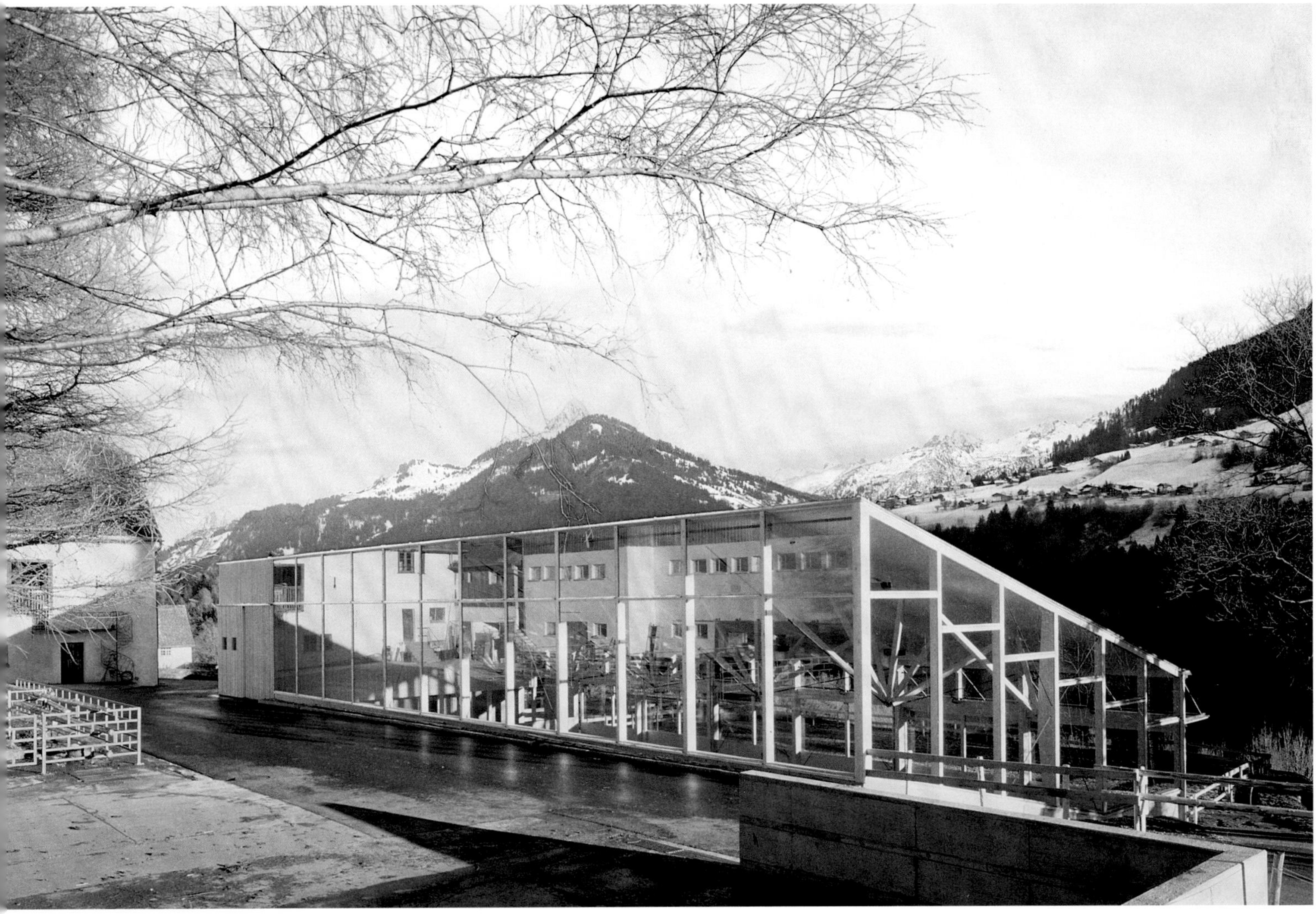

Beim Vorbeigehen ist aber auch der Einblick, die Durchlässigkeit gewahrt (trotz Spiegelungen und partiellen Abschattungen), so daß sich der Bau als intelligenter Zeitgenosse erweist, der den Ort nicht besetzt – "vergewaltigt" –, sondern zu einem besonderen Platz ferialer Erholung macht. Die Qualität der Halle liegt in ihrem "Schwebezustand" zwischen visueller Präsenz und dem Verschwinden. Die mächtige, gemauerte Klosteranlage mit den in bäuerliche Großvolumen übergehenden Wirtschaftstrakten hat mit diesem Objekt keine Konkurrenz, sondern eine leichte, intelligente und zeitgenössische Ergänzung erhalten, ein kräftiges Zeichen dafür, daß in dem alten Gemäuer, dank einer klugen Bewirtschaftung, ein heutiges Leben herrscht.

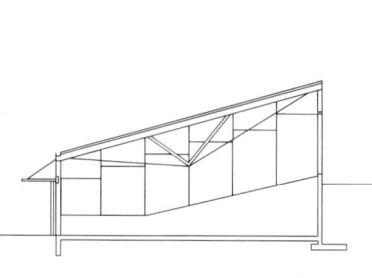

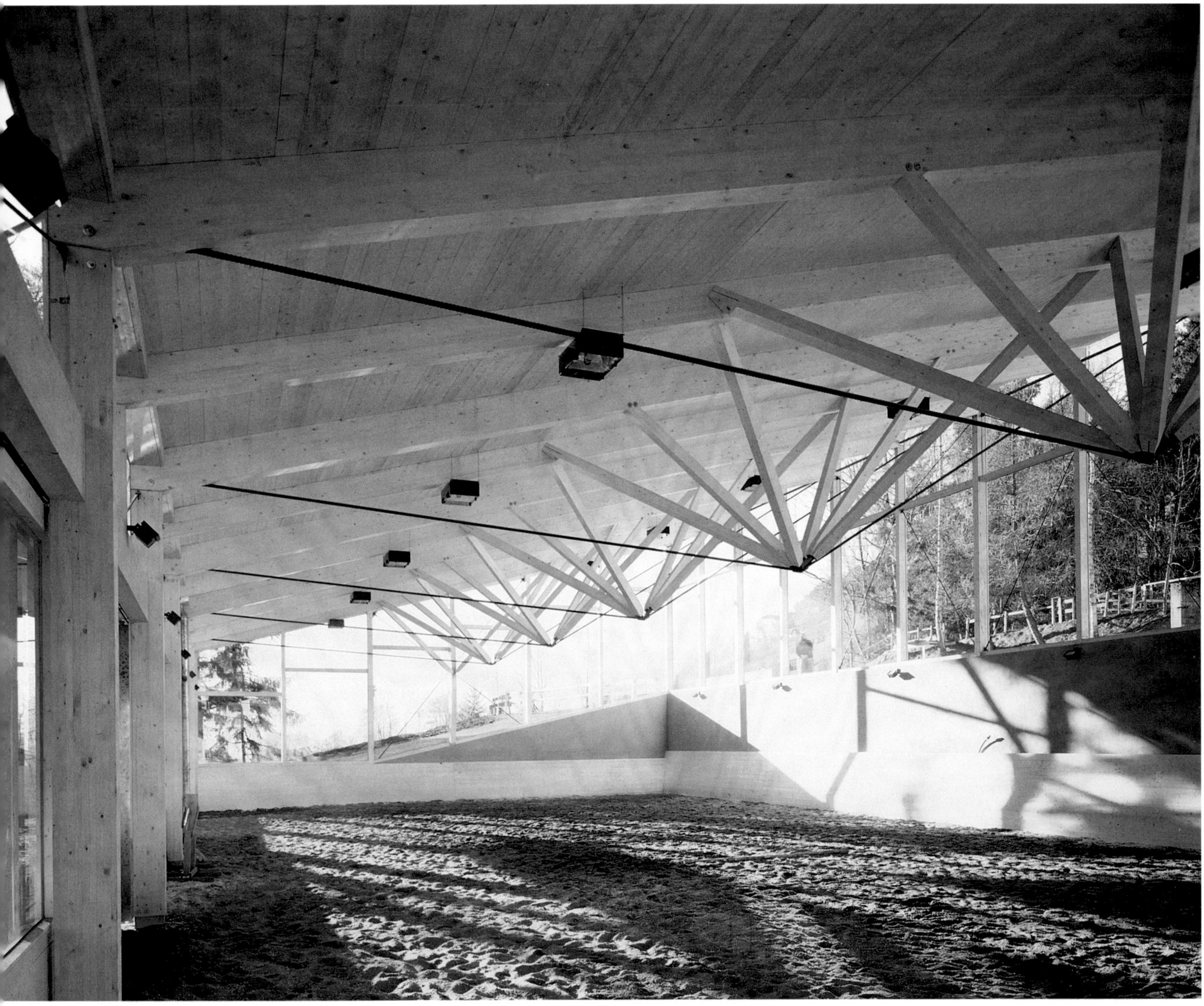

Valerio Olgiati

Schule in Paspels, Graubünden,
Schweiz 1998

Scuola a Paspels, Grigioni,
Svizzera 1998

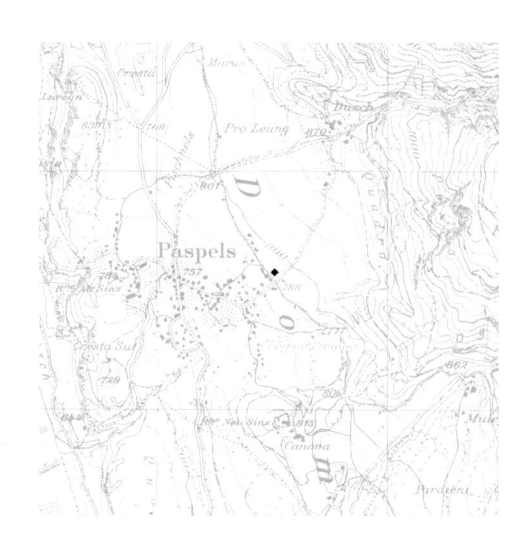

Appena oltre la strada che separa il villaggio di Paspels dai campi, il nuovo edificio scolastico è già più in alto e nel verde, che per contrasto conferisce al grigio la densità e il peso di una fabbrica pensata e fatta di calcestruzzo armato. Il volume cubico e compatto, tagliato in alto secondo la stessa pendenza del prato, assume la forma scattante di un parallelogramma a losanga e sono le due grandi aperture sfalsate su ciascun lato a fare la differenza fra un masso e la casa, perché chi dice orizzontale, in architettura dice abitare. Non soltanto la forma a losanga intrattiene una sottile relazione di complicità con le grandi linee in salita che caratterizzano il sito, ma l'edificio stesso suggerisce l'icona incongrua ma inevitabile della funicolare – ecco perché ci pare lì lì per partire, come un cursore silenzioso, su per il prato in pendenza. Questo non è però il solo effetto prodotto dalle aperture che, compositivamente, propongono su ogni facciata un motivo similare, caratterizzato da una figura a chiasma, vale a dire da una simmetria a croce. L'effetto è sorprendente: le due bande finestrate sfalsate producono una figura che "corre", come una greca, sui quattro lati dell'edificio, accentuandone la plasticità e sollecitando l'osservatore a girare intorno. Quanto ai prospetti paralleli alla pendenza del terreno, le due figure "a martello" suggerite dalle aperture possiedono la stessa carica di energia sospesa del "Paukenspieler" (Suonatore di timpani, 1940) dipinto da Klee nel suo ritiro asconese.

Dello spazio interno si può dire: piccole cause, grandi effetti. Il quadrato perimetrale è stato leggermente "stiracchiato" (al computer?) nell'angolo rivolto al paese. Questa deformazione, dell'ordine di qualche grado appena, si ripercuote sull'intero impianto planimetrico e spaziale: nei due livelli delle classi, logicamente, solo uno dei quattro spazi d'angolo rimane perfettamente rettangolare; agli altri tre è imposta la stessa regola del perimetro esterno: l'angolo interno, rivolto verso gli spazi di distribuzione, rimane retto mentre gli altri assumono la deformazione del quadrilatero perimetrale. Le conseguenze sullo spazio di distribuzione a croce di questo infimo scarto rispetto all'ortogonalità sono a dir poco sorprendenti. Ogni braccio della croce risulta ormai sfalsato rispetto agli altri, e lievemente deformato, a cono o a imbuto, verso le finestre aperte sul fondo; quanto allo spazio, esso pare sostanza viva, che si accorcia e si distende, si fa più largo o si restringe, si alza o si abbassa a seconda di come noi ci muoviamo – come nella famosa camera deformante di Ames. A rendere palpabile lo spazio concorrono evidentemente l'uniformità della materia, cangiante soltanto perché la luce spiove da quattro orizzonti, illuminando diversamente soffitti, pavimenti e pareti.

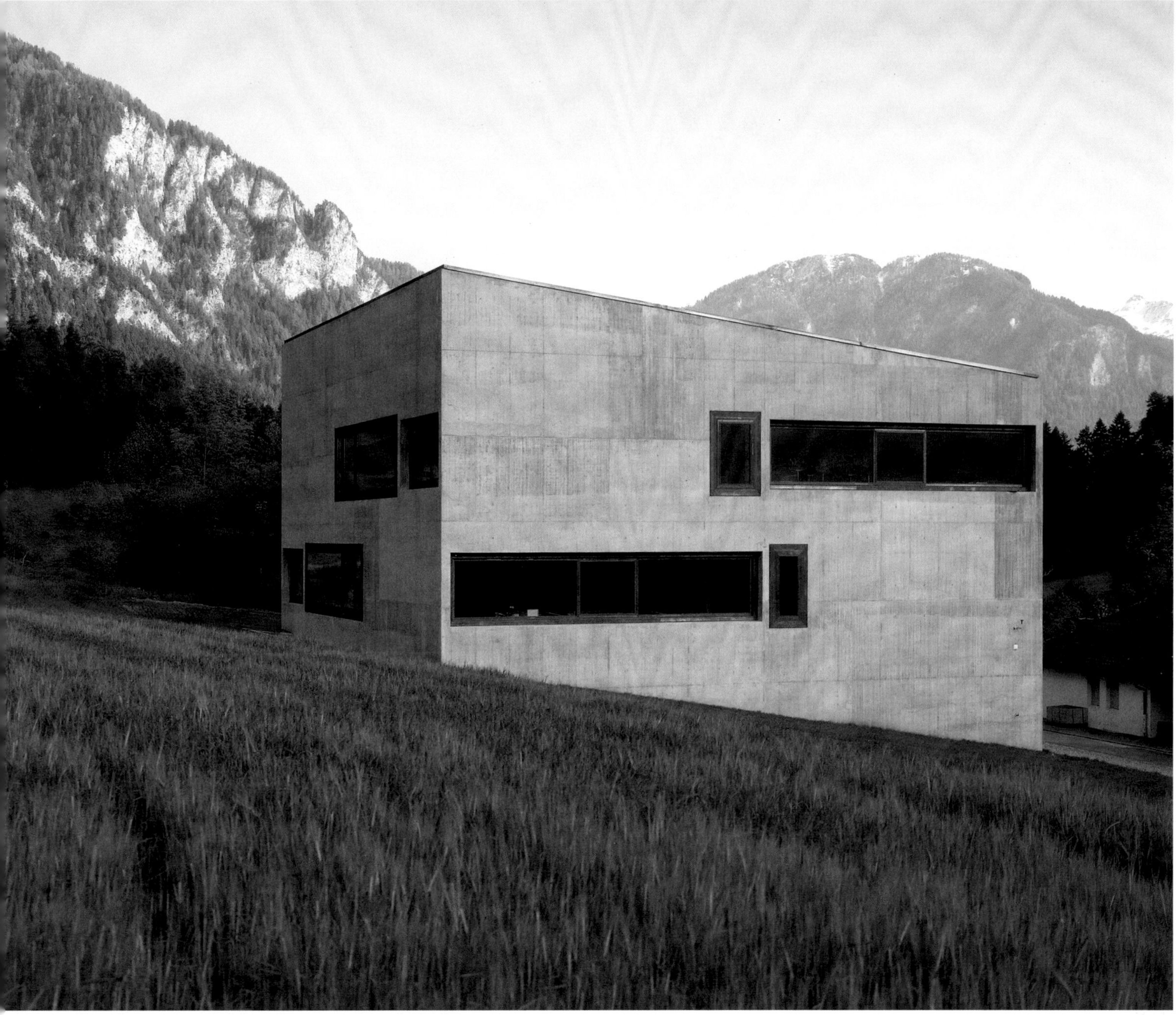

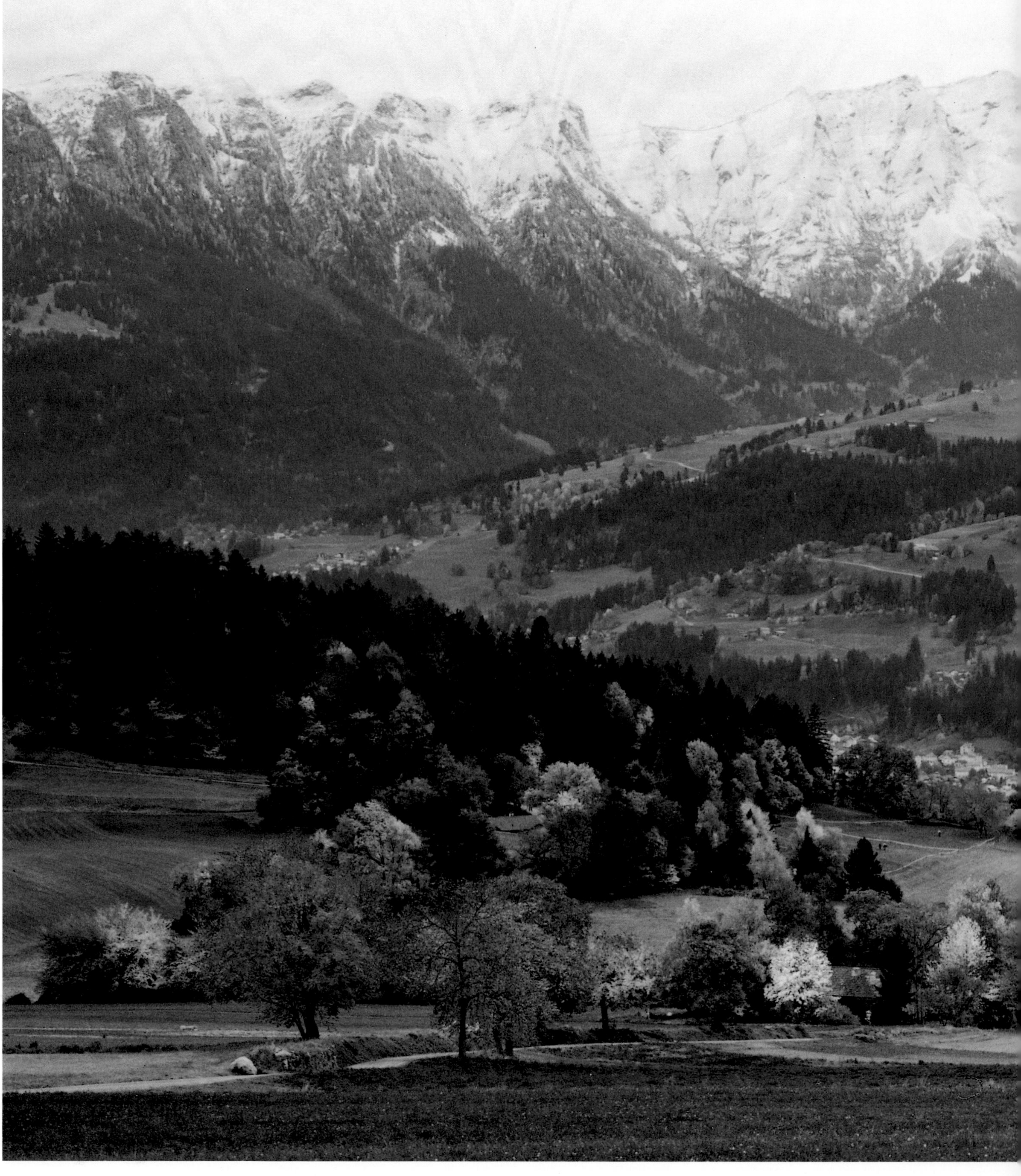

Das neue Schulhaus von Paspels befindet sich etwas oberhalb des Dorfes im Grünen, auf der anderen Seite der Straße, die das Dorf von den Feldern trennt. Das Grau des Gebäudes steht im Kontrast zur Umgebung und ruft so die Dichte und Schwere eines aus Stahlbeton erdachten und geformten Bauwerks hervor. Die kompakte und kubische Form, die im oberen Teil parallel zum Neigungswinkel der Wiese abgeschnitten ist, nimmt die dynamische Form einer Raute an, und nur die zwei großen, abgesetzten Öffnungen auf jeder Seite zeigen den Unterschied zwischen einem Felsblock und einem Haus; denn wer in der Architektur „waagerecht" sagt, meint „bewohnt". Die Rautenform stellt einen Bezug zu den steigenden Linien dar, die Landschaft und Gelände charakterisieren, und das Gebäude an sich erinnert an das „unangemessene", aber unausweichliche Bild einer Standseilbahn – weswegen man den Eindruck hat, sich kurz vor der Abfahrt eines leisen Schienenläufers über die leicht geneigten Wiesen zu befinden.

Dies ist jedoch nicht die einzige durch die Öffnungen verursachte Wirkung. Ihre Komposition bietet auf jeder Seite ein ähnliches Motiv, das durch einen Chiasmus charakterisiert wird – also eine über Kreuz symmetrische Form. Die Wirkung ist überraschend: die zwei abgesetzten Fensterbänder erzeugen eine Figur, die sich wie ein „laufender Hund" über alle vier Wände des Gebäudes erstreckt und seine Plastizität unterstreicht; auch indem es den Betrachter einlädt, es zu umrunden. Was die zur Neigung des Geländes parallel laufenden Fassaden betrifft, bergen die zwei durch die Öffnungen angedeuteten „Hammerfiguren" die gleiche aufgehobene Spannung des Paukenspielers (1940), den Klee malte, als er sich nach Ascona zurückzog.

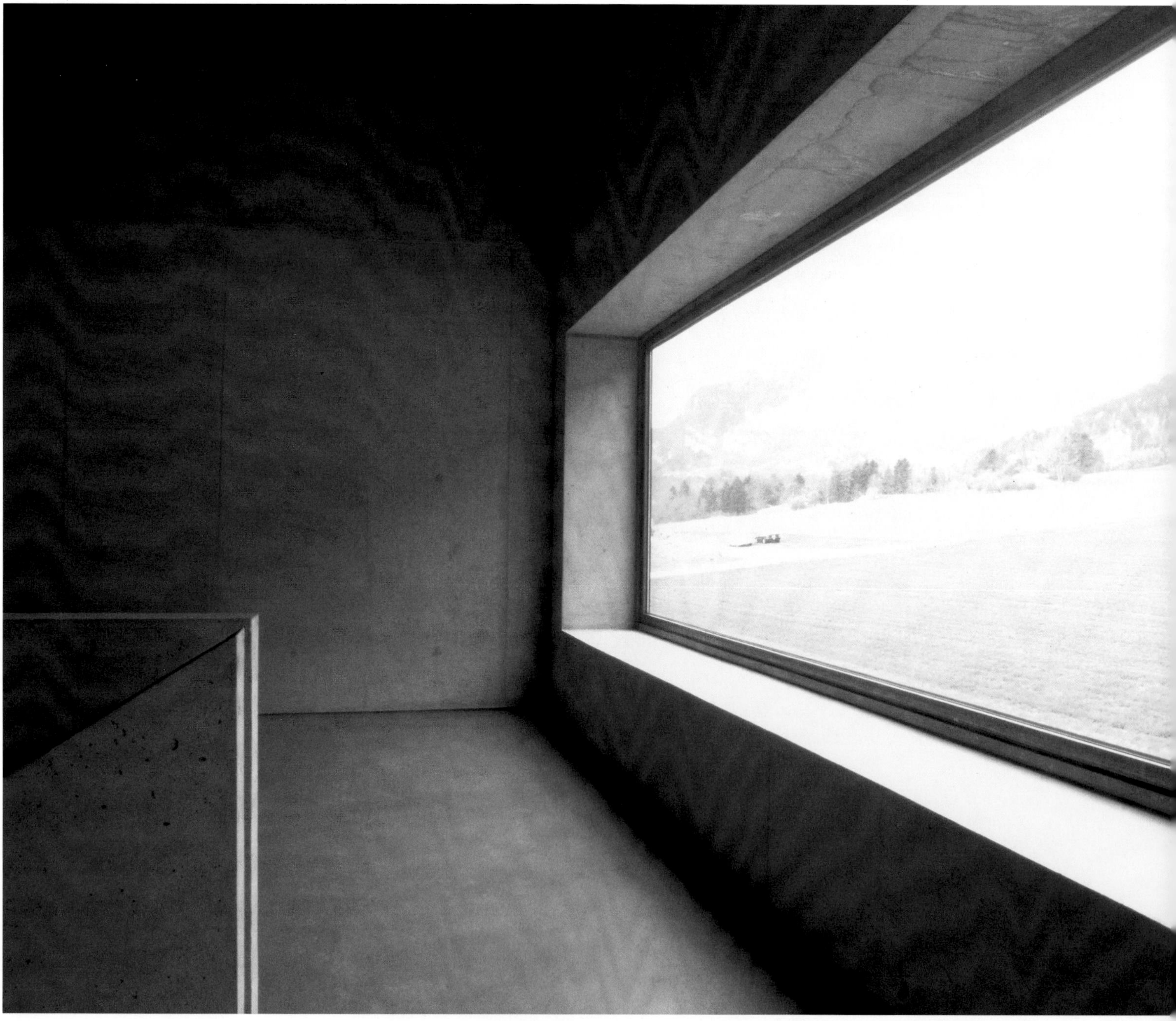

Si è giustamente scritto a proposito delle tele di Rothko di come esse coinvolgono attivamente lo spettatore, il quale posto a confronto con la difficoltà di cogliere le parti e il tutto, i colori e le figure, e con l'accomodamento dell'occhio, produce profondità di spazi, vede palpitare il colore là dove, di fatto, non c'è che una tela impastata di colori. Gli interni deformati della scuola di Paspels devono perciò poco o nulla alla spazialità psicologica ricercata dagli scenografi espressionisti, come Warm e compagni, a cui dobbiamo fra gli altri il "Il Gabinetto del Dottor Caligari", ma costituisce piuttosto l'equivalente architettonico della spazialità esplorata da certi pittori informali o attraverso la monocromia.

Se le rampe di scale si sovrappongono, assicurando un asse e un baricentro all'edificio, la figura del chiasma agita anche lo spazio di distribuzione attorno alle scale: mentre al piano terra la rampa occupa l'asse di un corridoio largo e profondo che attraversa l'edificio da parte a parte, al primo e al secondo piano il corpo scala subisce due vigorosi sbilanciamenti, allargandosi rispettivamente sulla destra e sulla sinistra. In conformità alla composizione rotatoria dei prospetti, le aule si affacciano su quattro orizzonti diversi. Sono queste diverse vedute su un paesaggio di rara bellezza, offerto da generose e profonde aperture, che assicurano un carattere proprio a ciascuna aula. La scuola di Paspels è un capolavoro di spazialità, davvero all'altezza dello stupendo paesaggio che la circonda.

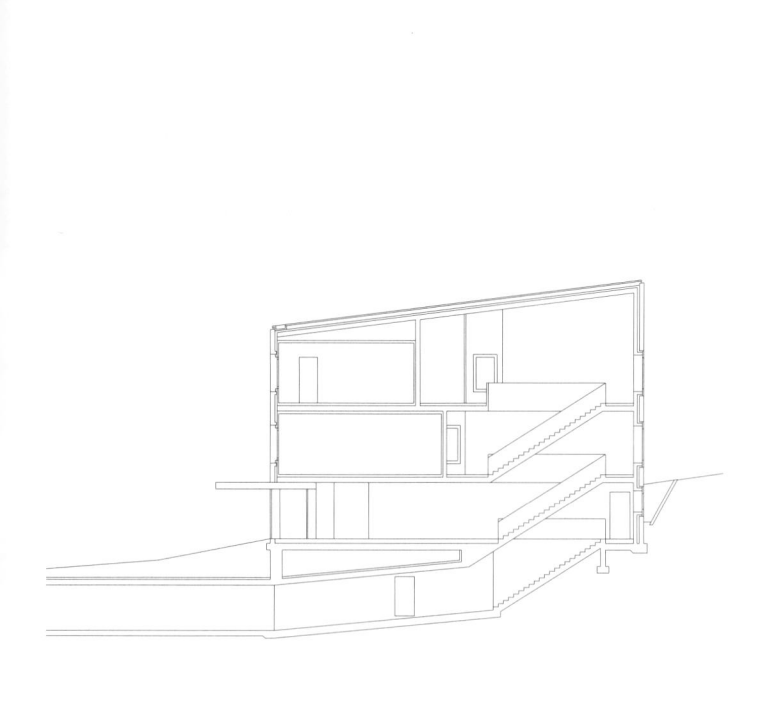

Über das Innere kann man sagen: kleine Ursachen, große Wirkungen. Der viereckige Grundriß wurde am Computer leicht in die zum Dorf gerichtete Ecke verzogen. Diese Verzerrung um wenige Gradeinheiten bestimmt sowohl räumlich als auch im Grundriß das gesamte Gebäude: demzufolge bleibt auf den zwei Ebenen der Klassenzimmer nur einer der vier Eckräume annähernd rechteckig; die anderen drei folgen dem gleichen Gesetz des äußeren Grundrisses: die innere, den Verteilungsräumen zugewandte Ecke bleibt rechtwinklig, während die anderen die Verformung des äußeren Umrisses annehmen. Die Folgen dieser fast unmerklichen orthogonalen Abweichung auf die kreuzförmigen Verteilungsräume sind erstaunlich. Jeder Arm dieses Kreuzes ist im Bezug zu den anderen versetzt und erstreckt sich, leicht verformt, konisch oder trichterförmig zu den Fenstern. Der Raum erscheint lebendig, faßt sich zusammen und streckt sich aus, wird breiter oder enger, erhebt oder senkt sich je nach unseren Bewegungen – wie in dem berühmten „verformten Zimmer" von Ames. Zur Dinglichkeit des Raumes trägt die Einförmigkeit der Materie bei, die nur schillert, weil das Licht aus vier Richtungen einfällt und Decken, Wände und Böden unterschiedlich beleuchtet.

Über Rothkos Bilder ist zurecht geschrieben worden, daß sie den Betrachter aktiv einbeziehen, der, vor die Aufgabe gestellt, das Ganze und die einzelnen Teile, die Farben und Figuren zu erfassen, durch die Akkomodationskraft des Auges selbst Tiefe und Räume erstellt und die Farben dort pulsieren sieht, wo es in Wirklichkeit nur eine mit Farbe durchtränkte Leinwand gibt.

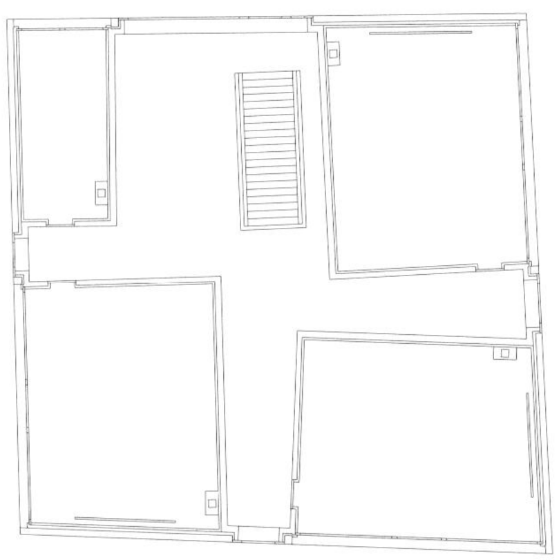

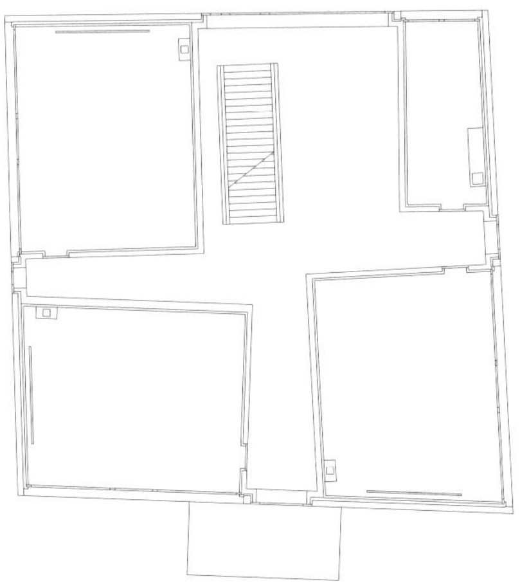

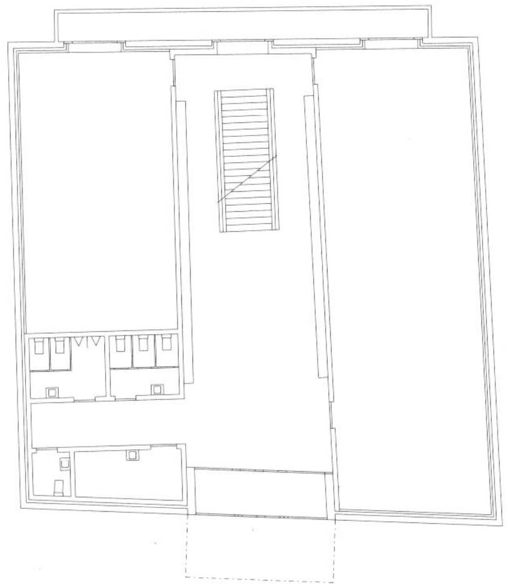

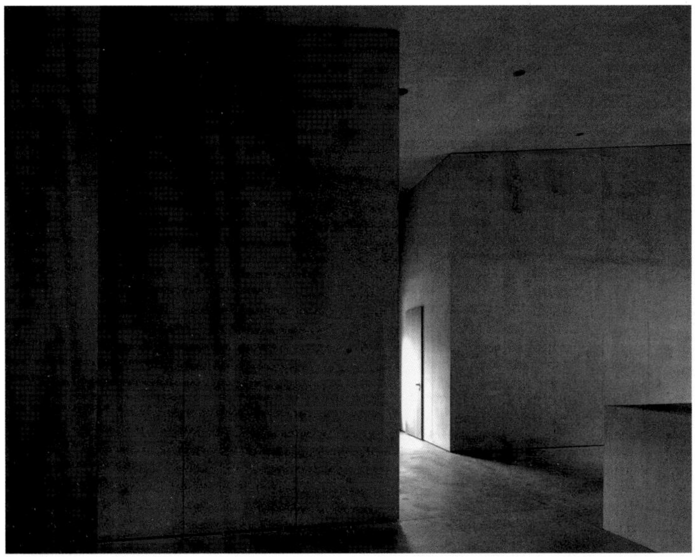

Das verformte Innere der Schule in Paspels schuldet deswegen wenig oder nichts der psychologischen Räumlichkeit, die von den expressionistischen Bühnenbildnern, wie Warm und anderen, verfolgt wurde und der wir unter anderem „Das Kabinett des Doktor Caligari" verdanken; sie stellt hingegen das architektonische Gegenstück zu der von einigen informellen Malern oder durch die Monochromie untersuchten Räumlichkeit dar.

Dort, wo sich die Treppenrampen überlagern und dem Gebäude Achse und Schwerpunkt bieten, bewegt die Chiasmusfigur auch die Verteilungsräume um die Treppen selbst: Während im Erdgeschoß die Rampe der Achse eines langen und tiefen Korridors folgt, der sich durch das ganze Gebäude erstreckt, gerät der Treppenaufgang im ersten und zweiten Stockwerk kräftig aus der Balance, indem er sich jeweils rechts und links ausdehnt. Der rotierenden Komposition der Fassaden entsprechend, öffnen sich die Klassenzimmer auf vier verschiedene Horizonte. Es sind dies vier unterschiedliche Ansichten auf ein Panorama von seltener Schönheit, das durch großzügige und tiefe Öffnungen geprägt wird, die jedem Klassenzimmer einen eigenen Charakter verleihen. Die Schule von Paspels ist ein Meisterwerk der Raumgestaltung, wahrlich auf der Höhe der wunderschönen Landschaft, die sie umgibt.

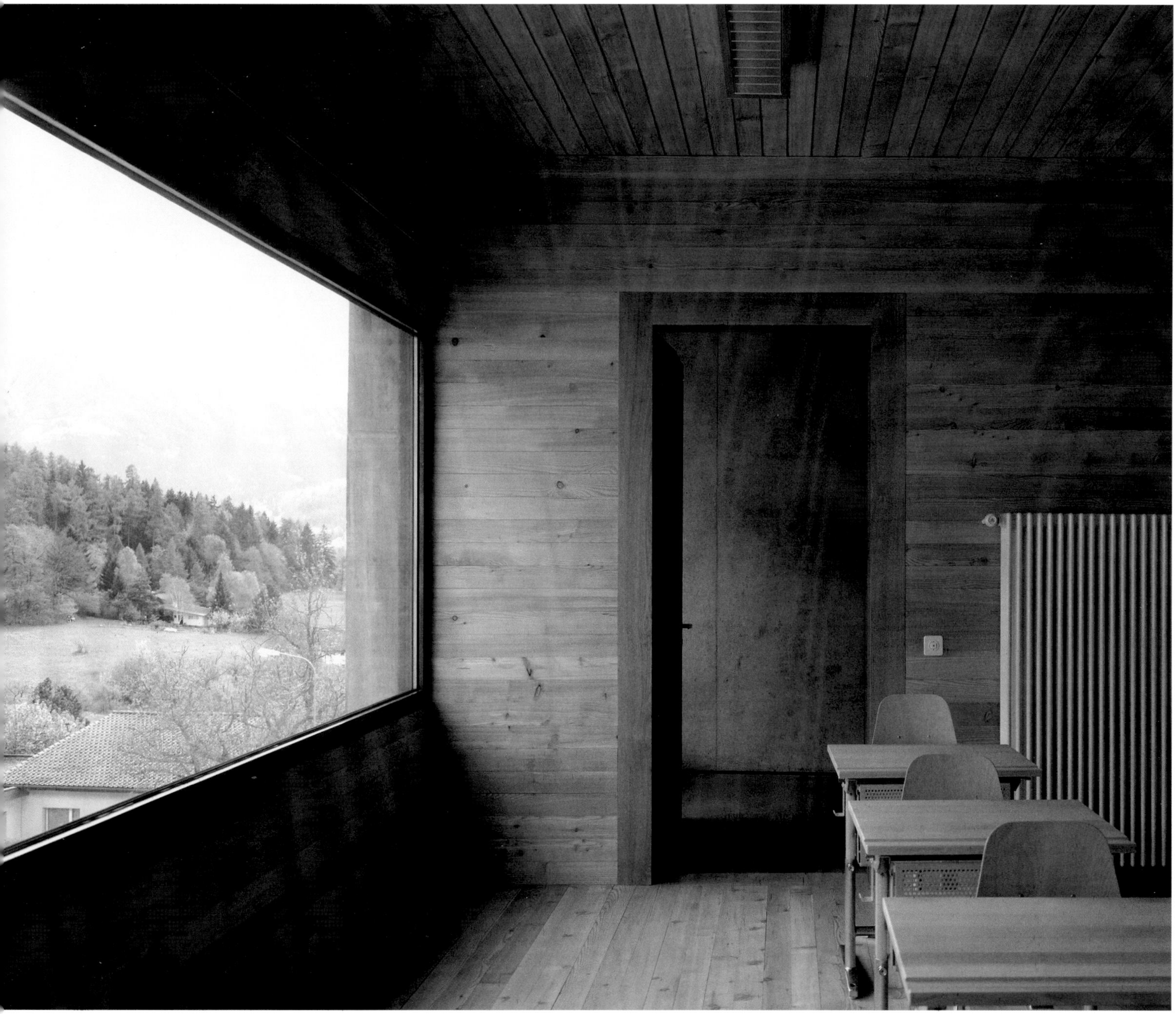

Raimund Rainer & Andreas Oberwalder

Wohnanlage in St. Anton, Tirol, Österreich 1997-98

Complesso residenziale a St. Anton, Tirolo, Austria 1997-98

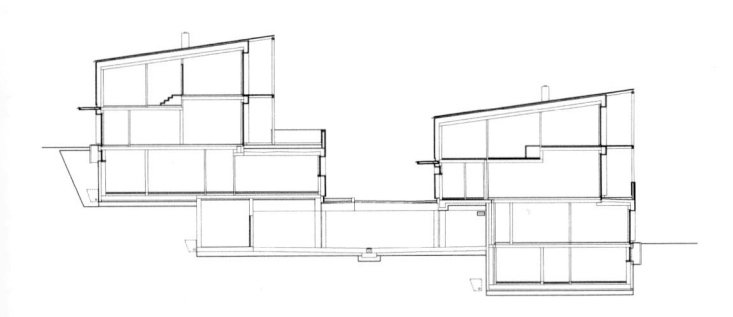

Il complesso è formato attualmente da sei ville bifamiliari che ospitano ciascuna un'abitazione padronale e un secondo alloggio d'affitto. Le due file di edifici sono unificate da un parcheggio interrato, al di sopra del quale è stata ricavata una strada residenziale a carattere semipubblico. Le case, a tre piani, sono incastrate nel pendio: il parcheggio si trova alla quota del terrazzamento inferiore, mentre dall'ultimo piano degli edifici della fila superiore lo sguardo spazia, oltre la casa sottostante, lontano sul paesaggio. Anche l'intervallo esistente tra i singoli corpi di fabbrica dà luogo a visuali interessanti. La concezione urbanistica del complesso fornisce una risposta positiva al problema della dispersione insediativa che si riscontra nelle sovraffollate località turistiche alpine, raggruppando unità abitative a destinazione variabile all'interno di un "layout" generale caratteristico e di impatto piacevole, ma anche aperto e permeabile, e inserendo un elemento rassicurante e ordinatore nel paesaggio, a queste quote ancora boschivo.

Tra gli ambiti pubblici del complesso e gli spazi di vita privati (caratterizzati dai rivestimenti in legno e dal parziale ricorso all'autocostruzione) si instaura un equilibrio gradevole, socialmente interessante e davvero esemplare, mentre la presenza di adeguati collegamenti ben protetti tra i singoli edifici (sopra un parcheggio coperto facilmente raggiungibile) garantiscono l'accessibilità anche in condizioni climatiche estreme. Questi accorgimenti salvaguardano in maniera ottimale non solo l'intorno immediato del complesso, ma anche il luogo e il paesaggio circostante, e conferiscono alla nuova strada residenziale le qualità tipiche della piazza di un piccolo paese. L'intervento prende inoltre in considerazione la possibilità di utilizzare il sole come fonte energetica. Nell'insieme si tratta di un'opera esemplare, i cui progettisti hanno ben compreso che la condizione fondamentale per il benessere di una località turistica è intervenire sulle condizioni di vita dei suoi abitanti, e che anche nell'edilizia residenziale pubblica è necessario prevedere qualche "posto al sole".

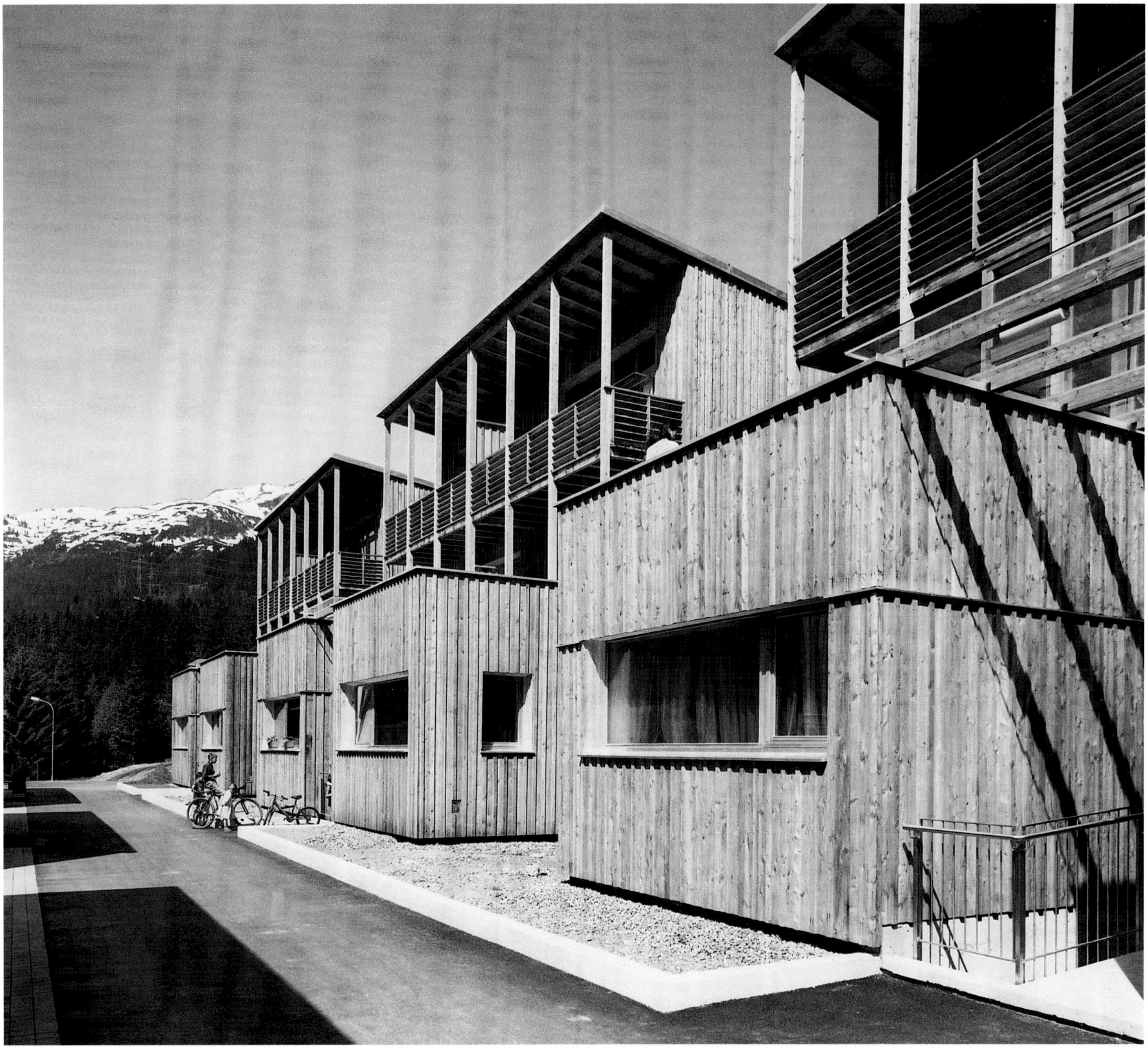

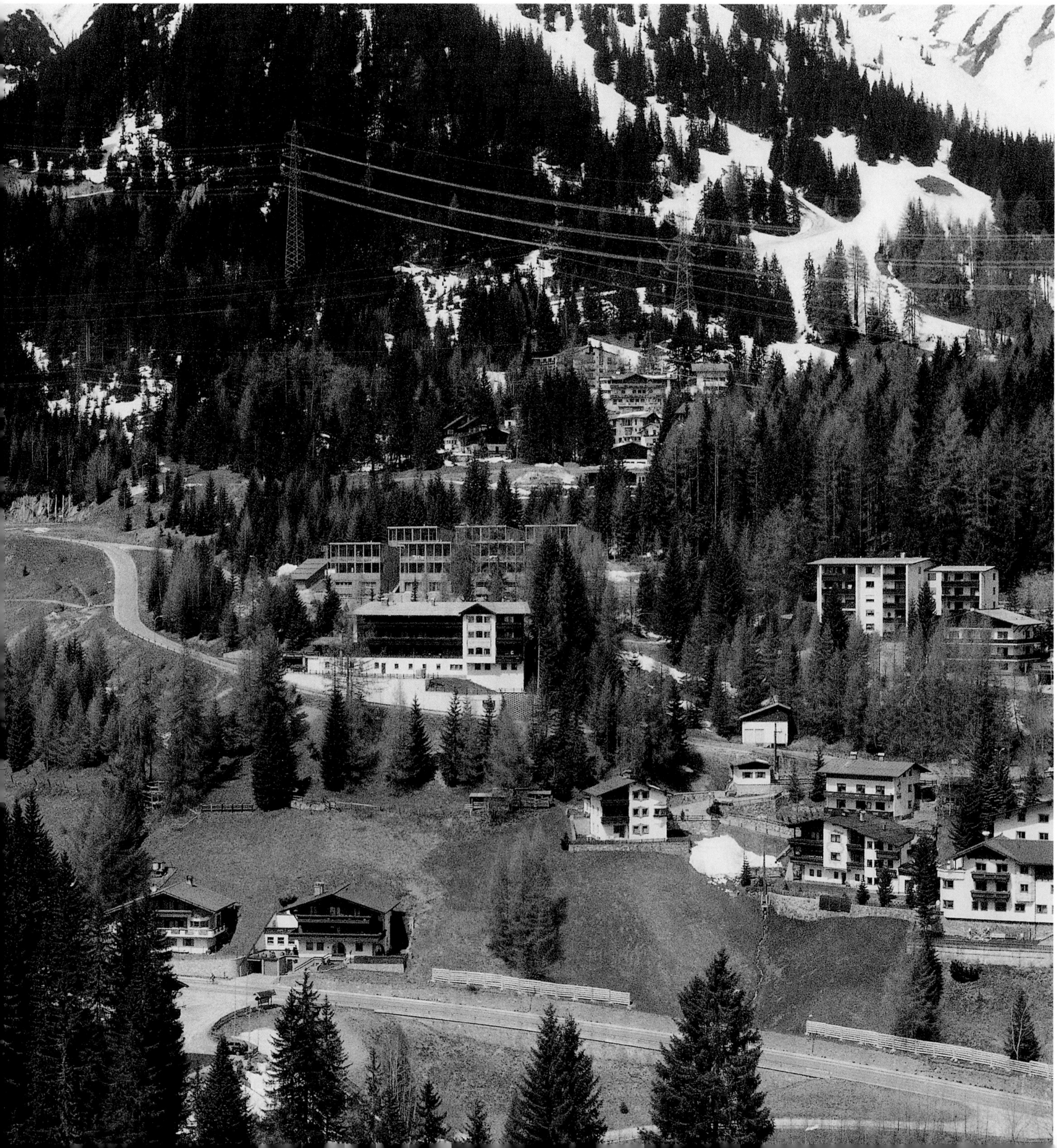

Die Anlage besteht vorläufig aus sechs Doppelhäusern mit je einer Haupt- und Einliegerwohnung. Die zwei Hauszeilen sind mit einer Tiefgarage verbunden, darüber liegt eine Wohnstraße mit halböffentlichem Charakter. Die dreigeschossigen Häuser sind so in den Hang gestellt, daß die Tiefgarage mit der untersten Terrainebene auf gleichem Niveau liegt und daß man von der obersten Wohnebene der oberen Hausreihe über die untere in die Landschaft sieht. Außerdem erlauben die Hausabstände schöne Durchblicke. Das städtebauliche Konzept der Anlage gibt eine positive Antwort auf das Problem der Zersiedelung der hochbelasteten Tourismusorte in den Alpen, da es variabel nutzbare Einfamilien-Einheiten zu einer markanten, einprägsamen, jedoch lockeren und durchlässigen Großform verbindet und somit einen ruhigen und ordnenden Akzent in das Ortsbild und in die auf dieser Höhe noch bewaldete Landschaft bringt.

Außerdem wurde eine sozial interessante und verträgliche Ausgewogenheit von öffentlicher Gesamterscheinung und privatem Lebensraum (Holzverkleidung der Häuser, teilweiser Selbstausbau) gefunden, die Vorbildcharakter hat, und zusätzlich eine dem extremen Klima adäquate Erschließung (über eine gut erreichbare Tiefgarage) mit einer ebenso geschützten Verbindung der Häuser untereinander. Dabei wurden Umraum, Gelände und Landschaft optimal geschont und eine Wohnstraße gestaltet, die die Qualität eines Dorfplatzes erhalten wird. Außerdem setzt sich das Projekt mit dem Thema der Solarenergie auseinander. Insgesamt eine vorbildliche Anlage, bei der die Planer erkannt haben, daß die Vorbedingungen für einen gesunden Tourismusort die Lebensumstände ihrer Bewohner sind und daß es auch im öffentlich geförderten Wohnbau „Plätze an der Sonne" geben muß.

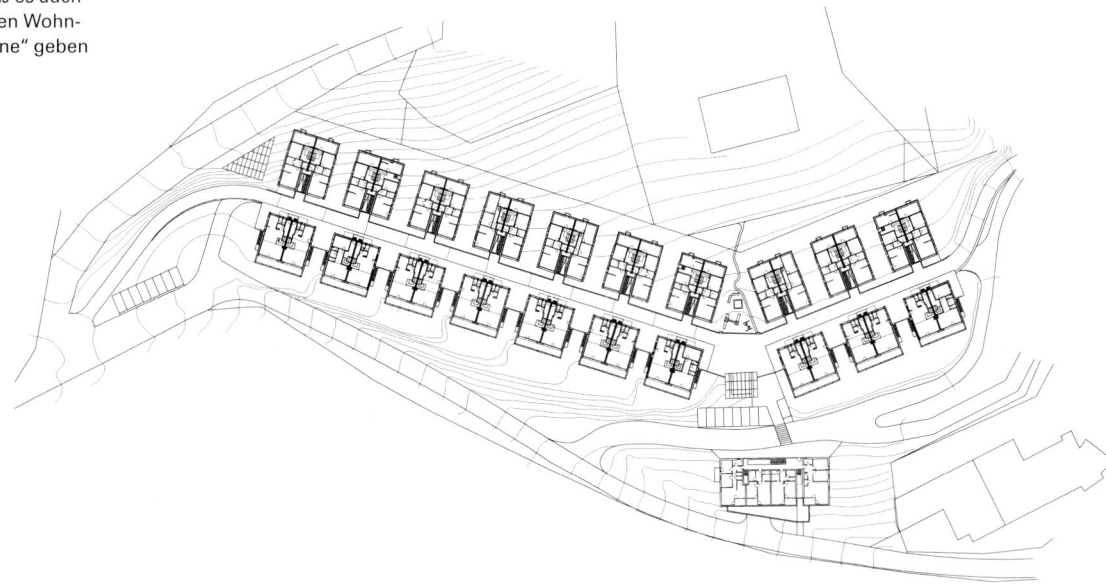

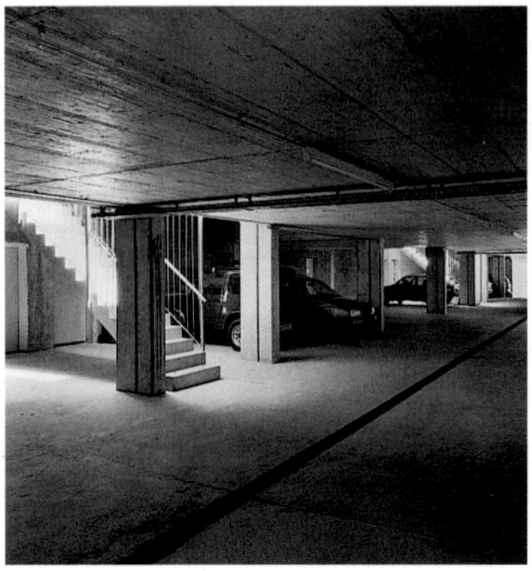

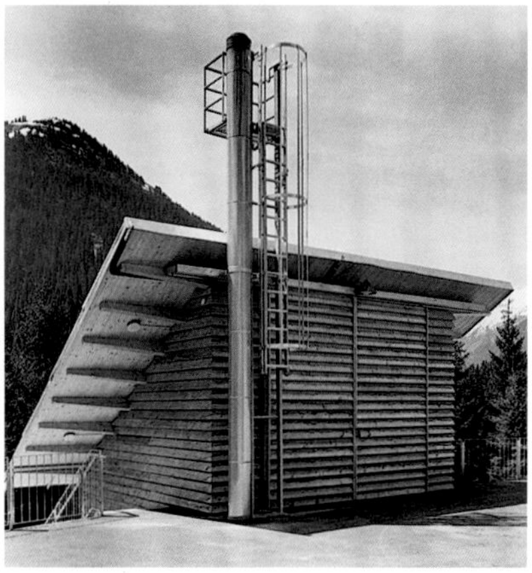

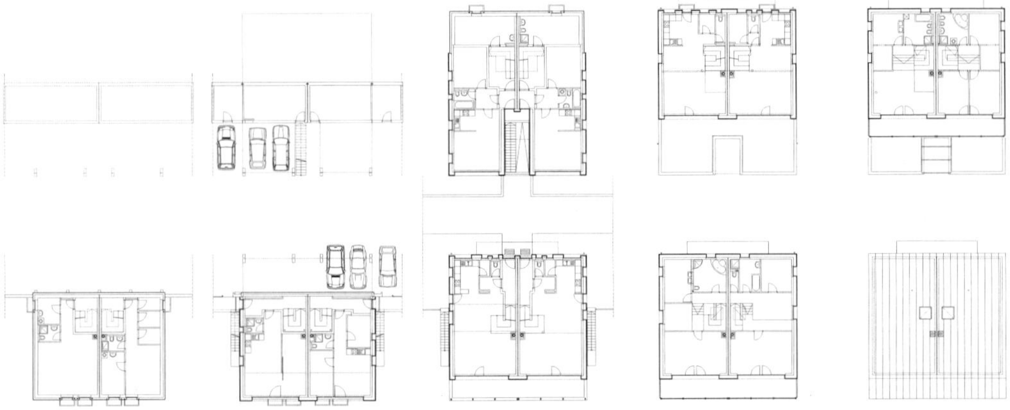

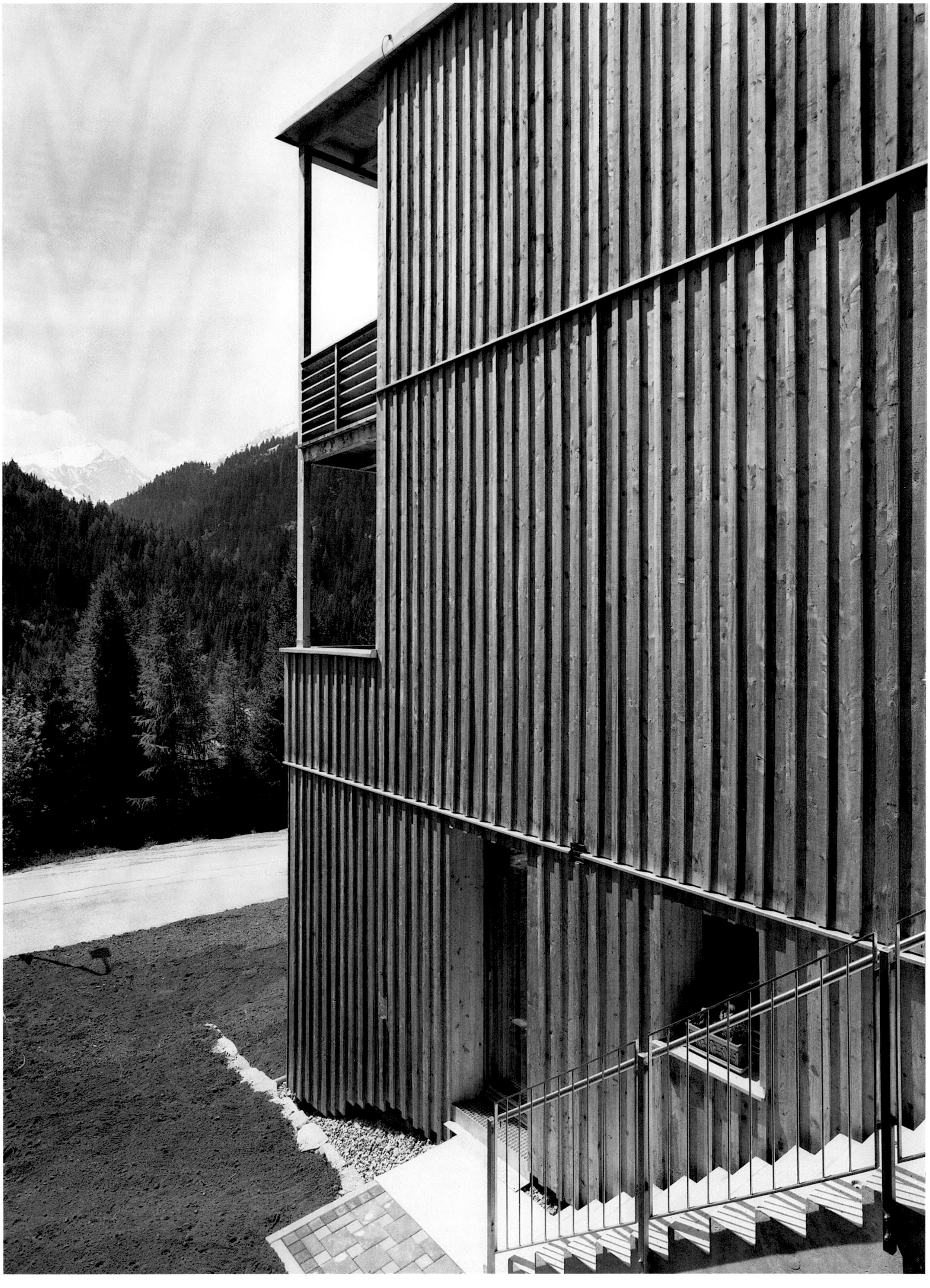

Hans-Jörg Ruch

Elektrisches Unterwerk Albanatscha,
Graubünden, Schweiz 1994-96

Sottostazione elettrica Albanatscha,
Grigioni, Svizzera 1994-96

La sottostazione elettrica Albanatscha risponde alla necessità di assicurare l'approvvigionamento di energia con una seconda installazione derivata dalla linea ad alta tensione del Julier, capace di subentrare a quella di Pontresina in caso di guasto. Fra il 1984 e il 1990 tre progetti furono rifiutati anche perché se ne contestava l'integrazione al paesaggio. Il promontorio di "Stüerta Grande", appena sopra un'ampia curva della strada del Julier, venne finalmente scelto perché soddisfa a numerose esigenze: è vicino alla linea d'alta tensione, gode di un raccordo stradale agevole, è fuori della zona "blu" delle valanghe e non richiede pertanto strutture di rinforzo; infine è fuori anche dalle abbondanti acque che dilavano il pendio.

In considerazione del volume imponente dell'opera (circa 16.000 m³) e della particolare visibilità paesaggistica del sito, gli architetti hanno deciso di interrare per metà l'impianto e, nella parte emergente, di evitare ogni forma che possa evocare l'immagine di un edificio o di una casa. Da un lato la stazione è un marchio, una traccia nel paesaggio che asseconda e rinforza il rilievo naturale; dall'altro essa rende leggibile il flusso di energia che è la sua ragion d'essere. Ecco perché gli architetti hanno insistito talmente a scegliere questo luogo e a orientare l'edificio in modo che fosse perfettamente allineato sulla radiale descritta dai cavi aerei che partono dalla biforcazione della linea d'alta tensione e raggiungono i piloni aerei della stazione stessa. Questa è come una mastaba stretta e allungata, a metà affondata nel terreno e tutta rivestita di pietra. Si tratta di pietra di scavo, con ancora le tracce dell'estrazione, vale a dire i fori per l'esplosivo. Quanto alle grandi superfici in vetrocemento, che brillano al sole come mica o cristalli di quarzo evitando l'immagine familiare della finestra, anch'esse contribuiscono a disantropizzare l'installazione. Solitamente un recinto di filo spinato con cartelli dissuasivi circonda gli impianti esterni di questi impianti. Ciò è stato risparmiato alla stazione di Albanatscha sistemando i convertitori di tensione e altre installazioni o apparecchiature tecniche all'interno, con gran profitto per il paesaggio.

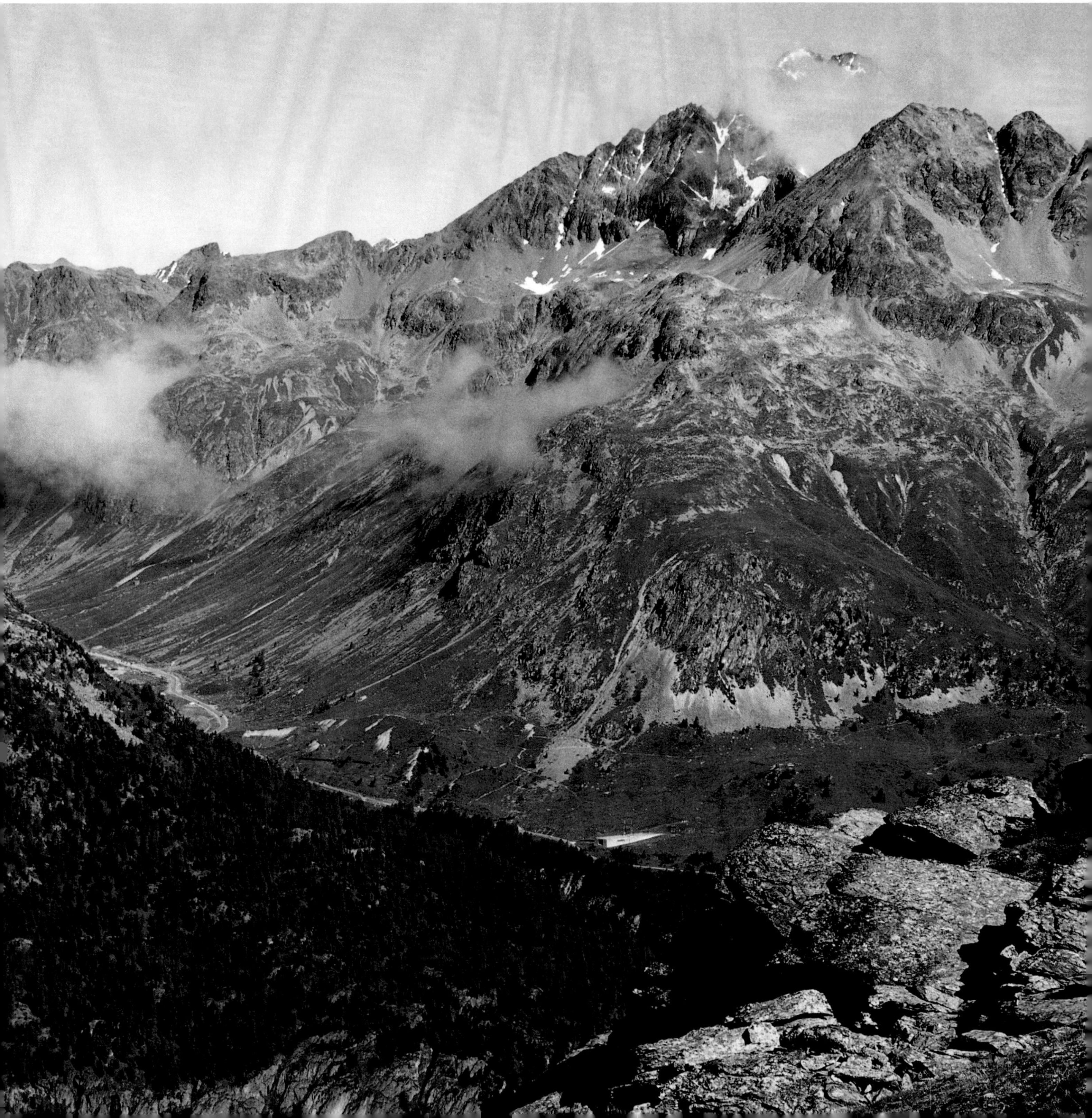

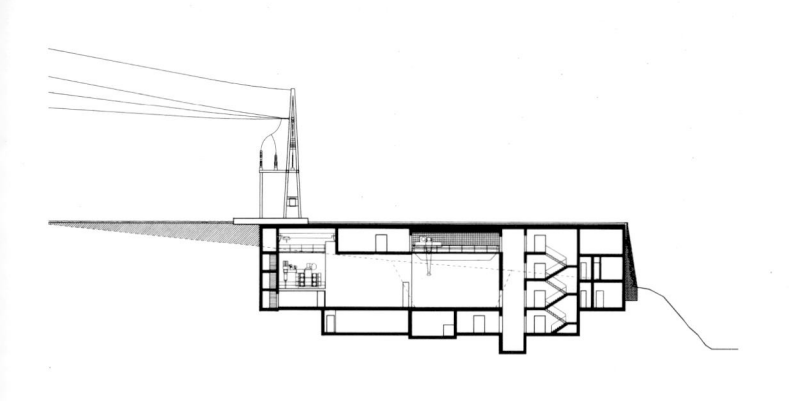

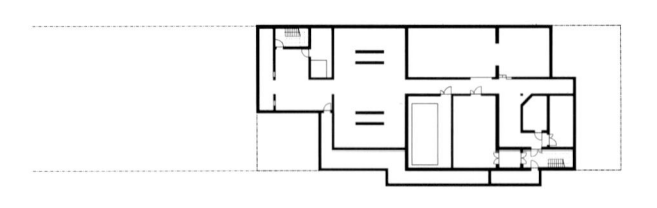

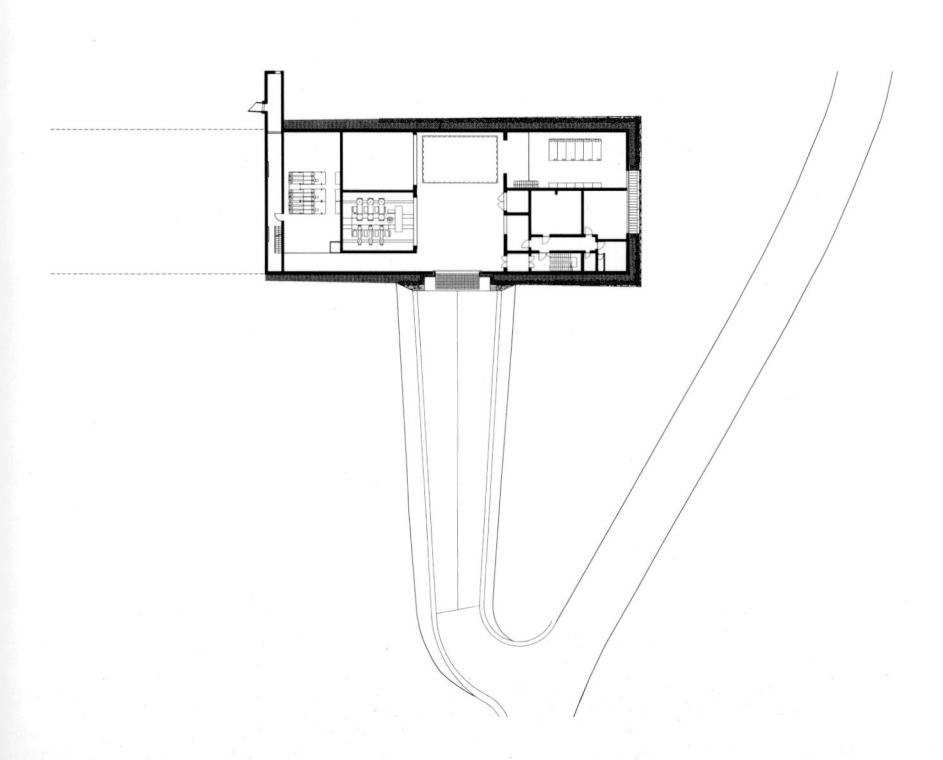

Das elektrische Unterwerk Albanatscha entstand aufgrund des Bedürfnisses, die Elektrizitätsversorgung durch eine zweite Anlage zu gewährleisten, die von der Hochspannungslinie des Julier abzweigt und im Störfall jene aus Pontresina ersetzen kann. Zwischen 1984 und 1990 wurden drei Projekte unter anderem deswegen verworfen, weil die Form ihrer Einbindung in die Landschaft kritisiert wurde. Letztendlich wird nun das knapp über einer weiten Kurve der Straße des Julier gelegene Vorgebirge der „Stüerta Grande" ausgewählt, weil es zahlreichen Anforderungen genügt: nahe der Hochspannungsleitung mit einer bequemen Straßenverbindung, liegt es außerhalb der „blauen" Lawinenzone, so daß keine verstärkte Bauweise notwendig ist; außerdem befindet es sich nicht im Bereich des reichlich anfallenden Hangwassers, die den Hang auswaschen.

In Anbetracht des stattlichen Volumens (ca. 16.000 m^3) und der hervorgehobenen Sichtbarkeit in der Landschaft beschlossen die Architekten, das Werk zur Hälfte in den Erdboden zu versenken und an der aus der Oberfläche herausragenden Struktur jede Form zu unterbinden, die das herkömmliche Bild eines Gebäudes oder Hauses hervorrufen könnte. Einerseits ist das Werk ein Markstein, eine Spur in der Landschaft, welche die natürliche Erhöhung unterstreicht und hervorhebt; andererseits macht es den Energiefluß lesbar, der seine Existenz begründet.

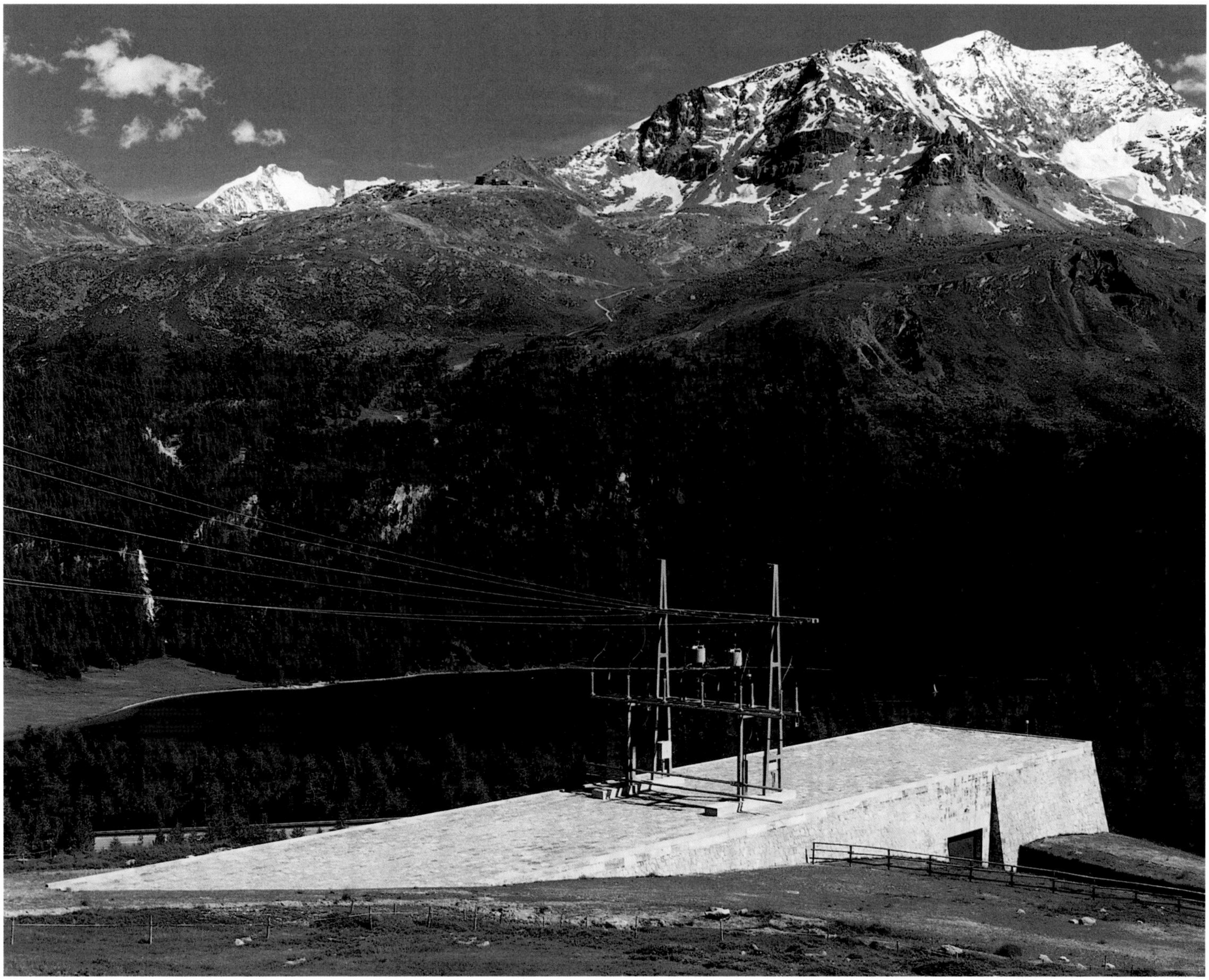

Die Architekten bestanden deshalb auf der Wahl des Ortes und auf der parallelen Ausrichtung des Werkes zur Führungslinie der schwebenden Kabel, die von der Hochspannungslinie abzweigen und zum Abspannungsmasten des Werkes führen. Das Werk selbst entspricht einer engen und langen Mastaba, zur Hälfte in die Erde vergraben und vollkommen mit Stein verkleidet. Hierbei handelt es sich um das Gestein aus der Baugrube, welches noch von den Spuren der Förderung, also den Löchern der Sprengladungen, gezeichnet ist. Die großen Flächen aus Glasbeton, die in der Sonne wie Glimmer oder Quarzkristalle glänzen, vermeiden jegliche Anspielung auf ein Fenster und tragen dazu bei, dem Werk jeden Bezug auf eine menschliche Behausung zu nehmen. Üblicherweise werden die äußeren Anlagen dieser Unterwerke mit Stacheldraht und warnenden Schildern abgesichert. Dies wurde im Fall des Unterwerks in Albanatscha zugunsten der Landschaft vermieden, indem die technischen Vorgänge und Betriebsabläufe, wie Spannungsumwandlungen und das Verschieben der Anlageteile von der Montagehalle in ihre Zellen, in das Innere des Gebäudes verlegt wurden.

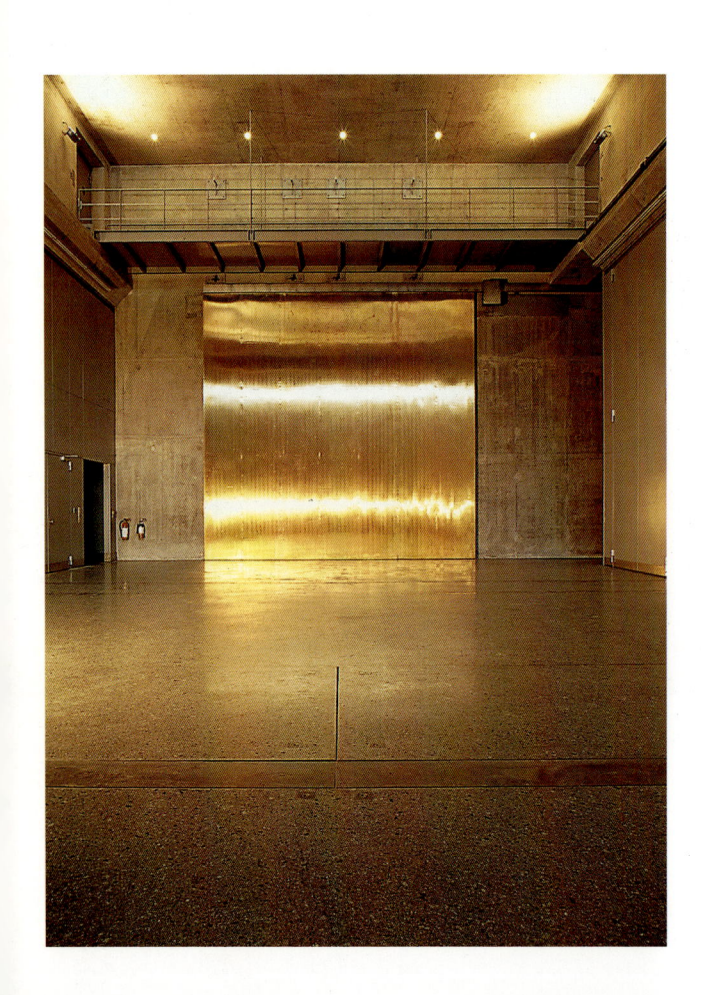

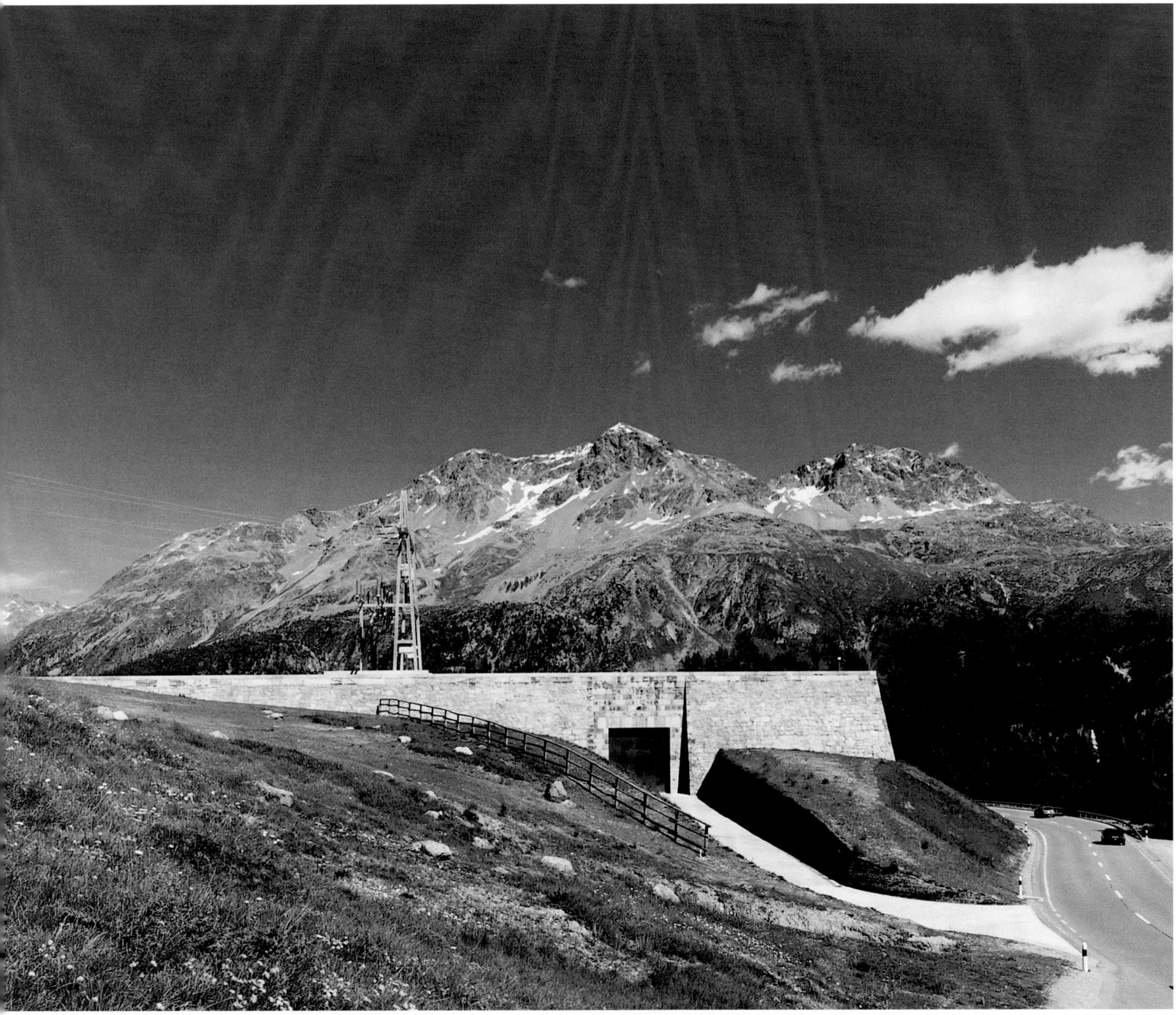

Anerkennungen　　　　　Segnalazioni

Walter Angonese, Markus Scherer	152
Valentin Bearth, Andrea Deplazes	156
Raffaele Cavadini	160
Arnold Gapp, Leo Gurschler, Christoph Vinatzer	164
Erich Gutmorgeth, Helmut Seelos	168
Leopold Kaufmann	170
Daniele Marques, Bruno Zurkirchen	174
Stéphane de Montmollin, Brigitte Widmer	178
Martino Pedrozzi	180
Helmut Reitter	182
Hans-Jörg Ruch	184
Thomas Schnizer	188
Bruno Spagolla	190

Walter Angonese & Markus Scherer

Kellerei Hofstätter, Tramin, Südtirol,
Italien 1997-98

Cantina Hofstätter, Termeno, Alto Adige,
Italia 1997-98

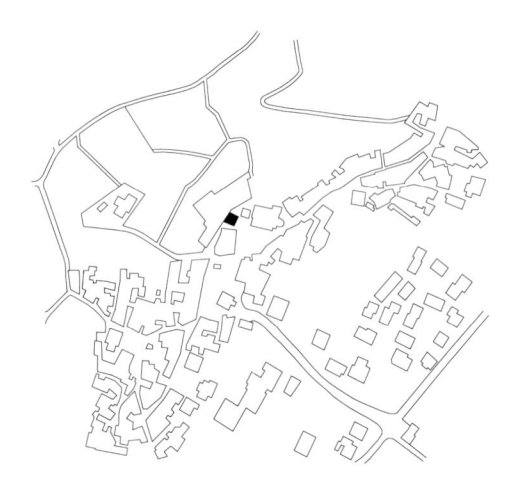

Nachdem mehrere Gestaltungsvorschläge von der zuständigen Baukommission abgelehnt wurden, entschied sich der Bauherr für einen geladenen „Fassadenwettbewerb". Die Sieger dieses Wettbewerbs gaben sich jedoch nicht mit einer Fassadenkorrektur zufrieden, sondern versuchten die funktionellen Erfordernisse einer Weinkellerei mit den spezifischen Besonderheiten des Ortes, wirtschaftlichen Einschränkungen und schließlich stadtgestalterischen Aspekten in Einklang zu bringen. Prozesse einer Problemdefinition und der Lösungsfindung sind identisch. Es ist außerordentlich wichtig, Problembeschreibungen sorgfältig vorzunehmen, da jeder Versuch einer Beschreibung eines architektonischen Problems bereits eine Zielrichtung angibt, von wo eine Lösung erwartet werden kann.

Die städtebaulichen Randbedingungen waren eindeutig durch einen Vorgängerbau gegeben. Die maximal bebaute Fläche durfte nicht über-, der Abstand zum Kirchturm nicht unterschritten werden. Das Risiko, unmittelbar neben einem Kirchturm ein weiteres turmähnliches Gebäude anzuordnen, wurde bewußt eingegangen. Voraussetzung war ein genaues Aufnehmen der Traufe der Nachbarbebauung und durch den Einsatz von Eichenholz als Fassadenverkleidung ein kalkulierter Wechsel der sonst vor Ort verwendeten Materialien Naturstein und Putz.

Das „gläserne" Dachgeschoß, eine Wohnung beziehungsweise ein zusätzlicher Weinverkostungsraum mit Blick über den Ort und die angrenzenden Weinlagen, bildet den notwendigen Kontrast zur Geschlossenheit des übrigen Gebäudes. Ein zentrales Oberlicht gibt diesem Raum obendrein eine besondere innenräumliche Qualität. Ein einfaches, erprobtes Lüftungssystem mit einem gut gewählten Materialaufbau ergibt ein energiebewußtes Gebäudekonzept für ein oberirdisches Kellereigebäude.

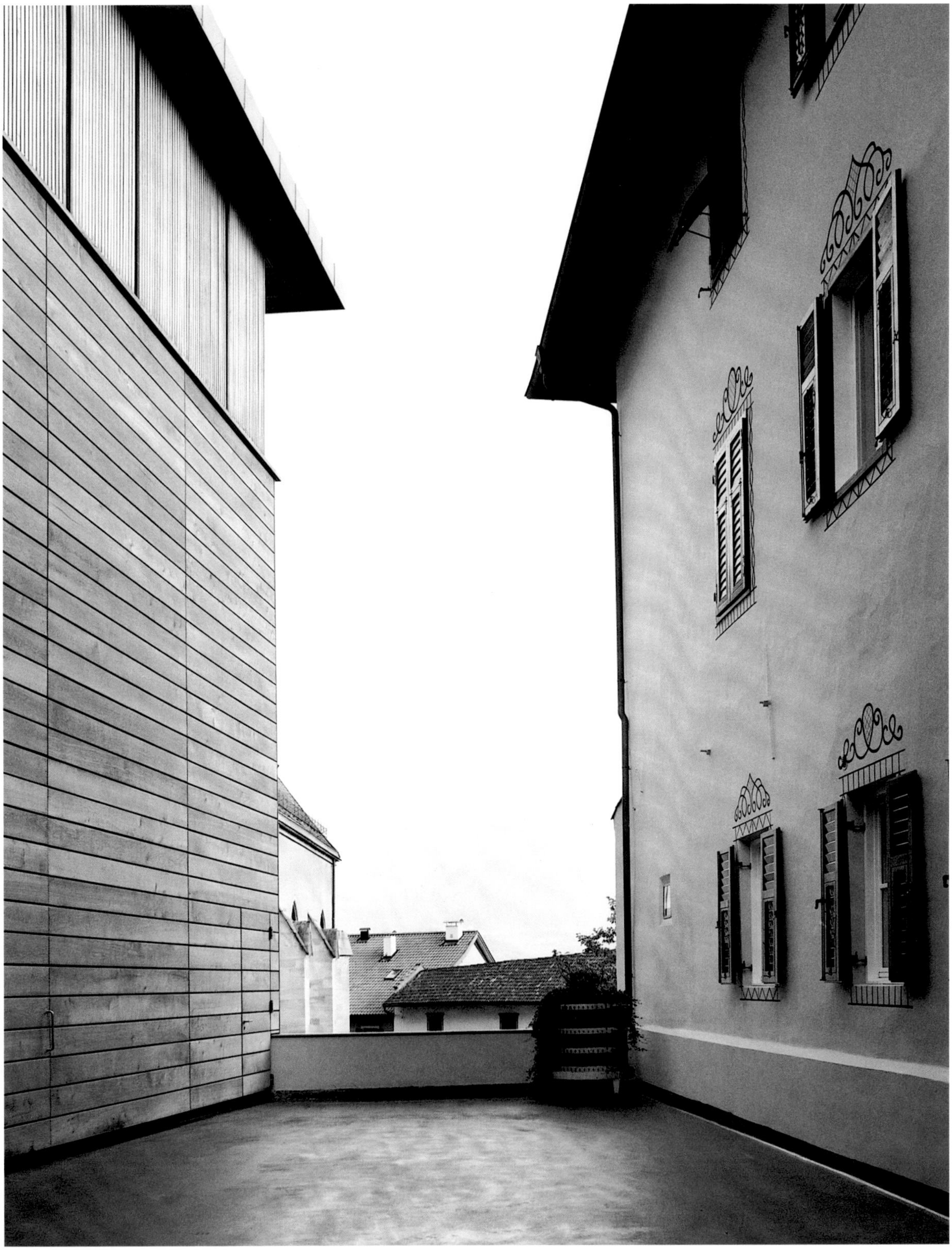

Poiché tutte le proposte presentate erano state respinte dalla commissione edilizia competente, il committente decise di bandire una sorta di concorso a inviti per il ridisegno della facciata dell'edificio. I vincitori della competizione, tuttavia, non si sono limitati a riformare il fronte, ma hanno cercato di armonizzare le esigenze funzionali della cantina vinicola con le caratteristiche specifiche del luogo, con i vincoli di carattere finanziario e, non da ultimo, con gli aspetti relativi all'inserimento del progetto nell´insieme urbano. I processi che portano alla definizione di un problema architettonico e alla sua risoluzione sono identici: perciò è estremamente importante affrontarne l'analisi in maniera accurata, poiché qualsiasi tentativo di descrivere un problema architettonico indica già il percorso per arrivare al suo superamento.

La situazione urbanistica del contesto era fortemente condizionata da un edificio preesistente; inoltre era necessario attenersi ai valori massimi di superficie edificabile indicati e non superare la distanza minima prescritta dal campanile adiacente: il rischio di elevare un edificio a torre nelle immediate vicinanze di un campanile viene affrontato con piena consapevolezza. I presupposti fondamentali dell'intervento sono l'adeguamento puntuale alle linee di gronda degli edifici contigui e il cambiamento intenzionale dei materiali locali (pietra grezza e intonaco), sostituiti da un rivestimento di facciata in legno di quercia.

Il sottotetto vetrato, che ospita sia funzioni residenziali sia altri ambienti riservati alla degustazione e che offre una vista piacevole sul paese e sui vigneti circostanti, rappresenta un necessario contrappeso alla compattezza del resto dell'edificio. Il lucernari centrale conferisce inoltre a questo interno un carattere particolare. Il ricorso a un sistema di condizionamento semplice e collaudato e una composizione appropriata dei materiali fanno di questa cantina vinicola tutta fuori terra un edificio particolarmente attento al tema del risparmio energetico.

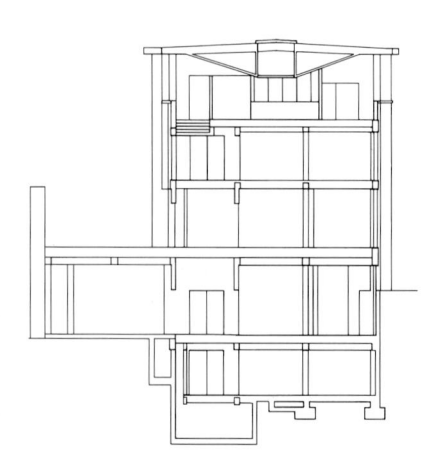

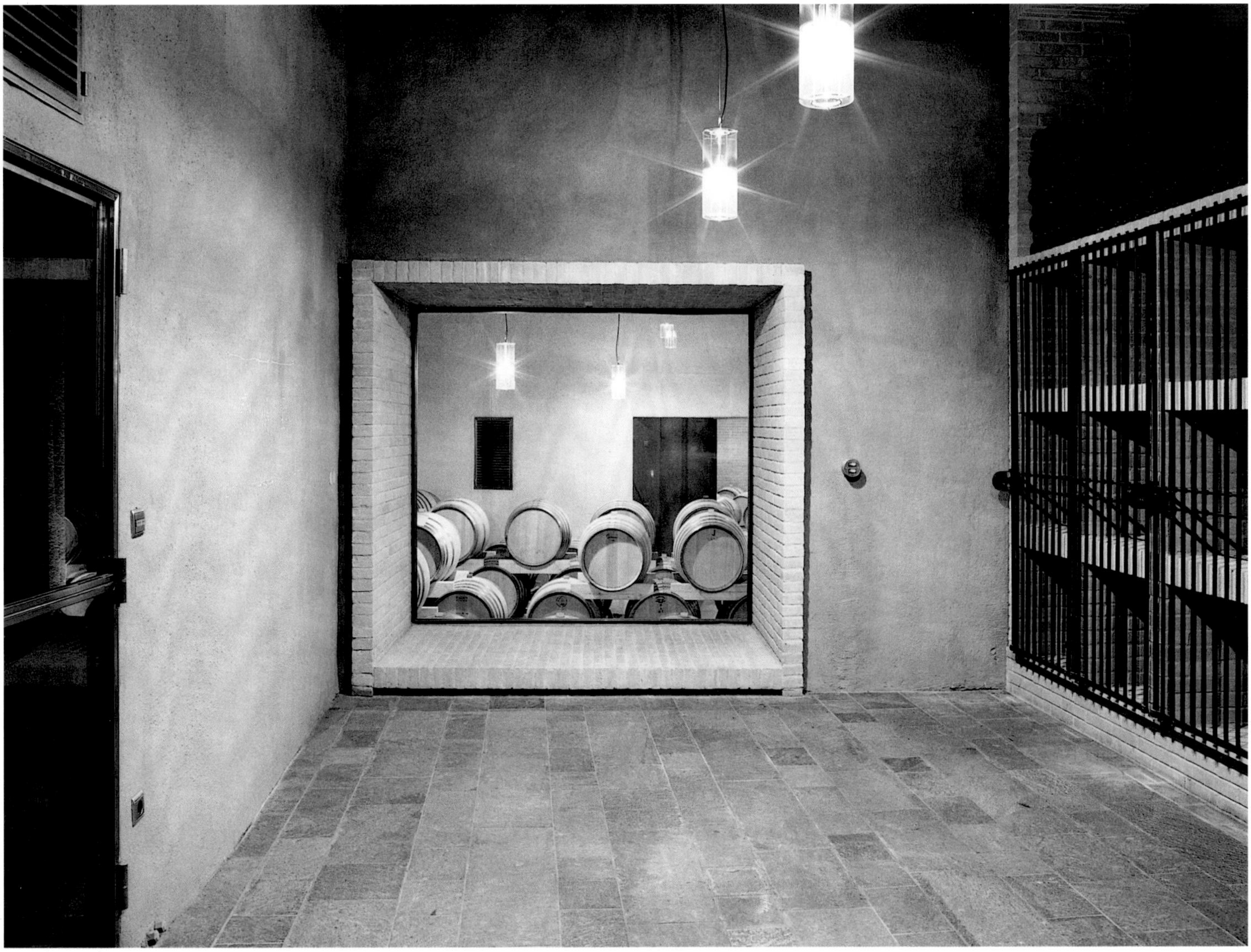

Valentin Bearth & Andrea Deplazes

Schule in Vella, Graubünden, Schweiz
1994-97

Scuola a Vella, Grigioni, Svizzera
1994-97

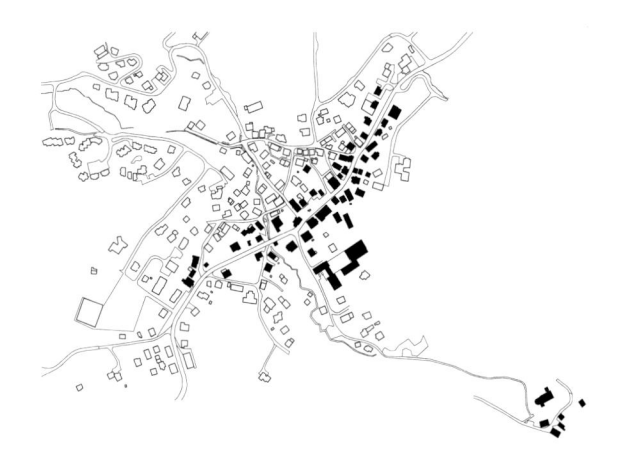

Nel suo insieme la scuola costituisce un piccolo campus, organizzato attorno a un centro sportivo all'aperto. La densità e la disposizione dei suoi tre edifici si accordano bene con il tessuto del paese di Vella, che segue una logica – potremmo dire – a ordine sparso. I due edifici esistenti sono stati ristrutturati; passando tra essi si accede al campo sportivo all'aperto, che a sua volta conduce al nuovo corpo. Questo è sì un solo edificio, ma è sostanzialmente composto da due volumi distinti, raccordati al centro dal corpo basso dell'ingresso.
Il primo volume, dalla pianta rettangolare con testate cieche, contiene una palestra, internamente rivestita in legno, con una bella copertura caratterizzata da travi sagomate. Il secondo volume, dalle proporzioni più verticali, ha tre piani ciascuno con tre aule; il corridoio di distribuzione si affaccia verso il campo sportivo, mentre le aule, ciascuna con due grandi finestre rettangolari che hanno un profondo sguincio su un lato, si affacciano verso il fondovalle. I soffitti sono composti da una fitta trama di travetti in calcetruzzo, che riprendono la texture del legno, ma che offrono una diversa sensazione di ordine. Le finestre del corridoio hanno i telai di legno che scendono fin sotto il vetro, formano uno schienale e si piegano diventando una panca; un'idea minimalista ben riuscita. La scala aperta tra i piani consente di vedere dal pianerottolo sia verso il piano superiore che quello inferiore, traguardando così diversi orizzonti.

I due volumi hanno tetti a falde non sporgenti, e da una certa distanza non sembrano raccordati tra di loro. Le dimensioni sono le stesse degli altri edifici del paese, residenziali e non, vecchi e non; questo lo si vede dai prati che li circondano. Bearth & Deplazes hanno lavorato con due obiettivi centrandoli entrambi: da un lato alla ricerca del giusto grado di permeabilità e di chiusura rispetto al contesto, dall'altro cercando di non gettare cattiva luce su quanto si trova intorno.

Insgesamt besteht der Schulhauskomplex aus einem kleinen Campus, der um einen Sportplatz im Freien angeordnet ist. Die Dichte und Gliederung seiner drei Gebäude steht im Einklang mit der baulichen Struktur des kleinen Dorfes Vella, die einem Thema – man könnte sagen der losen Aneinanderreihung – folgt. Es existierten bereits zwei frühere Bauten, die neu strukturiert wurden. Geht man zwischen ihnen durch, gelangt man auf den Sportplatz im Freien, der seinerseits zum neuen Gebäude führt. Dieses besteht aus einem einzigen Bau, der aber im wesentlichen zwei unterschiedliche Volumen enthält, die in der Mitte durch den unteren Teil des Eingangstrakts zusammengehalten werden. Das erste Volumen, über rechteckigem Grundriß und mit zwei fensterlosen Stirnseiten, umfaßt eine Turnhalle, die von innen mit Holz ausgekleidet ist, mit einem schönen Dach auf speziell geformten Trägern. Das zweite Volumen von eher vertikalen Proportionen hingegen besteht aus drei Geschossen mit je drei Klassenzimmern.

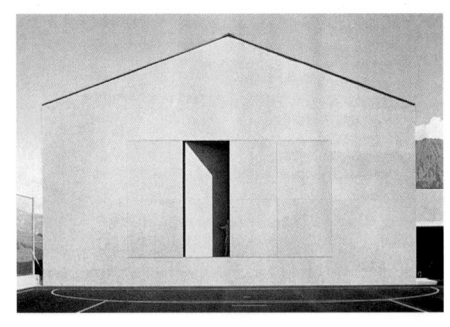

Der Zugangskorridor geht auf den Sportplatz, während die Klassenzimmer mit je zwei großen, rechteckigen Fenstern, die auf der einen Seite eine tiefe, abgeschrägte Innenlaibung haben, auf das Talende blicken. Die Decken bestehen aus einer dichten Reihe von Betonträgern, die die Textur des Holzes aufnehmen, aber einen anderen Eindruck von Ordnung vermitteln. Die Fenster im Korridor haben Holzrahmen, die unter das Glas hinunterführen, eine Art Rückenlehne bilden und dann die Gestalt einer Bank annehmen: eine minimalistische, gelungene Idee. Die offene Treppe zwischen den Geschossen erlaubt, vom kleinen Treppenabsatz aus sowohl in das obere, als auch ins untere Geschoß zu blicken, so daß verschiedene Horizontebenen anvisiert werden können.

Die beiden Gebäudevolumen haben Satteldächer, die nicht überhängen und die aus einer gewissen Distanz wie nicht miteinander verbunden erscheinen. Ihre Proportionen sind die gleichen wie die der übrigen Gebäude im Dorf, ob nun Wohnhaus, Alt- oder Neubau. Man sieht es von den umliegenden Wiesen aus. Bearth & Deplazes haben anscheinend mit zwei Vorstellungen gearbeitet: auf der einen Seite mit dem Ziel, beim Bau den richtigen Grad von Durchlässigkeit, beziehungsweise Geschlossenheit im Verhältnis zum architektonischen Kontext zu finden; und auf der anderen, mit der Idee, die bereits vorhandene Umgebung aufzubieten. Und es ist ihnen tatsächlich gelungen, beiden Anforderungen gerecht zu werden.

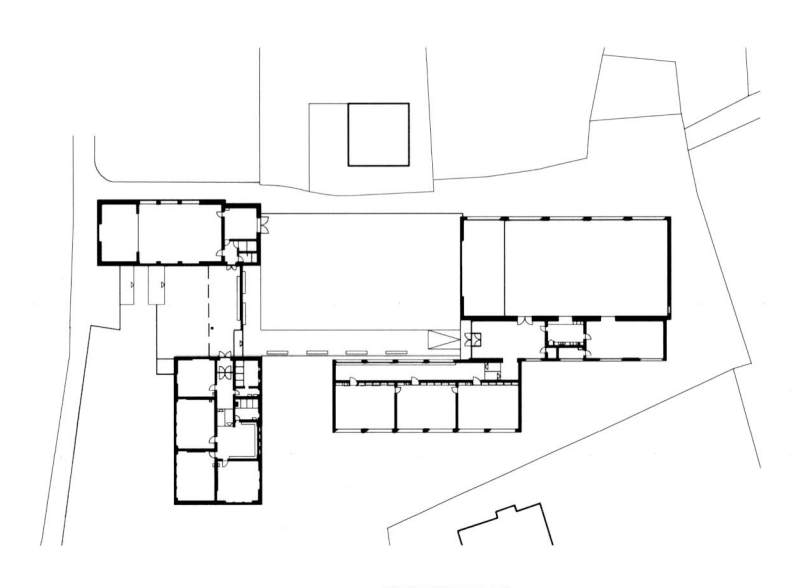

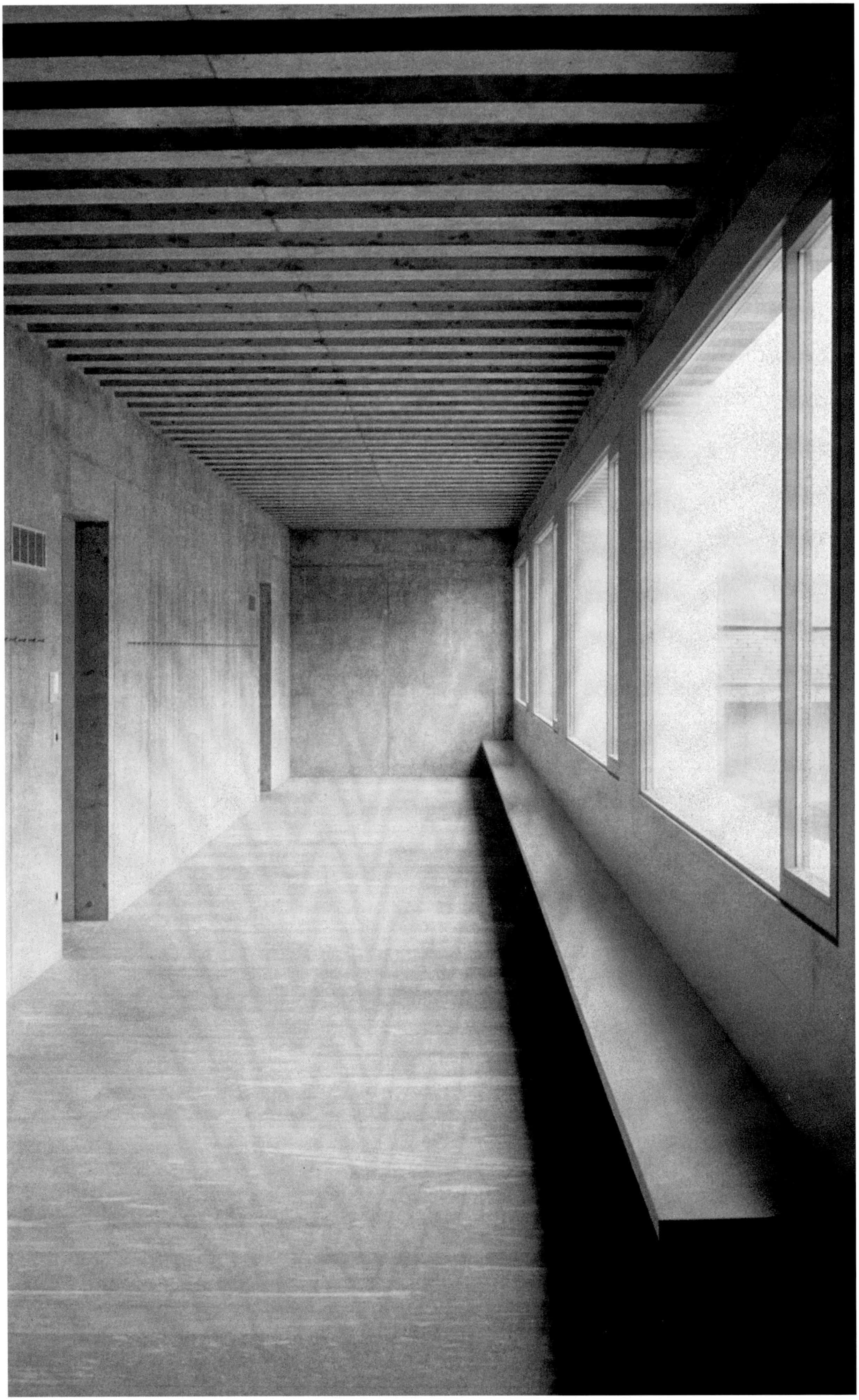

Raffaele Cavadini

Friedhofserweiterung Iragna, Val Riviera, Tessin, Schweiz 1994-95

Ampliamento del cimitero di Iragna, Val Riviera, Ticino, Svizzera 1994-95

1991 schrieb die Gemeinde von Iragna im Val Riviera einen öffentlichen Wettbewerb für die Realisierung neuer Infrastrukturen aus, unter anderen für den neuen Sitz des Rathauses und eines Mehrzwecksaales sowie für die Instandsetzung der alten Schulgebäude; die Ausschreibung erbat auch Vorschläge für die städtebauliche Verbesserung der wichtigsten Ortsteile. Der Architekt Cavadini siegte im Wettbewerb und befaßte sich sodann eingehender mit der städtebaulichen Analyse von Iragna, um dann die Gemeinde davon zu überzeugen, dem Ort einen dritten Platz gegenüber dem neuen Rathaus zu geben und die architektonische Identität der zwei schon existierenden Plätze zu stärken.

Während der Durchführung des Projektes bat die Gemeinde auch um den Umbau einer in den fünfziger Jahren errichteten Kapelle des Friedhofes in eine Totenkammer. Daraufhin schlug Cavadini vor, die urbane Struktur von Iragna zu „ergänzen" und den Friedhof durch die Einbeziehung einer langen und schmalen Parzelle im nördlichen Teil der Ortschaft zu erweitern. Die neue Totenkammer befindet sich im unteren Teil dieser Erweiterung und grenzt dort an die Verlängerung der Mauer, wo man abbiegt, um über eine steile Treppe zum Friedhof zu gelangen. Zwischen dem kompakten und herausragenden Volumen der Totenkammer und der Mauer wurde ein kleiner Hof ausgespart: tief wie die Totenkammer, mit wenigen Sträuchern bepflanzt und auf Augenhöhe ummauert. So entsteht im Hof mit seinem Ausblick über die Mauer auf die steilen Granitberge oberhalb von Osogna eine Landschaft für den inneren Abschied der versammelten Freunde und Verwandten. Vom landschaftlichen Standpunkt aus gesehen, befindet sich Val Riviera nur an der Schwelle der alpinen Welt; dennoch verdient die Friedhofserweiterung die Aufnahme zu den Beispielen der „neuen alpinen Architektur", weil zahlreiche

architektonische Maßnahmen geschickt die alpinen Bezugspunkte des Ortes unterstreichen: der Friedhof an den Hängen der Berge von Iragna, ansteigend wie so viele Bergfriedhöfe; die Friedhofsmauer aus lokalem Gestein in gebrochenen Stücken, die fast ohne Bindemittel zusammengefügt wurde und, massiv und geschlossen, den rustikalen und alpinen Charakter unterstreicht; der Stein ist jener der Kirchen, der Ställe, der Trockenmauern, der aus dem Boden ragenden Felsen, der Bergspitzen, welche die schattige Landschaft der Val Riviera beherrschen und einbinden, die im Gegensatz steht zur offenen und sonnigen, aus Höfen, Tonziegeln und Putzbauten bestehenden Landschaft des sprichwörtlichen Tessin. Die Totenkammer, aus der, dank einer geschickten Komposition der Öffnungen, nur die steinigen Ketten zu sehen sind, nur die Sicht entfernter Berge und des Himmels, ist eine pathetische und eine kluge Wahl für eine Ortschaft, die mit dem Markenzeichen des „Alpinen" ihre touristische Adelung sucht.

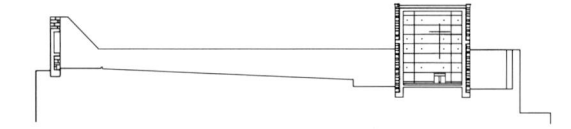

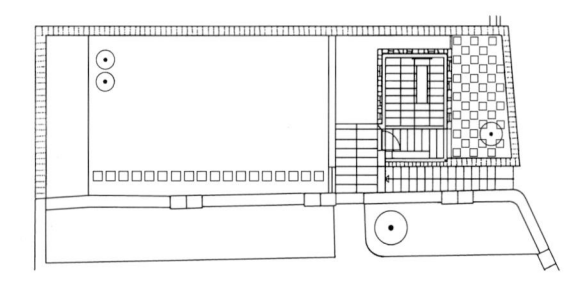

Nel 1991 il Comune di Iragna in Val Riviera, nel Canton Ticino, bandiva un concorso pubblico per la realizzazione di nuove infrastrutture quali la nuova sede del Municipio, una sala polivalente e la ristrutturazione delle vecchie scuole; il bando sollecitava anche delle proposte di riassetto urbano per le parti costitutive del paese. Uscito vincitore dal concorso e approfondita la lettura urbana di Iragna, l'architetto Cavadini ha convinto le autorità comunali a dare una terza piazza al paese di fronte al nuovo palazzo comunale e a consolidare l'identità architettonica delle due piazze esistenti. In fase di progettazione le autorità comunali chiedevano la trasformazione in camera mortuaria di una cappelletta costruita all'interno del cimitero negli anni Cinquanta. Particolarmente attento all'impianto urbanistico di Iragna, l'architetto propone di ampliare il cimitero, occupando una parcella lunga e stretta a nord del paese; la nuova camera mortuaria occupa la parte bassa dell'ampliamento e si appoggia al prolungamento del muro di cinta dove si ripiega per accompagnare la ripida scala dal paese al cimitero. Tra il volume compatto ed emergente della camera mortuaria e il muro di cinta è stata lasciata una piccola corte, profonda quanto la camera, con solo qualche arbusto e tutta chiusa fino ad altezza d'uomo. Questa corte e la vista al di là e al di sopra del muro di recinzione delle montagne scoscese e granitiche sopra Osogna sono il paesaggio offerto alla pacificazione degli animi di amici e congiunti raccolti nella camera mortuaria.

Dal punto di vista paesaggistico, la Val Riviera sta appena alle soglie della catena alpina e tuttavia il cimitero di Iragna merita una segnalazione nell'ambito della "nuova architettura alpina" per una serie di scelte architettoniche che insistono abilmente sulle connotazioni montane del luogo: il cimitero sulle pendici dei monti di Iragna, in salita come tanti cimiteri montani; il muro di cinta in blocchi di pietra locale a spacco murati quasi senza legante, chiuso e massiccio, accentua il carattere rustico e montano: la pietra è quella della chiesa, delle stalle, delle recinzioni a secco, delle rocce affioranti, delle cime che sovrastano e rinserrano il paesaggio duro e ombreggiato della Val Riviera, che non è più quello solare, aperto, di corti, coppi e intonaci del Canton Ticino meridionale. La camera mortuaria da cui si coglie, grazie alla composizione attenta delle aperture, soltanto la veduta di catene rocciose, di monti lontani e del cielo è una scelta ricca di pathos e intelligente per una località che cerca nella connotazione alpina i propri quarti di nobiltà turistica.

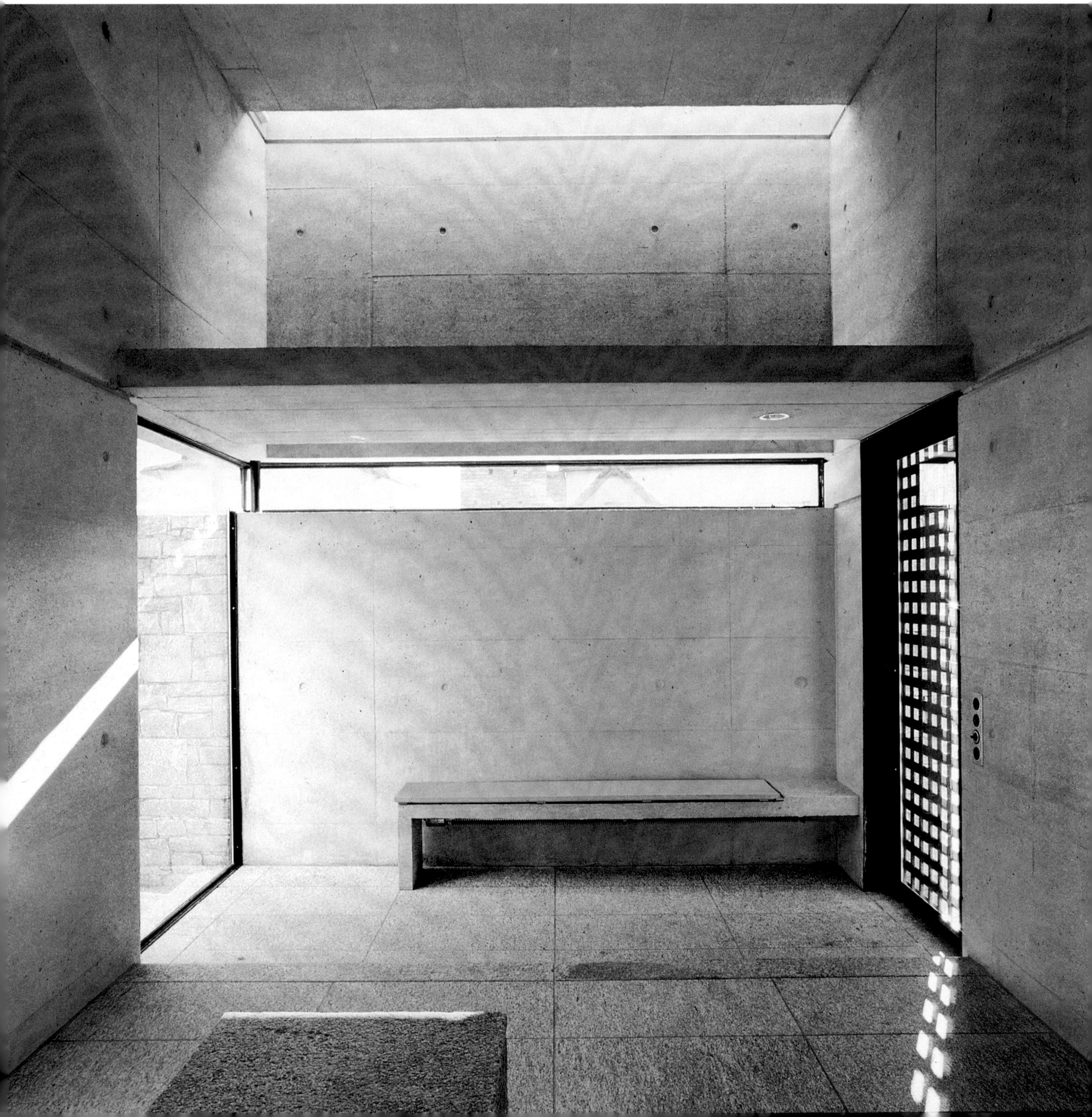

Arnold Gapp & Leo Gurschler, Christoph Vinatzer

Verbandssitz in Latsch, Südtirol, Italien 1995-97

Sede sociale a Laces, Alto Adige, Italia 1995-97

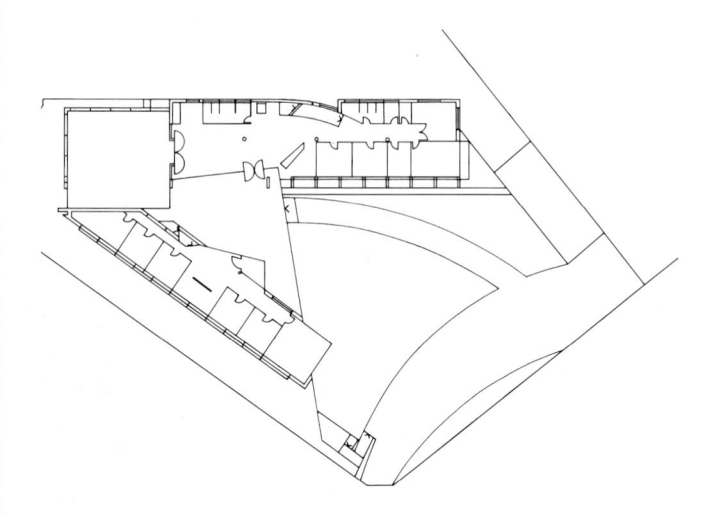

Es beeindruckt, daß sich eine bäuerliche Genossenschaft ein Programm gibt, wie das in diesem Gebäude verwirklichte. Nun, es ist nicht irgendeine Genossenschaft, sondern es sind die Produzenten von Obst und Gemüse, die sich mit den Funktionen und dem Erscheinungsbild dieses Bauwerks selbstbewußt in Szene setzen – wohl wissend, welche Rolle Obst und Gemüse spielen, neben dem Wein die wichtigsten Erzeugnisse Südtirols.

Situiert ist das Gebäude auf einem schwierigen zwickelförmigen Grundstück. Geschickt bilden zwei Baukörper eine V-förmige, leicht angehobene Eingangssituation. Dies ermöglicht überdies durch Ausnutzung des Gefälles ebenerdige Garagen im tiefer gelegenen Teil des Gebäudes. Die zwei unterschiedlich proportionierten Bauteile enthalten Beratungsbüros und eine Dienstwohnung beziehungsweise die Verwaltung mit großzügiger Eingangshalle, die gleichzeitig als Ausstellungsraum dient, sowie den am Kopfende des Hauptbaukörpers liegenden Versammlungsraum. Über dem ganzen schwebt ein hölzernes Dach – allerdings mit einem stählernen „Rückgrat" – das den Blick aus den Schulungsräumen über Obst- und Weingärten auf die Berge freigibt. Ein beachtenswertes Verwaltungsgebäude mit vielen Nutzungsmöglichkeiten. Besonders erwähnenswert ist die Verwirklichung einer Klimafassade: konstruktiver Sonnenschutz, Brüstungen mit transparenter Wärmedämmung, Oberlichte mit Lichtumlenkgläsern, Möglichkeit der Querlüftung. Alles Merkmale und Maßnahmen, um Energie zu sparen.

Schließlich sei ein weiteres Zusammenspiel erwähnt – das zwischen Material und Farbe. Die Beschränkung auf drei Materialien – verputztes Mauerwerk, Holz und unbehandelter Stahl – wird durch ein geschickt eingesetztes Farbkonzept von Manfred Alois Mayr ergänzt. Das Blau der traditionellen Schürze der Bauern, das „Schurzblau" war Grundlage für das Farbkonzept und ist auch Zeichen und Ausdruck ästhetischer Qualität.

Farbkonzept/Consulenza artistica Manfred Alois Mayr

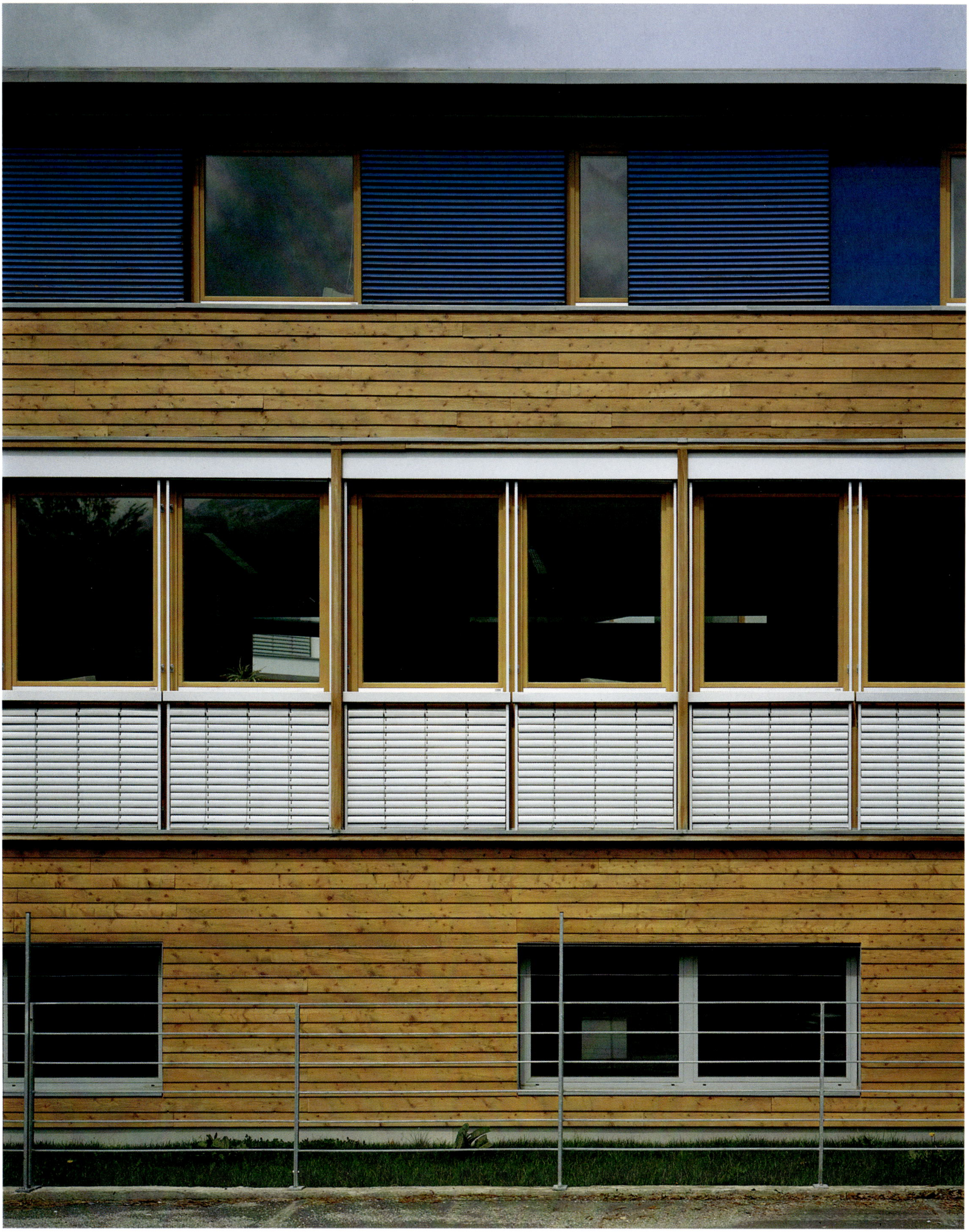

Il fatto che un consorzio di agricoltori elabori un programma complesso come quello realizzato in questo edificio non può lasciare indifferenti; d'altra parte non si tratta di un consorzio qualsiasi ma dell'associazione dei coltivatori di frutta e verdura della Val Venosta, che attribuisce all'immagine complessiva e alle funzioni ospitate nella propria sede un ruolo rappresentativo ben conoscendo l'importanza fondamentale che i suoi prodotti assumono, insieme al vino, nell'economia altoatesina.

L'edificio è situato su un lotto a forma di cuneo, di non facile edificazione. Le due ali dell'edificio sono sapientemente disposte a forma di V in maniera da formare una zona d'ingresso leggermente sopraelevata e da ricavare, sfruttando il salto di quota, un parcheggio coperto nella parte più interna del sito. I due volumi dello edificio, di proporzioni diverse, ospitano il primo gli uffici del consiglio direttivo e l'abitazione del custode e il secondo l'amministrazione, raggiungibile da un ampio atrio d'ingresso che funge anche da sala espositiva, e una sala riunioni collocata in corrispondenza della testata. Sull'intero edificio è poggiata una copertura in legno, sorretta da un'armatura in acciaio, che ospita gli ambienti destinati alla formazione e da cui la vista spazia sui frutteti e sui vigneti disseminati tra i pendii circostanti. Si tratta, nel complesso, di un edificio amministrativo dalla notevole versatilità funzionale. Particolarmente degni di nota sono alcuni accorgimenti interamente finalizzati al risparmio energetico: dalla facciata climatizzata ai frangisole con funzione strutturale, dai pannelli isolanti trasparenti dei parapetti ai lucernari provvisti di vetrate a orientamento variabile fino al sistema di aerazione trasversale.

Non va dimenticato infine un altro fattore di armonia all'interno dell'edificio: il perfetto accordo tra i materiali e i colori. La limitazione dei materiali impiegati alla semplice muratura intonacata, al legno e all'acciaio inossidabile non trattato è controbilanciata infatti da un piano dei colori accuratamente studiato dall'artista Manfred Alois Mayr, basato sul blu del grembiule tradizionale dei contadini che diviene segno ed espressione della qualità estetica del progetto.

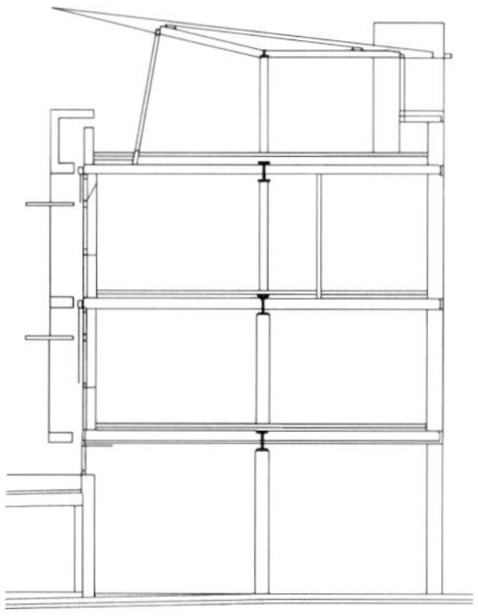

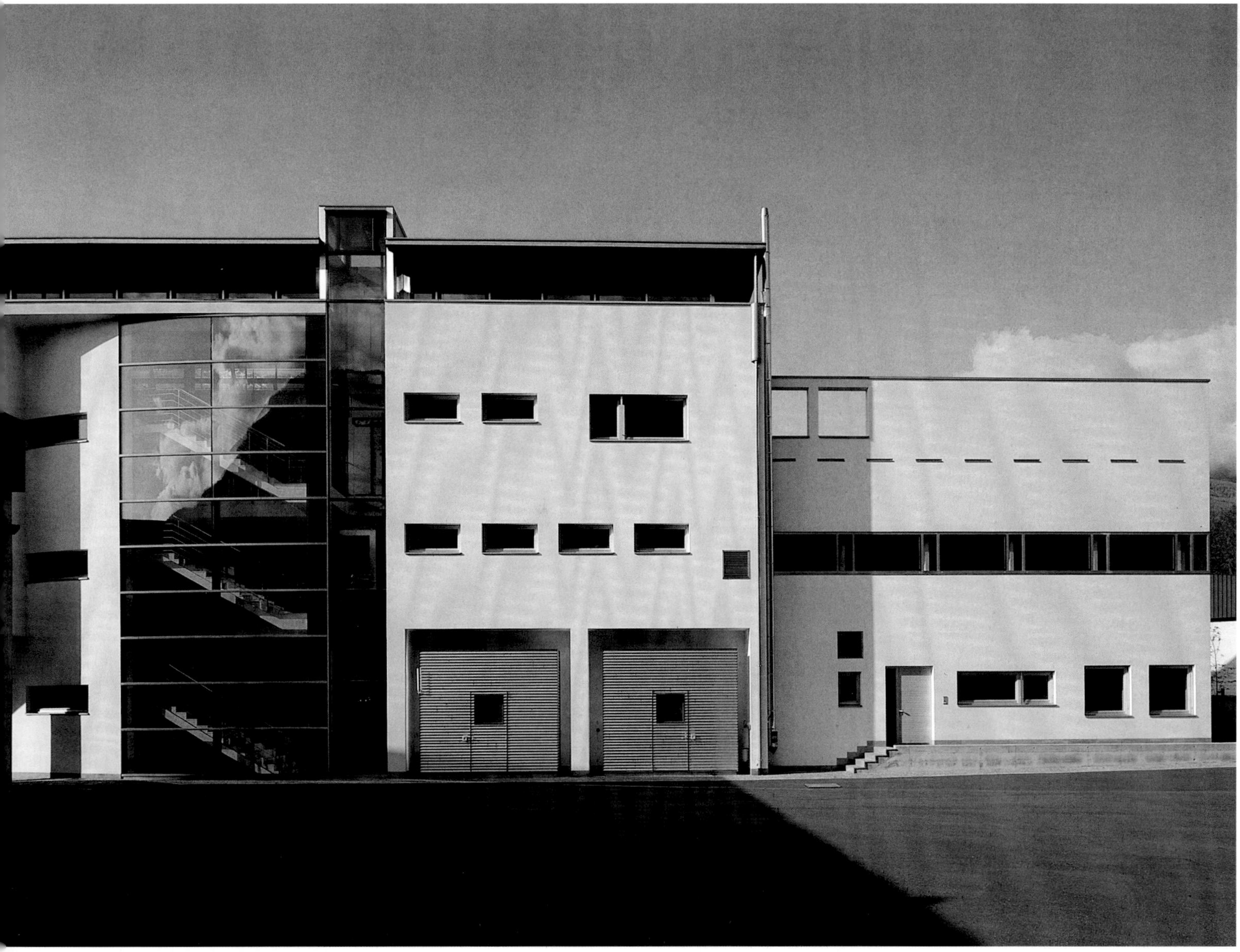

Erich Gutmorgeth & Helmut Seelos

Kindergarten in Kematen, Tirol,
Österreich 1996

Asilo a Kematen, Tirolo,
Austria 1996

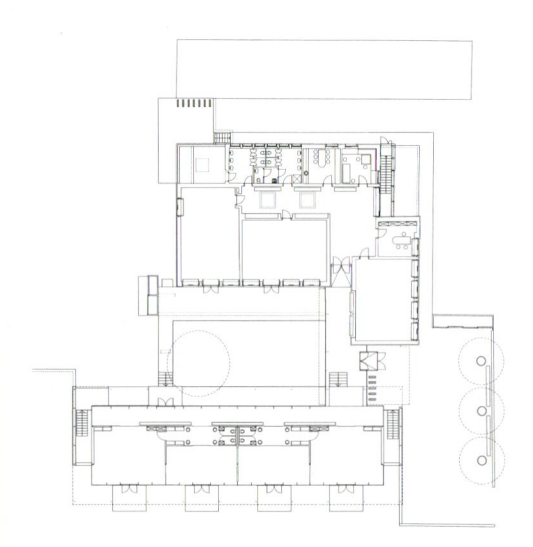

Ammesso che concetti ormai abusati come trasparenza, leggerezza e apertura abbiano ancora qualche valore, essi si adattano perfettamente a descrivere questo asilo a Kematen. La struttura quasi di filigrana e la volumetria dematerializzata dell'edificio, caratterizzato da una permeabilità differenziata e stratificata, vengono definiti dall'andamento della copertura, al di sotto della quale lo spazio esterno penetra nello spazio interno con differente intensità e, viceversa, quest'ultimo si apre quasi per tentativi verso l'esterno e in direzione del paesaggio. Per caso, o forse intenzionalmente, la vicina galleria della ferrovia per Mittenwald riprende gli allineamenti dell'architettura e ne sottolinea la solidità artificiale, che si contrappone ai rilievi montuosi sullo sfondo. Architettura e paesaggio sono dunque in opposizione, non soltanto realmente ma anche dal punto di vista percettivo.

Wenn strapazierte Begriffe wie Transparenz, Leichtigkeit und Offenheit noch sinnvoll angewendet werden können, dann beim Kindergarten in Kematen. Die filigrane Struktur und das entmaterialisierte Volumen des Bauwerks mit einer unterschiedlichen, schichtenartigen Durchlässigkeit wird durch die Dachkante bestimmt, unter die der Außenraum verschieden tief eindringt und umgekehrt, es wendet sich der Innenraum ebenso tastend zum Außenraum und schließlich zur Landschaft. Die Galerie der Mittenwaldbahn, ob Zufall oder nicht, wiederholt die artifizielle Reihung und signalisiert die gleiche künstliche Beständigkeit, die Architektur der wilden Bergkulisse entgegensetzt. Architektur und Landschaft als Gegensätze, nicht nur faktisch, sondern auch als Wahrnehmung.

Leopold Kaufmann

Golmerbahn, Montafon, Vorarlberg, Österreich 1995

Telecabina Golmerbahn, Montafon, Vorarlberg, Austria 1995

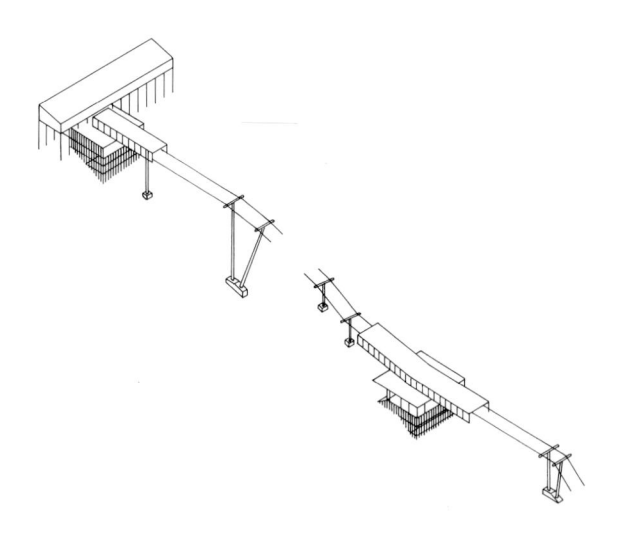

Die Golmerbahn mit den vier Stationen – zwei Umbauten bestehender Stationen und eine neue Tal- und Zwischenstation –, verbunden durch die neue Einseilumlaufbahn mit 8-Personenkabinen, setzt auf die Integration von Kunst und Architektur, genauer gesagt: von Malerei und Architektur. Die Primärfarben Gelb für die Dachuntersichten sowie Rot und Blau für die seitlichen Flächen der Holzbalken prägen die Talstation, während Schwarz/Weiß- bzw. Grautöne bei der Bergstation dominieren. Orange und eine violette Decke sind die wesentlichen Farben der unteren Zwischenstation, während die obere durch ein Wechselspiel von Gelb, Blau, Grün und Rot der Dachuntersichten beziehungsweise Balken an die Farben des Lichtspektrums erinnert und zum Farberlebnis wird.

Die letztgenannte Station ist wohl die interessanteste. Ein eng gesetzter und auch horizontal vernetzter Stützenwald aus sehr schlanken Elementen bildet das Traggerüst der Station. Das so entstandene Raumgitter erscheint je nach Standort des Betrachters offen oder aber geschlossen. In den oberen Bereichen wird diese Struktur mit Glas umhüllt und erhält darüber als „krönenden" Abschluß die auf Y-Stützen aufgesetzte, weit auskragende Gondelebene. Sie bildet das Rückgrat dieses Gebäudes und verleiht ihm eine ins Auge springende Dynamik. Dadurch wird es zu einem Verkehrsbauwerk mit Gestaltqualität. Wohltuend einfach sind die Details. Nicht unerwähnt soll bleiben, daß die neue Gondelbahn als Ersatz älterer, kleinerer Bahnen geplant und gebaut wurde. Teile der bestehenden Infrastruktur wurden wiederverwendet. Die alte Doppelsesselbahn und die Seilbahnwagen wurden an anderen Orten einer neuen Nutzung zugeführt. Eine ressourcenschonende vorbildhafte Vorgehensweise für eine bessere touristische Infrastruktur.

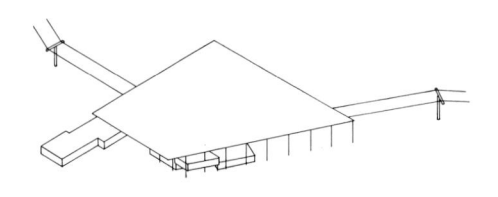

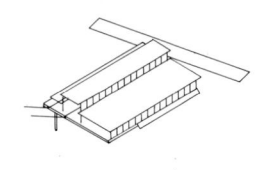

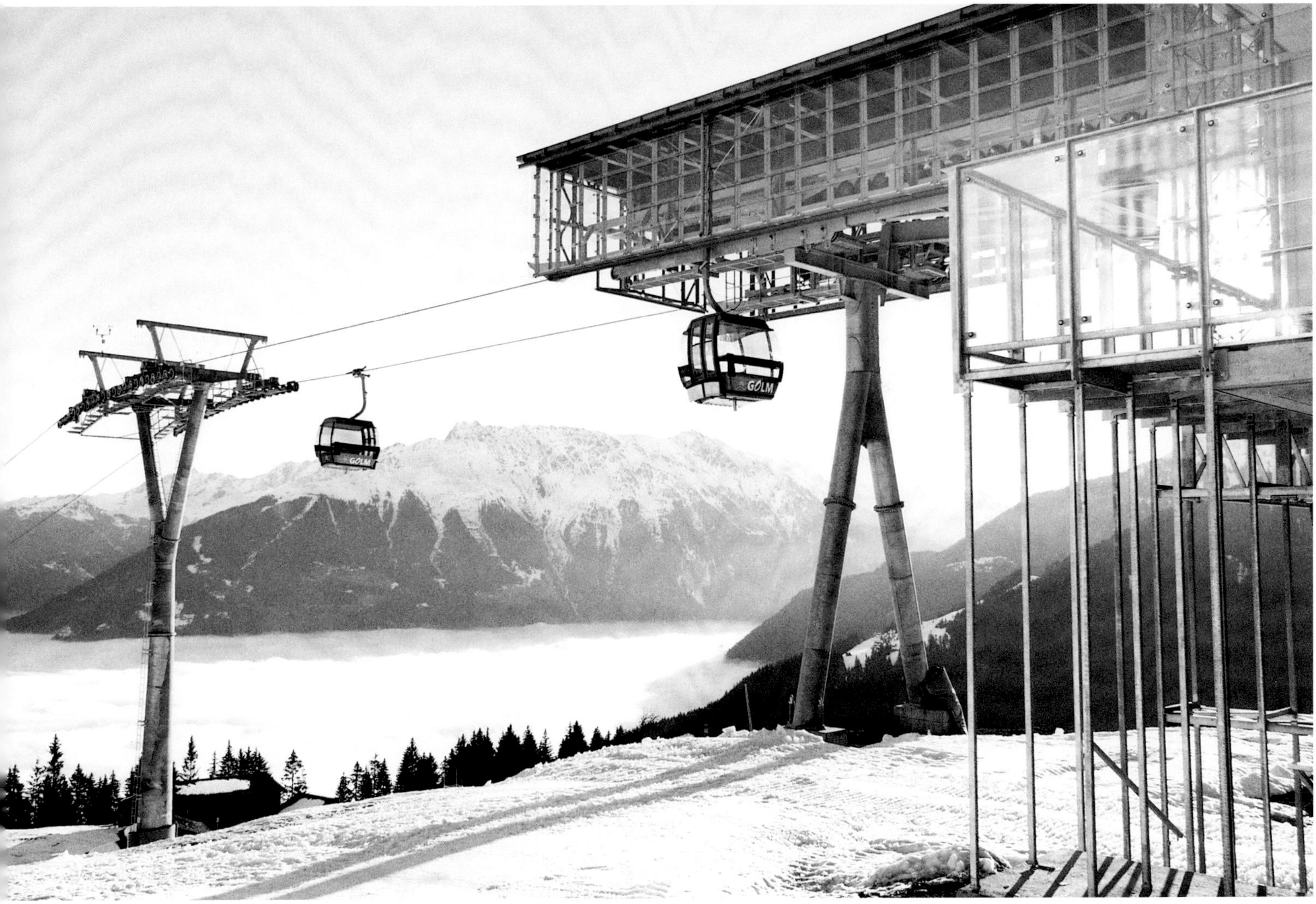
GOLM
GOLM

La telecabina Golmerbahn con le sue quattro stazioni – due restaurate e due di nuova costruzione, una a valle e una intermedia – è costituita da un nuovo impianto a fune unica che sorregge vetture da 8 persone e rappresenta un episodio riuscito di integrazione tra arte e architettura, o ancora meglio tra pittura e architettura. L'impiego dei colori primari, giallo per la superficie inferiore della copertura, rosso e blu per i fianchi delle travi a sbalzo, caratterizza infatti la stazione a valle dell'impianto, mentre in quella a monte predominano il bianco e il nero abbinati a varie tonalità di grigio. L'arancio e un soffitto di colore violetto sono i colori dominanti della stazione intermedia inferiore, mentre quella intermedia superiore presenta, nell'intradosso della copertura e nelle travi, un'alternanza di giallo, blu, verde e rosso che si ispira ai colori dello spettro luminoso e diviene fonte di intense esperienze cromatiche.

Quest'ultima è anche la stazione certamente più interessante. La struttura portante dell'edificio è formata da una foresta di pilastri sottili, ravvicinati e collegati da una maglia orizzontale: il reticolo spaziale che ne deriva risulta aperto o chiuso a seconda della posizione dell'osservatore. Ai livelli superiori, invece, la struttura è rivestita di vetro, mentre all'ultimo piano è collocata come una sorta di coronamento la piattaforma di arrivo delle cabine, fortemente aggettante e sorretta da pilastri a Y. Quest'ultima struttura costituisce l'ossatura dell'edificio, a cui conferisce un dinamismo immediatamente percepibile e un grande pregio formale. Anche i particolari delle stazioni sono piacevolmente semplici. Non va dimenticato inoltre che la nuova cabinovia è stata progettata e realizzata in sostituzione di impianti più vecchi e di portata inferiore, alcune parti dei quali sono state in seguito riutilizzate. La vecchia seggiovia biposto e le vetture della funivia preesistente, infatti, sono state trasportate in altre località e reimpiegate all'interno di un processo esemplare di valorizzazione delle risorse finalizzato al continuo miglioramento delle infrastrutture turistiche.

173

Daniele Marques & Bruno Zurkirchen

Umbau eines Stadels in
Bergün, Graubünden, Schweiz 1994-96

Ristrutturazione di una rimessa
a Bergün, Grigioni, Svizzera 1994-96

Bergün è una bella borgata engadinese che ha conquistato il cuore dei turisti con le grandi dimore dalle caratteristiche aperture strombate, dalle facciate colorate fantasiosamente e a graffiti; dimore serrate le une alle altre a formare piazze e vicoli pittoreschi, nel bel mezzo di un paesaggio alpestre da cartolina. Si capisce perché non c'è casa, stalla o rimessa che non venga messa a nuovo e trasformata in residenza secondaria. Queste trasformazioni, anche quando rispettano le cosiddette preesistenze ambientali e tanto più se prevale l'intervento mimetico, finiscono per "naturalizzare" e "ruralizzare" cose e fatti che naturali non sono, perché di fatto trasformano profondamente il contesto sociale, culturale e la stessa "identità d'immagine" del luogo.

È probabilmente un senso di disagio – peraltro diffuso – nei confronti di questa evoluzione che ha suggerito all'architetto Marques la soluzione finalmente adottata e costruita per la trasformazione di una rimessa in casa bifamiliare, dopo che un primo progetto aveva scelto la via "normale", consistente nell'impacchettamento della costruzione originaria in un elegante involucro di legno, che risolveva egregiamente anche i problemi tecnici. La via del progetto realizzato è invece quella della totale estraneità, del compromesso di grado zero fra il nuovo e l'esistente e dell'infiltrazione in quest'ultimo, come fa il paguro eremita con la conchiglia vuota, di una struttura a pilastri e muri massicci e di una capriata imponente; la rimessa è stata lasciata più o meno nello stato d'origine e aperta, com'era quando accoglieva macchine agricole e trattori. Il nuovo si "riduce" a una scatola perfettamente parallelepipeda, dall'apparenza liscia e leggera, rivestita elegantemente di perline verticali in legno d'acero che, idealmente almeno, è infilata fra solidi pilastri. Forse per un eccesso di zelo pedagogico, il "contenitore" smargina su un lato, serrando il viottolo. Fra il vecchio e il nuovo si è lasciato del gioco, probabilmente per agevolare il montaggio e certamente per dare forza espressiva al partito scelto; dove gli interstizi si allargano a causa dell'andamento sghembo del perimetro della rimessa, sono stati occupati da minuscole terrazze. E le aperture? Capitano dove capitano. Questa ristrutturazione a Bergün è una proposta radicale e allo stesso tempo estremamente rispettosa dell'edificio preesistente e del contesto urbano; potrebbe pertanto invitare alla ripetizione. Ma qui la riuscita deve molto alla giusta intuizione, che la scala ridotta del contenitore abitativo avrebbe conferito dignità di monumento a quel che fino ad allora non era altro che un accidentale effetto di fuori scala imposto dall'uso come rimessa.

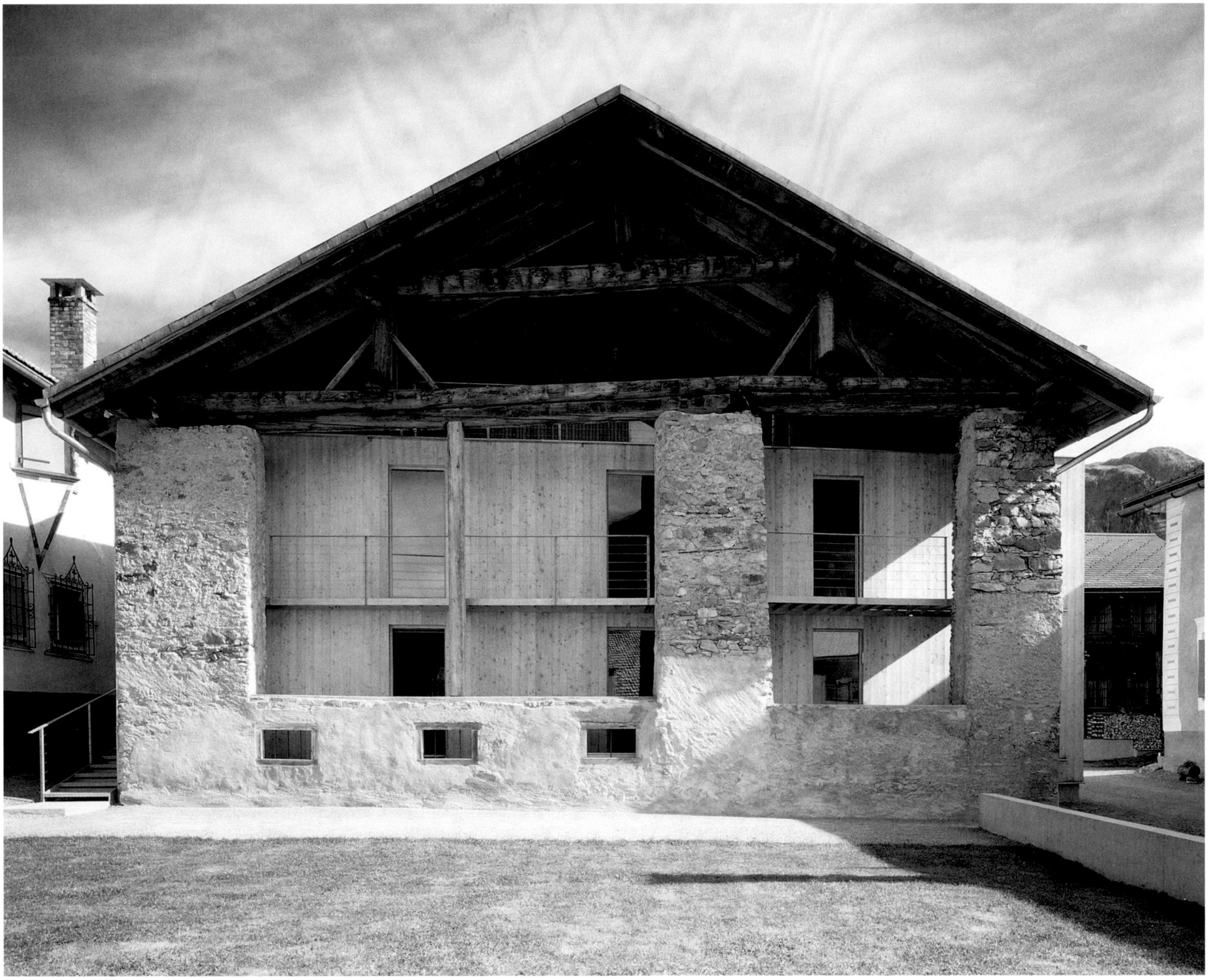

Bergün ist ein schöner Ort, auf dem Weg zum Albula-Pass, der die Herzen der Touristen dank der mächtigen Häuser mit den charakteristischen Fensterlaibungen, den phantasievoll und graffitiartigen bunten Fassaden erobert hat; zusammengedrängte Häuser, die malerische Plätze und Gassen bilden, inmitten einer Alpenlandschaft, wie man sie von Postkarten her kennt. Man versteht, warum es kaum ein Haus, einen Stall oder einen Schuppen gibt, der nicht zum Feriendomizil umgebaut wird. Diese Umbauten, auch wenn sie die sogenannten „Umweltvorgaben" respektieren, insbesondere, wenn ein mimetischer Eingriff vorherrscht, geben Dingen und Fakten oft einen „natürlichen" oder „ländlichen" Aspekt, die so natürlich nicht sind, da sie in Wirklichkeit das soziale und kulturelle Umfeld, ja die eigentliche „Identität des Bildes" vor Ort sehr stark verändern. Unbehagen gegenüber dieser Entwicklung – ein weit verbreitetes Gefühl – hat wahrscheinlich den Architekten Marques dazu gebracht, für den Umbau eines Stadels in ein Doppelwohnhaus jenes Projekt zu entwerfen, welches dann auch realisiert wurde: als Alternative zu einem anderen Plan, der den „normalen" Weg einschlagen wollte, nämlich die Einpackung des Originalbaus in eine elegante Holzverschalung, die auch die wärmetechnischen Probleme vorzüglich hätte lösen können.

Das realisierte Projekt hingegen bedeutet die vollkommene Entfremdung, den gegen Null tendierenden Kompromiß zwischen Neuem und Bestehendem: Wie der Einsiedlerkrebs die leere Muschel besetzt, durchdringt das Neue eine unter dem eindrucksvollen Dachstuhl liegende Struktur, eher grob bäuerlich als denkmalwürdig, aus kräftigen Pfeilern und Wänden; die ursprüngliche, offene Form des Stadels als Traktor- und landwirtschaftliche Gerätehalle ist mehr oder minder beibehalten worden. Das Neue „reduziert" sich auf eine perfekt orthogonale Schachtel, die, glatt und leicht, bildlich zwischen die Pfeiler geschoben und mit senkrechten Spundbrettern aus Ahornholz elegant verkleidet wurde. Der „Behälter" durchbricht seitlich den Stadel und verschmälert eine Gasse – vielleicht ein übertrieben pädagogischer Gedanke.

Zwischen Altem und Neuem wurde etwas Spielraum gelassen, wahrscheinlich um die Montage zu erleichtern und um die Expressivität der gewählten Vorgangsweise zu unterstreichen; dort wo sich die Zwischenräume wegen des unregelmäßigen Verlaufs der Umfassungsmauer des Stadels erweitern, werden sie durch schmale Balkone besetzt. Und die Öffnungen? Sie stehen, wo man sie braucht, ohne besondere formale Rücksichten. Dieser Umbau in Bergün ist ein radikaler Vorschlag, der zugleich großen Respekt gegenüber dem bestehenden Gebäude und dem urbanen Umfeld aufbringt, so daß er zur Nachahmung einladen könnte. Aber hier ist die Operation dank der korrekten Intuition gelungen, derzufolge die kleinere Form des Wohnbehälters dem bis dato eher zufällig durch die Nutzung so groß geratenen Stadels eine ehrwürdige Monumentalität verleiht.

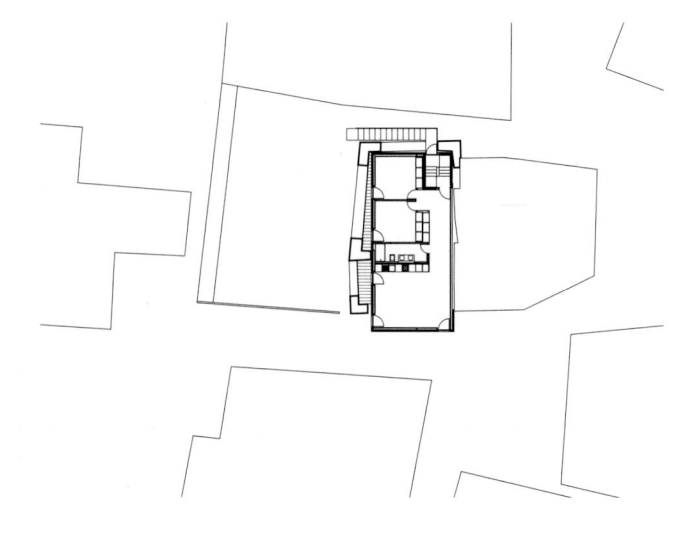

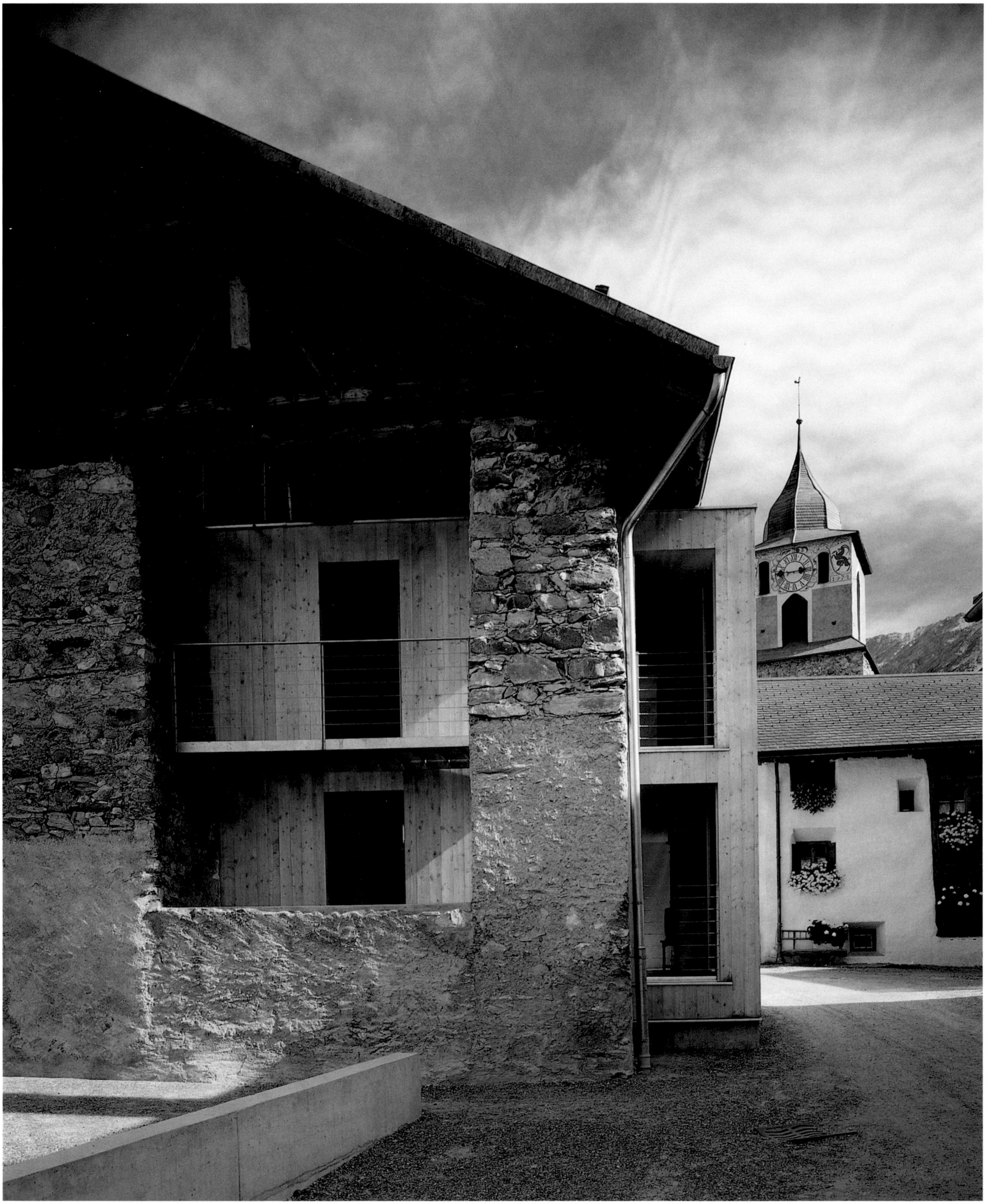

Stéphane de Montmollin & Brigitte Widmer

Berghütte auf dem Plateau de Saleinaz,
Wallis, Schweiz 1994-96

Rifugio al Plateau de Saleinaz,
Vallese, Svizzera 1994-96

Esiste purtroppo un'immagine consolidata per i rifugi di alta montagna, che non dice nulla in più o di diverso rispetto a quanto si vede a quote più basse. Eppure costruire in alto, sulle creste che sfidano il cielo, dovrebbe portare ogni architetto a immaginare qualcosa di diverso. È quanto hanno fatto Stephane de Montmollin e Brigitte Widmer, architetti di Briga.

Questo rifugio provvede ad accogliere cinquanta alpinisti, con tutta la loro attrezzatura e i loro bisogni pratici. Non vi sono terrazze panoramiche, ma soltanto il tagliente volume architettonico posto "vis-à-vis" con il paesaggio roccioso. È un volume compatto e funzionale, che poggia su un basamento in calcestruzzo e in pannelli prefabbricati di legno montati con l'ausilio di un elicottero. L'edificio e il suo materiale – il legno – sono una sola cosa: una scatola monomaterica che dialoga con l'immensità del mondo esterno tramite la sua piccola presenza geografica.

Come un'arca di Noè, l'edificio sembra essersi fermato su un promontorio alpino, e qui adesso affonda le sue strutture. Quando qualcuno si trova al suo interno, lo si capisce perché si scorge un buco, cioè una finestra; quando l'edificio è vuoto, non si distinguono i battenti delle finestre dalla facciata. Anche le parti in metallo sono discrete, invisibili. Così, annullando la scala dell'edificio, si crea una strana intesa con la montagna; perché anche la montagna è senza scala, e a occhio nudo è difficile indovinarne la distanza o l'altezza. Al piano terra si trovano l'ingresso, la cucina e la sala da pranzo, al primo piano i dormitori. Lungo e stretto, con le proporzioni di una vecchia stalla-casa contadina e con l'interno semplice e spartano ma ricco di dettagli, questo è un rifugio ridotto ai minimi termini. La sua bellezza non è dissimile da quella di una tenda: veloce da costruire, offre protezione, è ben ancorato a terra e non ci tenta con i piaceri terreni della vita.

Es existiert – leider – eine herkömmliche Vorstellung, wie eine Berghütte oder Alphütte im hohen Gebirge aussehen sollte, die aber nicht viel mehr oder nichts Neues besagt im Vergleich zu Bauten, die man in weniger hochgelegenen Regionen sieht. Dennoch sollte die Möglichkeit, in der Höhe zu bauen, angesichts von Berggipfeln, die hoch in den Himmel hinaufragen, jeden Architekten dazu inspirieren, sich eine eigene Vorstellung zu erarbeiten. So haben es Stephane de Montmollin und Brigitte Widmer, zwei Architekten aus Brig, getan.

Die Berghütte auf dem Plateau de Saleinaz ist in der Lage, um die fünfzig Alpinisten samt Ausrüstung aufzunehmen und ihren praktischen Bedürfnissen gerecht zu werden. Es gibt zwar keine Terrassen mit Panoramaaussicht, einzig das sich scharf abzeichnende architektonische Volumen vis-à-vis der felsigen Landschaft: ein kompakter, funktionaler Bau, der auf einem Betonsockel ruht und aus vorfabrizierten Holzelementen besteht, die mit Hilfe eines Helikopters montiert wurden. Der Bau und sein Material sind ein einziges Ding: eine Art monomaterisches Schachtelwerk, das dank seiner kleinen geographischen Präsenz mit der Unermeßlichkeit der äußeren Welt den Dialog aufnimmt. Einer Arche Noah gleich scheint das Bauwerk hier auf einem alpinen Gebirgsvorläufer gestrandet zu sein, seine Fundamente versenkt zu haben. Befindet sich jemand in seinem Innern, wird man dessen gewahr dank einer Öffnung, das heisst, einem Fenster; ist der Bau leer, lassen sich die Fensterläden der Fassade nicht von dieser unterscheiden.

Auch die Eisenteile, die Beschläge sind äußerst diskret und unsichtbar. Indem jede Maßstäblichkeit aufgehoben wird, kommt eine seltsame Harmonie mit der Eigenart des Gebirges zustande: denn auch das Gebirge ist maßstabslos, und mit bloßem Auge ist es schwierig, Distanz oder Höhe genau zu erfassen. Im Erdgeschoß befinden sich der Eingang, die Küche und der Eßsaal, im ersten Geschoß die Schlafsäle. Lang und schmal, von den Proportionen eines alten, bäuerlichen Stall-Wohnhauses, von einfachster, nahezu spartanischer Innenausstattung, jedoch sehr gepflegt im Detail, ist hier eine Berghütte enstanden, die auf ein Minimum reduziert ist. Ihre Schönheit ist der eines Zeltes vergleichbar: rasch zu errichten, bietet es Schutz, ist fest im Boden verankert und versucht uns nicht mit den Genüssen des irdischen Lebens.

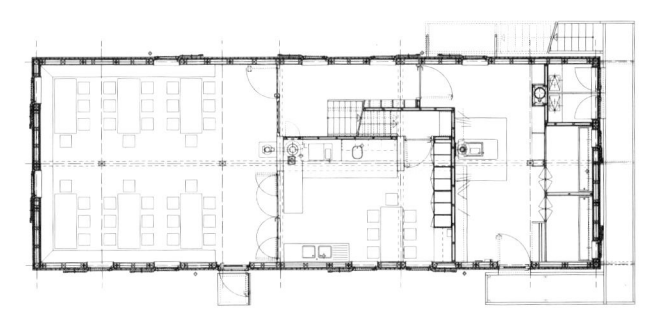

Martino Pedrozzi

Wochenendhaus in den Bergen von Semione, Tessin, Schweiz 1996

Alloggio per fine settimana sui monti di Semione, Ticino, Svizzera 1996

Nicht nur im Tessin, sondern im ganzen Alpenraum stellt das ländliche Erbe ein Problem dar, vor allem wenn es sich um verlassene, zerstreute, einsame und schwer zugängliche Bauten handelt. Sie werden entweder ihrem Schicksal überlassen, so daß Zeit und Wetter sich dieser Zeugnisse archaischer Kultur bemächtigen, die durch Zerstörung eine "zweite Natur" hervorbringen: jene der mittlerweile verschollenen bäuerlichen Bergwelt. Oder es wird ihre Wiederbenutzung programmiert, mit Unterstützung der öffentlichen Ämter und der Fremdenverkehrswirtschaft, mit günstigen Bankdarlehen und zur Freude und Gesundheit von Familien und Touristen. Wir kennen das Problem, und weil wir es kennen, verstehen wir die erneute Popularität des Ruskinschen Postulats des Verlassens und Verfalles, wie es vor kurzem von Aldo Rossi für die ländliche Architektur im Tessin neu vorgeschlagen wurde. Selbstverständlich kann der Verfall durch regelmäßige Wartungs- oder Konsolidierungsarbeiten verzögert werden. Willkommen seien also vermittelnde Lösungen wie die Umwandlung eines Stalles aus der ersten Hälfte des 19. Jahrhunderts in eine Ferienunterkunft, die der Architekt Pedrozzi mit Hilfe von Verwandten, Freunden und einigen Handwerkern ausgebaut hat. Kein „modernes" Bandfenster ist in den Giebel eingeschnitten worden, wie es oft genug geschieht, um den Ahnungslosen vorzuzeigen, wie gut sich Alt und Neu vertragen. Menschen, Luft und Licht betreten und verlassen den Raum aus den alten Öffnungen des Stalles. Ohne wichtiges Getue und ohne falsche Skrupel schützt eine serienmäßige Glasschiebetür die Wohnung vor Kälte; der Schutz wird durch moderne Storen verdoppelt, wenn das Haus geschlossen wird. Im Innenraum stützt ein Trennmöbel, durch seine Zickzack-Form stabilisiert, zwei übereinander gelagerte Alkovenbetten, beherbergt die Küche und teilt gleichzeitig den einzigen Raum in Wohn-, Koch- und Schlafzone auf. Die winzige „ca da fög", die den Stall kurz nach seiner Erbauung zum Berg hin verlängerte, blieb unangetastet „als Andenken für die Zukunft".

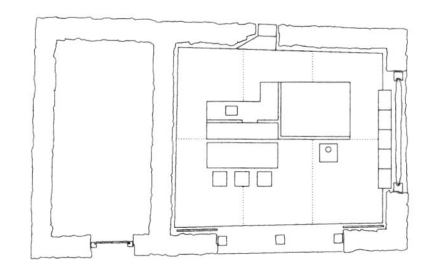

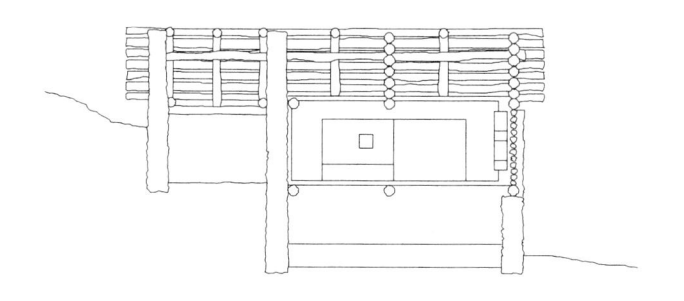

Su tutto l'arco alpino e non soltanto nel Canton Ticino il patrimonio rurale, soprattutto quando si tratta di edifici dismessi, dispersi e di malagevole accesso, costituisce un problema. O viene lasciato al proprio destino, e allora il tempo e le stagioni avranno ragione di queste testimonianze di una cultura arcaica, che rovinando produrranno una "natura seconda": quella di un mondo contadino alpestre ormai scomparso. O invece se ne programma il riuso, con l'incoraggiamento degli enti pubblici e dell'economia turistica, con i prestiti vantaggiosi delle banche e per la gioia e la salute delle famiglie e dei forestieri. Lo conosciamo. Poiché lo conosciamo, siamo in grado di comprendere il ritorno di popolarità del postulato ruskiniano dell'abbandono e della rovina, riattualizzato recentemente da Aldo Rossi proprio a proposito dell'edilizia rurale ticinese. Nell'ipotesi ruskiniana il declino si può fino a un certo punto procrastinare con regolari opere di manutenzione o di consolidamento. Ben vengano dunque soluzioni intermedie come la trasformazione di una stalla del primo Ottocento in residenza per il fine settimana, proposta e realizzata dall'architetto Pedrozzi con l'aiuto dei familiari, degli amici e di qualche artigiano. Nessuna finestra a banda "moderna" è stata aperta nel frontone, come si fa di solito per dimostrare agli stolti quanto si sposano bene il moderno e l'antico. Persone, aria e luce entrano, ed escono, dalle stesse aperture della stalla. Senza ostentazione e senza falsi scrupoli, una porta vetrata scorrevole di serie protegge dal freddo l'abitazione, doppiata da una persiana che chiude la casa in assenza dei proprietari. Un mobile parete a zig-zag e pertanto stabile sostiene arditamente due letti alcova sovrapposti, ospita la cucina e allo stesso tempo organizza il solo vano abitabile in zone soggiorno, cucina, notte. La minuscola "ca da fög" che ha prolungato la stalla verso monte poco dopo la costruzione di quest'ultima è lasciata intatta, "a futura memoria".

Helmut Reitter

Freizeitpark Zell am Ziller, Tirol,
Österreich 1997

Centro per il tempo libero a Zell am Ziller,
Tirolo, Austria 1997

Il parco di Zell am Ziller è un esempio di come possa evolversi l'architettura nelle località turistiche alpine. Un'atmosfera rilassata, persino decontratta, si viene a creare grazie a una serie di grandi corpi di fabbrica interconnessi, dai cui ambienti, particolarmente permeabili alla luce naturale e all'aria, è possibile abbracciare con lo sguardo gli impianti sportivi situati all'esterno e osservare l'interno della grande palestra coperta. Si tratta di un'architettura che non grava sul paesaggio ed evita qualsiasi ricorso a false immagini tradizionali, un'architettura che rende possibile l'esercizio di tranquille attività ricreative senza dover indossare calzoni di cuoio e pennacchi di peli di camoscio. È un impianto moderno, che non si espone come tale, ma che in ogni sua parte offre semplicità e naturalezza.

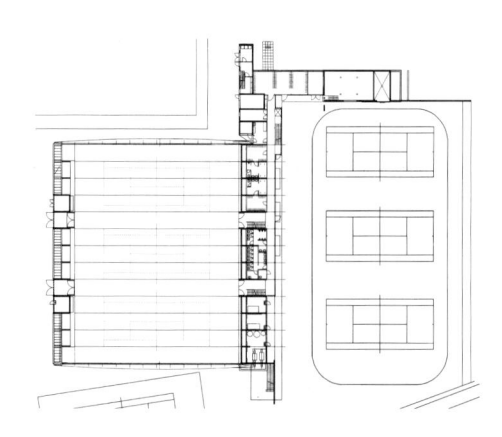

Der Freizeitpark Zell am Ziller ist ein modellhaftes Beispiel dafür, wie sich die Architektur in alpinen Fremdenverkehrsorten entwickeln könnte. Eine entspannte, ja entkrampfte Atmosphäre, verwirklicht mit durchsonnten, durchlüfteten, räumlich großzügig angelegten und verbundenen Baukörpern, mit Ausblicken auf die Sportanlagen und einem ebenso übersichtlichen Einblick in die große Sporthalle. Eine Architektur, die die Landschaft nicht belastet, ihr keine verlogene Tradition aufnötigt. Eine Architektur, die gelassen Erholungsaktivitäten ermöglicht, ohne sich überall mit Lederhose und Gamsbart dazuzusetzen. Eine moderne Anlage, die sich nicht als solche ausstellt, aber in allen Bereichen einfach und selbstverständlich ist.

Hans-Jörg Ruch

Umbau und Erweiterung des Hotel Saratz,
Pontresina, Graubünden,
Schweiz 1994-95

Ristrutturazione e ampliamento dell'albergo
Saratz, Pontresina, Grigioni,
Svizzera 1994-95

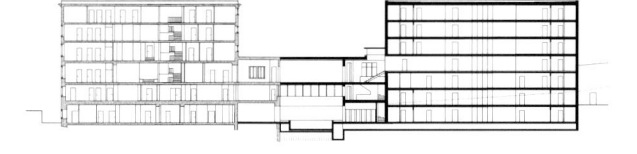

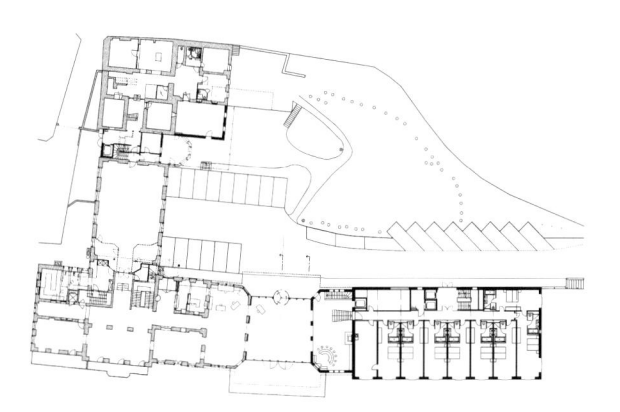

Seit 1865, als das ursprüngliche bäuerliche Haus zum Gasthaus Garni Saratz wurde, ist das jetzige Hotel Stück für Stück durch Aufstockungen und Anbauten gewachsen. Der 1873-75 von dem Architekten Jacob Ragaz aus Samedan erbaute spätklassizistische Hoteltrakt – seinerseits 1900 aufgestockt und umgebaut – charakterisiert, zusammen mit dem direkten Konkurrenten Grand Hotel Kronenhof und der reformierten Kirche, den südlich und talwärts gerichteten Teil des Viertels Laret. Die Fassade zum Tal, mit dem zentralen Bau und zwei leicht zurückversetzten Flügeln, beherrscht einen großen Park, der sich bis zum Wald erstreckt und bis zum Fluß reicht und – wie die Touristenprospekte behaupteten – den „Stolz des Hauses" darstellte.

Seit den achtziger Jahren mehrten sich die Vorschläge, das Hotel der Vier-Sterne-Kategorie anzupassen, deshalb weitere Zimmer zu schaffen und die bestehenden mit Einzelbädern zu versehen. Da die Unantastbarkeit des Parkes vorausgesetzt wurde, sahen die verschiedenen Projekte die Aufstockung und Anpassung des Bestands an den modernen Standard vor. Wenn man die verheerenden Mauerschlitze für die Sanitäranlagen, die elektrischen Leitungen, die Telefonlinien und die allgemeinen Unannehmlichkeiten einer Baustelle in Betracht zieht, hätte das die komplette Umgestaltung der Säle im Erdgeschoß sowie die Schließung für eine ganze Saison bedeutet. Als die Eigentümer die Hotelleitung wieder in die eigenen Hände nahmen, beauftragten sie 1993 den Architekten Ruch damit, die Durchführbarkeit eines vollkommen neuen Projektes zu untersuchen.

Der 1993-1995 realisierte Gegenvorschlag des Architekten sieht den Umbau des Bestands sowie einen Neubau vor und kann als beispielhaft gelten, sowohl was die Wahrung des Erbes als auch die landschaftliche Einbindung und die unternehmerische Leistung betrifft. Vom Standpunkt der Denkmalpflege aus sieht die angewandte Lösung die Beibehaltung des Erscheinungsbildes des Grand Hotels in der Hotel- und Tourismuslandschaft von Pontresina zu Beginn des Jahrhunderts vor. Die Lese-, Unterhaltungs- und Entspannungssäle des altehrwürdigen Hotels bleiben intakt, da die oberen Stockwerke minimal umgebaut werden: die Zimmer ohne Bad werden geschickt zu Apartments und Suites zusammengelegt, denen die ehemaligen Gemeinschaftsbäder auf den jeweiligen Stockwerken zugeordnet werden. Vom landschaftlichen Standpunkt aus hat der Architekt es gewagt, das Undenkbare zu denken, indem er einen Zimmerblock im Park vorgeschlagen hat, der in der Baufluchtlinie und in der Höhe perfekt an dem bestehenden Gebäude ausgerichtet wurde und mit diesem durch einen niedrigen und transparenten Körper verbunden ist, in welchem Eingangsbereich, Rezeption, Bar usw. untergebracht worden sind. Nach einer Ortsbesichtigung anhand des Modells und nach Errichtung eines Baugespanns konnte der Architekt die Gemeindekommission davon überzeugen, daß das Projekt zwischen den beiden Gebäuden ein wunderbares und außerordentlich großes Landschaftsfenster einschließt, das einen senkrechten Schnitt durch das gesamte Tal bietet, vom Fluß über das Roseggtal bis hin zu den Spitzen des Piz Corvatsch.

Vom unternehmerischen Standpunkt aus hat die Errichtung eines Blockes allein mit Zimmern die Unannehmlichkeiten einer Baustelle minimiert und die Saison gerettet. Der größte Vorteil bestand jedoch in der Möglichkeit, ein erprobtes Projekt anzuwenden, welches, kompakt und rationell, auch schnell durchgeführt werden konnte, weil die Standardisierung der Elemente es erlaubte, die Naßzellen einschließlich der Installationen und sämtlicher Geräte in der Werkstatt herzustellen.

Dal 1865 in poi, quando la casa padronale d'origine divenne il Gasthaus Garni Saratz, l'albergo è cresciuto per sopraelevazioni e addizioni successive. L'ala tardoclassica edificata nel 1873-75 dall'architetto Jacob Ragaz di Samedan, poi sopraelevata nel 1905 e ancora rimaneggiata, definisce insieme alla chiesa riformata e al Grand Hotel Kronenhof, diretto concorrente del Saratz, il fronte sud orientato verso valle del quartiere Laret. Il prospetto verso valle, caratterizzato da un corpo centrale e da due ali leggermente arretrate, sovrasta un ampio parco che raggiunge il bosco e scende fino al fiume costituendo – così recitavano i dépliant turistici – "l'orgoglio della casa".

Dagli anni Ottanta in poi si succedettero varie proposte per adeguare l'albergo agli standard della categoria quattro stelle, il che significava in primo luogo aumentare il numero delle camere e provvedere di bagni singoli quelle esistenti. Poiché si dava per scontata l'intangibilità del parco, i diversi progetti prevedevano la sopraelevazione e la messa a norma dell'esistente; questo avrebbe significato, se si tengono in conto le devastanti trincee per gli impianti sanitari, elettrici, telefonici e i disagi causati dal cantiere, il totale rifacimento dei saloni sottostanti e la perdita di almeno una stagione. Ripresa in mano la gestione dell'albergo, i proprietari nel 1993 chiesero all'architetto Ruch di verificare la fattibilità di un progetto totalmente nuovo.

La controproposta dell'architetto, realizzata negli anni 1993-95, è consistita invece nella ristrutturazione e nell'ampliamento dell'edificio esistente e si può considerare esemplare sia sotto il profilo della salvaguardia del bene storico e del paesaggio sia sotto quello della gestione dei lavori. Dal punto di vista della salvaguardia la soluzione adottata preservava l'immagine di Grand Hotel nel paesaggio turistico e alberghiero dei primi del Novecento di Pontresina, lasciando intatti i saloni di lettura, di conversazione e di ricreazione del vecchio albergo; ai piani superiori gli interventi sono stati ridotti al minimo, accorpando abilmente le camere senza bagno in appartamenti e suite che sfruttano i bagni comuni che servivano in origine i rispettivi piani.

Dal punto di vista paesistico l'architetto ha osato l'impensabile, realizzando un blocco di camere nel parco perfettamente allineato ai vari livelli con l'edificio esistente e separato da questo dal volume basso e trasparente della hall, in cui trovano posto tra l'altro la reception e il bar. Attraverso un sopralluogo con il progetto sottomano e il montaggio di un telaio che riproduceva il profilo aereo dell'edificio, l'architetto è riuscito a convincere la commissione comunale che tra i due edifici il progetto preservava una magnifica e immensa veduta sul paesaggio, con uno spaccato verticale dell'intera valle, dal fiume alla Val Roseg fin verso le cime del Piz Corvatsch.

Dal punto di vista della gestione dei lavori la costruzione di un blocco di sole camere ha permesso di ridurre al minimo i disagi del cantiere, salvando le stagioni turistiche. Ma il vantaggio più significativo è consistito nella possibilità di realizzare un progetto collaudato, estremamente compatto e razionale, rapido anche nell'esecuzione perché la standardizzazione degli elementi ha permesso la prefabbricazione delle cellule sanitarie complete di impianti e apparecchi.

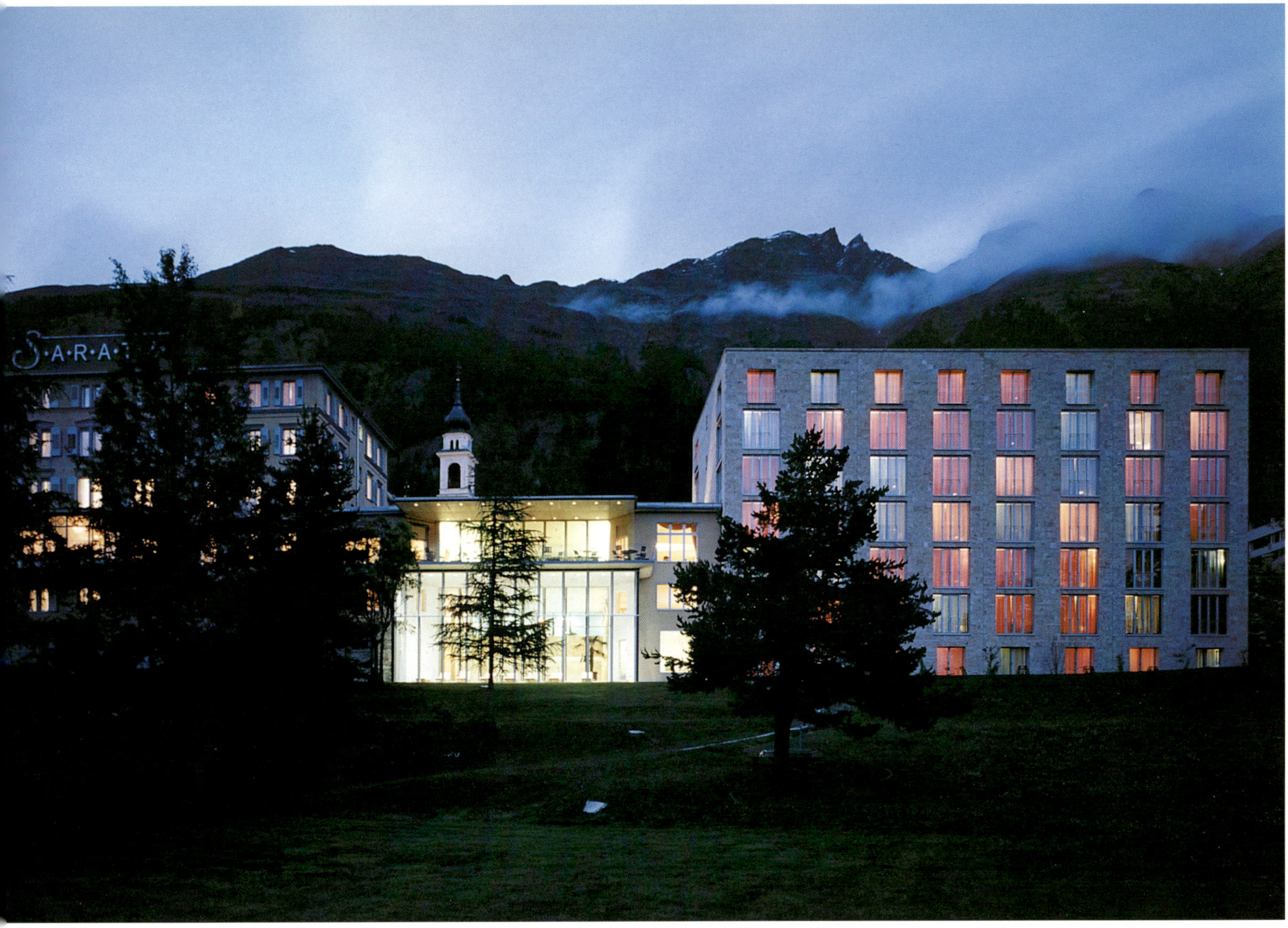
SARA

Thomas Schnizer

Fußgängerbrücke in Landeck, Tirol, Österreich 1997

Ponte pedonale a Landeck, Tirolo, Austria 1997

Per rendere il più possibile agevole il superamento pedonale del grande dislivello tra le due rive del fiume sono state realizzate da un lato una rampa collocata lungo la zona superiore del pendio e dall'altro una piattaforma pedonale, inserita obliquamente fra le travature reticolari del ponte. Le due travature reticolari che formano il ponte attraversano invece orizzontalmente il fiume, permettendo ai pedoni di cogliere diverse vedute prospettiche dell'insieme: questo a seconda che, provenendo dall'alto, attraversino l' "imbuto" trasparente inclinato verso il basso, o al contrario raggiungano la passerella inferiore e procedano in salita, dapprima circondati ai lati da strutture alte quasi tre metri e poi, in corrispondenza del termine del tratto in pendenza, soltanto da parapetti. La soluzione realizzata appare così raffinata e semplice allo stesso tempo.

Dal punto di vista costruttivo sono due gli aspetti dell'intervento degni di nota. In primo luogo la conformazione della struttura reticolare del ponte, che supera la sezione del fiume con 14 reticoli a sbalzo ed è completata, in corrispondenza dei punti di appoggio sulle due rive, da reticoli supplementari i cui nodi terminali sono vincolati verso il basso rispetto al piano della struttura in maniera da risultare tesi e da ridurre fortemente i momenti e le flessioni che si registrano nel settore centrale del ponte: il risultato è una struttura elegante, i cui correnti superiore e inferiore e le cui aste diagonali sono a sezione circolare, mentre le aste verticali compresse sono sagomate a H. In secondo luogo la passerella pedonale incorporata nella struttura è costituita da una cosiddetta soletta ortotropa, cioè da una piattaforma di lamiera irrigidita da correnti longitudinali e da barre trasversali che funge allo stesso tempo da controventatura orizzontale. La scelta dei materiali, la tecnologia costruttiva impiegata nonché il rapporto attento con le caratteristiche topografiche del sito rendono questa infrastruttura particolarmente riuscita.

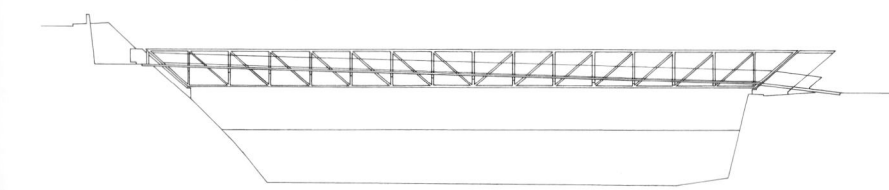

Die fußgängerfreundliche Überwindung des großen Höhenunterschiedes der beiden Flußufer wird einmal durch eine Rampe im höher gelegenen Böschungsbereich und zum anderen durch eine schräg angeordnete Gehwegplatte zwischen den Fachwerkträgern der Brücke erreicht. Die beiden Fachwerke der Brücke selbst sind jedoch horizontal über dem Fluß angeordnet. Dies ermöglicht dem Benutzer die Perspektive dieser Situation unterschiedlich wahrzunehmen: je nach dem, ob man von oben einen immer tiefer werdenden transparenten „Trog" durchschreitet oder – umgekehrt – den Steg unten betritt, von der fast drei Meter hohen Konstruktion seitlich umgeben nach oben geht, bis die Konstruktion nur mehr Brüstungshöhe hat und man den Steg wieder verläßt – eine zugleich raffinierte und doch einfache Lösung.

Konstruktiv sind zwei Dinge bemerkenswert. Die stählerne Fachwerkkonstruktion ist so konzipiert, daß die Flußöffnung mit 14 Fachwerksfeldern frei überspannt wird. An beiden Auflagerpunkten wird jedoch noch ein zusätzliches Feld angeordnet, von dessen Tragwerksendpunkten aus die Konstruktion niedergehalten, d.h. eingespannt wird. Die Momente und die Durchbiegung in Brückenmitte werden dadurch vermindert. Das Ergebnis ist ein elegantes Tragwerk, bei dem die Ober- und Untergurte und die Diagonalen einen runden Querschnitt aufweisen, während die lotrechten Druckstäbe des Fachwerks H-förmig ausgeführt sind. Der in die Konstruktion integrierte Gehweg ist als sogenannnte orthotrope Platte ausgeführt. Das ist eine Flachblechplatte, die durch Längsrippen und Querträger ausgesteift ist. Sie dient gleichzeitig auch als horizontaler Windverband. Die Materialwahl und die angewandte Konstruktion sowie der geschickte Umgang mit der Topographie des Ortes kennzeichnen diese gelungene Realisierung eines technischen Bauwerkes.

Bruno Spagolla

Volksschule in Marul, Vorarlberg, Österreich 1989-97

Scuola elementare a Marul, Vorarlberg, Austria 1989-97

Questo "tranquillo" ampliamento, che prevede tra l'altro la creazione di una piccola piazza, la riforma della topografia esistente e l'ampliamento della vecchia scuola, non rappresenta soltanto un intervento urbanistico di riqualificazione, ma permette anche, con un intervento minimo, di dotare la piccola comunità del villaggio di una palestra con annessi spogliatoi, di una sala per manifestazioni collettive provvista di cucina e di un ambiente per riunioni con guardaroba. L'intervento stabilisce "un accordo spaziale perfetto e ben proporzionato tra la chiesa, la scuola e la sala" (Kapfinger). Lo stretto e lungo corpo di fabbrica della sala, le cui murature sono rivestite di doghe di legno, si differenzia dal vecchio edificio senza tuttavia prenderne le distanze fisicamente. Si tratta di un'architettura che affronta con grande senso di rispetto i rapporti esistenti tra gli edifici di questa piccola località.

Der „stille" Zubau ist, abgesehen von der Schaffung eines kleinen Platzes, der Korrektur der Topographie und der Verbesserung der Situierung der alten Schule, nicht nur ein harmonisierender städtebaulicher Eingriff. Vielmehr wird mit geringstem Aufwand ein Turn- und Gemeindesaal mit Küche, Vereinsraum und Garderoben für die kleine Gemeinde geschaffen: „ein perfekt proportionierter räumlicher Dreiklang zwischen Kirche, Schule und Saal" (Otto Kapfinger). Der schmale, lange, in den geschlossenen Flächen verschindelte Baukörper des Saalgebäudes hält Abstand zum Alten, ohne sich von ihm zu distanzieren. Eine Architektur, die die Verhältnisse des Dorfes ernst nimmt und respektiert.

Texte **Testi**

Friedrich Achleitner 194
Sebastiano Brandolini
Manfred Kovatsch
Marcel Meili
Bruno Reichlin

Friedrich Achleitner 200

Eine Erkundung in den Bergen 1995-1999
Una ricognizione in montagna 1995-1999

Friedrich Achleitner
Sebastiano Brandolini
Manfred Kovatsch
Marcel Meili
Bruno Reichlin

Il premio "Architettura contemporanea alpina" è arrivato quest'anno alla sua terza edizione. Non solo la celebrazione di una sorta di piccolo anniversario – i primi dieci anni di vita dell'ente banditore "Sesto Cultura" – ma anche, e in misura maggiore, la valutazione complessiva del lavoro svolto quest'anno dalla giuria (rimasta quasi immutata sin dalla prima edizione) ci ha convinti, se non quasi costretti, a modificare i criteri di assegnazione dei premi. L'esame di 70 progetti nonché la visita diretta di circa 50 edifici, distribuiti pressoché in tutto l'arco alpino, ci hanno portato a riconoscere che la qualità delle opere valutate è migliorata nei quattro anni di quest'ultima "Olimpiade".

Questo risultato presenta risvolti interessanti che vanno oltre la semplice constatazione che "le architetture di montagna sono migliorate". Infatti non possiamo affermare esattamente questo. Innanzitutto, nonostante la grande soddisfazione per i risultati raggiunti, va sempre tenuto presente che abbiamo preso in considerazione un numero estremamente ridotto di edifici, caratterizzati per lo più da un altissimo livello qualitativo. In ogni caso, anche se ce ne fossimo dimenticati, sarebbe bastato a ricordarcelo il nostro peregrinare faticoso – in senso visivo, naturalmente – alla ricerca di edifici sperduti: il disordine edilizio in continua espansione lungo le valli e sui pendii non lascia dubbi sul fatto che non saranno i pochi capolavori da noi scoperti a rovesciare la situazione.

Nonostante tutto abbiamo incontrato un maggior numero di opere interessanti, degne di menzione e addirittura esemplari. Ma non è solamente questo il dato positivo: per la prima volta tra le opere esaminate era compreso un gruppo di edifici francesi di notevole livello, e anche l'Alto Adige, la regione che ospita questa manifestazione, è presente con vari contributi. Non solo: anche nelle aree che costituivano il "nucleo forte" dei concorsi precedenti, ad esempio nel Vorarlberg e nei Grigioni, la produzione architettonica ha raggiunto un livello qualitativo talmente elevato e costante da rendere talora problematica la distinzione tra ciò che è rilevante e ciò che è buono, anche dal punto di vista della politica culturale seguita dalla giuria.

Proprio quest'ultima constatazione ha indotto la giuria ad attribuire premi e riconoscimenti in maniera diversa. In deroga al programma riportato nel bando (ma con il consenso del generoso ente organizzatore che ha rispettato integralmente le decisioni della giuria), quest'anno non abbiamo dichiarato vincitore un singolo edificio, ma abbiamo deciso di attribuire un premio speciale "ad personam" a Jürg Conzett e Peter Zumthor, due colleghi il cui contributo ha caratterizzato tutte e tre le edizioni del premio più di quello di chiunque altro.

La cappella di Zumthor a Sogn Benedetg ha vinto la prima edizione del premio, e certamente le immagini suggestive di questo piccolo edificio hanno contribuito a far conoscere il concorso "Architettura contemporanea alpina" a un pubblico più vasto. Quattro anni fa Zumthor era presente alla selezione con due edifici, e anche quest'anno certamente poche sarebbero state le voci contrarie se avessimo attribuito il primo premio alle terme di Vals. Con il premio speciale, tuttavia, non intendiamo riconoscere soltanto quest'ultima opera architettonica, ma anche la capacità dell'architetto – come si dirà più oltre nel saggio esplicativo – di influire a vari livelli e in maniera incisiva sulla cultura architettonica del cantone dei Grigioni.

L'altro premio "ad personam" va a un progettista che finora non era mai stato presente al concorso con un contributo personale. Jürg Conzett, ingegnere, aveva avuto però un ruolo determinante nella progettazione di molte delle opere premiate nelle prime edizioni del concorso, non ultima la cappella di Zumthor, del cui studio era allora collaboratore. Quest'anno Conzett ha contribuito alla progettazione di altre quattro (!) opere partecipanti al concorso; inoltre

Der Architekturpreis „Neues Bauen in den Alpen" wurde heuer zum dritten Mal ausgesetzt. Nicht allein das zehnjährige Jubiläum von Sexten Kultur hat die Jury – die ja seit Beginn in fast gleicher Besetzung arbeitet – veranlaßt, die Auszeichnungen in einer abgewandelten Form zu vergeben. Viel wichtiger war die Bilanz unserer diesjährigen Arbeit, welche uns die Neuerungen beinahe aufgezwungen hat. Die Sichtung von hundertfünfzig Projekten und der Besuch von gegen siebzig Bauten, verstreut beinahe im ganzen Alpenraum, hat uns erkennen lassen, daß die Qualität der begutachteten Arbeiten in der jüngsten vierjährigen „Olympiade" an Dichte gewonnen hat.

Dieser Gewinn weist einige bemerkenswerte Facetten auf, die über die Feststellung hinausgehen, daß „... die Bauten in den Bergen besser geworden sind". Eine solche Feststellung wäre auch nicht zu halten. Zunächst haben wir – bei aller Befriedigung über die Ergebnisse – nie aus den Augen verloren, daß wir unseren Blick nur auf eine verschwindend kleine Gruppe von anspruchsvollen Bauten gerichtet haben. Hätten wir's vergessen, so belehrte uns schon nur die visuell anstrengende Anreise zu den abgelegenen Bauwerken eines Besseren: Die stetig wachsenden Zonen des architektonischen Krawalls in den Tälern und an den Hängen lassen keinen Zweifel daran, daß es mit den paar Kunststücken, die wir gefunden haben, keineswegs getan ist.

Dennoch: Es gab mehr Sehenswertes, Bemerkenswertes, selbst Exemplarisches zu entdecken. Aber nicht nur dies ist positiv zu vermerken. Erstmals war darunter auch eine nennenswerte Gruppe von Bauten aus Frankreich; die gastgebende Region Südtirol ist erstmals mit einigen Beiträgen vertreten. Und in den „Kernlanden" der bisherigen Ausschreibungen, etwa in Vorarlberg und Graubünden, hat die architektonische Produktivität einen Grad an solider, breiter Qualität erlangt, der die Scheidung des Herausragenden vom Guten – auch kulturpolitisch – zuweilen fragwürdig erscheinen läßt.

Gerade diese Frage hat die Jury dazu veranlaßt, Preise und Auszeichnungen in neuer Form zu vergeben. In Abweichung vom gedruckten Programm (aber unterstützt von einem generösen Auslober, welcher die Souveränität des Preisgerichtes umfassend respektiert), sprechen wir den Preis nicht einem einzelnen Bauwerk zu. Ausgezeichnet mit einem Spezialpreis „ad personam" werden mit Jürg Conzett und Peter Zumthor zwei Kollegen, deren Arbeit alle drei bisherigen Wettbewerbe mitgeprägt hat wie keine sonst.

Peter Zumthors Kapelle in Sogn Benedetg hat die erste Ausschreibung gewonnen, und es waren nicht zuletzt die eindringlichen Bilder dieses kleinen Bauwerkes, welche die bemerkenswerte Karriere von „Neues Bauen in den Alpen" in der Öffentlichkeit mitbegründet haben. Vor vier Jahren war Zumthor mit zwei Bauten in der Ausstellung vertreten, und auch dieses Jahr hätten wohl wenige mißbilligt, wenn wir die Therme von Vals gekürt hätten. Mit dem Spezialpreis zeichnen wir aber gerade nicht allein architektonische Leistung aus, sondern darüber hinaus einen vielschichtigen Einfluß des Architekten, der – wie im erläuternden Aufsatz nachzulesen – von weitreichender Bedeutung für die architektonische Kultur in Graubünden ist.

Der andere Preis geht an jemanden, der bisher noch gar nie mit einem eigenen Werk im Wettbewerb vertreten war. Jürg Conzett ist Ingenieur und er war bereits in den ersten zwei Ausschreibungen maßgeblich an mehreren der ausgezeichneten Bauwerke beteiligt, nicht zuletzt auch an Zumthors Kapelle, in dessen Büro er damals Mitarbeiter war. Dieses Jahr sind nochmals vier (!) Werke dazugekommen, und überdies hätte uns Conzett die Kranz-Entscheidung mit seiner ersten eigenen Arbeit, dem Traversiner Steg, auch nicht gerade einfacher gemacht. Aber ähnlich wie bei Zumthor ehren wir mit diesem Preis nicht nur eine überragende Leistung als Ingenieur, sondern ein fachliches und kulturelles Engagement, das weit über das professionelle Feld hinausragt und das, nota bene, unter Ingenieuren wohl seinesgleichen sucht, nicht nur zwischen Grenoble und Ljubliana.

Die Qualität der Einreichungen hat uns überdies bewogen, neben den Auszeichnungen auch eine Kategorie der Anerkennungen zu schaffen. Es wäre uns nicht nur sinnlos erschienen, sondern es hätte wohl die Idee des Wettbewerbes geradezu untergraben, wenn wir unser Interesse für eine steigende Zahl von Werken allein mit der Verschärfung der Auswahlkriterien beantwortet hätten. Nicht zuletzt die öffentliche Ausstrahlung von „Neues Bauen in den Alpen", welche ja nicht mehr nur eine Hoffnung, sondern eine gesicherte Erfahrung aus den letzten Jahren geworden ist, legt uns eine solche Ausweitung nahe.

la sua prima realizzazione, il ponte di Traversina, certamente non ci avrebbe facilitato la decisione finale. Come nel caso di Zumthor, tuttavia, il premio intende riconoscere non solo le sue eccellenti capacità di ingegnere, ma anche un impegno professionale e culturale che supera l'ambito della disciplina e che, si noti bene, non ha termini di paragone tra gli ingegneri, anche oltre l'area compresa tra Grenoble e Lubiana.

La qualità dei progetti consegnati ci ha convinto a creare, accanto ai premi veri e propri, anche la categoria delle "segnalazioni". Infatti tradurre il nostro interesse per un numero crescente di opere in un semplice inasprimento dei criteri di selezione non solo ci sarebbe sembrato privo di senso, ma avrebbe finito addirittura per contraddire lo spirito stesso del concorso. Non va infine dimenticato che quello dell'allargamento del numero dei premiati è un auspicio che ci proviene anche dall'ampia diffusione e dal successo di pubblico del concorso, che da semplice speranza è divenuto negli ultimi anni una realtà ben consolidata.

Anche quest'ultima novità è stata quasi imposta alla giuria dalle opere presentate quest'anno. Per la prima volta, infatti, ci siamo trovati di fronte a lavori che non potevano essere classificati semplicemente come "oggetti architettonici". In questi interventi non sono tanto i singoli manufatti degni di particolare interesse, quanto piuttosto quelle strategie o quei processi che promuovono intenzionalmente lo sviluppo di intere aree, di particolari questioni a scala regionale o di problemi strutturali di edilizia alpina con risultati notevoli dal punto di vista architettonico. In sintonia con questo tipo di operazioni, dunque, non abbiamo premiato né edifici né singoli progettisti, ma un più ampio "work in progress" nel quale sono coinvolti naturalmente sempre più attori. Il fatto che dietro al fondamentale contributo di un grande numero di istituzioni e di esperti si possano individuare non più di uno o due "registi" non deve sorprendere, ma va giustamente riconosciuto. Anche se quest'anno abbiamo premiato una sola di queste realizzazioni, proporremo all'ente organizzatore di istituire in futuro una categoria per questo genere di attività. Riteniamo comunque che il riconoscimento attribuito in questa edizione sia già uno dei modi più validi per pubblicizzare la grande importanza che queste operazioni hanno per la cultura architettonica alpina.

Se si cerca una base comune alle tre novità che caratterizzano questa edizione, è evidente che l'anniversario non rappresenta una motivazione importante. Piuttosto esse dimostrano l'intrecciarsi, senz'altro lodevole, del dibattito generale sull'architettura alpina con i punti di vista che la giuria ha sostenuto sin dall'inizio della propria attività: tutte queste innovazioni rispecchiano infatti l'intenzione di portare il confronto al di fuori dal contesto, troppo specialistico se non un po' anacronistico, delle dispute sulla "buona architettura in montagna", rifiutando la convinzione che l'oggetto seducente da solo sia in grado di risolvere i problemi. Questo nuovo gruppo dovrebbe preparare il campo per altre questioni più complesse e forse più attuali, che riguardano lo sviluppo architettonico e l'urbanizzazione della regione alpina.

In questo senso non si può negare che, proprio nell'ambito di tale tematica, esista una questione che non siamo stati in grado di risolvere, bensì fin da principio abbia suscitato la nostra attenzione: quella dell'architettura urbana nella regione alpina o, ancora meglio, di come giudicare quegli edifici la cui posizione e tipologia sono da riferire senza dubbio all'area alpina, ma il cui rapporto con le Alpi non risulta immediatamente evidente. Certo, talvolta abbiamo elaborato qualche ragionamento ardito per rapportare questo o quell'edificio di qualità allo sfondo di un'incombente parete rocciosa o al clima inospitale delle Alpi. Ma naturalmente tutto questo non è sufficiente e probabilmente il primo passo, cioè l'introduzione nei criteri di valutazione dei processi culturali che coinvolgono un'intera collettività, costituisce la migliore premessa per il passo successivo e secondo la giuria più significativo: quello di collegare la tematica del "costruire in montagna" a una visione più generale e allargata delle Alpi come ambiente culturale, dando viceversa minore importanza al legame con l'ambiente fisico o con le tradizioni alpine. Le Alpi come "luogo per dialogare con il mondo", potremmo dire parafrasando Friedrich Achleitner.

Auch die letzte Neuerung ist der Jury durch die diesjährigen Einreichungen gleichsam aufgedrängt worden. Erstmals waren wir mit Werken konfrontiert, deren Struktur eine Auszeichnung als „architektonisches Objekt" nicht mehr sinnvoll erscheinen ließ. Herausragend bei diesen Arbeiten ist nicht ein einzelnes Bauwerk, sondern viel eher eine Strategie oder ein Verfahren, welches ganze Orte, besondere regionale Aufgaben oder alpine bauliche Strukturprobleme gezielt und mit bemerkenswertem architektonischem Ergebnis einer Entwicklung unterzieht. Dem Charakter dieser Operationen gemäß werden von uns mithin nicht Bauwerke und auch nicht allein einzelne Architekten prämiert, sondern ein größeres „Work in progress". Daran sind naturgemäß immer mehrere beteiligt. Daß hinter dem unverzichtbaren Zusammenwirken vieler Stellen und Fachleute meist ein oder zwei Köpfe auszumachen sind, kann nicht überraschen und soll entsprechend gewürdigt werden. Auch wenn wir dieses Jahr nur eine dieser Arbeiten auszeichnen, so schlagen wir dennoch dem Auslober vor, diese Werkgruppe in Zukunft als eigene Kategorie auszuschreiben. Wir denken, daß die diesjährige Prämierung deren Bedeutung für die alpine Baukultur in bestmöglicher Art zu bewerben vermag.

Sucht man ein gemeinsames Fundament für diese drei Neuerungen, so wird deutlich, daß das Jubiläum von geringer Bedeutung ist. Vielmehr belegen sie das erfreuliche Ineinandergreifen der allgemeinen Debatte um das „Bauen in den Bergen" mit den Absichten der Jury seit Beginn ihrer Tätigkeit: Alle Novellen spiegeln unsere Absicht, diese Auseinandersetzung aus dem fachmännischen und etwas staubigen Ghetto des Streites um „gute Architektur in den Bergen" herauszuführen, weg also vom Versprechen auf Heilung durch das verführerische Objekt. Die neue Liga soll den Raum frei machen für weitere, vielschichtigere (und vielleicht gegenwärtigere) Fragen der architektonischen Entwicklung und Besiedlung des Alpenraumes.

Dabei kann nicht verschwiegen werden, daß wir gerade im Rahmen dieser Fragestellung ein Problem nicht haben lösen können, obwohl es uns seit Beginn unserer Arbeit beschäftigt hat: jenes der städtischen Architektur im Alpenraum. Oder mehr noch, die Beurteilung jener Bauten, deren Standort und Thema zwar unzweifelhaft dem alpinen Raum zuzurechnen sind, deren Bezug zu den Alpen aber nicht in wenigen Blicken zu entschlüsseln ist. Ein paar verwegene Gedankengänge haben wir wohl konstruiert, um diesen und jenen gelungenen Grenzfall vor den Hintergrund einer dramatischen Felswand zu manövrieren oder dem ruppigen Klima der Alpenwelt auszusetzen. Aber dies reicht natürlich nicht aus.

Qualcuno ci chiederà, non senza irritazione, se questo rendiconto non giunga (troppo) tardi. No, questa panoramica sul possibile futuro del concorso non vuole essere un lusinghiero mea culpa della giuria "a banchetto finito", perché una simile discussione non si può improvvisare, ma dev'essere attentamente preparata. Le decisioni della giuria devono anche – e non in via secondaria(!) – essere "capite" dal pubblico, sia pure nel caso che vengano rifiutate. Di fronte a un ambiente culturale la cui idea di sé molto spesso non va oltre i vasi di gerani e le solite "pagine di calendario" rifilate come promesse ai turisti (paganti), la giuria si è preoccupata di definire alcuni concetti che servissero a comprendere meglio la qualità dell'architettura alpina, andando oltre le travi intagliate con decorazioni o il semplice "inserimento nel contesto locale". È partendo da questa riflessione che talvolta abbiamo focalizzato ulteriormente il nostro campo di ricerca e l'abbiamo indirizzato verso realtà alpine più dirette, anche oltre il giudizio e gli interessi dei singoli membri della giuria. Spesso siamo stati sul punto di controbattere alla solita obiezione che affiorava da noi stessi – "questo edificio potrebbe trovarsi in qualsiasi posto?" – con una domanda che, solo in seguito, avrebbe permesso una interessante discussione: "Sì, ... e allora?"

Tuttavia in genere abbiamo rinunciato a farlo per non compromettere la chiarezza di un premio ancora giovane. Probabilmente, nonostante tutto, siamo riusciti a dare un valido contributo al tentativo di sottrarre il dibattito sull'architettura alpina allo scontro tra i cultori da un lato di una ontologia della roccia e della tempesta e, dall'altro, di un cinismo generalizzato (globale), o ancora meglio di un "ottimismo" ingenuo, (tralasciando volutamente il partito di coloro che vorrebbero "promuovere" in maniera spietatamente pragmatica il turismo alpino, che rappresenta la maggioranza e si colloca a metà strada tra i due gruppi sopra citati). Mirando a questo aspetto, siamo stati costretti anche quest'anno a trascurare – davvero a malincuore – edifici la cui qualità architettonica era completamente fuori discussione, ma la cui valutazione richiedeva un'idea di "Alpi" più generale, più libera e quindi più completa, che al momento richiederebbe uno sforzo eccessivo di compensazione sia da parte nostra sia da parte del pubblico.

Ma non vogliamo darci completamente per vinti. Nel lungo saggio che accompagna questo libro, Friedrich Achleitner fornisce una risposta al brillante contributo di Bruno Reichlin pubblicato nel catalogo del 1995. Il testo di Reichlin aveva tra l'altro il merito indiscutibile (dimostrato nel frattempo dalle frequenti citazioni) di essere riuscito per la prima volta a riorganizzare e a confrontare i vari teoremi formulati dal Movimento Moderno nel periodo tra le due guerre, peraltro in maniera non sistematica e talvolta in aperta contraddizione, relativamente all'architettura alpina. Riconducendo questi postulati – che si presentano in forma sia di testi sia di architetture – alle rispettive radici letterarie, pittoriche e teorico-architettoniche ottocentesche, Reichlin li rende anzitutto decifrabili e in seguito utilizzabili in qualità di concetti critici.

Riflettendo su questo tema Achleitner ha cercato pertanto, in una maniera che potremmo definire argomentativa, di estendere il metodo di Reichlin al presente fino a incontrare il campo di azione della giuria stessa. In questo senso egli rintraccia un precedente quasi paradigmatico negli anni Cinquanta nell'architettura di Edoardo Gellner, che per ampiezza di vedute e ricchezza di riferimenti permise di liberare l'"architettura moderna culturalista" dalla prigione intellettuale del regionalismo. Le questioni che Gellner sollevò nel corso di quegli anni – e alle quali egli stesso diede risposte così brillanti – hanno preparato in maniera particolarmente efficace, secondo Achleitner, il terreno in cui affondano le radici le posizioni principali dell'architettura alpina contemporanea. Non è un caso, perciò, che egli definisca l'opera di Peter Zumthor come "dopo Gellner" (e in questa definizione potrebbero rientrare certamente anche Gabetti e Isola): un'opera che non si basa su una visione né regionalistica né imitativa dell'ambiente alpino e della sua cultura, e che trasforma ogni intervento nell'ambiente montano in occasione per un "dialogo con il mondo". Questo dialogo condotto in maniera estremamente aperta potrebbe tradursi in un possibile programma per lo sviluppo futuro "dell'architettura contemporanea alpina".

Vielleicht ist der erste Schritt die entschiedene Ausweitung der Kriterien auf kollektive kulturelle Tatbestände, eine brauchbare Voraussetzung für den nächsten und – nach Ansicht der Jury – bedeutenderen Wettbewerb. Es wäre dann die Frage des „Bauens in den Bergen" an ein allgemeineres und breiter gefaßtes Konzept der Alpen als Kulturraum zu binden und etwas weniger eng an dessen physikalische oder traditionelle Voraussetzungen: die Alpen als „Ort für das Gespräch mit der Welt", um eine Formulierung von Friedrich Achleitner zu paraphrasieren.

Warum diese (zu) späte Einsicht, werden wir gereizt gefragt werden. Nein, dieser Ausblick in eine mögliche Zukunft des Wettbewerbes ist keine kokette Zerknirschung des Preisgerichtes post festum. Denn eine solche Diskussion kann man nicht erfinden, sie muß erarbeitet werden. Juryentscheide müssen auch – und nicht zuletzt! – in der Öffentlichkeit „verstanden" werden, selbst wenn sie abgelehnt werden. Vor einem Kulturraum, dessen verbindendes Selbstverständnis zu oft kaum über den Geranientopf und sonstige Kalenderblätter herausreicht, welche dem (zahlenden) Touristen als Erwartung unterstellt werden, vor einem solchen Hintergrund war es der Jury zunächst einmal darum zu tun, ein paar brauchbare Begriffe zu prägen, welche eine breitere Verständigung über die Qualität alpiner Architektur diesseits der geschnitzten Ortsbretter und der „Einpassung ins Ortsbild" überhaupt erst ermöglicht. Allein aus dieser Erwägung heraus haben wir unser Forschungsfeld zuweilen enger gefaßt und strenger an nachvollziehbar alpine Tatbestände gebunden, als es dem Blick und den Interessen der Jurymitglieder gelegen kam. Oft waren wir nahe daran, die selbsterklärende Evidenz unseres eigenen Standard-Einwandes, „dieser Bau könnte irgendwo stehen", mit jener Frage zu brechen, die viele interessante Debatten erst ermöglichen würde: „Ja, und nun?"

Wir haben es uns – im Normalfall – versagt, der Anschaulichkeit des jungen Preises zuliebe. Vielleicht ist es uns dennoch gelungen, einen Beitrag auf dem Weg dahin zu erbringen, wo die Auseinandersetzung über das alpine Bauen nicht mehr im wesentlichen zwischen den Ontologen der Felsen und des Sturmes auf der einen Seite und den globalen Zynikern (oder naiven „Optimisten") auf der anderen ausgetragen wird (die überwiegende Klasse der gnadenlos pragmatischen touristischen „Entwickler" der Alpenwelt dazwischen muß eh ausgespart bleiben). Unterwegs dahin mußten wir auch dieses Jahr – und durchaus schweren Herzens – Bauwerke auf der Strecke zurücklassen, deren architektonische Ausstrahlung ganz außer Frage steht, deren knappe Begründung vor dem Hintergrund eines allgemeiner, freier und damit genauer gefaßten Konzepts der „Alpen" uns ebenso wie die Öffentlichkeit im Moment noch überfordert hätte.

Dennoch: ganz bewenden lassen wollen wir es nicht dabei. Im großen Beitrag zu diesem Buch gibt Friedrich Achleitner eine Antwort auf den fulminanten Aufsatz von Bruno Reichlin im Katalog von 1995. Reichlin kommt mit dieser Arbeit nicht nur das unbestrittene – und zwischenzeitlich durch viele Zitierungen belegte – Verdienst zu, die verstreuten und zum Teil eher widersprüchlichen Theoreme zur modernen Architektur in den Alpen aus der Zwischenkriegszeit erstmals geordnet und gegeneinander ausgespielt zu haben. Indem er diese – geschriebenen und gebauten – Sätze auf literarische, malerische und architekturtheoretische Wurzeln des 19. Jahrhundert zurückführt, macht er sie überhaupt erst entschlüsselbar und somit als kritische Begriffe operabel.

Friedrich Achleitner unternimmt es nun in seinem gedanklichen Reflex dieses Aufsatzes, Reichlins Arbeit gewissermaßen argumentativ in die Gegenwart und damit in unser Tätigkeitsfeld als Jury hinein auszuweiten. Dabei deckt er einen gleichsam paradigmatischen Schub in den fünfziger Jahren auf: jene umfassende, von wuchernden Bezügen geprägte Architektur Edoardo Gellners, mit der dieser die „kulturalistische Moderne" aus dem gedanklichen Ghetto des Regionalen befreit hat. Die Fragen, die Gellner in den fünfziger Jahren aufgeworfen – und auf seine Weise so brillant beantwortet – hat, bereiteten nach Achleitner noch bis heute wirksam das Feld vor für die wichtigsten gegenwärtigen Architekturpositionen im Alpenraum. Nicht zuletzt deshalb definiert er etwa das Werk eines Peter Zumthor als „nach Gellner" geschaffen (und ganz bestimmt wären auch etwa Gabetti und Isola darin einzurechnen), weil es weder in einem regionalen noch in einem mimetischen Verständnis des Alpenraumes und seiner Kultur gründet und mithin eben den bergigen Bauplatz „zum Gespräch mit der Welt" gebraucht. Ein solcher, breit geführter Dialog wäre, in etwa, ein mögliches Programm für die Weiterentwicklung von „Neues Bauen in den Alpen".

Bauen in den Alpen – vor und nach Edoardo Gellner   **Architettura alpina – prima e dopo Edoardo Gellner**

Friedrich Achleitner

Il dibattito sul tema dell'architettura alpina richiede una conclusione. Ero convinto che Bruno Reichlin, nel suo fondamentale scritto intitolato „Quando gli architetti moderni costruiscono in montagna"¹ pubblicato nel catalogo della seconda edizione del premio di Sesto, avesse detto veramente tutto ciò che si può dire oggi su questo tema. Eppure, a giudicare dalla piega che ha preso recentemente il dibattito all'interno della giuria di Sesto, questa speranza sembra quasi allontanarsi nuovamente. Ovviamente sono anche attratto dalla possibilità di replicare ad alcune delle sfide che Reichlin ha lanciato a noi tutti. In primo luogo, egli è riuscito in maniera ammirevole a „sdoganare" il tema, affrancandolo per così dire dalle strette dell'alpinismo e ritornando nuovamente alle questioni centrali e all'architettura.

Perciò mi sento in dovere di approfondire ulteriormente le tesi fondamentali del suo saggio, naturalmente nella maniera più breve e sintetica possibile. Il saggio di Reichlin, di cui consiglio vivamente la lettura, "mette ordine" una volta per tutte nel concetto di "architettura alpina", poiché l'architettura "montana", o "alpina", dei moderni o dei contemporanei, poco importa, è anzitutto un'ipotesi di lavoro della critica architettonica e un incentivo culturale al progetto. La nozione o l'idea di "una architettura di montagna" è un costrutto culturale nel senso che è stato formulato a posteriori, osservando un insieme disparato di oggetti di cui si è ipotizzato che avessero a che fare sia con la montagna in quanto fenomeno, sia con le rappresentazioni che essa sa suscitare.

Per concludere: è difficile immaginare una maggiore disparità d'approcci tecnici e materiali, formali, poetici e ideologici, di quel laboratorio della modernità architettonica che è stata l'edilizia costruita in montagna nel XX secolo.

Das Thema drängt zu einem Abschluß. Eigentlich war ich der Meinung, daß Bruno Reichlin in seinem Grundsatzartikel „Die Moderne baut in den Bergen"[1] im zweiten Sexten-Katalog alles gesagt hat, was dieses Thema heute noch herzugeben vermag. Nach den letzten Diskussionen von Sexten ist diese Hoffnung aber wieder etwas verscheucht worden. Natürlich reizt es mich auch, ein paar Herausforderungen anzunehmen, die Bruno Reichlin uns gestellt hat. Es ist ihm in einer bewunderungswürdigen Form gelungen, das Thema „freizustellen", sozusagen aus den Klauen des Alpinismus zu befreien, um wieder einmal zur Sache, zur Architektur zu kommen. Ich muß also die Grundthesen seines Aufsatzes, soweit dies verkürzend und vereinfachend möglich ist, noch einmal ausbreiten.

Dieser Aufsatz, den ich nachdrücklich zur Lektüre empfehle, „erledigt" zunächst einmal den Begriff der „alpinen Architektur", denn, nach Reichlin, die „Gebirgs"- oder „Alpen"-Architektur, ob von der Moderne oder von heute, ist hauptsächlich eine Arbeitshypothese für die Architekturkritik und ein kultureller Ansporn zum Entwurf. Der Begriff einer „alpinen Architektur" ist in dem Sinne ein kulturelles Konstrukt, als es a posteriori formuliert wurde und einen ganz unterschiedlichen Themenkreis betrifft: Dabei soll die Hypothese gelten, daß sie einerseits mit dem Gebirge als Phänomen und andererseits mit den Empfindungen in Verbindung steht, die dieses Phänomen auszulösen vermögen.

Und schließlich – eine größere Disparität von technischen, materiellen, formalen, poetischen und ideologischen Ansätzen, als sie die Bautätigkeit in den Alpen im 20. Jahrhundert aufweist, läßt sich kaum denken.

Adalbert und Paul
oder Stifter und die Deutschen

Die beiden nächsten Kapitel sind Adalbert Stifter, der deutschen und österreichischen Heimatschutzbewegung und schließlich Schmitthenner gewidmet. Dieser Exkurs war lange fällig, weil es wirklich unmöglich ist, ohne diesen Hintergrund über die ambivalente Haltung der Moderne in den Alpen zu sprechen. Ich möchte jetzt diese spannenden Kapitel nicht referieren, nur im Hinblick auf Adalbert Stifter (als Österreicher ein Großmeister des Verdrängens) einen Verdacht aussprechen, was ich einfach für notwendig halte. Es gibt ja, seit 1945, den Topos vom „mozartspielenden KZ-Wächter", und es gibt die glasklaren Darstellungen von Zygmunt Bauman, wie die wissenschaftlichen Ordnungskategorien des 19. Jahrhunderts, also der Moderne, das vor allem auch in Deutschland beheimatete Ordnungsdenken (das alle Abweichungen von konstruierten Ordnungssystemen bestraft oder denunziert – man denke allein an die Rassentheorien), die direkt nach Auschwitz geführt haben. Ich möchte nicht mißverstanden werden: Es geht nicht um die dumme Erwartung, daß der gute Mensch automatisch gute Kunst macht – der gute Künstler muß auch nicht unbedingt charakterlos sein – aber man kann schon fragen (und damit spreche ich nur eine Vermutung aus), durch welche psychische Verfassung oder über welchen seelischen Abgründen die Stifterschen Konstruktionen einer so harmonischen Natur- und Menschenwelt entstanden sind. Ich überzeichne jetzt absichtlich: Der sich schwer beherrschende, freßsüchtige, cholerische, von einer existentiellen Angst besessene und mit Erziehungsprojekten durchs Land fahrende Oberschulmeister, der sich schließlich aus Angst vor Krankheit, Schmerz und Tod die Gurgel durchschnitt, wird 1940 zum Dichter, der Tausende junge Deutsche und Österreicher „im Tornister" in jene Länder begleitet, die sie in Schutt und Asche legen. Das sieht nicht nur nach fataler Schizophrenie aus, sondern nach einem verzweifelten Rettungsakt in eine verzweifelt heile Welt, deren Grundstruktur die unduldsame Reinheit ist. Nicht nur das, die Kunst der Nationalsozialisten in ihrer erbarmungslosen Idyllik, zeigt in ihrer „idealistischen" Verklärung der Wirklichkeit eine ebenso ausweglos tödlich-totale Konstruktion wie die industriellen Tötungsmaschinerien von Auschwitz. Die Realität des Lebens wird nicht wahrgenommen, die Wirklichkeit ist ein erbarmungsloses ideologisches Konstrukt.

Adalbert e Paul
ovvero Stifter e i tedeschi

Nei due paragrafi che seguono parlerò di Adalbert Stifter, della "Heimatschutzbewegung" (il movimento tedesco per la tutela della natura e della cultura della patria) in Germania e Austria, e infine di Paul Schmitthenner. Questo excursus si imponeva da tempo, perché senza metterne a fuoco il contesto risulta davvero impossibile parlare delle posizioni ambivalenti assunte dagli architetti moderni in relazione all'architettura alpina. Anche se non desidero addentrarmi in una questione che resta appassionante vorrei tuttavia, cosa che ritengo semplicemente necessaria, avanzare un sospetto su Adalbert Stifter (che in quanto austriaco è un vero maestro nell'arte della rimozione). Pensiamo al topos del "guardiano del campo di concentramento che suona Mozart", che circola dal 1945, e alle descrizioni chiarissime fatte da Zygmunt Bauman[1] di come le categorie ordinatrici scientifiche del XIX secolo, dunque della modernità, e il pensiero ordinatore connaturato al popolo tedesco (che punisce o denuncia tutte le deviazioni dai sistemi di classificazione che vengono costruiti, si pensi soltanto alle teorie razziali) abbiano condotto direttamente ad Auschwitz. Non vorrei essere frainteso: non si tratta di avanzare una sciocca aspettativa che l'uomo buono crei automaticamente anche un'arte buona, dato che il buon artista non deve essere contemporaneamente del tutto privo di carattere, ma è lecito chiedersi (e in questo senso esprimo soltanto un'ipotesi) in quale stato psichico e passando sopra quali abissi dell'anima siano nate le visioni stifteriane di un ambiente naturale e di un'umanità così armoniosi. A questo punto esagero intenzionalmente: il professore di scuola superiore incapace di controllarsi, vorace, irascibile e in preda al panico esistenziale che viaggiava attraverso il paese con i suoi progetti di educazione e che alla fine si tagliò la gola per paura della malattia, del dolore e della morte, era destinato a diventare nel 1940 il poeta che accompagnò nello zaino militare migliaia di giovani tedeschi e austriaci inviati a mettere a ferro e fuoco i paesi europei.

Tutto ciò non appare soltanto una fatale schizofrenia, ma anche un estremo atto di salvezza entro un mondo disperatamente sano la cui caratteristica fondamentale è la purezza intollerante. Non solo: anche l'arte dei nazionalsocialisti, con il suo spietato idillio e la sua trasfigurazione "idealistica" della realtà, si presenta come una costruzione mortale e totalitaria altrettanto priva di vie di uscita della macchina della morte industriale di Auschwitz, che non percepisce la concretezza della vita e trasforma la realtà in un costrutto spietatamente ideologico.

Il celebre discorso pronunciato da Paul Schmitthenner nel maggio 1941 in occasione della consegna del premio Erwin von Steinbach – "Das sanfte Gesetz in der Kunst, in Sonderheit in der Baukunst" (La legge mite nell'arte, in particolare nell'architettura) – risale a un'epoca in cui le divisioni tedesche devastavano mezza Europa. L'idilliaca attenzione alla concretezza delle cose sviluppata in questo testo, l'amore eternamente privo di malizia per i dettagli artigianali, l'atmosfera festosa di oggetti che si celebrano da soli si legge oggi come un immane cinismo o come una cecità non meno imperdonabile.

Nel capitolo "Obbedire alle cose", Bruno Reichlin descrive la genesi di questo percorso che culmina nei "Kulturarbeiten" di Paul Schultze-Naumburg. Se ho ben compreso la sua tesi è che lo scrupoloso inventario di un mondo minacciato e in via di scomparsa, la necessità di una protezione totale, radicale o addirittura ideologica, nasce nella ricerca enciclopedica del XIX secolo, in un certo senso all'ombra dello sviluppo della società industriale:

"Il territorio montano è investito da innumerevoli approcci: la cartografia, l'osservazione geologica, la minuziosa inventarizzazione della fauna e della flora da parte dei naturalisti, l'investigazione etnologica. Nel montanaro si riconosce un tipo fisico, un caso sociologico, con pratiche e costumi che gli sono riconosciuti come caratteristici. Nell'Ottocento prende avvio un'antropologia che tende a identificare l'uomo col suo territorio, col suo habitat, coi suoi luoghi e il clima col suo temperamento."

Si può supporre che all'interpretazione scientifica di questi risultati della ricerca ne segua una culturale, e a quella culturale una ideologica, se non è la scienza stessa a basarsi sin dall'inizio su motivazioni e interessi nazionali e locali.

Die berühmte Rede von Paul Schmitthenner vom Mai 1941 anläßlich der Verleihung des Erwin-von-Steinbach-Preises „Das sanfte Gesetz in der Kunst in Sonderheit in der Baukunst" – wurde also in einer Zeit gehalten, als die deutschen Heere halb Europa niederbrannten. Die in diesem Text entwickelte Idylle der Dinglichkeit, die Liebe zum ewig arglosen handwerklichen Detail, diese Sonntäglichkeit der sich selbst feiernden Gegenstände, liest sich heute wie ein ungeheurer Zynismus oder eine nicht minder unverzeihliche Blindheit.

Bruno Reichlin verweist im Abschnitt „Den Dingen zu gehorchen" auf die Genesis dieser Entwicklung, die in den Kulturarbeiten eines Paul Schultze-Naumburg kulminiert. Wenn ich ihn richtig verstanden habe, entstand in der enzyklopädischen Forschung des 19. Jahrhunderts, gewissermaßen im Windschatten der industriellen Entwicklung, der gründlichen Bestandsaufnahme einer bedrohten und verschwindenden Welt, das Bedürfnis zum totalen, radikalen, ja ideologischen Schutz:

Das Berggebiet hat unzählige Erkundungen erfahren: Kartografie, geologische Forschung, minutiöse Inventarisierung der Fauna und Flora durch die Naturforscher; die Ethnologie. Im Bergler erkennt man einen physischen Typus, einen soziologischen Fall mit Praktiken und Bräuchen, die ihm als charakteristisch zuerkannt werden. Im 19. Jahrhundert ist eine Anthropologie im Entstehen, die darauf hinzielt, den Menschen mit seinem Territorium, seinem Habitat und seinen Orten und andererseits das Klima mit seinem Temperament zu identifizieren.

Man kann vermuten, daß der wissenschaftlichen die kulturelle, und der kulturellen die ideologische Interpretation dieser Forschungsergebnisse folgt, wenn nicht schon die Wissenschaft von vornherein aus nationalistischen und regionalistischen Gründen und Interessen entstanden ist.

Die radikale Veränderung der Landschaften durch Industrie und Kapitalismus im 19. Jahrhundert fordert also ein ebenso radikales Schutzprojekt, wie es der Heimatschutz darstellt, heraus. Interessant ist aber, daß es dabei weniger um die Bekämpfung der Ursachen als um die ästhetische Korrektur der Symptome geht. Das mit Stifterschem Auge gesehene „Bild" der Landschaft liefert die Regeln, wie dieses ergänzt, aber eigentlich nicht verändert werden darf. In der Dynamik der Moderne erscheint also ein merkwürdiges Moment der Statik, des Festhalten-Wollens, das nur ein Zeichen einer existentiellen Angst sein kann.

Bruno Reichlin nennt dies die „kulturalistische Position", die genaugenommen die gesellschaftliche, wissenschaftliche und technologische Veränderung der Welt nicht wahrhaben und mit einem ästhetischen Regelwerk gegen diese Veränderungen ankämpfen will. Daraus folgt aber ein weiterer, noch viel folgenschwererer Schritt. Bruno Reichlin zitiert in diesem Zusammenhang Emil Staiger:

„Wie Stifter uns aus Sitte und der Sitte selber willen schildert, sind die Dinge, Steine, Blumen, Bäume, Tiere nicht als Umwelt eines Schicksals da, sondern weil in ihrer Pflege sich die schöne Seele darstellt, und sie diese Pflege wieder danken mit ihrer klärenden Kraft."

Damit wird die Heimatpflege zu jener Kraft mit der ästhetischen Doppelmoral, die eigentlich dem Pfleger zum seelischen Frieden und weniger dem Gepflegten zu einer besseren Existenz verhilft. Ja, die tatsächliche Existenz der Dinge stellt sich ohnehin durch den Fortgang der Geschichte, die kommenden Weltkriege, als immer aussichtsloser dar. Schmitthenners „herrschaftlicher Stadel" in den Tiroler Alpen duckt sich nicht nur in eine scheinbar heile Bergwelt, in das fotografisch selektierte Bild dieser Welt, sondern nimmt auch durch die bäuerlichen Lücken nur mehr bestimmte Teile dieser Welt wahr.

Auch daß die Dinge zu einer Art „Bank" zur Aufbewahrung seelischer Werte generieren sollen, in deren Tresoren eine gereinigte Dingwelt überdauert, die der Seele, durch einen Blick auf den Kontostand (etwa der Bautenregister), Genesung signalisieren, wäre vielleicht einmal bedenkenswert. Jedenfalls ist der Blick auf die heile und geheiligte Dingwelt ideologisch instrumentalisiert, die selektive Wahrnehmung doktrinäre Leugnung der Wirklichkeit. Das ist das Fundament, auf dem nach dem Zweiten Weltkrieg die baulichen Kulissen für den Tourismus errichtet werden, eine ebenso ignorante wie intolerante Welt des Scheins, die nicht einmal mehr den „selektiven Blick" auf die Landschaft erlaubt, sondern sie generell hinter einem „Bild" (Klischee) verschwinden läßt.

Il mutamento radicale del paesaggio prodotto dall'industria e dal capitalismo nel corso del XIX secolo richiede dunque un progetto di tutela altrettanto radicale quanto quello rappresentato dall'Heimatschutz. Tuttavia è interessante il fatto che nel caso di Stifter si tratta più di una correzione estetica dei sintomi che di una lotta alle cause del fenomeno: nell'"immagine" del paesaggio vista con gli occhi di Stifter sono implicite le regole del suo completamento, ma in realtà non quelle del suo cambiamento. Nel dinamismo del Movimento Moderno ecco dunque un singolare momento di stasi, di volontà di mettere un punto fermo che può costituire soltanto il segno rivelatore di una paura esistenziale.

Bruno Reichlin identifica questo segno rivelatore con il concetto di "posizione culturalista", una posizione che a rigore non intende riconoscere il progresso sociale, scientifico e tecnologico del mondo e anzi vi si oppone decisamente ricorrendo a un corpus di regole estetiche. Il passo successivo, tuttavia, è ancora più gravido di conseguenze. Reichlin cita in proposito Emil Staiger:

"Per Stifter, che si rivolge a noi a partire da uno spunto morale e in nome della morale stessa, anche le cose, sassi, legni, fiori, alberi, animali, non sono lì soltanto come scena dove si compie un destino, ma perché nella cura rivolta a queste cose si manifesta l'anima bella, che esse ricambiano con la loro forza chiarificatrice".

Così l'Heimatpflege (la tutela della natura e delle tradizioni locali) viene corroborata da una doppia morale estetica, che in verità aiuta più chi esercita la tutela a raggiungere uno stato di pace spirituale che il bene tutelato ad avere un'esistenza migliore. La stessa reale esistenza delle cose appare sempre più vana, nel progredire della storia e nel succedersi delle guerre mondiali. Il "fienile da signori" di Schmitthenner sulle Alpi Tirolesi non si adegua soltanto a un ambiente montano apparentemente integro, alla sua immagine fotografica accuratamente selezionata, ma attraverso l'abbaino rurale percepisce solo determinate parti di questo ambiente.

Anche il fatto che le cose confluiscano in una sorta di "banca" per la conservazione dei valori spirituali, nelle cui casseforti sopravvive una concretezza purificata che rivela la guarigione progressiva dell'anima attraverso una semplice occhiata all'estratto conto (quale può essere ad esempio il registro degli edifici), forse ci dovrebbe fare riflettere.

In ogni caso questo guardare a una concretezza delle cose sana e quasi sacrale viene strumentalizzato ideologicamente, mentre la percezione selettiva si trasforma in negazione dogmatica della realtà. Queste sono le basi che hanno permesso nel secondo dopoguerra di erigere vere e proprie quinte architettoniche ad uso dei turisti, creando un mondo tanto ignorante quanto intollerante, basato sull'apparenza, un mondo che non permette neppure uno "sguardo selettivo" sul paesaggio ma che lo nasconde genericamente dietro un'immagine o uno stereotipo.

Naturalmente Reichlin quando si occupa di Schmitthenner fa uso di tutti i suoi sensori, arrivando a una conclusione interessante: Questa "comprensione dell'assetto naturale", dove per "natura" si intende anche il mondo delle cose, dei manufatti artigianali, significa però anche alienazione di sé nelle cose. Questa è forse una o la ragione, per cui questo ramo della cultura tedesca ha reagito con tanta virulenza, come scosso nei suoi fondamenti antropologici, tutte le volte che ha visto oltraggiare quel mondo di cui ha intessuto l'elogio.

Potremmo sostituire oltraggiare addirittura con minacciare o annientare. Forse la devozione e l'innocenza delle cose, anche se spesso sono avvolte nel saio da penitente di un ordine monastico, rappresentano un segnale della perdita del nostro equilibrio interiore, comunque sempre qualcosa che stimola tuttora la nostra mente. Non vorrei certamente fare una gaffe, ma cosa accadrebbe se per una volta si considerasse il culto ortodosso della semplicità in architettura come un meccanismo di protezione psichica contro una realtà sociale completamente diversa? Non bisogna ricorrere subito e sempre alla rimozione.

Naturalmente l'apprezzamento del Biedermeier che si verifica soprattutto all'interno del movimento dell'Heimatschutz ha già i suoi critici, mentre il suo ruolo di architettura sostitutiva o della rimozione viene presto riconosciuto. Cito da Reichlin un passo di Curt Behrendt dalla prefazione al libro di Paul Mebes „Um 1800":

"Attraverso il generale rinnovamento della tradizione classicista l'architettura attuale ha ricavato almeno la parvenza di una intima necessità e legittimità e ora, al posto dell'iniziale arbitrarietà, incertezza e frammentarietà, nelle scelte formali è subentrata almeno la finzione di una volontà comune e unitaria. L'opera compiuta appare oggi di nuovo come la congiunzione logica di una catena evolutiva ben nota; essa viene intesa quasi come il prodotto naturale di una cultura architettonica organicamente legata ai luoghi."

Bruno Reichlin hat natürlich im Umgang mit Paul Schmitthenner alle Antennen ausgefahren, und er kommt zu der interessanten Feststellung:

Diese „Einsicht in den Aufbau der Natur", wo „Natur" auch die Welt der Dinge, der handwerklichen Erzeugnisse umfaßt, bedeutet freilich auch Entfremdung von sich selbst in den Dingen. Dies ist eine – oder vielleicht die Ursache, weshalb dieser Teil der deutschen Kultur mit derartiger Virulenz – wie in seinem eigenen Fundament erschüttert – reagiert, wenn er diese Welt, der er huldigt, beleidigt sieht.

Man könnte sogar statt beleidigt bedroht oder vernichtet sagen. Vielleicht ist die Frömmigkeit und Einfalt der Dinge, wenn auch oft in der Büßerkutte eines Bettelordens, eine Verlustanzeige unseres inneren Gleichgewichts, aber immer noch etwas, das sogar den heutigen Intellekt erwärmt. Ich möchte ja nicht schon wieder in ein Fettnäpfchen treten, aber wie wär's, wenn man die Religion der orthodoxen Einfachheit in der Architektur einmal unter dem Aspekt eines psychischen Schutzmechanismus gegen eine ganz andere gesellschaftliche Wirklichkeit analysieren würde? Es muß sich ja nicht immer gleich um Verdrängung handeln.

Natürlich hat die Biedermeierrezeption, die hauptsächlich innerhalb der Heimatschutzbewegung stattfindet, auch schon ihre Zweifler, und es wird ihre Rolle als Ersatz- beziehungsweise als Verdrängungsarchitektur früh erkannt. Ich übernehme von Reichlin ein Zitat von Curt Behrendt aus dem Vorwort zu Paul Mebes „Um 1800":

„Durch die allgemeine Erneuerung der klassizistischen Überlieferung ist so dem architektonischen Schaffen der Zeit wenigstens der Schein einer inneren Notwendigkeit und Gesetzmäßigkeit gegeben worden, und es ist jetzt an die Stelle der frühen Unsicherheit, Willkür und Zersplitterung in der Formenwahl doch wenigstens die Fiktion eines gemeinsamen und einheitlichen Wollens getreten. Das fertige Werk erscheint nunmehr wieder als das logische Bindeglied einer wohlbekannten Entwicklungskette, es wird fast als das natürliche Produkt einer organisch bodenständigen Baukultur empfunden."

Dieser Skepsis hat dann, zwei Jahrzehnte später, ein deklarierter kulturpolitischer Wille auf die Sprünge geholfen, die Fiktion wurde zur Realität.

Bruno Reichlin neigt, wie es sich für einen Schweizer gehört, zu einer gelassenen und vor allem ausgewogenen Betrachtung dieses Phänomens. Für ihn steht, und ich glaube für die Schweiz allgemein, der anthropologische Ansatz dieser „Tendenz" im Vordergrund. Außerdem ist der Schweizer Heimatschutz als Begriff nicht so negativ, kulturpessimistisch und kulturkämpferisch besetzt wie in Deutschland und Österreich. Man kann also von der Schweiz aus die fortschrittlichen und konservativen Positionen in den gleichen Personen und die Schwierigkeiten der Kulturschaffenden, wenn sie die trennenden Unterschiede auseinanderhalten wollen, distanzierter, offener und auch gelassener betrachten. Ich bin mir allerdings nicht ganz sicher, ob die mit der Typologieforschung verbundenen Mythen, die erahnen lassen, daß Heimat, Volk und Bauen ein Ganzes waren, auch in der Schweiz sozusagen nur auf einem anthropologisch-wissenschaftlichen Boden gewachsen sind und nicht auch auf die Stimme des Blutes gehört haben.

Ich möchte also, so verführerisch der herrschaftliche Stadel von Paul Schmitthenner auch in der Tiroler Landschaft steht, diese Art von Architektur- und Weltsicht in das selbstgewählte Biedermeier entlassen. Gerade in der Schweiz wurde das große Drama „Biedermann und die Brandstifter" geschrieben. Die nach Bildern einer alten Bildwelt harmonisierten Dinge können am Ende des zwanzigsten Jahrhunderts nicht mehr eine denkbare Welt sein, sie waren es auch am Beginn dieses Jahrhunderts nicht. Ja, schon Adalbert Stifter hat sich vergebens darum bemüht. Natürlich können wir mit Recht fragen, ob nicht die Architektur, wenigstens seit der Renaissance, immer Projektion war, Entwurf einer nie gewesenen und nie realen Welt. Und wenn eine der bestialischsten Zeiten, wie es die der beiden Weltkriege war, Harmonieentwürfe unterschiedlichster Valeurs – also zwischen Neobiedermeier und De Stijl – hervorgebracht hat, so ist vielleicht der weniger verklemmte Umgang damit, wie ihn Bruno Reichlin versucht, der richtigere Weg.

Un ventennio più tardi questo scetticismo finì per fare il gioco di una volontà politico-culturale esplicita: la finzione diveniva realtà. Reichlin tende a osservare questo fenomeno pacatamente e soprattutto con equilibrio, cosa giusta per uno svizzero. Per lui, come penso per tutta la Svizzera in generale, il punto di vista antropologico di questa "tendenza" è predominante. Inoltre l'Heimatschutz svizzero in sé e per sé non ha la stessa accezione negativa, culturalmente pessimistica e aggressiva che possiede in Germania e Austria. Perciò dalla Svizzera è possibile osservare in maniera più distante, aperta e pacata le posizioni di progresso e di conservazione negli stessi personaggi e le difficoltà che i protagonisti culturali hanno se vogliono tenere distinti gli elementi di separazione. In ogni caso non sono completamente convinto che tutti quei miti connessi con la ricerca tipologica, i quali suggerivano che patria, popolo e costruzione formano un tutto, siano cresciuti in Svizzera soltanto su un terreno per così dire antropologico-scientifico, e non abbiano invece tratto origine anche dal richiamo del sangue.

Per quanto seducente possa apparire anche nel paesaggio tirolese il fienile da signori di Paul Schmitthenner, vorrei comunque lasciare questo genere di visione dell'architettura e del mondo nella categoria del Biedermeier, che essa stessa reclama. Proprio in Svizzera è stato scritto il grande dramma teatrale "Biedermann und die Brandstifter" (Il signor Biedermann e gli incendiari). Gli oggetti armonizzati che si richiamano alle immagini di un mondo antico non possono più rappresentare un mondo plausibile alla fine del XX secolo, e non lo rappresentavano neppure all' inizio del secolo. Stifter stesso si era già preoccupato di questo aspetto, per quanto inutilmente. Naturalmente potremmo chiederci a ragione se l'architettura, almeno a partire dal Rinascimento, non sia sempre stata una proiezione, il progetto di un mondo mai esistito e mai realizzatosi. E se uno dei periodi più disumani di tutti i tempi, quello che abbraccia le due guerre mondiali, ha lasciato dietro di sé progetti armoniosi dal segno più vario – dal Neobiedermeier a De Stijl – forse la strada più giusta è quella seguita da Bruno Reichlin di affrontare la questione in maniera meno rigida.

Lo spazio alpino –
scoperta di una nuova realtà o soltanto una scenografia marginale?

Lo spazio come esperienza e come messa in scena è entrato in una fase assolutamente nuova a partire dalle ricerche di August Schmarsow, così come il dibattito sorto intorno alla ricostruzione dei "Kaiserdome" (le cattedrali degli imperatori) tedeschi hanno portato a una nuova concezione (per così dire, con uno sguardo sintetico) di volume, di massa e di monumentalità. Possiamo dunque supporre che il dibattito sulla qualità dello spazio abbia influenzato anche la percezione del paesaggio e della montagna. Anche questo è stato ampiamente descritto da Bruno Reichlin nei saggi "L'architettura fa un gesto" (sulla "Nordkettenbahn" di Franz Baumann) e "La costruzione del paesaggio secondo criteri spaziali" (su Lois Welzenbacher).

A questo punto vorrei completare quanto detto o anche solo esprimere una nuova tesi, per poi metterla nuovamente in discussione. Mentre per gli individui lo spazio piano si presenta fondamentalmente come una categoria temporale – dove le distanze vengono computate in ore, giorni o settimane – in montagna l'uomo ha da sempre un' esperienza dello spazio molto più immediata. Ha imparato a conoscere il mutamento continuo degli orizzonti, la prospettiva aerea, lo scenario in movimento incessante fatto di volumi grandi e piccoli che gli appare mentre cammina: inoltre sa da sempre che la distanza più breve non è la linea retta ma proprio la strada strappata al terreno (al contrario, negli sport invernali è la linea di massima pendenza), mentre sperimenta continuamente la veduta dal basso e quella zenitale di oggetti ed edifici, e così via. Non vorrei arrivare ad affermare che i migliori architetti sono quelli formatisi sulle Alpi, ma nel processo di scoperta dello spazio architettonico avvenuto all'inizio del XX secolo certamente gli architetti di montagna avevano buone basi di partenza.

La metamorfosi dello sci in sport prima popolare e poi di massa e, se vogliamo, la trasformazione delle Alpi in una sorta di grande impianto sportivo che ne è derivata – si pensi a discipline sciistiche come la discesa, lo slalom e il salto – hanno intensificato per molti l'esperienza diretta dello spazio montano. A ciò si sono aggiunte l'apertura delle strade alpine e l'accessibilità del paesaggio all'automobile e al volo sportivo, e molte altre variabili che sono comparse nel frattempo. Questa smitizzazione e oggettivizzazione dell'ambiente montano, spesso anche protagonista negativo di film di argomento patriottico, è stata tradotta in scene indimenticabili come

Der alpine Raum –
eine entdeckte Wirklichkeit oder nur
ein Nebenschauplatz?

Der Raum als Erfahrung und der Raum als Inszenierung ist seit den Untersuchungen von August Schmarsow in eine absolut neue Phase eingetreten, so wie auch die Auseinandersetzungen um die Rekonstruktion der deutschen Kaiserdome einen neuen Begriff von Volumen, Masse und Monumentalität (gewissermaßen in einer abstrahierenden Sicht) gebracht haben. Man kann also annehmen, daß die Auseinandersetzung mit dem Raum, sich auch auf die Wahrnehmung der Landschaft und der Gebirgswelt ausgewirkt hat. Auch das hat Bruno Reichlin in den Abschnitten „Architektur macht eine Geste" (Franz Baumanns Nordkettenbahn) und „Bauen in der Landschaft nach räumlichen Grundsätzen" (Lois Welzenbacher) ausführlich dargestellt.

Ich möchte hier nur ergänzen oder eine weitere Vermutung aussprechen, um sie dann selber zu widerlegen: Während für den Menschen der Raum in der Ebene sich hauptsächlich als Zeitkategorie darstellt – Distanzen werden in Stunden, Tagen oder Wochen gerechnet –, hatte der Mensch im Gebirge eh und je zusätzlich unmittelbare Raumerfahrungen. Er kennt nicht nur den dauernden Wechsel des Horizonts, die Luftperspektive, die ständig in Bewegung sich befindende Szenerie der großen und kleinen Volumen beim Gehen, er weiß seit jeher, daß die kürzeste Linie nicht die Gerade, sondern eben der dem Terrain abgeluchste Weg ist (in der Umkehrung des Skisports die Fallinie), er macht ständig die Erfahrung der Unter- und der Draufsicht auf Objekte und Bauten und so fort. Ich möchte mich nicht zur Behauptung versteigen, daß die besseren Architekten in den Alpen wachsen, aber für die Entdeckung des Raumes in der Architektur am Beginn unseres Jahrhunderts waren sicher für den architektonischen Gebirgler keine schlechten Voraussetzungen gegeben.

Durch die Entwicklung des Skisports zu einem Volks- und späteren Massensport, wenn man so will, durch die damit verbundene Verwandlung der Alpen in ein Sportgerät – denken Sie an die alpinen Disziplinen der Abfahrt, des Slaloms und des Springens – wurde, so behaupte ich einmal, das unmittelbare, sinnliche Raumerlebnis in den Bergen für viele verstärkt. Dazu kam der Bau der Alpenstraßen, die Eroberung der Landschaft durch das Auto und das Sportflugzeug. Heute kommen noch viele Varianten dazu. Diese Entmythisierung und Verdinglichung der Bergwelt, oft auch kritisches Thema vieler Heimatfilme, führt schließlich zu unvergeßlichen Szenen wie jene Überblendung in „Der verlorene Sohn" von Luis Trenker, wo sich die Felstürme der Dolomiten in die Skyline von Manhattan verwandeln. Schließlich führt die Wahrnehmung der Natur als Konstrukt zur Wahrnehmung der Konstruktion als Natur. Jeder, der einen Regentag in New York erlebt hat und die Stahl- und Glastürme in den Wolken verschwinden sah, wird diese neue „Landschaftswahrnehmung" bestätigen.

Gerade Lois Welzenbacher ist für dieses Phänomen einer neuen, ambivalenten Landschaftswahrnehmung ein Herzeigesubjekt. Ich gehe noch weiter: Wenn er seine Häuser, eingebunden in einen landschaftlichen Großraum und angebunden an einen Ort als ein Konzentrat dieser Landschaftserfahrung, konzipiert, wenn er also im Haus Settari nicht aufhört bergzusteigen und weiterwandernd in die Landschaft schaut, um sie in selektiven Ausblicken als Bilderbuch zu registrieren, dann ist das ein typisches Kulturverhalten eines Städters, der eben einen solchen Ort aufsucht, um ganz bestimmte Blickerlebnisse zu haben.

Dem Bauern, der den ganzen Tag mit schwerer körperlicher Arbeit mit der Schwerkraft kämpft, sich also an den Hängen herumplagt, dem würde es nicht im Traum einfallen, in seiner Hütte, also am oft einzigen ebenen Fleck seiner Existenz, auch noch zum Vergnügen die Unwirtlichkeit seiner Bergwelt zu reproduzieren und Treppen zu steigen, um in die Landschaft schauen zu können.

la celebre dissolvenza incrociata del film "Il figliol prodigo" di Luis Trenker, dove le torri di roccia delle Dolomiti si trasformano gradatamente nello skyline di Manhattan. La percezione della natura come costruzione ha come risultato finale la percezione della costruzione come natura. Chiunque si sia trovato a New York in un giorno di pioggia e abbia visto le torri di acciaio e vetro scomparire nelle nuvole sarà in grado di confermare l'esistenza di questa nuova "percezione del paesaggio".

Lo stesso Lois Welzenbacher testimonia perfettamente il fenomeno di una percezione del paesaggio nuova e ambivalente. Non solo: quando egli concepisce le proprie case, inserite in un paesaggio grandioso e in stretta relazione con il luogo, come un concentrato di questa esperienza del paesaggio, e quando nella casa Settari non cessa di salire e continuando a camminare osserva il paesaggio per registrarlo in vedute selezionate come quelle di un album illustrato, ebbene egli assume così l'atteggiamento culturale tipico del cittadino che ricerca intenzionalmente luoghi di quel genere per ricavarne esperienze visive ben determinate.

Al contadino che lavorando faticosamente lotta tutto il giorno con la forza di gravità e si arrangia come meglio può su e giù per i declivi non verrebbe mai in mente di riprodurre per puro piacere nella propria baita, cioè in quello che probabilmente è l'unico luogo piano con cui ha a che fare in tutta la sua esistenza, la desolata inospitalità delle sue montagne, o addirittura di salire una scala per poter osservare il paesaggio.

La scoperta e la messa in scena dello spazio, la nuova religione del fluire e del salire, non è stata inventata dunque dagli architetti di montagna, perché questo fenomeno lo ritroviamo anche – e qui mi riferisco a Vienna – nelle grandi città. Al di là del fatto che probabilmente l'immagine archetipica di una nuova spazialità si riscontra – se non addirittura già a Cnosso – almeno sull'Acropoli di Atene nell'Eretteo, e a parte il fatto che Loos si richiamava alla tradizione anglosassone dell'abitare (anche se non direttamente a Frank Lloyd Wright), il suo "Raumplan" rappresenta una conquista dello spazio analoga, anche se nasce da altre premesse e con altri riferimenti. Le sue sequenze spaziali spiraliformi e in continua estensione trovano la loro giustificazione nel rito borghese del penetrare nell'atmosfera privata della casa e nell'economia dell'utilizzo dello spazio: cioè, in parole più semplici, nel fatto che nel XX secolo doveva apparire impensabile il fatto che un atrio o un soggiorno avessero la stessa altezza di una stanza da bagno, di un guardaroba o di un locale per i servizi igienici. Da ciò nasce automaticamente una combinazione verticale di volumi che, anche da un punto di vista pratico, conduce a una nuova concezione di spazio (casa Müller a Praga, 1928-30).

Poiché questa nuova concezione spaziale potrebbe adattarsi tanto a Utrecht quanto a Barcellona, tanto a Vienna quanto al Renon, credo che l'occasione migliore per lo sviluppo delle nuove idee non sia rappresentata dalla montagna in sé, ma dalle condizioni che l'ambiente montano pone. Bruno Reichlin cita a questo proposito il testo di Welzenbacher sulla casa di Recklinghausen, che adduce tante argomentazioni quante le case da lui realizzate in montagna.

Reichlin analizza molto bene nel suo saggio la netta contrapposizione tra il punto di vista "culturalista" (per esempio quello di Schmitthenner) e quello positivista e mimetico dei tirolesi. In un'altra occasione anch'io ho cercato di descrivere questo bipolarismo, certo in maniera un po' semplificata, attraverso i concetti di tipologia e topologia. Tuttavia in realtà nella maggior parte dei progetti le due posizioni non si possono separare chiaramente, e questo è anche il motivo per cui ancora oggi continuiamo a parlare di quest'argomento. Nella sua chiesa di Langen am Arlberg (1928-29), Hans Fessler fornisce un esempio perfetto di adattamento mimetico e di interpretazione "culturalistica" del tema della "chiesa di montagna".

A questo punto, tuttavia, vorrei prendere in considerazione una terza posizione, che si ritrova nell'ambito compreso tra la città e la campagna, tra la cultura urbana e la percezione che la città ha della cultura rurale: intendo parlare ancora una volta di Adolf Loos.

Die Entdeckung und Inszenierung des Raumes, die neue Religion des Fließens und Steigens, wurde also nicht vom architektonischen Gebirgler erfunden, denn wir kennen dieses Phänomen, und hier kann ich mich endlich auf Wien beziehen, auch aus der Großstadt. Abgesehen davon, daß vermutlich das Urbild einer neuen Räumlichkeit – wenn nicht schon in Knossos – auf der Akropolis in Form des Erechteions steht, und abgesehen davon, daß Loos sich auf die angelsächsische Tradition des Wohnens (allerdings nicht direkt auf Frank Lloyd Wright) berief, ist sein „Raumplan" eine ähnliche Eroberung des Raumes nur mit anderen Prämissen und Referenzen. Loos' spiralförmig sich entwickelnde Raumsequenzen suchen ihre Rechtfertigung im bürgerlichen Ritual des Vordringens in eine private Atmosphäre und in der Ökonomie der Raumnutzung, also, grob gesagt darin, daß es im 20. Jahrhundert undenkbar sein sollte, daß eine Halle oder ein Wohnraum die gleiche Raumhöhe wie ein Bad, eine Garderobe oder ein WC besitzen sollen, woraus automatisch auch eine vertikale Verschränkung von Räumen entsteht, die eben auch von einer praktischen Seite zu einem neuen Raumdenken führt (Haus Müller, Prag, 1928-30).

Ich vermute, nachdem dieses neue Raumdenken sich ebenso in Utrecht wie Barcelona, in Wien und auf dem Ritten artikulieren konnte, daß der Anlaß nicht die Berge, sondern die Bedingungen der Bergwelt ein willkommener Anlaß für die neuen Konzeptionen waren. Bruno Reichlin zitiert Welzenbacher mit einem Text über sein Haus in Recklinghausen, und dieser argumentiert genauso wie bei seinen Häusern in den Bergen.

Bruno Reichlin arbeitet in seinem Aufsatz sehr schön die Polarität von einem „kulturalistischen" Standpunkt (etwa Schmitthenner) und, wenn man so will, einem positivistischen, mimetischen der Tiroler heraus. Ich habe einmal versucht, diese, etwas simpler gedacht, mit einem typologischen und einem topologischen Konzept zu beschreiben. Realiter sind aber diese Positionen bei den meisten Arbeiten nicht wirklich zu trennen, was ja auch der Grund ist, daß wir heute noch darüber reden. Hans Fessler gibt bei seiner Kirche von Langen am Arlberg (1928/29) ein eindrucksvolles Beispiel von mimetischer Einpassung und „kulturalistischer" Interpretation des Themas „Bergkirche".

In "Regole per chi costruisce in montagna" (1913)[2] Loos scriveva: "Non costruire in modo pittoresco. Lascia questo effetto ai muri, ai monti e al sole. L'uomo che si veste in modo pittoresco non è pittoresco, è un pagliaccio. Il contadino non si veste in modo pittoresco. Semplicemente lo è". E più avanti:

"Fa' attenzione alle forme con cui costruisce il contadino. Perché sono patrimonio tramandato dalla saggezza dei padri. Cerca però di scoprire le ragioni che hanno portato a quella forma.
Se i progressi della tecnica consentono di migliorare la forma, bisogna sempre adottare questo miglioramento.
Il correggiato è stato sostituito dalla trebbiatrice". E ancora, due paragrafi più avanti:

"Non pensare al tetto, ma alla pioggia e alla neve. In questo modo pensa il contadino e di conseguenza costruisce in montagna il tetto più piatto che le sue cognizioni tecniche gli consentono.
In montagna la neve non deve scivolare giù quando vuole, ma quando vuole il contadino".

Fino alla celebre conclusione: "Non temere di essere giudicato non moderno. Le modifiche al modo di costruire tradizionale sono consentite soltanto se rappresentano un miglioramento, in caso contrario attieniti alla tradizione. Perché la verità, anche se vecchia di secoli, ha con noi un legame più stretto della menzogna che ci cammina al fianco".

Anche Loos dunque, se intendo correttamente il pensiero di Reichlin, avrebbe un atteggiamento "culturalista" ma al contrario di Schmitthenner progressista, tanto da accettare il cambiamento e il progresso come un miglioramento. Eppure se si analizza la sua villa a Payerbach si nota ugualmente qualche traccia di "mimesis", almeno come questione all'interno del progetto.

Si potrebbe perfino arrivare a sostenere che nella casa per la famiglia dell'industriale viennese Khuner, Loos abbia sviluppato al massimo grado come prototipo alpino la tipologia primaria della casa in legno rettangolare con tetto a due spioventi. Dunque anch'egli indossa il costume folcloristico, anche se, come risulta chiaro da subito, rapportandosi con i contadini (cioè con il contesto) non si esprime nel dialetto degli spaccapietre. Attraverso la scelta dei materiali (il piano interrato è in pietra squadrata in opera, mentre i piani superiori sono realizzati in legno da un carpentiere locale) Loos mostra un profondo rispetto per il luogo. Certo, e questo va precisato, si tratta di rispetto per un luogo da lui stesso costruito e interpretato, poiché questa tipologia alpina non si riscontra né nelle case dei contadini della zona né nelle ville o negli alberghi del Semmering. Loos crea una "matrice", un segno stenografico ridotto a pochi elementi notevoli, per poi farne, attraverso una gragnuola purificatrice di trasformazioni radicali, un esempio moderno di casa di campagna (o meglio prealpina) urbana e altoborghese.

La casa si trova su un pendio esposto a nord, cosicché il tema dominante nell'atrio a doppia altezza è la vista panoramica sul Rax e sullo Schneeberg, mentre la palestra nel sottotetto serve da basamento per la terrazza-solarium sovrastante. Le finestre con le imposte scorrevoli in lamiera (per una maggiore protezione dai rigori invernali) sono dimensionate a partire dall'interno. Gli ambienti interni, e persino i rivestimenti delle pareti e dei soffitti, non mostrano alcuna traccia né alcuna propensione al dialogo con la cultura rurale così come la si intende normalmente, a meno che uno non cerchi una corrispondenza nella propria verità postulata.

Considerando che da un lato una visita a Edoardo Gellner ha influenzato in maniera determinante il dibattito all'interno della giuria di Sesto e dall'altro le opere di Peter Zumthor sono da alcuni anni al centro della discussione, vorrei cercare a questo punto di applicare il pensiero e l'analisi di Bruno Reichlin a Gellner e a Zumthor, soffermandomi per quanto possibile anche sullo stato attuale del dibattito.

4

4

Ich möchte jetzt noch eine dritte Position ins Spiel bringen, die sich im Spannungsfeld von Stadt und Land, von städtischer Kultur und eben der städtischen Wahrnehmung der ländlichen Kultur befindet: Ich rede wieder einmal von Adolf Loos.

Zitat aus den „Regeln für den, der in den Bergen baut" (1913)[2]:

„Baue nicht malerisch. Überlasse solche wirkung den mauern, den bergen und der sonne. Der mensch, der sich malerisch kleidet, ist nicht malerisch, sondern ein hanswurst. Der bauer kleidet sich nicht malerisch. Aber er ist es."

Und einen Absatz weiter:
„Achte auf die formen, in denen der bauer baut. Denn sie sind der urväterweisheit geronnene substanz. Aber suche den grund der form auf. Haben die fortschritte der technik es möglich gemacht, die form zu verbessern, so ist diese verbesserung zu verwenden. Der dreschflegel wird von der dreschmaschine abgelöst."

Und noch einen Absatz weiter:
„Denke nicht an das dach, sondern an regen und schnee. So denkt der bauer und baut daher in den bergen das flachste dach, das nach seinem technischen wissen möglich ist. In den bergen darf der schnee nicht abrutschen wann er will, sondern wann der bauer will."

Und der berühmte Schluß:
„Fürchte nicht unmodern gescholten zu werden. Veränderungen der alten bauweise sind nur dann erlaubt, wenn sie eine verbesserung bedeuten, sonst aber bleibe beim alten. Denn die wahrheit, und sei sie hunderte von jahren alt, hat mit uns mehr inneren zusammenhang als die lüge, die neben uns schreitet."

Adolf Loos hat also, wenn ich Bruno Reichlin richtig verstehe, ebenso einen „kulturalistischen" Standpunkt. Im Gegensatz zu Schmitthenner aber einen progressiven, einen, der Veränderung und Fortschritt als Verbesserung akzeptiert. Aber, wenn man sein Haus in Payerbach analysiert, gibt es ebenso einen „Touch" von Mimesis, zumindest als Frage in seinem Konzept.

Man könnte ja behaupten, daß Loos in seinem Haus für die Wiener Fabrikantenfamilie Khuner die erste typologische Grundregel, das langgestreckte Holzhaus mit flachem Satteldach als alpinen Prototyp voll erfüllt. Er zieht also seine Trachtenjoppe an, auch wenn er, wie sich bald herausstellt, mit dem Bauern (also seiner Umgebung) nicht im Steinklopferhansdialekt spricht. Loos macht durch die Materialwahl – das Kellergeschoß wird mit dem vor Ort gebrochenen Stein aufgemauert und die darüberliegenden Geschosse werden vom örtlichen Zimmermann im Blockbau errichtet – eine kräftige Verneigung vor dem Ort. Ja, man muß sagen, vor einem durch ihn konstruierten und interpretierten Ort; denn weder die Bauernhäuser der Gegend zeigen diesen alpinen Typ noch die Villen- und Hotelbauten des Semmering. Loos setzt ein „Klischee", ein auf wenige Merkmale reduziertes Kürzel ins Bild, um es dann, mit einem reinigenden Gewitter radikalster Veränderungen in ein modernes Modell des großstädtischen, großbürgerlichen Wohnens auf dem Lande (konkret: in den Voralpen) zu verwandeln.

Das Haus steht auf einem Nordhang, das Thema der zentralen, zweigeschossigen Halle ist der Blick auf Rax und Schneeberg, im Dachgeschoß ergibt ein Gymnastiksaal die Plattform für eine Sonnenterrasse. Die Fenster mit den Blechschiebeläden (zur Wintersicherung) sind von innen dimensioniert. Das Interieur, ja die Bekleidungen von Wand und Decken zeigen keine Spur, auch keine Gesprächsbereitschaft mit einer wie immer wahrgenommenen bäuerlichen Kultur, es sei denn, man sucht ihre Entsprechung in der selbst postulierten Wahrheit.

Da einerseits ein Besuch bei Edoardo Gellner die Diskussion der Jury von Sexten grundlegend beeinflußt hat und andererseits die Arbeiten von Peter Zumthor im Zentrum der langjährigen Gespräche standen, möchte ich jetzt versuchen, die Gedanken oder den Analyseansatz von Bruno Reichlin auf Gellner und Zumthor auszudehnen und, soweit wie möglich, auch den Stand der Diskussion einzubeziehen.

Edoardo Gellner, ovvero la rinascita di una regione

L'opera di Gellner sembra far dimenticare tutte le nostre analisi: essa è radicata infatti nel temperamento di un architetto moderno che, con lo stesso spirito di Loos, accetta qualsiasi nuova conoscenza e qualsiasi miglioramento tecnologico e sociale. Ma, cosa che caratterizza soprattutto questo lavoro, essa apre uno sguardo d'insieme su un paesaggio culturale. Se Gellner si fosse limitato alle ricerche sulla struttura dei villaggi di montagna friulani, caratterizzati già dal XIX secolo da un parziale rinnovamento nei principi di edificazione, e se non fosse andato oltre i numerosi studi tipologici e morfologici condotti sull'architettura anonima della sua regione, sarebbe già considerato un importante studioso moderno di architettura che mette al primo posto proprio l'interesse antropologico – in senso fenomenologico e positivista – pur gettando uno sguardo affascinato e apparentemente privo di sentimentalismi sull'oggetto delle sue ricerche. Tuttavia Gellner non si è limitato soltanto alle ricerche, ma ha tradotto le sue esperienze in nuove concezioni architettoniche e ha sviluppato nuove tipologie senza travalicare il linguaggio della sua regione, ideando nuove strutture e nuovi spazi in cemento e in legno che si richiamano in parte alla pittoresca ricchezza di stimoli dei masi di montagna.

Se ci riferiamo alla definizione coniata da Reichlin, Gellner sarebbe dunque un "culturalista" radicale, capace di riassumere tutti i dati di fatto relativi al costruire entro una determinata situazione sociale, culturale e geografica, di valutarli e di tradurli nei concetti corrispondenti di edificazione, di grammatica tipologica e di pluralità morfologica, cioè in una nuova "architettura alpina".

Delle opere urbanistiche di Gellner conosco soltanto il villaggio di vacanze ENI, a Corte di Cadore. Insieme con il presidente del gruppo Enrico Mattei, Gellner sviluppò un piano per un insediamento di oltre 6000 abitanti provvisto di un centro, di strutture ricreative per giovani, di alberghi e altri edifici. Il progetto, iniziato nel 1954, comportò però da subito anche la ricostruzione di un paesaggio e la riforestazione di un gigantesco conoide di detriti percorso da fenomeni carsici. Gellner sviluppò un'ampia serie di tipologie per tutti gli edifici progettati e un modello strutturale che stava a metà strada tra la disposizione apparentemente casuale delle unità abitative nel territorio e una distribuzione dei corpi edilizi rigida e indipendente dai dati topografici immediati. Grazie all'attenzione dedicata all'aspetto tipologico e al rigido orientamento verso sudovest, ogni edificio del piano finì per istituire una relazione quasi unica con il territorio, creando un luogo irripetibile e possibile soltanto in un' alternanza dialettica tra regola e caso.

Nella colonia di Corte di Cadore, la nuova cultura del riposo della società industriale, tipicamente urbana, si concilia con un nuovo paesaggio di vacanze. Mentre orde di turisti sportivi calpestano il paesaggio e gli skilift lasciano ferite ben visibili ogni volta che la neve si scioglie, questo progetto di colonizzazione che parte dalla metropoli si tramuta in una sorta di "riparazione del paesaggio", che risana persino le ferite che la natura stessa si è inferta da sola. Oggi gli oltre 500 edifici sull' antico conoide di deiezione quasi non sono più visibili. In sintesi il merito di Gellner è quello di aver introdotto già all'inizio degli anni Cinquanta nel settore dell'architettura turistica una visione complessiva ed ecologica delle questioni legate all'architettura nel paesaggio, considerandone tutti gli aspetti che vanno dalla visuale di ogni singola finestra e dal rapporto concreto dell'uomo con la natura fino al dialogo tra la città e il paesaggio. Dovremo perciò abituarci a parlare di un'"architettura in montagna dopo e secondo Edoardo Gellner".

Forse a questo proposito è necessario ricordare che la "posizione culturalista" di Gellner si esplica prevalentemente nella ricerca e nello studio e non nella progettazione. Partendo da un angolo di osservazione ampio e da un concetto di cultura urbano e – mitteleuropeo, egli distingue sensibilmente l'estetica del recepire dall'estetica del progettare: i risultati del recepimento diventano infatti utili per il progetto solo dopo essere stati filtrati e trasformati. Proprio in questo risiede il confine tra regionalismo e architettura regionale, tra storicismo e movimento moderno, tra kitsch alpino e nuovo modo di guardare l'ambiente montano.

Edoardo Gellner oder die Renaissance einer Region

Gellners Werk scheint alle unsere Analyse-Ansätze vergessen zu machen, es ist eingebettet in das Temperament eines Architekten der Moderne, der im Sinne von Adolf Loos jede neue Erkenntnis, jede technologische und soziale Verbesserung akzeptiert. Aber, was vor allem diese Arbeit ausmacht, sie eröffnet einen umfassenden Blick auf eine Kulturlandschaft. Wenn Gellner allein nur die Strukturuntersuchungen der friaulischen Bergdörfer, mit teilweise neuen Bebauungskonzepten aus dem vorigen Jahrhundert, wenn er allein seine zahlreichen typologischen und morphologischen Studien der anonymen Architektur seiner Region gemacht hätte, wäre er schon ein großer Bauforscher der Moderne, bei dem eben das anthropologische Interesse im Vordergrund steht – phänomenologisch und positivistisch – aber mit einem faszinierenden, scheinbar emotionslosen Blick auf seinen Forschungsgegenstand. Aber Gellner beließ es eben nicht bei den Recherchen, sondern er setzte seine Erfahrungen in neue Bebauungskonzepte um, er entwickelte neue Haustypologien, blieb aber in der Sprache der Region, indem er, auch in Erinnerung an die pittoreske Sinnlichkeit der Berghöfe, mit Beton und Holz neue Strukturen und Räume erfand.

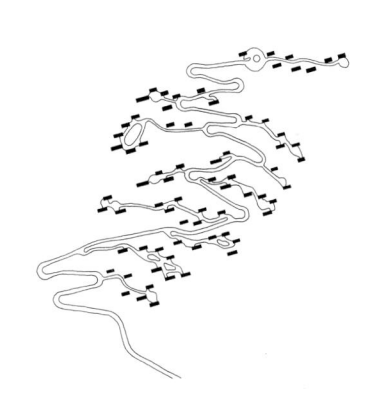

Gellner wäre also, nach der von Reichlin geprägten Diktion, ein radikaler „Kulturalist", der imstande ist, alle Bedingungen des Bauens in einer bestimmten gesellschaftlichen, kulturellen und geographischen Situation für ein neues „Bauen in den Alpen" zu erfassen, zu bedenken und in analoge Konzepte der Bebauung, der typologischen Grammatik und morphologischen Vielfalt in eine Architektur der Gegenwart umzusetzen. Ich kenne von den städtebaulichen Arbeiten nur das Feriendorf in Corte di Cadore des Konzerns ENI, dessen Chef Enrico Mattei mit Edoardo Gellner ein urbanistisches Konzept für über 6000 Benutzer, mit einem Zentrum, Jugendeinrichtungen, Hotels et cetera entwickelt hat. Das 1954 gestartete Projekt war aber von Anfang an auch das der Rekonstruktion einer Landschaft, der

Una città in montagna,
ovvero un esperimento funzionalista

A questo punto vorrei ricordare un esperimento che negli anni Sessanta e all'inizio degli anni Settanta fu al centro di violente polemiche in Austria, e che in seguito venne del tutto dimenticato. Nella località termale di Bad Gastein, il paese dei grattacieli tra le montagne, il sindaco di allora Anton Kerschbaumer e l'architetto Gerhard Garstenauer svilupparono un piano generale di riqualificazione che, oltre alla fortunata realizzazione dell'edificio termale del Felsenbad, prevedeva principalmente la costruzione di un parcheggio multipiano, di un centro civico polifunzionale e di un centro congressi, e contemporaneamente la creazione in una zona centrale e soleggiata di una piazza attraente. A completamento del progetto, e per attirare soprattutto i giovani, fu potenziato l'accesso alla testata di una valle, che venne ridenominata Sportgastein. Al di là del fatto che il promotore dell'impresa (il sindaco Kerschbaumer) scomparve durante la fase di realizzazione e che il comune non riuscì mai a rendere economicamente produttivo il centro congressi, anche le architetture realizzate (con l'eccezione del Felsenbad) non furono mai realmente accettate. Il rigoroso tardomoderno che le caratterizzava, con una forte componente costruttivista (che presentava analogie con le costruzioni degli alberghi di Gastein) venne percepito come un elemento straniante nonostante l'intera località, con le sue architetture urbane che richiamano quelle di Vienna e di Monaco di Baviera, appaia nel frattempo sempre più come uno splendido "corpo estraneo" nel cuore delle Alpi. Ciò che mancava a questo progetto di riqualificazione intelligente, e portato avanti in maniera coerente, era evidentemente un contesto "culturalista", che nella fase di cantiere e in quelle immediatamente successive non esisteva o non si poteva individuare. Qualche possibilità in più è data soltanto dalla prospettiva storica, che permette di conciliare la vecchia e la nuova Badgastein osservando le cose da un unico punto di vista. Ciò che risultava strategicamente interessante nel progetto di Badgastein era il fatto che si cercasse di realizzare un piano di rinnovamento ricorrendo a una serie di interventi edilizi sia centrali sia periferici, e considerando il contesto urbanistico-economico di una località (compreso il traffico veicolare) come un'unica "rete" di fattori interdipendenti.

Wiederaufforstung eines riesigen Geröllkegels, der sich im Zustand der Verkarstung befunden hat. Gellner entwickelte eine umfangreiche Typologie für alle anfallenden Gebäudearten und ein Strukturmodell im Spannungsfeld von scheinbar zufälliger Verteilung der Wohneinheiten im Gelände und einer strengen, von der unmittelbaren Topographie unabhängigen Positionierung der Objekte. Durch die Typologie und die strenge Orientierung nach Südwesten entstand bei jedem Objekt sozusagen eine einmalige Berührung mit dem Boden, ein unwiederholbarer Ort, der eben nur in einem Spannungsfeld von Regel und Zufall möglich ist.

In der Colonia Corte di Cadore wird die neue, großstädtische Ferienkultur der Industriegesellschaft mit der neuen Ferienlandschaft versöhnt. Während die Heere der Sporttouristen die Landschaft zertrampeln, die Skilifte in der schneelosen Zeit sichtbare Wunden zurücklassen, wurde hier das großstädtische Projekt einer Landnahme zur „Landschaftsreparatur", in der sogar Wunden geheilt wurden, die sich die Natur selbst zufügte. Heute sind die über fünfhundert Objekte auf dem ehemaligen Geröllkegel kaum mehr zu sehen. Edoardo Gellners Verdienst ist es also, schon am Beginn der fünfziger Jahre im Bereich der Tourismusarchitektur eine gesamtheitliche, auch ökologische Sicht der Probleme des Bauens in der Landschaft eingeführt zu haben, das vom Blick aus dem Fenster, von der dinglichen Berührung von Natur und Menschenhand bis zum Dialog von Urbanismus und Landschaft alle Aspekte umfaßt. Wir werden uns also angewöhnen müssen, von einem „Bauen in der Landschaft nach Edoardo Gellner" zu sprechen.

Vielleicht sollten wir uns in diesem Zusammenhang daran erinnern, daß Gellners „kulturalistische Position" vorwiegend in der Recherche, in der Forschung liegt, kaum aber im Entwurf. Gellner unterscheidet, mit seinem weiten Beobachtungswinkel und seinem zentraleuropäisch-großstädtischen Kulturbegriff sensibel zwischen einer Rezeptions- und einer Konzeptionsästhetik. Die Ergebnisse der Rezeption werden zwar für die Konzeption fruchtbar, aber gefiltert, transformiert. Genau hier liegt die Grenze zwischen Regionalismus und regionalem Bauen, zwischen Historismus und Moderne, zwischen alpinem Kitsch und neuem Blick auf die Bergwelt.

Eine Stadt im Gebirge
oder ein funktionalistisches Experiment

Ich möchte an dieser Stelle an ein Experiment erinnern, das in den späten sechziger und frühen siebziger Jahren in Österreich heftig diskutiert und dann vergessen wurde. Im Kurort Bad Gastein, diesem Wolkenkratzerdorf im Gebirge, wurde durch den damaligen Bürgermeister Anton Kerschbaumer und den Architekten Gerhard Garstenauer ein strategisches Konzept der Erneuerung des Ortes entwickelt, das, nach dem Bau des erfolgreichen Felsenbades, vor allem im Bau eines Parkhauses, eines multifunktionalen Gemeindezentrums und eines Kongreßhauses bestand, das zugleich in zentraler, besonnter Lage einen attraktiven Platz schuf. Ergänzend sollte (um die Jugend anzuziehen) ein Hochtal mit dem neuen Namen Sportgastein erschlossen werden. Wenn man davon absieht, daß der Motor dieses Unternehmens (Kerschbaumer) während der Realisierung verstarb und es der Gemeinde nie gelang, das Kongreßzentrum ertragreich zu führen, ist auch die Architektur (mit Ausnahme des Felsenbades) nie wirklich angenommen worden. Die rigorose Spätmoderne, mit einer starken konstruktivistischen Komponente (in einer analogen Weiterführung der Gasteiner Substruktionen der Hotelbauten) wurde als Überfremdung empfunden, obwohl ganz Badgastein mit seiner großstädtischen Wiener und Münchner Architektur einen inzwischen großartig empfundenen „Fremdkörper" in den Alpen darstellt. Was dem klugen und auch logisch vollzogenen Konzept einer Erneuerung fehlte, war offenbar der „kulturalistische" Kontext, der in der Bauphase und unmittelbar danach nicht vorhanden war oder auch nicht erkannt werden konnte. Eine gewisse Chance besteht also nur mehr in der historischen Distanz, die es ermöglicht, das alte und das neue Badgastein harmonisierend, also unter einem Blickwinkel zu sehen. Das strategisch Interessante am Konzept für Badgastein war, daß man eine Erneuerung mit einer Folge von zentralen und peripher liegenden Baumaßnahmen versuchte und die baulich-wirtschaftliche Entwicklung eines Ortes (einschließlich Verkehr) als zusammenhängendes „Netzwerk" betrachtete.

10

Peter Zumthor – Dal concetto di "mondo" al luogo concreto

Probabilmente è scorretto da un punto di vista metodologico far rientrare l'opera estremamente complessa di un grande architetto in un dibattito astratto e generale come quello sull'architettura nel paesaggio. Le concezioni architettoniche valide hanno anche sempre delle "risposte valide" che non possono tuttavia essere viste come soluzioni trasmissibili o esemplari, anche se possiedono un'energia che consente la liberazione dalla rigidità delle convenzioni, tanto da risultare indispensabili per il dibattito.

A un mio scritto di maggiore ampiezza sulle opere di Peter Zumthor ho dato il titolo (per la verità con qualche malessere) di "Ritorno al moderno?". Con questo titolo intendevo dire che Zumthor affronta qualsiasi programma architettonico con un nuovo (vecchio?) apparato percettivo, che cerca bensì di dare un ordine ai ricordi immagazzinati nella memoria, ma si discosta radicalmente da qualsiasi categoria formale o stilistica. Qualcosa di simile cercarono di fare i primi architetti moderni nella loro instancabile lotta contro la pluralità stilistica dello storicismo, che tuttavia sfociò presto in pensiero "ornamentale" e in sistema estetico: un esito che Josef Frank rimproverò con decisione al Bauhaus.

Nei due cataloghi precedenti del premio di Sesto sono descritte tre opere di Peter Zumthor che, in riferimento al tema dell'architettura alpina, sono da considerare fondamentali: la cappella di Sogn Benedetg, la residenza per anziani di Coira e la casa Truog a Gugalun. Tutte queste opere sono contraddistinte da uno sguardo estraneo, da una distanza culturale rispetto ai luoghi che ha reso possibile il riconoscimento della loro eccezionalità e la formulazione di una risposta adeguata dal punto di vista architettonico. Questi progetti non nascono dunque nell'ambito rassicurante di una cultura regionale, ma entrano in una cultura per rivalutarla attraverso la sfida del nuovo. In maniera analoga eppure differente rispetto a Gellner, anche Zumthor non ricerca le sedimentazioni formali di una cultura, lo stile presunto, il rivestimento culturale o il travestimento folcloristico, ma proprio quei problemi del luogo lungo i quali si può, o addirittura si deve, sviluppare un pensiero architettonico. Far rientrare in tale processo quegli elementi della cultura locale che hanno conservato quasi intatta la loro vitalità (per esempio gli elementi tecnico-costruttivi) al fine di instaurare un dialogo con il "mondo" è per lui un fatto naturale.

Le terme di Vals e la rinuncia a "un'architettura alpina"

Se il concetto di "architettura alpina" per Bruno Reichlin è soprattutto un'ipotesi di lavoro della critica architettonica e un incentivo culturale al progetto, allora Peter Zumthor nelle terme di Vals ha completamente rinunciato a questo costrutto culturale. In fondo il concetto di "architettura alpina" è definito a posteriori, e in questo senso rappresenta una costruzione imbrigliata in categorie stilistiche che per il progetto sono – andrebbe osservato – inadatte nel XX secolo.

Zumthor riesce per lo meno a risvegliare l'impressione di questa libertà "formale", e ci si potrebbe domandare se il pubblico non ne venga un po' ingannato. Già cento anni fa Joseph M. Olbrich aveva utilizzato, in occasione della costruzione del palazzo della Wiener Sezession, il "trucco" del regresso nella storia per liberarsi dai vincoli dello storicismo. Il suo riferimento arcaico a uno "stile assiro" bianco e indefinito venne recepito effettivamente come radicalmente moderno, e in seguito il moderno riuscì in parte a liberarsi dallo storicismo.

Nel progetto di Zumthor per Vals troviamo una raffinata mescolanza di invenzione e di memoria se non addirittura di memoria inventata, nella quale l'istante della memoria viene messo in scena in maniera convincente e in modo da risultare intimamente comprensibile a tutti utilizzando concetti come l'acqua, la fonte, la montagna, la roccia, la cura, la caverna, l'oscurità, il pozzo, la fenditura, la luce: la montagna come mondo interiore. Viene dunque spontaneo chiedersi se l'aura, questo miscuglio semantico di frammenti di memoria, non sia a posteriori lo stesso costrutto "storicistico", soltanto elevato a una potenza superiore. Ciò significherebbe che, nonostante tutti i tentativi di liberazione "lungo i problemi" (per citare Zumthor), dopo lo storicismo dell'Ottocento non possiamo più tornare allo stato di ingenuità del paradiso, a prima della domanda "in che stile dobbiamo costruire?" O, detto in altri termini: le stesse posizioni che rinnegano lo storicismo hanno un carattere storicista, lo rifiutano senza accorgersi che in mancanza di esso non sarebbero neppure concepibili.

Zumthor conosce perfettamente questi aspetti, anche se non li affronta esplicitamente. La disposizione degli spazi "gigantesca" e impressionante di Vals è, insieme con la brillante estetica dei materiali, una costruzione non meno raffinata. L'ambivalenza di peso e senso di leggerezza nei volumi dei pilastri, che a loro volta racchiudono ambienti simili a caverne, trova corrispondenza nella zona d'ingresso, allo stesso tempo rac-

Peter Zumthor – Vom Begriff einer „Welt" zum konkreten Ort

Es ist methodisch vermutlich falsch, das äußerst komplexe Werk eines großen Architekten in die abstrakte und auch allgemeine Diskussion um ein Bauen in der Landschaft einzuführen. Gültige architektonische Konzepte haben auch immer „gültige Antworten", die aber weder vermittelbar noch als modellhafte Lösungen anzusehen sind. Sie besitzen allerdings auch eine Kraft zur Befreiung aus erstarrten Konventionen, sind also doch in der Diskussion unentbehrlich.

Ich habe einen größeren Aufsatz über die Arbeiten von Peter Zumthor mit etwas Bauchweh „Heimkehr der Moderne?" betitelt. Ich meinte damit, daß er mit einem neuen (alten?) Wahrnehmungsapparat an die Formulierung von Bauaufgaben herangeht, der zwar gespeicherte Erinnerungen zu artikulieren sucht, aber formalen oder stilistischen Kategorien radikal ausweicht. Also etwa so, wie es die frühe Moderne in ihrem Gerangel mit dem Stilpluralismus des Historismus zu tun versuchte, aber bald, wie Josef Frank so heftig dem Bauhaus vorwarf, doch in einem Denken in „Garnituren", in ästhetischen Systemen endete. In den beiden Katalogen von Sexten sind drei Arbeiten von Peter Zumthor beschrieben, die im Zusammenhang mit dem Thema zu den essentiellsten zählen: Die Kapelle von Sogn Benedetg, das Altenwohnheim von Chur und das Haus Truog, Gugalun. Alle diese Arbeiten zeichnet der fremde Blick, die kulturelle Distanz zu den Orten aus, die es erst möglich machte, sie in ihrer Einmaligkeit zu erkennen und baulich darauf zu reagieren. Die Entwürfe sind also nicht im konventionellen Rahmen einer regionalen Kultur entstanden, sondern sie treten in eine Kultur ein, um sie durch die Herausforderung des Neuen neu zu sehen. Auch Zumthor sucht, in einer ähnlichen, aber anderen Weise wie Gellner, nicht die formalen Ablagerungen einer Kultur, nicht das vermeintlich Stilistische, die kulturale Einkleidung, die Tracht, sondern eben jene Probleme des Ortes, an denen entlang man einen Baugedanken entwickeln kann, ja muß. Daß damit Elemente einer regionalen Kultur (etwa bautechnologische) einfließen können, die lebendig genug geblieben sind, um einen Dialog mit der „Welt" aufzunehmen, ist selbstverständlich.

Therme Vals und der Verzicht auf eine „alpine Architektur"

Wenn der Begriff der „alpinen Architektur" nach Bruno Reichlin hauptsächlich eine Arbeitshypothese für die Architekturkritik und ein kultureller Ansporn für den Entwurf ist, so hat Peter Zumthor bei der Therme von Vals auf dieses kulturelle Konstrukt ganz verzichtet. Schließlich ist ja „alpine Architektur" a posteriori definiert und somit eine in Stilkategorien verheddete Konstruktion, die für den Entwurf – sollte man meinen – im 20. Jahrhundert ungeeignet ist.

Zumthor gelingt es zumindest, den Eindruck dieser „formalen" Ungebundenheit zu erwecken, und man könnte fragen, ob der Rezipient ihm nicht doch auf den Leim geht. Schon Joseph M. Olbrich hatte vor hundert Jahren beim Bau der Wiener Sezession den „Trick" des Rückgriffs in die Geschichte angewendet, um sich aus den Klauen des Historismus zu befreien. Seine archaische Bezugnahme auf einen nicht definierten, weißen „assyrischen Stil" wurde tatsächlich als radikal modern empfunden, und in der Folge gelang es der Moderne sogar streckenweise, Historistisches abzustreifen.

Peter Zumthors Konzept von Vals ist eine raffinierte Mischung aus Erfindung und Erinnerung, ja erfundener Erinnerung, wobei das Moment der Erinnerung in Verbindung mit Wasser, Quelle, Berg, Fels, Heilung, Höhle, Dunkelheit, Schacht, Spalt, Licht – der Berg als Innenwelt – in einer eindrucksvollen Weise und für jeden nachvollziehbar inszeniert wird. Und man muß fragen, ob die Aura, dieses semantische Gemenge aus Erinnerungssplittern, nicht das gleiche, nur in eine höhere Potenz verdichtete „historistische" Konstrukt a posteriori ist. Das würde heißen, daß es uns trotz aller Befreiungspraktiken „an den Problemen entlang" (Zumthor) – nach dem Historismus des vorigen Jahrhunderts – nicht mehr gelingen kann, in den paradiesisch-naiven Zustand, vor die Fragestellung „In welchem Style sollen wir bauen?", zurückzukehren. Anders gesagt: Selbst die den Historismus verleugnenden Positionen sind historistisch positioniert, sind Positionen, die den Historismus ausklammern, ohne zu bemerken, daß diese Position ohne Historismus nicht denkbar ist.

colta e movimentata, che grazie all'aggetto delle lastre di copertura traduce le sottili lame di luce in "un'armonia dinamica" anche nella terza dimensione (con una sorta di riproposizione dei "principi De Stijl"). La storia dell'architettura moderna è elaborata, trasformata e calata consapevolmente in questo contesto tematico. Questa posizione apre la strada a un nuovo dibattito, che prende spunto da un concetto di architettura individualistico, ma espresso in maniera molto concreta e precisa. Queste posizioni non saranno mai abbastanza varie e frequenti. Esse evitano forse "all'architettura alpina" di finire nel dimenticatoio della storia, poiché come parte di un'architettura vitale devono essere sempre definite e ri-definite, descritte e ri-descritte.

I premi maggiori consegnati quest'anno a Sesto, tuttavia, creano anche un nuovo "campo d'osservazione" costituito dal ruolo dell'architetto come promotore di una cultura architettonica regionale. Forse fino a oggi il singolo oggetto, l'elemento chiave è stato fin troppo al centro delle nostre considerazioni. Forse, tuttavia, ciò è anche una logica conseguenza del fatto che da un intreccio ormai sempre più fitto di edifici di un certo livello qualitativo nascono continuità, processi che a lungo andare possono avere un impatto sempre più incisivo su un'intera regione. Se possiamo definire l'architettura di Peter Zumthor anche "formativa", allo stesso tempo l'operato di Gion A. Caminada è un processo che rinnova la cultura dei piccoli centri e mette in luce un concatenarsi totalmente differente dei problemi, mentre l'influsso di Jürg Conzett, come costruttore innovativo, sull'architettura del cantone dei Grigioni non è ancora stato abbastanza messo in risalto. Qui però il dibattito si sposta su un altro piano e acquista una dimensione più ampia, tanto che il concetto di "architettura alpina" che si intendeva relegare in un angolo si mostra non soltanto rivoluzionario, ma anche sorprendentemente resistente e ricco di promesse future.

Se la "posizione culturalista" nell'architettura degli anni Venti poteva ancora strutturarsi e manifestarsi come conservatrice e ostinata in contrapposizione alla posizione astorica e positivista, oggi questo antagonismo è diventato già storia, e non può essere né ignorato né sminuito. Perciò oggi ancora meno di allora possiamo tollerare che l'uomo con la sua cultura sia un "essere privo di storia", al quale viene permesso di fare architettura in un ambiente a-culturale. La domanda che sorge spontanea, anche nelle regioni alpine, è dunque: quali elementi storici verranno percepiti della nostra esistenza e quali le conclusioni che si potranno dedurre? Come si presentano le ipotesi di lavoro future e fino a che punto la critica rimane un incentivo ai progetti futuri? In ogni caso lo Zeitgeist continua a infilarsi in vicoli ciechi e, come aveva osservato Bruno Reichlin all'inizio, è difficile immaginare una maggiore disparità di approcci tecnici e materiali, formali, poetici e ideologici, di quel laboratorio della modernità architettonica che è stata l'edilizia costruita in montagna nel XX secolo. Speriamo che valga anche per il XXI secolo!

Vorrei ancora esaminare ed illustrare questa serie di ipotesi, riflessioni, sospetti ed affermazioni che hanno come oggetto gli edifici premiati a Sesto.

Mi riferisco alle circa quaranta realizzazioni che nelle precedenti edizioni del premio di Sesto sono state assegnate di premi e riconoscimenti; poiché non ne deriverebbe alcun fondamentale arricchimento al dibattito, non includerò nel mio esame i riconoscimenti di quest'anno. La mia esposizione vuole essere allo stesso tempo una dimostrazione dell'impossibilità di classificare secondo categorie le opere di architettura. Questo tentativo è dunque utile più sotto l'aspetto della percezione che sotto quello della concezione progettuale degli edifici. Mi sono sforzato in ogni caso di suddividere le realizzazioni in tre gruppi; l'assegnazione a ogni gruppo rappresenta l'accentuazione di quelle caratteristiche che rimandano a un altro gruppo. Inoltre credo che qualsiasi paragone, condotto anche nelle condizioni generali più avverse, conduca a un nuovo modo di vedere le cose.

Nel primo gruppo includerei quegli edifici che sottolineano il proprio carattere autonomo, ma a partire da questa posizione presentano particolari riferimenti al paesaggio circostante. Si tratta del gruppo più piccolo.

Parafrasando Bruno Reichlin definirei invece il secondo gruppo quello dei "culturalisti", il che si traduce in una contemporanea accentuazione degli elementi tradizionali; per numero di opere questo gruppo è grande circa il doppio del primo.

Infine abbiamo il terzo e ultimo gruppo, che si sente legato a una continua reinterpretazione del modernismo e all'accentuazione dell'aspetto topografico-spaziale e che si potrebbe definire come caratterizzato da una percezione positivistica dei problemi. Il fatto che questo ultimo gruppo con i suoi venti edifici sia il più numeroso non deve essere ricondotto tanto a una sua effettiva preponderanza, quanto probabilmente alla composizione della giuria.

Peter Zumthor weiß um diese Dinge, ohne sie dezidiert anzusprechen. Das „ungeheuer" eindrucksvolle Raumgefüge von Vals ist neben seiner brillanten Materialästhetik ein nicht minder raffiniertes konstruktives Konzept. Der Ambivalenz von Gewicht und Schwebezustand in den Volumen der Pfeiler, die selbst wieder höhlenartige Innenräume bergen, entspricht der ebenso in sich ruhende wie bewegte Hallenraum, der durch die Auskragungen der Decken, die fein geführten Lichtschlitze, auch in der dritten Dimension (einer Art weitergeführtem „De Stijl-Prinzip") in eine „bewegte Harmonie" überführt. Das ist erarbeitete, transformierte Architekturgeschichte der Moderne, bewußt in diesen thematischen Kontext gestellt. Diese Position eröffnet eine neue Diskussion, ausgehend von einem individuellen, aber sehr konkret und präzise vorgetragenen Architekturbegriff. Diese Positionen können nicht vielfältig und häufig genug sein. Sie schützen vielleicht sogar die „alpine Architektur" vor der Rumpelkammer der Geschichte, weil sie als Teil einer lebendigen Architektur immer neu definiert und beschrieben werden müssen.

Mit den diesjährigen Hauptpreisen von Sexten wird aber auch ein anderes „Beobachtungsfeld" eröffnet: Die Rolle des Architekten als Impulsgeber für eine regionale Baukultur. Vielleicht war bisher zu sehr das Einzelbauwerk, die Sonderleistung, der Schlüsselbau im Zentrum der Beobachtung. Vielleicht ist es aber auch eine logische Folge, daß aus einem immer dichter werdenden Netz von hervorragenden Bauten Kontinuitäten, Prozesse entstehen, die langfristig eine viel tiefere Wirkung auf eine Region ausüben können. Wäre das Werk Peter Zumthors auch als „schulbildend" zu definieren, so ist das Wirken von Gion A. Caminada ein die Dorfkultur erneuernder Prozeß, der auch einen ganz anderen Zusammenhang der Probleme aufdeckt. Jürg Conzetts Einfluß als innovativer Konstrukteur ist für die Entwicklung der Architektur in Graubünden gar nicht hoch genug einzuschätzen. Damit beginnt aber die Diskussion auf einer anderen Ebene und größeren Feldbreite, sodaß „alpine Architektur" als Begriff, der sich verabschieden wollte, sich nicht nur als subversiv, sondern auch als überraschend widerstandsfähig und zukunftsträchtig erweist.

Während sich der „kulturalistische Standpunkt" in der Architektur der zwanziger Jahre noch als wertkonservative und beharrende Position gegenüber einer ahistorischen, positivistischen Position artikulieren und behaupten konnte, ist heute dieser Antagonismus schon wieder Geschichte, die weder geleugnet noch übersehen werden kann. Damit kann noch weniger als damals eingesehen und akzeptiert werden, daß der Mensch mit seiner Kultur ein „geschichtloses Wesen" ist, dem es erlaubt sein kann, Architektur im kulturlosen Raum zu produzieren. Die Frage bleibt also – auch in der alpinen Region – aufrecht: Was wird vom Historischen unserer Existenz wahrgenommen und welche Schlüsse werden daraus gezogen, wie schauen die zukünftigen Arbeitshypothesen aus und inwieweit bleibt die Kritik Ansporn für die künftigen Entwürfe? Der Zeitgeist läuft ohnehin dauernd in Sackgassen, und Bruno Reichlin hat ja eingangs behauptet: „Eine größere Disparität von technischen, materiellen, formalen, poetischen und ideologischen Ansätzen als sie die Bautätigkeit in den Alpen im 20. Jahrhundert aufweist, läßt sich kaum denken." Hoffentlich gilt das auch für das 21. Jahrhundert!

Ich möchte diese Vermutungen, Erwägungen, Verdächtigungen und Behauptungen an Hand der in Sexten ausgezeichneten Bauten noch etwas überprüfen und illustrieren; ich beziehe mich auf die rund vierzig Bauten, die bisher in Sexten mit Preisen und Auszeichnungen bedacht wurden. Da es für die Diskussion keine wesentliche Bereicherung bringen würde, habe ich die Anerkennungen dieses Jahres in die Betrachtung nicht mit einbezogen. Meine Darstellung ist gleichzeitig eine Demonstration der Unmöglichkeit, Werke der Architektur zu kategorisieren. Der Versuch ist also weniger ein Gewinn für die Konzeption als für die Rezeption von Bauten. Ich bemühe mich, die Objekte in drei Gruppen vorzustellen, wobei jede Zuweisung in eine Gruppe die Betonung jener Merkmale darstellt, die auf eine andere Gruppe verweisen. Außerdem glaube ich, daß jeder Vergleich, auch unter den schlechtesten Rahmenbedingungen durchgeführt, neue Einsichten bringt.

In die erste Gruppe möchte ich jene Bauten nehmen, die ihren autonomen Charakter betonen, aber aus dieser Position heraus besondere Beziehungen zur Landschaft aufnehmen. Es handelt sich um die kleinste Gruppe (6 Objekte).

Die zweite Gruppe würde ich, nach Bruno Reichlin, die kulturalistische nennen, was gleichzeitig eine Betonung traditioneller Elemente bedeutet, sie ist doppelt so groß.

Schließlich die dritte Gruppe, die sich einer wie auch immer interpretierten Moderne verpflichtet fühlt, das Räumlich-Topographische betont und in der Wahrnehmung der Probleme als positivistisch zu bezeichnen wäre. Daß diese Gruppe mit 20 Bauten die größte darstellt, ist nicht so sehr auf das Angebot zurückzuführen, sondern vermutlich auf die Zusammensetzung der Jury.

11

Gli autonomi

In questo piccolo gruppo figurano due opere premiate, il museo per sculture a Giornico e il ponte di Traversina, ed altri quattro progetti segnalati.

Peter Märkli 11
Casa per i bassorilievi e le sculture di Hans Josephssohn, Giornico, 1990-92

La concezione progettuale di questo edificio evidenzia in maniera particolare il volume, lo spazio e la luce, caratteristiche sottolineate da una rigorosa proporzionalità. La costruzione si pone in contrasto nettissimo e artificiale con le condizioni topografiche e con il paesaggio. Si tratta di un edificio come opera d'arte e per l'arte nella natura.

Jürg Conzett
Passerella di Traversina, Via Mala, Rongellen, 1996

Questo manufatto è autonomo soltanto dal punto di vista della forma costruttiva, che per così dire tocca il "mondo" soltanto in due punti. Si tratta di una trama filigranata che sembra volare e che necessita dello spazio (volume) per la propria stabilità. Tutto il resto è dato dallo scenario di una "natura selvaggia": il pendio scosceso, il bosco, la gola e il torrente. Non si riesce a immaginare un contrasto maggiore, nonostante questa struttura elastica si avvicini in maniera ottimale alle leggi della natura.

Friedrich Kurrent 12
Cappella di montagna a Ramingstein, Lungau, 1990-91

Si tratta di una cappella per i taglialegna dei boschi del barone, da loro stessi costruita: è una forma geometrica che richiama alla mente Guarino Guarini e l'artigianato primitivo. Questo edificio, in cui si verifica il massimo avvicinamento e insieme la massima distanza dalla natura, è un segno artificiale in un paesaggio plasmato dal lavoro umano. Il barone offre una promessa.

Conradin Clavuot
Sottostazione elettrica di Vorderprättigau, Seewis, 1993

L'energia imprigionata qui viene distribuita su tutta la regione, ma non è mai visibile concretamente. La sostanza è misteriosamente nascosta, e i nostri sospetti penetrano all'interno soltanto attraverso alcune fenditure. Una rete che domina il paesaggio appare qui come materia concentrata. Qui il concetto di paesaggio deve essere completamente ripensato.

Valerio Olgiati
Scuola a Paspels, Grigioni, 1998

Questa scuola piena di tensioni e di sorprese spaziali, nel suo ermetismo artificiale può essere considerata anche come uno strumento di percezione del paesaggio, di relazione contemplativa tra interno ed esterno. Chi ne conosce la pianta riuscirà a percepire più cose, mentre chi non ha mai visto l'edificio finirà forse per prendersela con la pianta. Cos'è più importante per l'architettura: ciò che si vede o ciò che è invisibile?

Hans-Jörg Ruch 13
Sottostazione elettrica di Silvaplana, Albanatscha, 1994-96

Questo edificio si presta a un confronto con la sottostazione di Seewis. Qui non è soltanto la situazione paesistica a richiedere maggiore attenzione, ma anche il tema architettonico di per sè. Qui la linea orizzontale di uno specchio d'acqua viene riprodotta in un manufatto architettonico: la stessa acqua che sulle montagne fornisce la corrente elettrica. Che sia un'interpretazione letteraria? La linea orizzontale in montagna è la cosa più preziosa, e qui diventa una metafora cangiante.

Avrete notato come in questi progetti l'autonomia dell'architettura si manifesti in molte situazioni dipendente in riferimenti e relazioni liberamente scelti. Questo và anche bene, come altrimenti potremmo convivere con lei?

Die Autonomen

In dieser kleinen Gruppe gibt es zwei Preisträger – das Skulpturenmuseum von Giornico und die Traversina-Brücke – und vier Auszeichnungen.

Peter Märkli
Haus für Reliefs und Halbfiguren für Hans Josephssohn, Giornico, 1990-92

In der Konzeption dieses Objektes werden besonders das Volumen, der Raum und das Licht betont. Eine strenge Proportionalität unterstreicht diese Eigenschaften. Das Haus ist der absolute, artifizielle Kontrast zur Topographie und Landschaft. Ein Haus als Kunst und für Kunst in der Natur.

Jürg Conzett
Traversiner-Steg, Via Mala, Rongellen, 1996

Autonom, ein konstruktives Gebilde, das sozusagen nur in zwei Punkten die „Welt" berührt. Ein filigranes Gespinst, das zu fliegen scheint und zu seiner Absicherung Raum (Volumen) benötigt. Alles andere liefert die Szenerie einer „wilden Natur": Steilhang, Wald, Schlucht und Wildbach. Ein größerer Kontrast ist nicht denkbar, obwohl die elastische Konstruktion sich optimal den Gesetze der Natur annähert.

Friedrich Kurrent
Bergkapelle Ramingstein, Lungau, 1990/91

Eine Kapelle für Holzfäller der Schwarzenbergschen Wälder, von ihnen selbst erbaut. An Guarino Guarini erinnernde Geometrie und archaisches Handwerk. Größte Annäherung an und größte Distanz zur Natur. Ein artifizielles Zeichen in einer Arbeitslandschaft. Der Fürst spendet eine Verheißung.

Conradin Clavuot
Unterwerk Vorderprättigau, Seewis, 1993

„Verbunkerte Energie", die über das ganze Land verteilt ist und nirgends so konkret sichtbar wird. Das Eigentliche ist geheimnisvoll verschlossen, unser Verdacht dringt nur durch Ritzen ins Innere. Ein landbeherrschendes Netz tritt als materiale Konzentration in Erscheinung. Hier muß der Landschaftsbegriff neu gedacht werden.

Valerio Olgiati
Schule in Paspels, Graubünden, 1998

Diese Schule, voller räumlicher Überraschungen und Spannungen, kann in ihrer artifiziellen Hermetik auch als Instrument der Landschaftswahrnehmung, der kontemplativen Innen-Außenraum-Beziehung erfahren werden. Wer den Grundriß kennt, sieht mehr; wer die Schule nicht gesehen hat, hadert vielleicht mit dem Grundriß. Was hat den größeren Anteil an der Architektur, das Sichtbare oder das Unsichtbare?

Hans-Jörg Ruch
Unterwerk Silvaplana, Albanatscha, 1994-96

Eine Analogie zum Unterwerk in Seewis ist erlaubt. Doch hier ist die landschaftliche Situation nicht nur anspruchsvoller, sondern das architektonische Thema an sich: Die Horizontale eines Wasserspiegels wird als Bauwerk reproduziert, das Wasser, das in den Bergen den Strom liefert. Eine literarische Interpretation? Die Horizontale ist in den Bergen das Kostbarste, hier wird sie zu einer schillernden Metapher.

Die Autonomie der Architektur erscheint hier in vielen Abhängigkeiten und selbstgewählten Beziehungen. Das ist auch gut so: Wie könnten wir sonst mit ihr leben?

La tendenza culturalista

Ogni architettura è culturalista: si tratta soltanto di valutare quanto questo aspetto viene rimarcato. Probabilmente non è un caso che si sia piuttosto inclini a considerare le posizioni tradizionaliste come culturaliste. Ma forse ci saranno ancora delle sorprese.

Peter Zumthor
Cappella di Sogn Bendegt, Grigioni, 1987-88

La prima è gia questa: che io inserisco questa costruzione autonoma, quasi proveniente da un'altra sfera nelle opere culturaliste. Certamente un'affermazione un po' audace, ma almeno due aspetti di questo edificio mostrano un forte legame con la tradizione. In primo luogo l'uso del materiale: nei villaggi costruiti in legno generalmente le chiese sono realizzate in pietra, per motivi evidenti. Nella preferenza di Zumthor per il legno mi sembra dunque di scorgere una raffinata scelta dialettica: la distanza gerarchica non viene ottenuta attraverso un cambiamento di materiale (cioè utilizzando la pietra), ma attraverso un enorme salto di qualità nella tecnica costruttiva in legno. Se vogliamo esprimere questo concetto ricorrendo a un paradosso, possiamo dire di questo edificio in legno che apparentemente si avvicina moltissimo al materiale da costruzione utilizzato sul posto, le pietre non rimangono "l'una sull'altra". Delle associazioni con uno strumento musicale o con una costruzione navale sono perfettamente leciti. In questo modo Zumthor riesce a distaccarsi nella maniera più assoluta, immediata e visibile dal "mondo" che abita quì, pur senza stravolgerlo. Il secondo aspetto è invece quello tipologico: la pianta, lo spazio e la volumetria sono il punto di arrivo di una lunga serie di tipologie che parte dalla cappella romanica o dalla chiesa ad aste verticali per arrivare, attraverso la geometria barocca, fino al moderno e, passando per così dire da Rudolf Schwarz, fino al presente. In questo senso la pianta conserva alcuni riferimenti arcaico-simbolici, dalla foglia al pesce fino alla nave. Non si può attribuire a Zumthor una visione storicistica, ma una potente memoria visiva capace di attivare nella progettazione tutta la sua conoscenza.

Anche il gruppo dei dodici riconoscimenti pone uno sguardo attento sul rapporto con il passato.

Valentin Bearth, Andrea Deplazes
Scuola di Alvaschein, Grigioni, 1988-89

Esiste in Svizzera, al di là delle vicende di povertà che ne hanno caratterizzato in passato le zone montuose, un'inclinazione sociale ed estetica al purismo architettonico inteso come categoria etica introdotta nel movimento moderno ad esempio da Hannes Meyer o da Hans Bernoulli. E quanto più il paese diviene ricco, tanto più ostinatamente continua a dimostrare una povertà formale. Naturalmente è sempre affascinante osservare con quanto dispendio intellettuale e con quanta dissipazione di energie vengano raggiunti questi obiettivi, come se fosse davvero bello essere poveri. Le opere di Bearth e Deplazes coniugano bene queste qualità con concetti incredibilmente semplici. È forse questo il tema per una posizione "culturalista"?

Roberto Gabetti, Aimaro Isola, Guido Drocco
Convento delle Carmelitane, Quart, Aosta, 1985-89

Il convento mostra probabilmente precisi riferimenti alle tecniche costruttive regionali e altrettanto precise "immagini" di una tradizione architettonica. Non conosco né l'edificio né la Val d'Aosta, pertanto si tratta di semplici supposizioni.

Karl Gärtl, Julius Natterer
Ponte sulla Simme, Wimmis, Cantone di Berna, 1991

Conosco quest'opera soltanto dalle pubblicazioni, e dunque non posso dire niente di autentico, a parte che questo impressionante ponte in legno nasconde nella struttura portante coperta un forte riferimento ai ponti in legno antichi svizzeri e alpini. Nonostante la tecnica costruttiva moderna, almeno nell'attraversare il manufatto si percepisce un forte legame con una tradizione antica.

Die kulturalistische Tendenz

Jede Architektur ist kulturalistisch, es fragt sich nur, wie stark dieser Aspekt betont wird. Es ist vielleicht kein Zufall, daß man eher geneigt ist, traditionalistische Haltungen als kulturalistisch einzuschätzen. Vielleicht erleben wir noch Überraschungen.

Peter Zumthor 14
Kapelle Sogn Bendegt, Graubünden, 1987/88

Die erste ist vielleicht schon die, daß ich dieses autonome, fast wie aus einer anderen Sphäre kommende architektonische Gebilde zu den kulturalistischen Arbeiten zähle. Gewiß etwas gewagt, aber zumindest zwei Ebenen weisen auf eine starke Bindung an Traditionen. Zunächst das Material: Kirchen in Holzdörfern sind meist aus Stein gebaut. Die Gründe sind bekannt. Wenn Zumthor zum Holz greift, so vermute ich eine raffinierte dialektische Entscheidung: Die hierarchische Distanz wird nicht durch einen Materialwechsel (eben zu Stein) erreicht, sondern durch einen enormen Qualitätssprung im Holzbau selbst. Um es paradox auszudrücken: Bei diesem Holzbau, der sich scheinbar so sehr an das örtliche Baumaterial annähert, bleibt kein „Stein auf dem anderen". Assoziationen mit einem Musikinstrument oder dem Schiffsbau sind erlaubt. Zumthor erreicht damit die größte, unmittelbarste und sichtbarste Distanz zur hier ansässigen „Welt", ohne sie zu brüskieren. Die zweite Ebene wäre die typologische: Grundriß, Raum und Volumen sind Endpunkt einer langen typologischen Reihe, die von der romanischen Kapelle oder den Stabkirchen über barocke Geometrien bis zur Moderne, etwa über Rudolf Schwarz, bis in die Gegenwart führt. Dabei behält der Grundriß auch archaisch-symbolische Referenzen, vom Blatt über den Fisch bis zum Schiff. Man kann Peter Zumthor keine historizistische Konzeption unterstellen, aber ein potenter Augenmensch vermag beim Entwerfen seine ganze Festplatte von Erinnerungen zu aktivieren.

Die Gruppe von zwölf Auszeichnungen eröffnet ebenfalls subtile Blicke in den Umgang mit der Vergangenheit.

Valentin Bearth, Andrea Deplazes 15
Schule Alvaschein, Graubünden, 1988/89

Es gibt in der Schweiz, abgesehen von der Vorgeschichte der Armut in den Bergen, einen etwa durch Hannes Meyer oder Hans Bernoulli in die Moderne eingeführten sozialen und ästhetischen Hang zum architektonischen Purismus als ethische Kategorie. Und je reicher die Schweiz wird, umso verbissener wird oft formale Armut demonstriert. Natürlich ist es immer wieder faszinierend, mit welchem intellektuellen Aufwand und mit welcher schöpferischen Energieverschwendung diese Ziele erreicht werden, als ob es wirklich schön wäre, arm zu sein. Die Arbeiten von Bearth und Deplazes verbinden diese Tugenden mit entwaffnend einfachen Konzepten. Ist das ein Thema einer „kulturalistischen" Haltung?

Roberto Gabetti, Aimaro Isola, 16
Guido Drocco
Kloster der Karmeliterinnen, Quart/Aosta, 1985-89

Das Kloster ist ein Gebäude mit vermutlich starken Hinweisen auf regionale Bautechniken und ebenso starken „Bildern" einer Architekturtradition. Ich kenne weder den Bau noch das Aostatal – muß Sie also mit Ihren Vermutungen alleine lassen.

Karl Gärtl, Julius Natterer 17
Brücke über die Simme, Wimmis, Bern, 1991

Diese Arbeit kenne ich nur aus der Literatur, kann also nicht viel Authentisches sagen, soviel aber: Die eindrucksvolle Holzbrücke birgt im überdachten Holztragwerk einen starken Verweis auf die alten Schweizer und alpinen Holzbrücken. Trotz der modernen Konstruktion besteht zumindest beim Überschreiten der Brücke eine starke Rückbindung an eine lange Tradition.

16 17

Elena Theodoru-Neururer, Anton Neururer
Albergo "Vier Jahreszeiten", Mandarfen, Tirolo, 1990-92

Non si dovrebbe dimenticare che l'architettura degli anni Ottanta e Novanta ha a disposizione l'intera storia del movimento moderno e che in questo senso lo stesso movimento moderno deve essere visto come un fenomeno storico. Così molte opere, come questo prototipo sviluppato per l'ampliamento di un albergo, possono essere considerate da un punto di vista culturalista. Le difficoltà di un'accettazione turistica consistono in realtà ancora soltanto nelle difficoltà non romanticizzate incontrate nel movimento moderno nelle Alpi.

Livio Vacchini
Casa di vacanze a San Bartolomeo, Vogorno, Canton Ticino, 1984/85

Vacchini risponde ai forti vincoli di tutela con un'abile citazione: "muoversi come sul filo di un rasoio tra due faccie, una sorridente e l'altra impassibile". Se la casa stessa non possedesse in grande misura altre qualità tipicamente ticinesi, non si dovrebbe prendere sul serio questo scherzo. In ogni caso questa posizione meriterebbe una discussione approfondita.

Much Untertrifaller, Gerhard Hörburger
Albergo "Silvretta Haus", Bieler Höhe, Vorarlberg, 1993

Se questo simpatico progetto, realizzato in un ambiente alpino estremo, non dimostrasse di meritare rispetto, si potrebbe anche accusarlo di neostoricismo. Molti elementi si rifanno all'architettura moderna degli anni Trenta, e potrebbero dunque essere valutati da un punto di vista stilistico. La novità sta, al di là dell'interesse per l'energia solare, nella precisione logica dell'impiego degli elementi e nella distanza rispetto al loro uso come semplice motivo.

Peter Zumthor
Casa Truog "Gugalun", Safiental, Grigioni, 1993

Ecco un'altra variante della macchina del tempo di Zumthor. Anche in questo edificio attraverso il legno si manifesta la dialettica tra un mondo artigianale e contadino e una cultura urbana. Le tecniche sono talmente lontane una dall'altra che le epoche di realizzazione di entrambe le parti dell'edificio appaiono quasi vicine. Mentre in forza del nostro egocentrismo e della nostra percezione selettiva consideriamo l'antico mondo del lavoro come tonificante, abbiamo bisogno, per una nuova architettura della contemplazione, di grandissimi sforzi estetici. Qui entrambe le cose coesistono in uno spazio minimo.

Gion A. Caminada
Scuola a Duvin, 1992

A mio giudizio in questo edificio si evidenziano due momenti di cultura architettonica: l'inserimento di questa scuola nella struttura insediativa del luogo e il rinnovo di un sistema costruttivo locale. Probabilmente, se non si possiede un interesse particolare per il dettaglio, tra qualche anno non si noterà neanche che una casa nuova è stata inserita in un ambiente antico. E come saranno registrate le innovazioni del "sistema a blocchi"? Come rafforzamento della cultura architettonica di una regione svizzera o come un episodio di uno strenuo tentativo di restaurazione?

Gion A. Caminada
Progetto di riqualificazione del centro di Vrin, 1992

Caminada sembra confutare questo spiacevole sospetto mentre introduce nella chiusura ermetica del suo villaggio alpino elementi che indicano il futuro del mondo produttivo esistente. I problemi di sopravvivenza non sono solo concretamente economici, ma anche culturali. I cambiamenti procedono per gradi, quasi in maniera invisibile. I completamenti edilizi rivelano questo processo, mentre il momento autoappresentativo degli edifici a blocchi isolati è scomparso.

Elena Theodoru-Neururer, Anton Neururer
Hotel „Vier Jahreszeiten", Mandarfen, Tirol, 1990-92

Man sollte nicht vergessen, daß für die Architektur der achtziger und neunziger Jahre schon die ganze Moderne als Geschichte zur Verfügung steht und, Widerspruch genug, die Moderne als historisches Phänomen gesehen werden muß. So können viele Arbeiten, wie etwa auch dieser für eine größere Hotelüberbauung entwickelte Prototyp, unter einem kulturalistischen Blickwinkel betrachtet werden. Die Problematik einer touristischen Akzeptanz besteht eigentlich nur noch in den nicht romantisierten Schwierigkeiten mit der Moderne in den Alpen.

Livio Vacchini
Ferienhaus in San Bartolomeo, Vogorno, Tessin, 1984/85

Vacchini quittiert die Ortsbildauflagen mit einem aus dem Ärmel geschüttelten Zitat, dem die Gratwanderung zwischen Pokerface und Schmunzeln gelingt. Würde das Haus selbst nicht in einem hohen Maße andere Tessiner Qualitäten besitzen, müßte man diesen ernsthaften Scherz nicht ernst nehmen. Eine eingehende Diskussion wäre diese Haltung allemal wert.

Much Untertrifaller, Gerhard Hörburger
Berghotel „Silvretta Haus", Bieler Höhe, Vorarlberg, 1993

Würde man dieser sympathischen Arbeit in einer extremen alpinen Situation nicht den verdienten Respekt erweisen, könnte man sie auch als neuen Historismus diffamieren. Viele Elemente verweisen auf die Moderne der dreißiger Jahre, könnten also stilistisch bewertet werden. Das Neue liegt, abgesehen von der Auseinandersetzung mit Sonnenenergie, in der logischen Präzision der Verwendung der Elemente und in jeglicher Distanz zu ihrem motivischen Gebrauch.

Peter Zumthor
Haus Truog „Gugalun", Safiental, Graubünden, 1993

Eine andere Variante Zumthorscher Zeitmaschine: Auch hier findet der Dialog zwischen einer handwerklich-bäuerlichen Welt und einer städtischen Kultur im Material Holz statt. Die Techniken sind so weit voneinander entfernt, daß die Entstehungszeit der beiden Bauteile fast als Nähe erscheint. Während wir die alte Arbeitswelt kraft unserer Egozentrik und selektiven Wahrnehmung als erholsam empfinden, brauchen wir für eine neue Architektur der Kontemplation die größten ästhetischen Anstrengungen. Da existiert beides auf kleinstem Raum.

Gion A. Caminada
Schule in Duvin, 1992

Hier stehen, nach meinem Dafürhalten, zwei baukulturelle Momente im Vordergrund: die Einbindung dieser Schule in das Ortsgefüge und die Erneuerung einer regionalen Bauweise. Vermutlich wird man nach Jahren – wenn man nicht einen besonderen Blick für das Detail hat – gar nicht mehr wahrnehmen, daß hier ein neues Haus in ein altes Ambiente gesetzt wurde. Und wie wird man die Erneuerungen im „Strickbau" registrieren? Als baukulturelle Versicherung einer Schweizer Region oder als Episode eines angestrengten Restaurierungsversuchs?

Gion A. Caminada
Ortsgestaltung von Vrin, 1992

Caminada scheint diesen schrecklichen Verdacht zu widerlegen, indem er in die Hermetik seines Bergdorfes Elemente einer Zukunft für die gegebene Arbeitswelt einführt. Die Probleme des Überlebens sind nicht nur konkret ökonomische, sondern auch kulturelle. Die Veränderungen gehen schrittweise, fast unsichtbar vor sich. Die baulichen Ergänzungen zeigen diesen Prozeß, das selbstdarstellerische Moment der solitären Strickbauten ist verschwunden.

Conradin Clavuot
Scuola di St. Peter, 1997-98

Poiché provo una grande simpatia per la ricerca dei progettisti dei Grigioni finalizzata allo sviluppo e forse perfino alla rivitalizzazione dell'"edilizia a blocchi" o del "sistema costruttivo a blocchi", sono sospettoso verso me stesso. Certo si registrano tentativi particolarmente validi di innovare una tecnica costruttiva in legno antichissima; eppure non sono forse collegati a una sorta di restaurazione dell'identità svizzera (dal punto di vista ideologico, della psicologia del profondo, culturalistico)? Questi tentativi non sono forse in qualche modo un rispecchiamento che alla poco amata incertezza sulla propria identità svizzera (soprattutto agli artisti, poeti, sociologi ecc.) contrappone un programma positivo, per così dire una dimostrazione che "noi siamo capaci di rinnovarci da soli".

Günther Domenig, Hermann Eisenköck
Esposizione regionale della Carinzia, 1995, Hüttenberg-Heft

Günther Domenig è l'unico che si difenderebbe con forza dal sospetto di assumere una posizione culturalista, nonostante il sito di questo antico impianto di estrazione mineraria sembri averlo indirizzato verso ricordi e metafore. Portare alla luce il mondo delle gallerie, del "sotterraneo", e costruire un percorso attraverso il passato (in un presente ambivalente) è, almeno per un'esposizione dedicata a un sistema produttivo scomparso, un'impresa culturalista. I pendii, le posizioni sopraelevate e le piattaforme, i traguardi, le visuali dall'esterno e dall'interno della miniera, i percorsi attraverso una disposizione labirintica di spazi appaiono come la manifestazione esterna di un mondo interiore.

Roberto Gabetti, Aimaro Isola
Albergo, negozi e unità abitative a Sestriere, 1974-80

Anche in questo caso cercherò di essere cauto, poiché non ho avuto occasione di visitare il complesso. Un abitante delle Alpi settentrionali coglie immediatamente un rapporto del tutto differente con le montagne e con il turismo: per me meno rigido, più sciolto, meno ideologico, più razionale e anche più pratico ed economico. Putroppo non posso dire di più.

La posizione positivista, topografica o funzionale

Il paesaggio come percezione fenomenologica: il luogo è ciò che si vede.

Questo gruppo di opere premiate, decisamente più numeroso, è accomunato dal legame con i paradigmi del moderno, cioè con quelle componenti che si mettono in relazione con il progresso, con l'innovazione tecnica ed estetica, con l'adeguatezza alla funzione, con la coscienza sociale, con l'economia e l'ecologia. La veste culturale, tradizionale o regionale viene lasciata in secondo piano o assolutamente ignorata. Naturalmente oggi ci dobbiamo chiedere se le "immagini" di questa posizione da combattimento culturale non rappresentino esse stesse uno stile di vita, e dunque in molti casi non vadano anche inserite sotto il "principio di rivestimento". Così le prove "a basso costo" di essere all'avanguardia – di cui ad esempio la scatola purista è un simbolo – oggi naturalmente devono essere analizzate in maniera ugualmente critica.

Annette Gigon, Mike Guyer
Museo Kirchner, Davos, 1989-92

Il museo, disposto come un'acropoli, rappresenta con i suoi volumi in vetro lucidi e freddi qualcosa di simile a una sintesi astratta di volumi parallelepipedi degli edifici di Davos. Questa località di montagna, infatti, è qualcosa di simile ad un esecutore testamentario di Adolf Loos, è un paese in cui la neve non cade per niente dai tetti: con la prescrizione locale che impone tetti piani ha saputo affrontare con razionalità le regole estetiche. Da questo punto di vista il nuovo museo è un edificio che si integra con particolare eleganza nella cultura architettonica di Davos. Costruire nel paesaggio come risposta a una situazione culturale.

Conradin Clavuot
Schule in St. Peter, 1997/98

Gerade weil ich für die Graubündner Versuche in der Weiterführung, ja vielleicht Wiederbelebung des „Blockbaus" oder der „Strickbauweise" große Sympathie habe, spreche ich mir selbst ein Mißtrauen aus. Gewiß: Es sind eindrucksvolle Versuche der Erneuerung einer uralten Holzbautechnik, aber ist damit nicht – ideologisch, tiefenpsycholgisch, kulturalistisch – eine Schweizer Restauration verbunden? Sind diese Versuche nicht gewissermaßen ein Spiegelbild, die dem ungeliebten Schweizer Selbstzweifel (der Künstler, Dichter, Soziologen etc.) ein positives Programm entgegenhalten, sozusagen den Beweis „wir sind aus uns selbst heraus erneuerungfähig"?

Günther Domenig, Hermann Eisenköck
Kärntner Landesausstellung 1995,
Hüttenberg-Heft

Zumindest Günther Domenig würde sich gegen den Verdacht einer kulturalistischen Haltung heftig wehren, trotzdem scheint ihn der Ort der alten Bergbauindustrie zu Erinnerungen und Metaphern verführt zu haben. Die Welt der Stollen, des „Untertags" ans Licht zu bringen und einen Weg durch die Vergangenheit (in einer ambivalenten Gegenwart) zu bauen, ist zumindest für eine Ausstellung einer verschwundenen Arbeitswelt ein kulturalistisches Unterfangen. Die Steigungen, Höhen und Plattformen, die Durch-, Aus- und Einblicke, die Wege durch ein räumliches Geflecht präsentieren sich als Außenwelt einer Innenwelt.

Roberto Gabetti, Aimaro Isola
Hotel, Geschäfte und Kleinwohnungen in Sestriere, 1974-80

Auch hier muß ich passen, weil ich diese Anlage nicht gesehen habe. Jedem nördlichen Älpler fällt sofort ein ganz anderer kultureller Umgang mit den Bergen und dem Tourismus auf: Für mich unverkrampfter, lockerer, weniger ideologisch, rationaler, auch praktischer und ökonomischer.

Die positivistische, topographische oder funktionale Position

Landschaft als phänomenologische Wahrnehmung: Der Ort ist das, was man sieht.

Die weitaus größte Gruppe der Ausgezeichneten ist den Paradigmen der Moderne verpflichtet, also jenen Komponenten, die man mit Fortschritt, technischer und ästhetischer Innovation, Funktionsbezogenheit, sozialem Gewissen, Ökonomie und Ökologie in Beziehung bringt. Die kulturale, traditionelle oder regionale Einkleidung ist zurückgedrängt oder überhaupt kein Thema. Natürlich müssen wir uns heute fragen, ob die „Bilder" dieser kulturkämpferischen Haltung nicht auch schon einen Lifestyle repräsentieren, also in vielen Fällen nicht auch dem „Prinzip der Bekleidung" zuzuordnen sind. So müssen die billigen Ausweise von Modernität – ein Symbol ist etwa die puristische Schachtel – heute natürlich genauso kritisch hinterfragt werden.

Annette Gigon, Mike Guyer   22
Kirchner Museum Davos, 1989-92

Das Museum, mit der Lage einer Akropolis, stellt mit seinen eisigen, luziden Glaskörpern gewissermaßen eine summarische Abstraktion der Baukuben von Davos dar. Davos ist so etwas wie ein Testamentsvollstrecker von Adolf Loos, dort fällt der Schnee überhaupt nicht von den Dächern. Der Gebirgsort mit der Vorschrift für Flachdächer hat also die Vernunft zur ästhetischen Regel gemacht. So gesehen ist das neue Museum ein Bau, der sich mit besonderer Noblesse in die Baukultur von Davos integriert. Bauen in der Landschaft als Antwort auf eine kulturelle Situation.

Roland Gnaiger 23
Scuola con sala riunione pubblica a
Warth, Vorarlberg, 1990-92

Il progetto di questa scuola è stato sviluppato partendo dalle esigenze della collettività, dai vincoli di tempi ridotti a disposizione, dal clima estremo del sito e dall'enorme carico sul sistema costruttivo che ne deriva. In conformità alla situazione topografica è nata così una particolare forma architettonica, che nel tessuto edilizio locale viene attribuita soltanto per la chiesa. Oggi per gli abitanti del paese, in quanto apprezzano le capacità di questo edificio, il suo aspetto formale non rappresenta più un problema. La nuova architettura si legittima dunque attraverso il contributo che dà alla vita del comune e istituisce essa stessa nuovi parametri di riferimento per l'ambiente d'intorno.

Josef Lackner 24
Sede dell'azienda Bartenbach, Aldrans, Tirolo, 1986-88

Un terreno finora usato come deposito delle immondizie e ritenuto inedificabile ha costituito una sfida per la realizzazione di un atelier di illuminotecnica e di uno studio di progettazione di installazioni luminose organizzato a forma di spirale. Al di là della funzione – che tuttavia rappresenta la prova del nove per l'edificio – si potrebbe anche dire che si tratta di un'interpretazione di un sito straordinario, che soltanto attraverso l'edificazione è riuscito a diventare veramente "se stesso".

Karin Maurer, Gerald Schloffer 25
(Natterer, Dittrich)
Stazione di trasmissione radiotelevisiva di Brauneck, Baviera, 1983-86

Quanto più un manufatto si presenta simile a un apparato tecnico e privo di intenzionalità estetica (e intenzionalmente non dico "è"), tanto più facilmente sembra adeguarsi al paesaggio o a un ambiente naturale. Non mi esprimo ulteriormente anche qui, poiché non ho visto l'edificio.

Hans Peter Petri 26
Ampliamento dell'hotel Windegg, Steinberg am Rofan, Tirolo, 1988-89

Questo intervento di trasformazione e di ampliamento di un albergo, completamente rifiutato dall'ambiente turistico, mi sembra una sfida culturale a questo settore. Qui non si risveglia soltanto la memoria dell'odiato movimento moderno, ma anche il sospetto che possa trattarsi di una questione di gusto, di apertura culturale, cioè di un'architettura scomoda e non di un'architettura da incretinimento del pubblico.

23

Roland Gnaiger 23
Schule mit Gemeindesaal in Warth, Vorarlberg, 1990-92

Das Konzept dieser Schule wurde aus den Bedürfnissen der Gemeinde, den Anforderungen des schnellen Bauens in einer extremen Klimazone und der damit verbundenen enormen Belastung der Konstruktion entwickelt. Zusammen mit der Topographie entstand eine architektonische Sonderform, wie sie im örtlichen Baugefüge nur mehr von der Kirche beansprucht wird. Heute ist für die Bewohner, da sie mit der Leistung dieses Bauwerks vertraut sind, dessen Erscheinung kein Problem mehr. Neue Architektur legitimiert sich also durch ihren Beitrag zum kommunalen Leben und setzt so selbst neue Maßstäbe für ihre Umgebung.

Josef Lackner 24
Betriebsgebäude Bartenbach, Aldrans, Tirol, 1986-88

Hier wurde eine als unbebaubar geltende Schutthalde zur Herausforderung für ein Lichtstudio und ein spiralförmig organisiertes Entwurfsbüro für Lichtinstallationen. Abgehoben von der Funktion – die jedoch die Nagelprobe für den Bau darstellt – könnte man auch sagen, es handle sich um die Interpretation eines ungewöhnlichen Ortes, der erst durch die bauliche Nutzung zu seinem „Selbstverständnis" gefunden hat.

Karin Maurer, Gerald Schloffer 25
(Natterer, Dittrich)
Funkübertragungsstelle Brauneck, Bayern, 1983-86

Je gerätehafter, technischer, ästhetisch absichtsloser ein Bauwerk sich gibt (ich sage absichtlich nicht „ist"), umso problemloser scheint es in die Landschaft oder in eine natürliche Umgebung zu passen. Ich passe auch, weil ich den Bau nicht gesehen habe.

Hans Peter Petri 26
Erweiterung Hotel Windegg, Steinberg am Rofan, Tirol, 1988/89

Dieser Hotelum- und anbau, der von der touristischen Umgebung total abgelehnt wurde, scheint mir eine kulturelle Herausforderung der Branche zu sein. Nicht nur die Erinnerung an die verhaßte Moderne wird hier wach, sondern auch der Verdacht, daß es sich um Geschmack, kulturelle Offenheit, kurz, um eine unbequeme, nicht „volkdümmelnde" Architektur handeln könnte.

Bruno Spagolla 27
Scuola a Blons, Vorarlberg, 1985-88

Il superamento di sfide estreme, come l'ampliamento di una scuola su un pendio molto scosceso, e forse anche il riconoscimento ricevuto dal concorso di Sesto rendono un intervento di questo genere all'interno di un villaggio più accettabile dalla popolazione. La soluzione spaziale propone per così dire da sè il tema formale; inoltre qui non siamo in Tirolo.

Valentin Bearth, Andrea Deplazes 28
Scuola e sala polifunzionale a Tschlin, Grigioni, 1989-92

La semplicità, qualsiasi cosa sia, è sempre una virtù in un ambiente semplice, dove risulta ancora possibile ostentare quest'apparenza. Il problema in questo caso riguarda piuttosto l'ambito dell'osservanza e della trasgressione di una regola. La palestra se ne allontana appena, tanto da essere considerata come un oggetto autonomo e tuttavia non abbastanza da divenire estranea all'insieme. Forse quest'opera appartiene al gruppo precedente: tutti i gesti architettonici hanno a che fare con la cultura edilizia e con l'adeguatezza.

Marianne Burkhalter, Christian Sumi 29
Stazione forestale Balmholz, Turbental, 1991-93

Un edificio costruito come punto di appoggio e strumento di lavoro in una radura spazialmente ben definita. La semplicità diventa programma, mentre assumono sempre più evidenza la topografia e lo spazio naturale. Qui è preziosa non soltanto l'orizzontalità, ma anche la linea obliqua della copertura. Si tratta di un esercizio di particolare equilibrismo.

Norbert Fritz 30
Complesso residenziale, Pumpligahn, Innsbruck, Tirolo, 1986-95

Un'architettura da isola greca nelle Alpi, ovvero la trasformazione di un quartiere insediativo in un'edificazione bassa a terrazze. Qui l'elemento strutturale (e sicuramente anche architettonico) si trovano nel ruolo di una costruzione ausiliaria per formare un tessuto spaziale. In queste case si dimentica l'architettura, ed anche l'abitudine in questo posto. Il costruire e l'abitare diventano l'immaginazione della memoria di una cultura di dialogo con il paesaggio.

Hermann Kaufmann 31
Deposito della falegnameria Kaufmann, Reuthe, Vorarlberg, 1992-93

Si tratta di un capannone la cui struttura sembra raggiungere il più alto livello della tecnica delle costruzioni in legno e il cui sistema è adattabile a ogni dimensione e situazione. I riferimenti al paesaggio sono dunque piuttosto casuali, dato che nelle misure e nelle superfici degli elementi e nella possibilità di allineamento delle botti è insita la compatibilità. Le leggi del paesaggio (come ordine e caso, ripetizione e scostamento, rinvio a energie e principi culturali) corrispondono sempre ai prodotti di una razionalità estetica.

Peter Zumthor 32
Casa per anziani, Coira, Grigioni, 1991-93

La tendenza di questi esempi va nella direzione del dialogo. Un'analisi piuttosto esaustiva del paesaggio permette una maggiore profondità di rinnovamento culturale di quanto le interpretazioni delle manifestazioni e delle sedimentazioni morfologiche possano fare. La casa per anziani di Zumthor costituisce una risposta al problema delle persone anziane il cui raggio di azione è limitato, e che dipendono dal contatto sociale o (temporaneamente) dalla partecipazione allo spazio della natura, cioè dal panorama. Certamente queste non sono argomentazioni sufficienti per un linguaggio architettonico specifico, ma esso può chiarire meglio la richiesta.

Robert Danz
Copertura in vetro sul castello di Juval, Naturno, Bolzano, 1996

Trattare una rovina come tale presuppone il fatto di salvaguardare il suo stato di rovina e di renderlo percepibile in ogni situazione spaziale. Questa copertura a vetri aerea, quasi immateriale, svolge la funzione tanto di proteggere l'esistente quanto di permetterne la fruibilità come relitto storico, sia osservandolo in lontananza che percorrendone gli interni. L'aspetto paradossale di questa realizzazione è che soltanto la tecnologia più avanzata è in grado di conservare l'antico quasi senza toccarlo.

Bruno Spagolla 27
Schule in Blons, Vorarlberg, 1985-88

Die Bewältigung extremer Herausforderungen, wie etwa eine Schulerweiterung am Steilhang, vielleicht auch eine Anerkennung aus Sexten, machen eine solche Arbeit im Dorf akzeptabler. Die räumliche Lösung stellt sich sozusagen selbst das Thema der Form; außerdem sind wir nicht in Tirol.

Valentin Bearth, Andrea Deplazes 28
Schulhaus und Mehrzweckhalle Tschlin, Graubünden, 1989-92

Einfachheit, was immer das sei, ist in einem einfachen Ambiente, wo es noch diesen Schein zu verbreiten vermag, eine Tugend. Das Problem liegt hier eher im Bereich von Regel und Abweichung. Die Turnhalle weicht gerade so weit ab, daß sie als Objekt bemerkbar bleibt, und doch nicht so weit, daß sie aus dem Ensemble herausfällt. Vielleicht gehört diese Arbeit in die vorhergehende Gruppe: Alle architektonischen Maßnahmen haben mit Baukultur und Verhältnismäßigkeit zu tun.

Marianne Burkhalter, Christian Sumi 29
Forstwerkhof Balmholz, Turbental, 1991-93

Ein Bau als Stützpunkt und Arbeitsgerät in einer als Raum definierten Lichtung. Schlichtheit als Programm, umso mehr kommen Topographie und Naturraum zur Geltung. Hier wird nicht nur die Horizontale kostbar, sondern auch die schräge Linie des Daches. Ein Balanceakt besonderer Art.

Norbert Fritz 30
Siedlung Pumpligahn, Innsbruck, Tirol, 1986-95

Griechische Inselarchitektur in den Alpen oder die Transformation einer Siedlungsform in den terrassierten Flachbau. Hier liegt die bauliche (und sichtbar architektonische) Substanz in der Rolle einer Hilfskonstruktion für das räumliche Gewebe. In diesen Häusern vergißt man die Architektur. Auch das Ungewohnte an diesem Ort. Bauen und Wohnen als Imagination einer erinnerten Kultur des Umgangs mit der Landschaft.

Hermann Kaufmann 31
Lagerhalle Holzbauwerk Kaufmann, Reuthe, Vorarlberg, 1992/93

Eine Halle, deren Konstruktion nicht nur auf dem höchsten Niveau der Holzbautechnik zu sein scheint, sondern deren System für jede Größe und Lage adaptierbar ist. Die Bezüge zur Landschaft sind also eher zufällig, soweit nicht in den Maßen und Oberflächen der Elemente, der Möglichkeit der Reihung der Tonnen an sich eine Kompatibilität verborgen liegt. Die Gesetze der Landschaft, Ordnung und Zufall, Wiederholung und Abweichung, Verweis auf kulturelle Kräfte und Prinzipien korrespondieren immer mit Produkten einer ästhetischen Vernunft.

Peter Zumthor 32
Wohnhaus für Betagte, Chur, Graubünden, 1991-93

Die Tendenz bei diesen Beispielen geht in Richtung Dialog. Die umfassendere Analyse der Landschaft führt in größere Tiefen der kulturellen Aufarbeitung, als es Interpretationen von morphologischen Erscheinungen und Ablagerungen je leisten können. Zumthors Haus für Betagte ist eine Antwort auf die Probleme alter Menschen, deren Aktionsradius beschränkt ist, die auf geselligen Kontakt oder (temporär) auf Teilnahme am Naturraum, also auf Aussicht angewiesen sind. Sicher sind das keine Argumente für eine spezifische Architektursprache, aber sie können das Anliegen verdeutlichen.

Margarethe Heubacher-Sentobe
Casa per il pianista Thomas Larcher,
Weeburg, Tirolo, 1995-96

Tra le opere premiate vi sono pochissime abitazioni unifamiliari, poiché la casa isolata è in sé nemica della nostra percezione armonizzante del paesaggio. Le eccezioni vengono legittimate in presenza di una particolare prestazione, e non per ultimo anche grazie all'inclusione del paesaggio nel progetto architettonico. Questo è un luogo nel quale si compone e si esegue musica: il paesaggio impressionante che lo circonda si ridefinisce nuovamente ogni giorno, illustrando in un certo senso attraverso la sua durata anche il cambiamento delle stagioni. Si tratta di un luogo destinato alla contemplazione, in cui questo scenario ottiene un involucro ottimale.

Hagmann & Jüngling
Scuola a Mastrils, 1992-96

L'inerpicarsi stratificato del pendio, con una spina dorsale interna di accesso, produce anche la messa in scena di una situazione topografica straordinaria. Se l'edificio non costituisse una risposta all'andamento del paesaggio, si dovrebbe inventare una situazione topografica appositamente per esso. In pratica l'edificio si identifica con il sito: il sito è l'edificio.

Dieter Henke, Marta Schreieck
Edificio residenziale a terrazze a Seefeld, Tirolo, 1993-96

A differenza dell'esempio precedente, in questo caso tanto il programma costruttivo quanto il sito hanno richiesto un processo più complesso e meno logico. Da un punto di vista dei contenuti, la chiave di questo complesso consiste tuttavia in un campo d'azione totalmente differente, orientato in senso sociale: in una località in cui il turismo si è imposto in maniera totalizzante e in cui alberghi e appartamenti dominano il tessuto edilizio, non vi sono occasioni per la popolazione di abitare in condizioni sociali normali, per non parlare di quelle architettoniche. Il complesso, bene integrato nel paesaggio ma non nell'immagine che Seefeld ha di sé, offre condizioni ottimali per l'abitare contemporaneo nell'ambito dell'edilizia residenziale agevolata.

Raimund Rainer, Andreas Oberwalder
Complesso residenziale a St. Anton am Arlberg, Tirolo, 1997/98

Un tema analogo è quello che viene affrontato a St. Anton: anche qui si tratta di abitazioni cooperative accessibili a tutti. Questo progetto intelligente, con unità abitative già predisposte per destinazioni lavorative, per dare maggiore indipendenza ad alcuni componenti della famiglia o per l'affitto ai turisti, è da considerare come una rivalutazione delle condizioni abitative della popolazione locale. Inoltre in questo caso non si è dimenticato che per località turistiche di grande prestigio le condizioni di vita delle popolazione rappresentano, a lungo termine, un fattore decisivo.

Hermann Kaufmann
Maneggio coperto a St. Gerold, Vorarlberg, 1997

Per concludere, ecco un altro esempio relativo al tema del confronto o dell'interazione con un luogo. Alle murature possenti di un convento destinato alla fruizione culturale e turistica è stato addossato questo maneggio coperto, leggero e permeabile come se il pendio lo attraversasse. Anche dal suo interno, su tre lati, è possibile vedere ogni punto del paesaggio: il movimento dei cavalieri trova così di punto fisso e un ancoraggio spaziale.

L'ultimo gruppo di edifici sembra non riferirsi quasi per nulla all'ambito della cultura architettonica, ma si occupa in un senso diverso, o anche più profondo, della realtà culturale. Questi edifici non si interessano visibilmente degli elementi formali di una regione e tuttavia plasmano la vita attuale e insieme anche l'aspetto futuro delle località, poiché esprimono qualcosa che corrisponde alla realtà sociale. Questa è la via attraverso la quale da sempre nascono culture architettoniche vive. Costruire sulle Alpi rappresenta una sfida per l'architettura in condizioni particolari, confrontabili a livello regionale: niente di più e niente di meno. Se lo facciamo diventare qualcosa di più, allora è un problema nostro. Che cosa sia o cosa sarà da fare continueranno a stabilirlo coloro che costruiscono nelle montagne.

Vienna, 2. 9. 1999

1
Bruno Reichlin:
"Quando gli architetti moderni costruiscono in montagna",
in: Architettura contemporanea alpina, Premio d'architettura 1995, Birkhäuser – Edizioni d'architettura, Basilea, Boston, Berlino 1996, pp. 85-130.

2
Adolf Loos:
"Regole per chi costruisce in montagna" (1913),
in: Parole nel vuoto, Adelphi, Milano 1972, pp. 271-272.

1
Bruno Reichlin:
„Die Moderne baut in den Bergen"
in: Neues Bauen in den Alpen,
Architekturpreis 1995, Birkhäuser –
Verlag für Architektur, Basel,
Boston, Berlin 1996; S. 85-130.

2
Adolf Loos:
„Regeln für den, der in den
bergen baut" (1913), in:
Trotzdem, Prachner Verlag, Wien;
Neuauflage 1988; S. 120-121.

Robert Danz
Glasdach auf Schloß Juval, Naturns,
1996

Eine Ruine als Ruine zu nutzen, setzt voraus, ihren Ruinenzustand zu bewahren und in allen räumlichen Situationen sichtbar zu lassen. Dieses luftige, fast immaterielle Glasdach leistet sowohl den Schutz des Bestandes als auch dessen Erlebbarkeit als historisches Relikt. Ob von der Ferne oder im Inneren. Paradoxon: Nur die modernste Bautechnologie ist fähig, das Alte fast ungestört zu erhalten.

Margarethe Heubacher–Sentobe
Haus für den Pianisten Thomas Larcher,
Weerburg, Tirol, 1995/96

Es gibt unter den Auszeichnungen ganz wenige Einfamilienhäuser, weil das freistehende Haus an sich ein Feind unserer harmonisierenden Landschaftsperzeption ist. Die Ausnahmen legitimieren sich durch eine besondere Leistung, nicht zuletzt auch in der Aufnahme von Landschaft in das architektonische Konzept. Das ist ein Ort, an dem komponiert und musiziert wird: Die eindrucksvolle Landschaft baut sich jeden Tag neu auf, sozusagen durch ihre Beständigkeit auch die Veränderung der Jahreszeiten illustrierend. Ein kontemplativer Ort, der in dieser Szenerie ein optimales Gehäuse bekommen hat.

Hagmann & Jüngling
Schule in Mastrils, 1992-96

Das schichtenartige Erklimmen des Hanges, mit einem inneren, räumlichen Rückgrat der Erschließung, führt auch zu einer Zurschaustellung der eindrucksvollen Topographie. Wenn nicht der Bau eine Antwort auf die landschaftliche Situation wäre, müßte für ihn eine Topographie erfunden werden. Das heißt, der Bau ist identisch mit seinem Ort, der Ort ist der Bau.

Dieter Henke, Marta Schreieck
Terrassenwohnhaus in Seefeld, Tirol,
1993-96

Sowohl die Bauaufgabe als auch der Bauplatz hat hier ein komplexeres, weniger stringentes Vorgehen gefordert. Der inhaltliche Schwerpunkt liegt aber in einem ganz anderen, sozialen Bereich: In einem vom Tourismus überkrusteten Ort, in dem Hotels und Appartements die Baustruktur beherrschen, gibt es kaum eine Gelegenheit für die Bevölkerung, unter normalen sozialen Bedingungen zu wohnen. Von den architektonischen ganz zu schweigen. Die Anlage, die wohl in die Landschaft, aber nicht in das Selbstverständnis von Seefeld integriert ist, bietet optimale Bedingungen für ein zeitgemäßes Wohnen im Rahmen der Wohnbauförderung.

Raimund Rainer, Andreas Oberwalder
Wohnanlage St. Anton am Arlberg,
Tirol, 1997/98

Ein ähnliches Thema aus St. Anton. Auch hier geht es um erschwingliches Wohnen unter genossenschaftlichen Bedingungen. Das kluge Konzept mit Wohnungen, denen Anliegereinheiten für Arbeit, selbständige Familienmitglieder oder zur touristischen Vermietung zugeordnet sind, ist als Aufwertung der Wohnbedingungen für die einheimische Bevölkerung zu sehen. Man hat also nicht vergessen, daß für hochkarätige Tourismusorte die Lebensbedingungen der Bevölkerung langfristig einen entscheidenden Faktor darstellen.

Hermann Kaufmann
Reithalle in St. Gerold, Vorarlberg, 1997

Und zum Schluß noch einmal ein Beispiel zum Thema Umgang mit oder Reagieren auf einen Ort. An das mächtige Gemäuer eines Klosters mit kultureller und touristischer Nutzung fügt sich diese Reithalle, leicht, durchlässig, als würde der Hang durch sie „hindurchfließen". Auch von innen nimmt man nach drei Seiten jeden Punkt der Landschaft wahr, so daß die Bewegung des Reiters ihren festen Punkt, ihren räumlichen Anker behält.

Diese letzte Gruppe von Bauten nimmt scheinbar kaum auf die baukulturelle Situation Bezug, setzt sich aber in einem weiteren oder tieferen Sinn mit der kulturellen Wirklichkeit auseinander. Diese Bauten kümmern sich sichtbar nicht um die formalen Elemente einer Region, und doch prägen sie das heutige Leben und damit auch das künftige Erscheinungsbild der Orte, weil sie etwas artikulieren, was der gesellschaftlichen Wirklichkeit entspricht. Und das ist der Weg, auf dem lebendige Baukulturen immer entstanden sind. Das Bauen in den Alpen ist die Herausforderung der Architektur unter besonderen, regional vergleichbaren Bedingungen, nicht mehr und nicht weniger. Wenn wir mehr daraus machen, ist es unser Problem. Was Sache ist, oder sein wird, bestimmen weiter die, die in den Bergen bauen.

Wien, 2. 9. 1999

Anhang **Appendice**

Biografien 236
Biografie
Ausschreibungstext 244
Testo del Bando di Concorso
Sponsoren 246
Sponsors
Übersichtskarte 250
Carta geografica
Bildnachweis 253
Referenze fotografiche

Biografien **Biografie**

A Friedrich Achleitner

nasce nel 1930 a Schalchen (Austria settentrionale) e studia architettura all'Accademia delle Belle Arti di Vienna. Fino al 1998 è professore alla cattedra di "storia e teoria dell'Architettura" alla scuola superiore delle Arti applicate a Vienna. È autore di numerose pubblicazioni e collabora regolarmente a riviste di architettura nazionali e straniere.

Walter Angonese

nasce nel 1961 a Caldaro (Alto Adige) e studia allo IUAV di Venezia con i professori Vittorio Gregotti e Bernardo Secchi. Dal 1992 lavora insieme a Markus Scherer nello studio associato A5 architetti a Bolzano.

Yves Arnod

nasce nel 1956 a Voiron (Grenoble) e nel 1978 si laurea in architettura alla scuola superiore di arte e artigianato di Strasburgo. Tra il 1981 e il 1993 insegna alla scuola superiore di architettura di Grenoble. Dal 1989 lavora in collaborazione con Isabel Hérault a Grenoble.

B Valentin Bearth

nasce nel 1957 a Tiefencastel (Coira) e studia al politecnico di Zurigo, dove si laurea nel 1983 con il professor Dolf Schnebli. Dal 1984 al 1988 collabora con lo studio di Peter Zumthor. Dal 1988 lavora come libero professionista insieme ad Andrea Deplazes. Nel 1988-89 è professore incaricato al politecnico serale di Coira e dal 1990 al 1992 è presidente dello "Schweizerische Werkbund", sezione Cantone dei Grigioni. Dal 1997 è membro della commissione per la tutela dei monumenti.

Sebastiano Brandolini

nasce nel 1959 ad Asolo (Veneto). Nel 1982 si laurea in architettura all'Architectural Association di Londra, e nel 1985 al politecnico di Milano. Dal 1982 al 1996 è redattore e caporedattore della rivista "Casabella". Dal 1986 ha un proprio studio a Milano e dal 1994 insegna presso l'IUAV di Venezia.

C Gion A. Caminada

nasce nel 1957 a Vrin (Cantone dei Grigioni); dopo l'apprendistato come carpentiere si iscrive a una scuola industriale di arti applicate e si laurea in seguito al politecnico di Zurigo. Apre uno studio in proprio a Vrin.

Raffaele Cavadini

nasce nel 1954 a Mendrisio (Ticino). Nel 1973-74 studia al politecnico di Zurigo e nel 1974 svolge un periodo di tirocinio presso lo studio dell'architetto Ivano Gianola. Dal 1975 al 1980 studia allo IUAV di Venezia con il prof. Vittorio Gregotti. Nel 1981-82 è assistente del prof. Ivano Gianola all'Istituto di Architettura di Ginevra, dal 1982 al 1983 è assistente del prof. E. Studer al politecnico di Zurigo e dal 1982 al 1985 collabora con il prof. Luigi Snozzi a Locarno. Nel 1985 apre uno studio in proprio a Locarno.

Conradin Clavuot

nasce nel 1962 a Davos (Cantone dei Grigioni) e vive a Coira. Dal 1982 al 1987 studia architettura al politecnico di Zurigo, dove si laurea con il prof. Fabio Reinhardt. Dal 1988 apre uno studio in proprio a Coira. Nel 1991 pubblica il volume "Die Kraftwerkbauten im Kanton Graubünden" (Le centrali elettriche del Cantone dei Grigioni), in collaborazione con Jürg Ragettli e Christian Kerez. Nel 1994 è tra i vincitori del "Premio per gli edifici di qualità nei Grigioni".

Jürg Conzett

nasce nel 1956 a Aarau (Cantone di Aargau), studia ingegneria al politecnico federale di Losanna e al politecnico di Zurigo, dove si laurea nel 1980. Di seguito collabora con l'arch. Peter Zumthor e nel 1988 apre uno studio di ingegneria in proprio. Attualmente dirige uno studio associato per la progettazione di ponti e strutture per l'edilizia a Coira con Gianfranco Bronzini e Patrick Gartmann.

A   **Friedrich Achleitner**

geboren 1930 in Schalchen (Oberösterreich). Architekturstudium an der Akademie der bildenden Künste in Wien. Bis 1998 Professor und Vorstand der Lehrkanzel für Geschichte und Theorie der Architektur an der Hochschule für angewandte Kunst. Neben seiner schriftstellerischen Tätigkeit ist er Mitarbeiter bei in- und ausländischen Architekturzeitschriften.

Walter Angonese

geboren 1961 in Kaltern (Südtirol). Studium am IUAV in Venedig bei Prof. Vittorio Gregotti und Prof. Bernardo Secchi. 1992 Gründung der Bürogemeinschaft A5 Architekten mit Markus Scherer in Bozen.

Yves Arnod

geboren 1956 in Voiron (Grenoble). 1978 Diplom an der Hochschule für Kunst und Handwerk in Straßburg. 1981-93 Dozent an der Hochschule für Architektur in Grenoble. Seit 1989 Bürogemeinschaft mit Isabel Hérault in Grenoble.

B   **Valentin Bearth**

geboren 1957 in Tiefencastel (Graubünden). Studium an der ETH Zürich. 1983 Diplom bei Prof. Dolf Schnebli. 1984-88 Mitarbeit im Atelier Peter Zumthor. Seit 1988 gemeinsames Büro mit Andrea Deplazes. 1988-89 Lehrauftrag am Abendtechnikum HTL Chur. 1990-92 Präsident des Schweizerischen Werkbundes, Sektion Graubünden.

Sebastiano Brandolini

geboren 1959 in Asolo (Veneto). 1982 Architekturdiplom an der Architectural Association in London und 1985 an der Technischen Hochschule in Mailand. 1982-96 Redakteur und Chefredakteur der Zeitschrift „Casabella" und seit 1986 eigenes Büro in Mailand. Seit 1994 unterrichtet er an der Universität für Architektur in Venedig.

C   **Gion A. Caminada**

geboren 1957 in Vrin (Graubünden). Lehre als Bauschreiner und Besuch der Kunstgewerbeschule, Nachdiplomstudium an der ETH Zürich und eigenes Büro in Vrin.

Raffaele Cavadini

geboren 1954 in Mendrisio (Tessin). 1973-74 Studium an der ETH Zürich. 1974 Praktikum bei Architekt Ivano Gianola. 1975-80 Studium am IUAV in Venedig bei Prof. Vittorio Gregotti. 1981-82 Assistent für Entwerfen am Lehrstuhl Prof. Ivano Gianola an der Architekturschule von Genf. 1982/83 Assistent am Lehrstuhl von Prof. E. Studer an der ETH Zürich. 1982-85 Mitarbeiter bei Prof. Luigi Snozzi in Locarno. Seit 1985 eigenes Büro in Locarno.

Conradin Clavuot

geboren 1962 in Davos (Graubünden). Aufgewachsen in Chur. 1982-87 Architekturstudium an der ETH Zürich. 1988 Diplom bei Prof. Fabio Reinhart. Seit 1988 eigenes Büro in Chur. 1991 Publikation: „Die Kraftwerkbauten im Kanton Graubünden" in Zusammenarbeit mit Jürg Ragettli und Christian Kerez. 1994 Preisträger bei der „Auszeichnung guter Bauten in Graubünden".

Jürg Conzett

geboren 1956 in Aarau (Aargau). Studium Bauingenieurwesen an der EPF Lausanne und an der ETH Zürich, wo er 1980 diplomierte. Anschließend Mitarbeiter von Peter Zumthor. 1988 eigenes Ingenieurbüro. Heute führt er zusammen mit Gianfranco Bronzini und Patrick Gartmann ein Ingenieurbüro für Brückenbauten und Tragkonstruktionen von Gebäuden in Chur.

D   **Robert Danz**

geboren 1937 in Floh (Thüringen). 1958-64 Studium an der Technischen Hochschule in Stuttgart. 1964 Diplom in Bauingenieurwesen. 1964/65 Statiker bei Wayss & Freitag, Stuttgart. 1966-1971 Wissenschaftlicher Assistent am Institut für Grundlagen des Entwerfens und Konstruierens (Prof. Hans Kammerer) der Universität Stuttgart. Seit 1972 eigenes Büro für Bauplanung und Baustatik in Schönaich. 1996 Gründungsmitglied des „Fachverbandes Konstruktiver Glasbau e.V. (FKG)".

Stéphane de Montmollin

geboren 1956 in Biel (Bern). 1975-82 Architekturstudium an der EPF Lausanne. Zwei Jahre Praktikum in Béchar, Algerien, und 1982 Diplom an der EPF Lausanne. 1982-87 Mitarbeit bei Benoît de Montmollin in Biel. 1991-95 Stéphane de Montmollin & Associés Architectes EPF SIA in Biel und Lausanne. Seit 1995 Stéphane de Montmollin et Brigitte Widmer Architectes EPF SIA in Biel.

Andrea Deplazes

geboren 1960 in Chur (Graubünden). Architekturstudium an der ETH Zürich. 1988 Diplom bei Prof. Fabio Reinhart. Seit 1988 gemeinsames Büro mit Valentin Bearth. 1989-1997 Dozent für Entwurf und Konstruktion am Abendtechnikum HTL, Chur. Seit 1997 Professor für Architektur und Konstruktion an der ETH in Zürich.

Günther Domenig

geboren 1934 in Klagenfurt (Kärnten). 1953-59 Architekturstudium an der TU Graz. Von 1963-73 Partnerschaft mit Eilfried Huth. Seit 1973 eigene Architekturbüros in Graz, Klagenfurt und Wien. Gastprofessuren, Seminare und Vorträge im In- und Ausland, darunter Deutschland, Italien, Belgien, England, Skandinavien, Türkei, USA. Seit 1980 Professor am Institut für Gebäudelehre, Wohnbau und Entwerfen an der TU in Graz.

D Robert Danz

nasce nel 1937 a Floh (Thüringen). Dal 1958 al 1964 studia al politecnico di Stoccarda, dove nel 1964 si laurea in ingegneria edile. Tra il 1964 e il 1965 collabora come ingegnere statico con Wayss & Freitag di Stoccarda; dal 1966 al 1971 è assistente del prof. Hans Kammerer all'Istituto di progettazione e costruzione dell'Università di Stoccarda. Nel 1972 apre uno studio di progettazione e statica delle costruzioni a Schönaich. Nel 1996 è tra i fondatori del "Fachverband Konstruktiver Glasbau e.V." (Associazione per costruzioni in vetro – FKG).

Stéphane de Montmollin

nasce nel 1956 a Biel (Cantone di Berna). Dal 1975 al 1982 studia architettura al politecnico di Losanna. Dope due anni di tirocinio a Béchar in Algeria si laurea nel 1982 a Losanna. Dal 1982 al 1987 collabora con lo studio dell' arch. Benoit de Montmollin a Biel. Nel 1991 apre lo studio Stéphane de Montmollin & Associés a Biel e a Losanna, che dal 1995 diventa lo studio Stéphane de Montmollin e Brigitte Widmer Architectes, sempre a Biel.

Andrea Deplazes

nasce nel 1960 a Coira. Studia architettura al politecnico di Zurigo, dove si laurea nel 1988 con il prof. Fabio Reinhart. Dal 1988 lavora insieme a Valentin Bearth. Dal 1989 al 1997 insegna progettazione e costruzioni al politecnico serale di Coira. Dal 1997 è professore di architettura e costruzioni al politecnico di Zurigo.

Günther Domenig

nasce nel 1934 a Klagenfurt (Carinzia). Dal 1953 al 1959 studia architettura al politecnico di Graz, Tra il 1963 e il 1973 lavora in studio associato con Eilfried Huth. Dopo il 1973 apre degli studi di architettura a Graz, Klagenfurt e Vienna. È stato professore esterno per seminari e conferenze in varie università austriache e straniere (in Germania, Italia, Belgio, Inghilterra, Paesi Scandinavi, Turchia, Stati Uniti). Dal 1980 insegna all'Istituto di scienza delle costruzioni, edilizia residenziale e progettazione del politecnico di Graz.

E Hermann Eisenkoek

nasce nel 1954 a Salisburgo. Dal 1974 al 1981 studia al politecnico di Graz, e dal 1981 al 1986 collabora con lo studio di Günther Domenig dove è responsabile per alcuni progetti e per conto del quale partecipa con successo ad alcuni concorsi. Dal 1987 opera come architetto libero professionista e in studio associato con il prof. Günther Domenig.

G Roberto Gabetti

nasce nel 1925 a Torino. Si laurea nel 1949 al politecnico di Torino con il prof. Giovanni Muzio. È assistente universitario fino al 1950, e dal 1967 professore ordinario di progettazione sempre al politecnico di Torino. Ha al suo attivo numerose pubblicazioni. Dal 1950 lavora in studio associato con Aimaro Isola.

Arnold Gapp

nasce nel 1951 a Màlles (Alto Adige). Studia architettura al politecnico di Vienna e dal 1976 lavora come albergatore ed architetto con uno studio in proprio a Silandro (Alto Adige).

Leo Gurschler

nato nel 1954 a Silandro (Alto Adige). Studia architettura e si laurea nel 1980 all'Università di Firenze.

Erich Gutmorgeth

nasce nel 1951 a Innsbruck. Studia architettura e si laurea nel 1977 al politecnico di Innsbruck. Dal 1977 è assistente all'Istituto di scienza delle costruzioni del politecnico di Innsbruck. Nel 1988 apre uno studio di architettura a Innsbruck.

H Andreas Hagmann

nasce nel 1959 a Lucerna e dal 1980 al 1987 studia architettura al politecnico di Zurigo, dove si laurea con Fabio Reinhart. Dal 1985 al 1987 collabora con la soprintendenza ai beni culturali del Cantone dei Grigioni per la classificazione degli insediamenti residenziali del XIX secolo. Dal 1987 al 1990 collabora nello studio dell' arch. Peter Zumthor, e nel 1990 apre assieme a Dieter Jüngling uno studio di architettura a Coira.

Dieter Henke

nasce nel 1952 a Kössen (Tirolo). Dal 1973 al 1980 studia architettura all'Accademia delle Belle Arti di Vienna con il prof. Roland Rainer. Dal 1981 al 1982 è assistente all' Istituto di urbanistica dell'Accademia delle Belle Arti di Vienna. Dal 1983 lavora in studio associato con Marta Schreieck a Vienna. Diversi premi tra cui nel 1992 premio di architettura contemporanea nel Tirolo e nel 1997 premio di architettura Adolf Loos.

Isabel Hérault

nasce nel 1963 a Grenoble e si laurea in architettura nel 1987. Tra il 1988 e il 1989 collabora nell' Architecture studio con J.P. Pargade a Parigi. Nel 1989 apre con Yves Arnod uno studio in proprio a Grenoble.

Margarethe Heubacher-Sentobe

nasce nel 1945 a Schwaz (Tirolo). Dal 1966 al 1970 studia architettura all'Accademia di Belle Arti di Vienna e si laurea con il prof. Roland Rainer. Dal 1978 apre uno studio in proprio a Schwaz. Dal 1991 è professoressa incaricata di progettazione al politecnico di Innsbruck. Dal 1995 è membro del "Fachbeirat" (Consiglio professionale) di Feldkirch.

I Aimaro Isola

nasce nel 1928 a Torino. Nel 1952 si laurea con il prof. Carlo Mollino al politecnico di Torino. È assistente universitario fino al 1953, e dal 1977 professore ordinario di progettazione al politecnico di Torino. Ha al suo attivo numerose pubblicazioni. Nel 1950 apre uno studio con Roberto Gabetti. Dal 1970 collabora con loro Guido Drocco.

E   Hermann Eisenköck

geboren 1954 in Salzburg.
1974-81 Studium an der TU Graz
mit Diplom. 1981-86 Büroleiter
bei Günther Domenig, eigenver-
antwortliche Projektbetreuungen
und Entwurfsarbeiten sowie
erfolgreiche Wettbewerbsteilnah-
me. 1986 Ziviltechnikerprüfung.
Seit 1987 freiberuflicher Architekt sowie Partnerschaft mit Prof.
Günther Domenig.

G   Roberto Gabetti

geboren 1925 in Turin. 1949
Diplom an der Technischen Universität in Turin bei Prof. Giovanni Muzio. Mitarbeiter an der
Universität bis 1950, ab 1967
ordentlicher Professor für Entwerfen an der Technischen Universität Turin. Verschiedene Publikationen. Seit 1950 gemeinsames
Büro mit Aimaro Isola.

Arnold Gapp

geboren 1951 in Mals (Südtirol).
Architekturstudium und 1975
Diplom an der TH in Wien. Seit
1976 Hotelier und Architekt mit
Büro in Schlanders (Südtirol).

Leo Gurschler

geboren 1954 in Schlanders (Südtirol). Architekturstudium und
1980 Diplom an der Universität in
Florenz.

Erich Gutmorgeth

geboren 1951 in Innsbruck. Studium und 1977 Diplom an der Technischen Universität in Innsbruck.
Seither Assistent am Institut für
Hochbau und Entwerfen der TU
Innsbruck. Seit 1988 eigenes Büro
in Innsbruck.

H   Andreas Hagmann

geboren 1959 in Luzern, 1980-87
Architekturstudium an der ETH
Zürich mit Diplom bei Prof. Fabio
Reinhart. 1985-87 Mitarbeit in
der Denkmalpflege Graubünden
beim Inventar von Siedlungen
des 19. Jahrhunderts. 1987-90
Mitarbeit bei Peter Zumthor,
Haldenstein. Seit 1990 eigenes
Architekturbüro gemeinsam mit
Dieter Jüngling in Chur.

Dieter Henke

geboren 1952 in Kössen (Tirol).
1973-80 Architekturstudium an
der Akademie der Bildenden Künste Wien bei Prof. Roland Rainer.
1981-82 Assistent am Institut
für Städtebau an der Akademie
der Bildenden Künste in Wien.
Sei 1983 gemeinsames Büro mit
Marta Schreieck. Verschiedene
Auszeichnungen, darunter 1992
Auszeichnung des Landes Tirol
für Neues Bauen und 1997
den Adolf Loos Architekturpreis.

Isabel Hérault

geboren 1963 in Grenoble. 1987
Architekturdiplom. 1988-89 Mitarbeit bei „Architecture Studio"
und bei J. P. Pargade (Paris). Seit
1989 eigenes Büro gemeinsam
mit Yves Arnod in Grenoble.

Margarethe Heubacher-Sentobe

geboren 1945 in Schwaz (Tirol).
1966-70 Architekturstudium mit
Diplomabschluß an der Akademie
der Bildenden Künste in Wien,
Meisterschule bei Prof. Roland
Rainer. 1978 Eröffnung des Archi-
tekturbüros in Schwaz. Seit 1991
Lehrbeauftragte für Entwerfen an
der Technischen Universität in
Innsbruck. Seit 1995 Mitglied des
Fachbeirates in Feldkirch.

I   Aimaro Isola

geboren 1928 in Turin. 1952
Diplom an der Technischen Universität in Turin bei Prof. Carlo
Mollino. Mitarbeiter an der Universität bis 1953 und ab 1977
ordentlicher Professor für Entwerfen an der Technischen Universität in Turin. Verschiedene Publikationen. Seit 1950 gemeinsames
Büro mit Roberto Gabetti. Seit
1970 Zusammenarbeit mit Guido
Drocco.

J   Dieter Jüngling

geboren 1957 in Basel. 1979-82
Architekturstudium an der HTL
in Muttenz, 1982 Ingenieurschule
Basel mit Diplom bei Michael
Alder und Carlo Tognola, 1983-86
Mitarbeit im Büro Herzog & de
Meuron in Basel. 1986-90 Mitar-
beit bei Peter Zumthor in Halden-
stein. Seit 1990 gemeinsames
Architekturbüro mit Andreas Hag-
mann in Chur.

J   Dieter Jüngling

nasce nel 1957 a Basilea. Dal 1979 al 1982 studia architettura e dal 1982 frequenta la facoltà di ingegneria di Basilea, dove si laurea con Michael Alder e Carlo Tognola. Dal 1983 al 1986 collabora con lo studio di Herzog & Meuron a Basilea, e dal 1986 al 1990 con quello di Peter Zumthor a Haldenstein. Nel 1990 apre assieme a Andreas Hagmann un proprio studio di architettura a Coira.

K   Hermann Kaufmann

nasce nel 1955 a Reuthe (Vorarlberg). Dal 1975 al 1981 studia architettura a Innsbruck e a Vienna. Dal 1981 al 1983 collabora con lo studio di Ernst Hiesmayr a Vienna. Nel 1983 apre un proprio studio di architettura in partnership con Christian Lenz e Elmar Gmeiner, ingegneri. Nel 1992 vince il "premio per edifici artiginnali e industriali" indetto dal ministero per gli affari economici.

Leopold Kaufmann

nasce nel 1932 a Reuthe (Vorarlberg). Dal 1946 al 1950 apprendistato da carpentiere; dal 1950 al 1955 studia all'Istituto tecnico per l'edilizia di Innsbruck, e dal 1955 al 1960 architettura al politecnico di Graz, dove si laurea con il prof. Friedrich Zotter. Nel 1965 apre uno studio in proprio a Dornbirn.

Manfred Kovatsch

nasce nel 1940 a Villach (Carinzia). Nel 1967 si laurea al politecnico di Graz. Dal 1970 al 1971 frequenta la University of California di Berkeley, dove consegue il "Master of Architecture". Dal 1972 è assistente al politecnico di Monaco, e dal 1975 professore incaricato presso il politecnico di Graz. Nel 1980 organizza uno scambio di studenti con la University of Colorado di Denver. Dal 1986 insegna arredamento e progettazione all'Accademia di Belle Arti di Monaco.

M   Daniele Marques

nasce nel 1950 ad Aarau (Aargau). Dal 1970 al 1976 studia architettura al politecnico di Zurigo. Dal 1980 al 1996 lavora in studio associato con Bruno Zurkirchen a Lucerna. Dal 1981 al 1984 è assistente al politecnico di Zurigo. Dal 1987 al 1989 insegna progettazione presso la sezione di ingegneria dell'Istituto tecnico per l'edilizia di Horw. Nel 1992 è membro della Commissione di tutela dei beni paesistici del Cantone di Lucerna. Dal 1993 al 1994 è professore esterno al politecnico di Losanna e nel 1996/97 al politecnico di Zurigo. Nel 1997 è consigliere per la progettazione a Linz e nello stesso anno insegna all'Accademia estiva dell'International Architecture Design Workshop IAAS di Basilea.

Christoph Mayr Fingerle

nasce nel 1951 a Bolzano. Studia architettura e nel 1978 si laurea al politecnico di Innsbruck. Dal 1981 ha un proprio studio a Bolzano. Dal 1982 al 1992 è relatore culturale dell'Ordine degli architetti di Bolzano e dal 1985 al 1992 è presidente della Galleria Museo Ar/Ge Kunst – Bolzano. Pubblicazioni: "Architettura alberghiera nelle Alpi 1920-1940" (in collaborazione con Karin Kummlauf e Joachim Moroder) 1989; "Architettura, natura e tecnica" (in collaborazione con Walter Niedermayr) 1990; "Architettura contemporanea alpina – Premio di architettura", 1992; "Architettura contemporanea alpina – Premio di architettura", 1995, "Paese e città, espansioni in Alto Adige dopo il 1970" (in collaborazione con Paolo Biadene e Peter Constantini) 1997.

Marcel Meili

nasce nel 1953 a Küsnacht (Cantone del Grigioni). Studia architettura al politecnico di Zurigo con prof. Aldo Rossi e Mario Campi. Nel 1980 si laurea con il professor Dolf Schnebli. Dal 1981 al 1983 è assistente all'Istituto di teoria e storia dell'architettura del politecnico di Zurigo, attività che svolge in parallelo a quella di libero professionista a Zurigo. Dal 1983 al 1985 collabora con lo studio Schnebli & Ammann di Zurigo. Dal 1985 al 1987 è assistente del prof. Mario Campi al politecnico di Zurigo. Dal 1987 professore alla "Höhere Schule für Gestaltung" di Zurigo. A partire dal 1990 insegna alla "Harvard University di Cambridge", Massachusetts, e tra il 1993 e il 1995 è professore esterno al politecnico di Zurigo.

O   Andreas Oberwalder

nasce nel 1951 a Lienz (Tirolo). Tra il 1971 e il 1978 studia architettura al politecnico di Innsbruck. Nel 1993 apre un proprio studio di architettura.

Valerio Olgiati

nasce nel 1958 a Coira. Dal 1980 al 1986 studia architettura e si laurea al politecnico di Zurigo. Nel 1986-87 diventa assistente del prof. Fabio Reinhart al politecnico di Zurigo. Nel 1988-93 apre uno studio di architettura a Zurigo. Dal 1993 insieme a Rank Escher apre uno studio di architettura a Los Angeles. Nel 1994 è professore esterno alla scuola tecnica superiore di Stoccarda, e nel 1996 apre un proprio studio a Flims e a Zurigo. Nel 1998 è professore esterno al politecnico di Zurigo.

P   Martino Pedrozzi

nasce nel 1971 a Zurigo. Si laurea al politecnico di Losanna nel 1996 e nel 1997 diventa assistente di Alberto Campo Baeza. Dal 1998 è assistente di Vincent Mangeat al politecnico di Losanna e di Kenneth Frampton all'Accademia di Architettura di Mendrisio. Nel 1997 apre un proprio studio a Pregassona, in Svizzera.

R   Raimund Rainer

nasce nel 1956 a Schwaz (Tirolo). Tra il 1976 e il 1984 studia al politecnico di Innsbruck; dal 1980 al 1981 segue i corsi di Aldo Van Eyck al politecnico di Delft. Dal 1990 è attivo come architetto a Innsbruck.

K   Hermann Kaufmann

geboren 1955 in Reuthe (Vorarlberg). 1975-81 Architekturstudium in Innsbruck und Diplom an der TU in Wien. Mitarbeit bei Prof. Ernst Hiesmayr in Wien und seit 1983 eigenes Architekturbüro in Schwarzach/Vorarlberg, in Partnerschaft mit Christian Lenz und Elmar Gmeiner. 1992 Staatspreis für gewerbliche und industrielle Bauten vom Bundesministerium für wirtschaftliche Angelegenheiten.

Leopold Kaufmann

geboren 1932 in Reuthe (Vorarlberg). 1946-50 Zimmererlehre. 1950-55 Studium an der HTL für Hochbau in Innsbruck. 1955-1960 Studium der Architektur an der TU in Graz und Diplom bei Prof. Friedrich Zotter. Seit 1965 eigenes Architekturbüro in Dornbirn.

Manfred Kovatsch

geboren 1940 in Villach (Kärnten). Studium an der Technischen Universität in Graz. 1970-71 Besuch der University of California, Berkeley und Abschluß mit „Master of Architecture". Ab 1972 wissenschaftlicher Assistent an der TU in München. 1975 Lehrauftrag an der TU in Graz. 1980 Leitung eines Studienaustausches mit der University of Colorado, Denver. Seit 1986 Professor für Raumgestaltung und Entwerfen an der Akademie der Bildenden Künste in München.

M   Daniele Marques

geboren 1950 in Aarau (Aargau). 1970-76 Architekturstudium an der ETH Zürich. 1980-96 gemeinsames Büro mit Bruno Zurkirchen in Luzern. 1981-84 Entwurfsassistent an der ETH Zürich. 1987-89 Entwurfsdozent an der Ingenieurschule HTL, Horw. 1992 Mitglied der Orts- und Landschaftsbildkommission des Kantons Luzern. 1993/94 Gastprofessor an der EPF in Lausanne, 1996-97 Gastdozent an der ETH in Zürich. 1997 Gestaltungsbeirat von Linz. 1997 Dozent an der Sommerakademie des International Architecture Design Workshop IAAS in Basel.

Christoph Mayr Fingerle

geboren 1951 in Bozen. Architekturstudium und Diplom 1978 an der TU Innsbruck. Seit 1981 eigenes Architekturbüro in Bozen. 1982-92 Kulturreferent der Architektenkammer und von 1985-92 Präsident der Ar/Ge Kunst in Bozen. Publikationen: „Hotelarchitektur in den Alpen 1920-1940", in Zusammenarbeit mit Karin Krummlauf und Joachim Moroder, 1989; „Architektur, Natur und Technik", in Zusammenarbeit mit Walter Niedermayr, 1990; „Neues Bauen in den Alpen, Architekturpreis 1992", 1992; „Neues Bauen in den Alpen, Architekturpreis 1995", 1996; „Öffentliches Bauen in Südtirol", 1993; „Dorf und Stadt, Wohngebiete in Südtirol nach 1970", in Zusammenarbeit mit Paolo Biadene und Peter Constantini, 1997.

Marcel Meili

geboren 1953 in Küsnacht. Architekturstudium an der ETH Zürich bei Prof. Aldo Rossi und Prof. Mario Campi. 1980 Diplom bei Professor Dolf Schnebli. 1981-83 wissenschaftlicher Mitarbeiter am gta-Institut an der ETH Zürich. 1983-85 Mitarbeit im Büro Schnebli & Ammann, Zürich. 1985-87 Assistent bei Prof. Mario Campi an der ETH Zürich. 1990 Dozent an der Harvard University, Cambridge MA. Seit 1987 eigenes Büro zusammen mit Markus Peter in Zürich. Seit 1987 Dozent an der Höheren Schule für Gestaltung in Zürich. 1993-95 Gastprofessor an der ETH in Zürich.

O   Andreas Oberwalder

geboren 1951 in Lienz (Tirol). 1971-78 Studium der Architektur an der TU in Innsbruck. Eigenes Architekturbüro seit 1993.

Valerio Olgiati

geboren 1958 in Chur. (Graubünden) 1980-86 Architekturstudium und Diplom an der ETH in Zürich. 1986-87 Assistent am Lehrstuhl von Prof. Fabio Reinhart in Zürich. 1988-93 eigenes Architekturbüro in Zürich. Seit 1993 gemeinsames Büro mit Frank Escher in Los Angeles. 1994 Gastdozent an der FH in Stuttgart. Seit 1995 eigenes Architekturbüro in Flims und Zürich. 1998 Gastdozent an der ETH in Zürich.

P   Martino Pedrozzi

geboren 1971 in Zürich. 1996 Diplom an der EPF in Lausanne. 1997 Assistent bei Prof. Alberto Campo Baeza. Seit 1998 Assistent bei Vincent Mangeat an der EPF in Lausanne und bei Kenneth Frampton an der Akademie für Architektur in Mendrisio. Seit 1997 eigenes Büro in Pregassona (Tessin).

R   Raimund Rainer

geboren 1956 in Schwaz (Tirol). 1976-84 Studium der Architektur an der TU in Innsbruck, 1980-81 Auslandstudium an der Technischen Hochschule in Delft bei Prof. Aldo van Eyck. Seit 1990 als freischaffender Architekt in Innsbruck tätig.

Bruno Reichlin

geboren 1941 in Bellinzona (Tessin). Architekturstudium und Diplom 1967 an der ETH in Zürich. 1969-70 Assistent bei Prof. Giovanni Klaus König an der Universität Florenz. 1972-74 Assistent bei Prof. Aldo Rossi an der ETH Zürich. 1972-81 wissenschaftlicher Mitarbeiter am gta-Institut an der ETH Zürich. 1983-84 Dozent an der Ecole d'Architecture von Nancy und ab 1984 am Institute d'Architecture der Universität Genf. Seit 1970 gemeinsames Architekturbüro mit Fabio Reinhart in Lugano. 1976-82 gemeinsames Büro mit Fabio Reinhart, Marie Claude Bétrix und Eraldo Consolascio in Zürich. Arbeiten über Themen der Architektur im 20. Jahrhundert. Ausstellungen über Le Corbusier, Carlo Mollino, BBPR, de Stijl u.a. Möbelentwürfe mit Gabriele Geronzi.

Helmut Reitter

geboren 1954 in Steyr (Oberösterreich). 1980 Diplom an der Technischen Universität in Innsbruck. Seit 1998 Arbeitsgemeinschaft mit Michael Pfleger.

Bruno Reichlin

nasce nel 1941 a Bellinzona (Ticino). Studia architettura al politecnico di Zurigo, dove si laurea nel 1967. Dal 1969 al 1970 è assistente del prof. Giovanni Klaus König all'Università di Firenze, e dal 1972 al 1974 assistente del prof. Aldo Rossi al politecnico di Zurigo. Dal 1972 al 1981 è ricercatore scientifico all'Istituto di storia e teoria dell'architettura del politecnico di Zurigo. Dal 1983 al 1984 insegna all'Ecole d'architecture di Nancy e dal 1984 all'Istituto di architettura dell'Università di Ginevra. Nel 1970 apre insieme a Fabio Reinhart uno studio a Lugano, e dal 1976 al 1982 insieme a Fabio Reinhart, Marie Claude Bétrix ed Eraldo Consolascio a Zurigo. È autore di ricerche e studi sull'architettura del Novecento. Ha organizzato mostre su Le Corbusier, Carlo Mollino, lo studio BBPR, de Stijl e ha progettato mobili insieme a Gabriele Geronzi.

Helmut Reitter

nasce nel 1954 a Steyr (Austria settentrionale). Nel 1980 si laurea al politecnico di Innsbruck e dal gennaio 1998 lavora in partnership con Michael Pfleger.

Hans-Jörg Ruch

nasce nel 1946 a Bellach (Solothurn). Studia architettura al politecnico di Zurigo, dove si laurea nel 1971 con il professor Paul Waltenspuhl. Nel 1972-73 studia al Rensselaer Polytechnic Institute di Troy, New York, dove consegue il "Master of Architecture". Nel 1977 apre insieme con Urs Hüsler uno studio a St. Moritz, e nel 1989 apre un proprio studio a St. Moritz. Nel 1990 è professore esterno al "Rensselaer Polytechnic Institute di Troy", New York.

S Markus Scherer

nasce nel 1962 a Vienna. Studia allo IUAV di Venezia con i prof. Vittorio Gregotti e Bernardo Secchi; nel 1992 partecipa alla fondazione dello studio associato A5 architetti a Bolzano e inizia a lavorare come libero professionista.

Marta Schreieck

nasce nel 1954 a Innsbruck. Studia Architettura dal 1975 al 1981 all'Accademia di Belle Arti di Vienna con i professori Roland Rainer e Timo Pentillä. Dal 1993 è professoressa incaricata alla facoltà di Ingegneria Edile e Architettura del politecnico di Innsbruck. Nel 1995 è stata professoressa esterna all'Accademia di Belle Arti di Vienna.

Thomas Schnizer

nasce nel 1960 a Innsbruck. Studia e si laurea nel 1991 al politecnico di Innsbruck. Collabora con l'arch. Johannes Gsteu e con lo studio Henke & Schreieck a Vienna. Assistente al polotecnico di Innsbruck. Vive e lavora come architetto a Vienna.

Helmuth Seelos

nasce a Zams (Tirolo) nel 1969. Dal 1987 al 1994 studia al politecnico di Innsbruck dove si laurea con il Prof. Josef Lackner. Dal 1994 collabora con lo studio di architettura Erich Gutmorgeth.

Bruno Spagolla

nasce nel 1949 a Bludenz (Vorarlberg). Dal 1972 al 1981 studia all'Accademia di belle arti di Vienna con Roland Rainer. Collabora con diversi studi a Vienna e nel Vorarlberg. Dal 1981 ha un proprio studio a Bludenz. È membro della giuria del premio d'arte "Vorarlberger Baukünstler", promosso dalla regione del Vorarlberg. Dal 1997 fa parte del Consiglio per l'architettura e il design dell'Ufficio federale del cancelliere della Repubblica Federale Austriaca.

V Christoph Vinatzer

nasce nel 1965 a Moers (Germania). Nel 1993 si laurea al politecnico di Innsbruck.

W Brigitte Widmer

nasce nel 1963 a Zurigo. Tra il 1983 e il 1989 studia architettura al politecnico di Zurigo, dove si laurea nel 1989. Dal 1989 al 1991 collabora con lo studio "Kündig Hubacher Bickel Architekten" a Zurigo. Nel 1992 fonda lo studio "Sabina Hubacher und Brigitte Widmer Architektinnen" a Zurigo, e dal 1995 lo studio "Stéphane de Montmollin et Brigitte Widmer Architectes" a Biel.

Z Peter Zumthor

nasce nel 1943 a Basilea. Inizia nel 1958 l'apprendistato come ebanista. Nel 1963 si iscrive all'istituto industriale artistico di Basilea. Nel 1966 segue i corsi di architettura e design d'interni del "Pratt Institute" di New York. Nel 1979 apre uno studio di architettura a Haldenstein, nel Cantone dei Grigioni. Nel 1988 è professore esterno al "Southern California Institute" di Santa Monica, e nel 1989 al politecnico di Monaco di Baviera. Nello stesso anno dirige il workshop di architettura all'Accademia estiva di Graz. Nel 1992 vince il premio internazionale "Architettura alpina contemporanea" bandito dall'associazione Sesto Cultura. Nello stesso anno è "Davis Critic" alla "Tulane University" di New Orleans. Nel 1994 è nominato membro dell' Accademia di Belle Arti di Berlino, e dal 1996 è professore all'Accademia di architettura presso l'Università della Svizzera Italiana di Mendrisio.

Hans-Jörg Ruch

geboren 1946 in Bellach (Solothurn). Architekturstudium und Diplom bei Prof. Paul Waltenspuhl an der ETH Zürich. 1972-73 Studium am Rensselaer Polytechnic Institute (R.P.I.) in Troy, New York, mit Abschluß Master of Architecture. 1977-88 Atelier in Partnerschaft mit Urs Hüsler in St. Moritz und seit 1989 eigenes Büro in St. Moritz. 1990 Gastdozent am Rensselaer Polytechnic Institute (R.P.I.) in Troy, New York.

S Markus Scherer

geboren 1962 in Wien. Studium am IUAV in Venedig bei Prof. Vittorio Gregotti und Bernardo Secchi. 1992 Gründung der Bürogemeinschaft A5 Architekten mit Walter Angonese in Bozen und Tätigkeit als freischaffender Architekt.

Marta Schreieck

geboren 1954 in Innsbruck. 1975-81 Architekturstudium an der Akademie der Bildenden Künste Wien, Prof. Roland Rainer und Prof. Timo Pentillä. 1993 Lehrbeauftragte an der Fakultät für Bauingenieurwesen und Architektur der Universität Innsbruck. 1995 Gastprofessur an der Akademie der Bildenden Künste in Wien.

Thomas Schnizer

geboren 1960 in Innsbruck. Studium und Diplom an der TU in Innsbruck. Mitarbeit bei Johannes Gsteu und im Büro Henke & Schreieck in Wien. Assistent an der TU in Innsbruck. Lebt und arbeitet als selbständiger Architekt in Wien.

Helmut Seelos

geboren 1969 in Zams (Tirol). 1987-94 Studium an der TU in Innsbruck. Diplom bei Prof. Josef Lackner. Seit 1994 Mitarbeit im Architekturbüro Erich Gutmorgeth.

Bruno Spagolla

geboren 1949 in Bludenz (Vorarlberg). 1972-81 Studium an der Akademie der Bildenden Künste, Wien, Meisterklasse bei Prof. Roland Rainer. Mitarbeit in diversen Büros in Wien und Vorarlberg. Seit 1981 eigenes Büro in Bludenz. Mitglied „Vorarlberger Baukünstler" – Kunstpreis Land Vorarlberg. 1992-99 Präsident ZV Vorarlberg. Seit 1997 Bundeskanzleramt der Republik Österreich, Beirat für Architektur und Design.

V Christoph Vinatzer

geboren 1965 in Moers (Nordrhein-Westfalen). 1993 Diplom an der Fakultät für Architektur der TU in Innsbruck.

W Brigitte Widmer

geboren 1963 in Zürich. 1983-89 Architekturstudium und Diplom an der ETH in Zürich. 1989-91 Mitarbeit bei Kündig Hubacher Bickel Architekten ETH SIA in Zürich. 1992-96 gemeinsames Architekturbüro mit Sabina Hubacher in Zürich. Seit 1995 Bürogemeinschaft mit Stéphane de Montmollin in Biel.

Z Peter Zumthor

geboren 1943 in Basel. Ab 1958 eine Berufslehre als Möbelschreiner. 1963 Inskription an der Kunstgewerbeschule in Basel. 1966 Lehrgang Architecture and Interior Design am Pratt Institute, New York. 1979 Eröffnung eines Architekturbüros in Haldenstein, Graubünden. 1988 Gastprofessor am Southern California Institute of Architecture, Santa Monica, 1989 an der TU in München. Workshops für Architektur an der Sommerakademie in Graz. Gewinner des internationalen Wettbewerbes für „Neues Bauen in den Alpen – Architekturpreis 1992", in Sexten. 1992 Davis Critic an der Tulane University in New Orleans. 1994 Mitglied der Akademie der Künste, Berlin. Ab 1996 Professor an der Accademia di architettura, Università della Svizzera Italiana, Mendrisio.

Ausschreibungstext **Testo del Bando di Concorso**

I

L'associazione Sesto Cultura conferisce, in collaborazione con l'Architekturforum Tirol di Innsbruck, l'Architekturgalerie München e la Maison d'architecture di Grenoble come sostegno e riconoscimento di opere esemplari d'architettura contemporanea, un premio di "Architettura Contemporanea Alpina". Saranno premiate opere che sono state costruite dopo la data del 01.01.1991 nell' arco alpino. L'assegnazione del premio avviene da parte di una giuria di esperti che sarà nominata da Sesto Cultura.

II

Il premio alle opere di architetti scelte dalla giuria sarà assegnato ai progetti che saranno ritenuti esemplari e che costituiscono una prestazione di alta creatività. I premi potranno essere assegnati per costruzioni di vario tipo: sia per opere di carattere industriale-tecnico che di carattere sacrale, opere rurali, opere di carattere pubblico e privato. Verranno anche considerati lavori di progettazione ambientale e urbanistica.

III

L'assegnazione di questo premio avverrà ogni quattro anni.

IV

Le segnalazioni possono pervenire da architetti, gruppi di architetti, committenti e associazioni con l'indicazione dell'opera, del suo luogo e mediante l'invio di altre indicazioni esplicative come planimetria generale, piante, sezioni, prospetti, foto (tutto in formato DIN A4 oppure DIN A3). Inoltre ogni membro della giuria può dare indicazioni e proporre opere per la premiazione. Il materiale e le indicazioni dovranno pervenire a Sesto Cultura, Via Dolomiti 9, I-39030 Sesto entro il 01.09.1998.

V

L'associazione Sesto Cultura nomina 5 membri per la commissione giudicatrice che appartengano ai vari paesi limitrofi dell' arco alpino. Verrá garantita la competenza delle persone nominate. Ogni membro della giuria nomina all'atto di accettazione dell'incarico un proprio sostituto. Alla votazione devono essere presenti tutti i membri della commissione oppure i loro sostituti. Tutte le decisioni verranno prese a maggioranza. Le motivazioni per l'assegnazione dei premi verranno estese per iscritto. Le decisioni della giuria sono incontestabili.

VI

L'annuncio del premio avverrà pubblicamente e sarà collegato con la mostra e la pubblicazione di un catalogo dei progetti premiati ed elencati dalla giuria. L'ammontare del premio è fissato per l'anno 1999 in Lire 20.000.000 La giuria ha la facoltà di dividere questo premio.

VII

I membri della giuria sono: Friedrich Achleitner (Vienna), Sebastiano Brandolini (Milano), Manfred Kovatsch (Monaco), Marcel Meili (Zurigo), Bruno Reichlin (Ginevra).

I

Die Vereinigung Sexten Kultur verleiht in Zusammenarbeit mit dem Architekturforum Tirol in Innsbruck, der Architekturgalerie München und der Maison d'architecture in Grenoble zur Förderung und Anerkennung beispielhafter Leistungen im Bereich der Architektur einen internationalen Architekturpreis für „Neues Bauen in den Alpen". Ausgezeichnet werden Bauwerke, die sich im Alpenraum befinden und nach dem 01.01.1991 fertiggestellt wurden. Die Zuerkennung des Preises erfolgt durch die von den Veranstaltern berufenen Fachjuroren.

II

Die Preisverleihung erfolgt an die Architekten der von den Fachjuroren ausgewählten Objekte. Die Preise sind für jene Bauwerke zuzuerkennen, die eine beispielgebende, hohe schöpferische Leistung darstellen. Die Auszeichnungen können für Bauten aller Sparten verliehen werden: für Industrie- und Gewerbebauten, für Bauten im öffentlichen und privaten Bereich, Sakralbauten, landwirtschaftliche und technische Bauwerke und weiter für besondere Leistungen im Bereich der Landschafts- und Ortsgestaltung. Die Auszeichnung kann sowohl für Neubauten als auch für Zu- und Umbauten verliehen werden.

III

Die Preisverleihung erfolgt jeweils in einem zeitlichen Abstand von vier Jahren.

IV

Bewerben können sich Architekten und Architekturgemeinschaften, Bauherren und Berufsvereinigungen mit Angabe der Bauwerke, ihres Standortes und unter Einsendung von weiteren Hinweisen und Unterlagen (Lageplan, Grundrisse, Schnitte, Ansichten, Fotos – Format DIN A4 oder max. DIN A3). Jedes Mitglied der Jury kann Preisverleihungsvorschläge unterbreiten. Die Unterlagen sind bei Sexten Kultur, Dolomitenstraße 9, I-39030 Sexten bis zum 01.09.1998 abzugeben.

V

Die Veranstalter ernennen für die Besetzung der Jury fünf Fachpreisrichter, welche den verschiedenen Ländern zugehören, die an den Alpenraum grenzen. Dies müssen Personen sein, deren Urteilsvermögen über Architektur garantiert ist. Jeder Fachpreisrichter ernennt bei Bestätigung seiner Teilnahme einen persönlichen Vertreter. Der Preisausschuß ist nur bei Anwesenheit von allen Mitgliedern bzw. deren Vertretern beschlußfähig. Die Beschlüsse sind mit einfacher Stimmenmehrheit zu fassen. Die für den Vorschlag zur Preiszuerkennung maßgebenden Gründe werden schriftlich festgehalten. Die Entscheidungen der Jury sind unanfechtbar.

VI

Die Verlautbarung des Preises erfolgt öffentlich und ist mit einer Ausstellung der ausgewählten Bauwerke verbunden. Mit der Ausstellung erfolgt die Erstellung eines Kataloges. Die Höhe der Preissumme beträgt für 1999 Lire 20.000.000. Die Jury hat die Möglichkeit, diesen Preis aufzuteilen.

VII

Zusammensetzung der Jury: Friedrich Achleitner (Wien), Sebastiano Brandolini (Mailand), Manfred Kovatsch (München), Marcel Meili (Zürich), Bruno Reichlin (Genf).

Sparkasse
Cassa di Risparmio

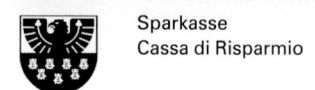

Wir danken der Stiftung Südtiroler Sparkasse für die Bereitstellung des Preisgeldes und die freundliche Unterstützung zur Produktion dieses Buches.

Ringraziamo la Fondazione Cassa di Risparmio di Bolzano per aver messo a disposizione l'ammontare del premio e per il gentile sostegno alla produzione di questo libro.

alpi

Fenster- und Türensysteme
FINSTRAL

Die Alpi AG in Welsberg (Südtirol) produziert und vertreibt seit 1973 für die internationale Bauindustrie Schalungen und Rüstungen zur Lösung verschiedenster Schalungsprobleme.

Um den täglich wachsenden Anforderungen auf der Baustelle in Sachen Wirtschaftlichkeit und Sicherheit gerecht zu werden, wird mit modernster Computertechnologie geplant und das Schalen durch höchste Flexibilität und Anpassungsfähigkeit realisiert. Die technisch-globale Ausarbeitung der Projekte umfaßt Planung, Miete und Kauf, von der Assistenz bis hin zur Montage. Alpi ist Ihr kompetenter Partner für die Bauprojekte der Zukunft.

Dal 1973 la Alpi Spa di Monguelfo (Bolzano) produce e distribuisce in vari paesi casseforme e armature per la soluzione di qualsiasi problema di casseratura nell'industria edilizia.

Per venire incontro alle sempre maggiori esigenze di economia e sicurezza che si riscontrano in cantiere, Alpi Spa si avvale in fase di progettazione delle tecnologie informatiche più avanzate e realizza casseforme dotate di altissima adattabilità e flessibilità d'uso. La proposta tecnica globale di Alpi Spa comprende la progettazione e l'affitto o la vendita delle attrezzature, offrendo assistenza al montaggio o all'impiego. Alpi Spa è un partner competente per l'edilizia del futuro.

Alpi AG
Industriezone Ost
I 39035 Welsberg
Monguelfo
Telefon 0474/94 74 00
Fax 0474/94 74 99
www.alpi-ag.it

Fenster, die „Augen des Hauses", bestimmen das Erscheinungsbild, den Ausdruck und das Wesen eines Gebäudes.

Finstral wurde 1969 als kleine Tischlerei in Unterinn am Ritten gegründet und gehört heute mit 10 Produktionsstätten und fast 1300 Mitarbeitern zu den größten Kunststoff-Fenster-Herstellern in Europa. Stets arbeitet Finstral in handwerklicher Tradition, verbunden mit modernsten wirtschaftlichen Fertigungsmethoden: individuell, aber mit der Leistungsfähigkeit eines Großbetriebes.

Neben Elementen aus Kunststoff stellt Finstral auch Produkte aus Kunststoff-Aluminium-Verbund her und bietet seit 1997 eine eigene Produktlinie für Fenster und Eingangsanlagen aus Aluminium.

Le finestre, gli "occhi della casa", definiscono l'immagine, l'espressione e il carattere di un edificio.

Alla sua nascita nel 1969, Finstral era solo un piccolo laboratorio di falegnameria di Auna di Sotto sul Renon, in provincia di Bolzano; oggi, con 10 stabilimenti e quasi 1300 dipendenti, è tra i maggiori produttori europei di serramenti in plastica. Finstral opera ancora secondo la tradizione artigianale, alla quale affianca tuttavia i metodi di produzione più moderni ed economici: su misura, ma con il potenziale produttivo di una grande azienda; in serie, ma con l'amore per la qualità di un laboratorio artigianale.

Tutti i componenti in plastica dei prodotti Finstral vengono realizzati appositamente in due stabilimenti situati in provincia di Bolzano. Accanto ai profilati in plastica, Finstral produce anche combinazioni di plastica e alluminio; nel 1997, inoltre, è stata lanciata una linea di prodotti che comprende finestre e ingressi in alluminio: un'altra tappa significativa nella storia dei successi di Finstral.

Finstral AG
Gastererweg 1
I 39050 Unterinn/Ritten
Auna di Sotto
Telefon 0471/29 66 11
Fax 0471/35 90 86
www.finstral.com

Folgenden Firmen danken wir für die freundliche Unterstützung

Ringraziamo
le seguenti ditte per il loro generoso contributo

Alpi AG
Finstral AG
Gebr. Fischnaller OHG
Halotech Lichtfabrik GmbH
Kaufmann Holz AG
Rubner Blockhaus KG

Unser seit 1980 in Südtirol ansässiges Unternehmen arbeitet im Bereich Stahlbau und hat sich vor allem auf dem Gebiet Treppenbau und Edelstahlarbeiten hoch spezialisiert.

Durch den innovativen Leistungsstandard unserer Mitarbeiter und durch die Beteiligung unseres Unternehmens an europäischen Forschungsprojekten erledigen wir technisch anspruchsvolle Aufträge fachgerecht, zeitgemäß und zuverlässig.

Die realisierten Arbeiten umfassen z.B. freitragende Wendeltreppen, Galerien, Aufzugseinhausungen, Brücken und Bühnen für private und öffentliche Bauherrn, u.a. für das Glasdach auf Schloß Juval (Südtirol), die Wacker Chemie (München), die U-Bahnhöfe in München und das Kanzleramt in Berlin.

La nostra azienda, che ha sede in Alto Adige dal 1980, opera nel settore delle costruzioni in acciaio ed è specializzata soprattutto nella realizzazione di scale e di strutture in metalli pregiati.

Grazie agli standard operativi avanzati dei nostri addetti e alla partecipazione a diversi progetti di ricerca europei, siamo in grado di affrontare incarichi ad alto profilo tecnologico in maniera competente, veloce e precisa.

Le nostre realizzazioni comprendono scale a chiocciola autoportanti, gallerie, strutture esterne di elevatori, ponti e tribune per committenti privati e pubblici. Tra i nostri maggiori clienti ricordiamo il castello di Juval in provincia di Bolzano, per il quale abbiamo realizzato la copertura in vetro, la Wacker Chemie di Monaco, la metropolitana di Monaco e l'ufficio della Cancelleria di Berlino.

Gebr. Fischnaller OHG
Handwerkerzone
I 39040 Villnöss
Funes
Telefon 0472/84 45 88
Fax 0472/84 45 590

Die Firma Halotech besteht in ihrer heutigen Form seit 1993 und hat sich auf Lichtplanung, Entwurf und Produktion von Sonderleuchten spezialisiert. Entweder selbst in der Gestaltung tätig oder in Zusammenarbeit mit Architekten, entstehen einzelne Leuchten und kleine Serien für bestimmte Situationen und besondere Problemstellungen. Nicht der Leuchtkörper selbst, sondern die Lichtstimmung im Raum unter Verwendung minimaler Gestaltungsmittel steht im Vordergrund der Untersuchungen.

Die Leuchtkörper und ihre Reflektoren werden in der eigenen Werkstatt entwickelt und produziert: genaue Präzisionsarbeit, eine spezielle Behandlung der Materialoberflächen und eine akkurate Detaillierung sind das besondere Markenzeichen von Halotech. Zu den realisierten Arbeiten zählen öffentliche und private Bauten, die Lichtgestaltung von Ausstellungen, Geschäften, Museen und großen Bürobauten.

La ditta Halotech è attiva nella sua forma attuale dal 1993 ed è specializzata in allestimenti illuminotecnici e nella progettazione e produzione di apparecchi illuminanti speciali. Operando direttamente o in collaborazione con architetti, Halotech realizza apparecchi di illuminazione su misura o in piccole serie per situazioni specifiche o in risposta a particolari esigenze. Il cuore della ricerca di Halotech non è il singolo elemento illuminante, ma la diffusione armoniosa della luce nello spazio effettuata impiegando strumenti di progettazione minimali.

I corpi illuminanti e riflettori vengono ideati e prodotti interamente nelle officine Halotech: la grande precisione esecutiva, il trattamento speciale delle superfici e la lavorazione accurata dei dettagli sono i segni distintivi della sua produzione. Tra le opere realizzate figurano sistemi di illuminazione per edifici pubblici e privati, esposizioni, negozi, musei e grandi edifici per uffici.

Halotech Lichtfabrik GmbH
Ferdinand-Weyrer-Str. 5
A 6020 Innsbruck
Telefon 0512/26 90 84
Fax 0512/26 90 65

KAUFMANN Holz AG

In den vergangenen rund 50 Jahren hat Kaufmann in der europäischen Entwicklung der Holzindustrie, vorrangig im konstruktiven Holzbau, wesentliche Impulse geliefert. Durch einen innovativen und sehr qualitätsbewußten Produktionsbetrieb, durch die Konzentration auf Kundenbedürfnisse und Kundenservice sowie durch die hohe Flexibilität bei der Lieferung hat sich Kaufmann einen erstklassigen Namen geschaffen.

Die Kaufmann Holz AG bietet in den drei Geschäftsbereichen Leimholz, Bautechnik und Schalung ein umfassendes und auf alle Zielgruppen abgestimmtes Produktprogramm. Durch seine kreativen und individuellen Lösungen im Projektbau ist Kaufmann der ideale Partner für den Architekten sowie den öffentlichen und privaten Bauherrn.

Da circa 50 anni Kaufmann dà un contributo essenziale allo sviluppo dell'industria edilizia europea, e in primo luogo a quella delle costruzioni in legno. Grazie a impianti di produzione innovativi e di grande precisione, alla grande attenzione alle esigenze del cliente e ai servizi e all'alta flessibilità della fornitura, Kaufmann è tra i leader nel suo campo.

Nei tre settori merceologici dei legnami multistrato, delle strutture edilizie e dei rivestimenti, Kaufmann Holz AG offre un assortimento di prodotti vastissimo e adatto a tutti gli impieghi. La ricchezza di soluzioni creative e personalizzate per la progettazione edilizia fa di Kaufmann il partner ideale di architetti e committenti pubblici e privati.

Kaufmann Holz AG
Vorderreuthe 57
A 6870 Reuthe
Telefon 05574/80 40
Fax 05574/80 42 01
www.kaufmann-holz.at

RUBNER

Holz ist seit 1926 für Rubner die Grundlage für langlebige Produkte von hoher Qualität.

Wir fertigen das Haus nach Maß: Alle Kundenwünsche werden individuell in der Planung berücksichtigt, sei es in Block- oder in Holzriegelbauweise. Entscheidend dabei ist der möglichst sparsame Umgang mit zuverlässigen und natürlichen Baustoffen, von der Vorfertigung bis hin zur Montage.

Ein besonders Anliegen ist uns eine detailgenaue Ausführung, denn wo keine Hinwendung zum Detail mehr ist, kann auch das Gesamtergebnis nur Mittelmaß sein. Mit der Passion zum Handwerk und der Bereitschaft zur ständigen Innovation von Seiten der 700 Beschäftigten wenden wir uns an die Erfahrung des Architekten, um eine gute Idee noch besser zu machen – Rubner: Am Ursprung des Holzes.

Dal 1926 per Rubner il legno rappresenta l'elemento base per prodotti di lunga durata e di qualità superiore.

Rubner costruisce la vostra abitazione su misura: ogni desiderio dei nostri clienti viene preso attentamente in considerazione durante la fase di progettazione, che si tratti di strutture a blocchi o in travi di legno. Per fare questo è fondamentale scegliere materiali naturali e affidabili, dalla produzione fino al montaggio, e impiegarli nella maniera più economica possibile.

Quello che ci proponiamo in modo particolare è la massima accuratezza nell'esecuzione, perché dove non c'è attenzione per i dettagli il risultato finale non può che essere mediocre. Sfruttando la passione artigianale e il continuo interesse per l'innovazione che anima i nostri 700 collaboratori ci rivolgiamo all'esperienza degli architetti per rendere ancora migliori le buone idee. Rubner: Alla fonte del legno.

Rubner Blockhaus KG
Handwerkerzone 4
I 39030 Kiens
Chienes
Telefon 0474/56 33 33
Fax 0474/56 33 00
www.rubner.com

Map

Cities (in grey): Zürich, Bern, Chur, Genève, Grenoble, Torino, Milano, Génova

Locations (in black):
- St. Gerold
- Marul
- St. Anton
- Landeck
- Golmerbahn
- St. Peter
- Mastrils
- Vella
- Duvin
- Paspels
- Vrin
- Rongellen
- Vals
- Bergün
- Latsch
- Pontresina
- Semione
- Albanatscha
- Iragna
- Saleinatz
- Mizoen
- Sestriere

- Seefeld
- Weerberg
• München
• Salzburg
• Wien
• Innsbruck
Kematen
• Zell am Ziller
• Hüttenberg
• Lienz
Sexten •
Naturns
• Klagenfurt
• Bozen
• Tramin
• Ljubljana
Verona
• Venezia
• Bologna

Das Zitat auf Seite 1
wurde entnommen aus:
Citazione da pagina 1
dal libro:

Roberto Calasso
"La Rovina di Kasch"
© 1983 Adelphi, Milano
(Übersetzung aus
dem Italienischen
von Joachim Schulte:
Roberto Calasso
„Der Untergang von Kasch"
© 1997 Suhrkamp Verlag,
Frankfurt a. M.)

Bildnachweis/Referenze fotografiche

Georg Aerni, Zürich
56–59

Paolo Biadene, Bruneck
255

Hélène Binet, London
33, 39

Mira Blau, Zürich
130, 132, 133, 135–137

Pino Brioschi, Bellinzona
180, 181

Michael Bühler, Zürich
38

Lucia Degonda, Zürich
50, 51, 53–55, 60–65

Ralph Feiner, Malans
67–72, 156–159

Urs Forster, Felsberg
28

Reto Führer, Felsberg
49

Heinrich Helfenstein, Zürich
13, 129

Eduard Hueber, New York
171–173

Ruedi Jecklin, Chur
23

Christian Kerez, Chur
98, 100–103

Heinz W. Krewinkel, Döblingen
76

Craig Kuhner, Innsbruck
168, 169

Anna Lenz, Mastrils
18

J. Ignacio Martinez, Hard
123–127, 174, 175, 177

Walter Niedermayr, Bozen
2–5, 88–97, 152–155

Augustin Ochsenreiter, Bozen
165–167

Shigeo Ogawa, Shinkenchiku-sha
30, 36, 37, 40, 41

Nikolaus Schletterer, Innsbruck
182, 183

Henry Pierre Schultz, Zürich
45

Klomfar und Sengmüller, Wien
160, 161

Filippo Simonetti, Brunate
144, 145, 147–149, 161–163, 184, 186, 187

Margherita Spiluttini, Wien
34, 35, 44, 104, 105, 107–109, 117, 119–121, 139, 141–143

Ludwig Thalheimer/Lupe, Bozen
164

Jeanette Tschudy, Chur
21, 25

Günther Wett, Innsbruck
188, 189

Gerald Zugmann, Wien
81, 82, 84–87

Die übrigen Abbildungen stammen aus den Archiven der Autoren und Architekten.
Le altre fotografie sono state messe a disposizione da parte degli autori e degli architetti.

Sexten Kultur
Dolomitenstraße 9
I 39030 Sexten/Südtirol

Sesto Cultura
Via Dolomiti 9
I 39030 Sesto/Alto Adige

www.sextenkultur.org

Die Deutsche Bibliothek –
CIP-Einheitsaufnahme

Neues Bauen in den Alpen :
Architekturpreis ... = Architettura
contemporanea alpina. -
Basel ; Boston ; Berlin : Birkhäuser
2000 2000
ISBN 3-7643-6115-8

© 2000 Birkhäuser –
Verlag für Architektur
Postfach 133
CH 4010 Basel, Schweiz

Gedruckt auf säurefreiem
Papier, hergestellt aus chlorfrei
gebleichtem Zellstoff. TCF ∞
Printed in Italy
ISBN 3-7643-6115-8

9 8 7 6 5 4 3 2 1

Dieses Werk ist urheberrechtlich geschützt. Die dadurch begründeten Rechte, insbesondere die der Übersetzung, des Nachdrucks, des Vortrags, der Entnahme von Abbildungen und Tabellen, der Funksendung, der Mikroverfilmung oder der Vervielfältigung auf anderen Wegen und der Speicherung in Datenverarbeitungsanlagen, bleiben, auch bei nur auszugsweiser Verwertung, vorbehalten. Eine Vervielfältigung dieses Werkes oder von Teilen dieses Werkes ist auch im Einzelfall nur in den Grenzen der gesetzlichen Bestimmungen des Urheberrechtsgesetzes in der jeweils geltenden Fassung zulässig. Sie ist grundsätzlich vergütungspflichtig. Zuwiderhandlungen unterliegen den Strafbestimmungen des Urheberrechts.

Gesamtkonzept/Coordinamento generale:
Christoph Mayr Fingerle, Bozen
Redaktion/Redazione:
Friedrich Achleitner, Wien
Sebastiano Brandolini, Milano
Manfred Kovatsch, München
Marcel Meili, Zürich
Bruno Reichlin, Genève

Übersetzungen/Traduzioni:
Katharina Dobai, Zürich, Gabi Meier, München
Duccio Biasi, Milano

Gestaltung/Progetto grafico:
Bernd Kuchenbeiser, München
mit/con Christian Aichner, Andreas Alber,
Nina Behmenburg
Redaktion Zeichnungen/Redazione disegni:
Andreas Alber, München

Lithografie/Litografia:
Steidl, Schwab Scantechnik, Göttingen
Druck/Stampa:
EBS Editoriale Bortolazzi-Stei, Verona
Einband/Legatura:
Buchbinderei Burkhardt AG, Mönchaltorf